用年表读通中国史

雷敦渊 杨士朋 著

中华书局

图书在版编目(CIP)数据

用年表读通中国史/雷敦渊,杨士朋著.—北京:中华书局,2013.8(2023.9 重印)

ISBN 978 - 7 - 101- 09231 - 8

Ⅰ.用… Ⅱ.①雷…②杨… Ⅲ.中国历史–历史年表 Ⅳ.K208

中国版本图书馆CIP数据核字(2013)第043620号

书 名	用年表读通中国史	
著 者	雷敦渊 杨士朋	
责任编辑	李洪超	
责任印制	管 斌	
出版发行	中华书局	
	(北京市丰台区太平桥西里38号 100073)	
	http://www.zhbc.com.cn	
	E-mail:zhbc@zhbc.com.cn	
印 刷	北京盛通印刷股份有限公司	
版 次	2013年8月第1版 2023年9月第10次印刷	
规 格	开本/700×1000毫米 1/16 印张23 插页16 字数320千字	
印 数	60001-63000册	
国际书号	ISBN 978 - 7 - 101- 09231 - 8	
定 价	49.00元	

编辑说明

一、本书结合"历史年表"与"历史事件叙述",在"有用"的查询功能之外,兼顾阅读史"有趣"的一面。

二、全书上起远古,下迄民国,依朝代顺序分为十五章,每章前有一总说。

三、版面左、右两栏以"编年体"的方式呈现中国历史的时序;用年表贯穿全书,标示公、朝代、帝王年号,大事栏位系以中国历史事件,包括朝代兴衰、帝王更替、战役、改革、争、变乱、将相人物等。

四、版面中间两栏以"纪事本末体"的形式介绍每个朝代的重要历史,共列有二百二十余,对事件的前因后果、发展脉络作完整的叙述。每一则的标题清楚,叙事明白,可与年表呼应。

五、世界史重大事件在年表中直接与中国历史对照。

六、目次中依朝代详列各个历史事件的标题。

七、全书以时间为经,事件为纬,表现中国历史长河的流动与演变,是一本方便查询、合学生与一般大众阅读的中国历史工具书。

目 录

晋朝·五胡十六国 ——————————————— 099

南北朝 ———————————————————— 117

隋朝 ———————————————————— 143

唐朝 ——————————————————————— 159

元朝 —————————————————————— 249

明朝 —————————————————————— 261

清朝 — 293

旧石器、新石器时代·传说时代与三皇五帝

历史发展的最初阶段，即有人类开始，以使用石头来做基本的生活工具，所以我们称之为石器时代。石器时代又区分为旧石器时代与新石器时代。旧石器时代是以狩猎、采集为生，需要逐水草而群居，人们会制作简单的生活工具，并有基本的宗教行为；而新石器时代的人类，开始从事农业与畜牧，生活变得稳定，居所也相对可以固定下来，因此有多余的时间来发展其他文明。

中国夏朝出现之前，就是新石器时代，也被称之为传说时代，靠的是零星散落在各处的记载，抑或是出土的文物，来了解这个时代。据说这个时期三皇五帝已开始统御、教化百姓。伏羲氏教导民众结网捕鱼，发明八卦；神农氏除了尝遍百草，还发明耕种方法、教导百姓种田；燧人氏则发明钻木取火。此为三皇。

五帝是指黄帝、颛顼、帝喾、尧、舜。相传黄帝先是打败炎帝、再打败蚩尤，统一了中原各个部落，并前往泰山举行封禅，诏告天地，方成为天下的共主。黄帝教导人民生火煮饭，黄帝的嫔妃嫘祖教导人民养蚕取丝、制衣服，以御寒护体；还有仓颉造字。颛顼即位后，遵循黄帝的政策行事，并亲自祭祀天地、祖宗，禁止迷信占卜，并劝课农桑。

颛顼传位给帝喾，帝喾也是勤俭治国、仁爱百姓。帝喾死后，由大儿子挚继位。帝挚任用尧作为助手，由于帝挚认为自己无法妥善治理国家，后来就禅位给尧，因为身为助手的尧，以品德闻名天下，很多部落都拥戴他。尧继位后，勤于政事，晚年时则面临洪水泛滥的问题。

尧于是任命鲧来治水。不料，鲧花了九年时间，还没有成功，因此尧将之处死。后来尧禅让给以孝闻名的舜，舜接着处理尚未完成的水利问题。舜把治水的任务交代给鲧的儿子大禹。大禹改进他父亲的治水方法，将各部族的人团结起来，花了十三年的时间，终于解决水利问题。

这一时期的仁政，是后人理想中的乌托邦世界，事实真相为何，早已无可考据。传说毕竟不是信史，当然要给后人留下不断揣摩的空间，信史时代的我们，才能用始终遥不可及的对象，来激励自己！

距今约 单位：年	时　代	大　事
450万 至 100万		阿法南猿出现于东非。
250万	旧石器时代 早期	直立人开始出现。
170万		元谋人出现。1965 年在 云南元谋发现化石。 中国旧石器时代开始。

"猿人"出现：人类文明的曙光

小时候可能有不少人会问自己的爸爸妈妈："我是从哪里来的？"爸妈大概会有各式各样的答案。如果年龄渐长，问问题的好奇心却依然不减的话，可能慢慢地就会开始改问像人类是哪里来的、人类究竟何时出现于地球、世界上"第一个人"到底是谁等等这类问题。无论是回答盘古还是亚当，终究是我国神话传说和西方古代宗教的说法；如果真要以科学的角度来看，目前仍无法提出最肯定的回答，但是已经可以缩小到一定的时间范围了。

怎么这么说呢？因为人类可不是一出现在地球上就发明了文字记录历史。没有文字记录的时代称为史前时代，只能借由历史地质学、古生物学（古人类学）、考古学等学问的辅助，加以推测当时的历史。目前的证据显示，人类出现在地球上的时间不会早于"显生宙—新生代—第三纪—上新世"（这是地质年代的分类，距今约五百三十万至一百八十万年）；世界各地的旧石器时代起点还有所差异，大致是以各地已出土化石的最早年代来推估。

照这样来看，中国旧石器时代的起点应随着"元谋人"（出土于云南省元谋县）的现身而从距今约一百七十万年开始算起，此时的地质年代进入了"更新世"（属"显生宙—新生代—第四纪"）。接着是"蓝田人"（出土于陕西省蓝田县，距今约一百万年）、"北京人"（出土于北京西南周口店，距今约七十万至二十万年）等等。随着各地猿人的出现和演化，中华文化也开始露出了曙光。

"北京人"、"山顶洞人"早就不见啦：出土与失踪经过

清末民初的时候，西方考古学者的研究触角伸向了丰饶的中国。有些学者对于传统上被中国人拿来用药的"龙骨"和"龙齿"很感兴趣，当他们发现龙骨原来就是生物化石之后，更是希望能从中找到人类的化石以了解演化的情形。民国七年（1918）春，瑞典学者安特生（Johan Gunnar Andersson）前往北京西南周口店展开初次考察；三年后（1921）他的合作者奥地利古生物学家师丹斯基（Otto Zdansky）首次掘得人牙，但直到民国十五年（1926）他在瑞典整理化石标本时才发现，并由安特生在欢迎瑞典王储访华的大会上正式发表。列席的美国古生物学家葛利普（Amadeus William Grabau）当场为化石取了一个小名，这就是大家所熟知的"北京人"。

不过，只有几颗牙齿仍不足以完全说服世人。民国十六年（1927），在美国洛克菲勒基金会的资助下，我国的地质调查所与当时北京协和医学院合作发掘北京人遗址，并于两年后在地质调查所下成立新生代研究室加以管理。历经中外多位学者主持后，民国十八年（1929）12月2日，我国学者裴文中找到首具头盖骨，震惊中外。人类的历史不但因此延长，也成为人类是由演化而来的重要证据。次年发现烧过的木炭、石块、骨头等遗迹，经化

大 事	时 代	距今约
		单位：年
蓝田人出现。1960年代在陕西省蓝田县一带发现化石，为目前在亚洲北部所发现最早的直立人化石。		100万

距今约 单位：年	时　代	大　事
50万	旧石器时代	北京人出现。1921年瑞典学者安特生与奥地利古生物学家师丹斯基在北京西南周口店掘得北京人的牙齿；1929年我国学者裴文中找到首具头盖骨。在北京人遗址发掘出打制石器与用火遗迹。

验确认为炭；再一年又发现许多石英碎片，经法国考古学家步日耶（Abbe Henri Breuil）考察，认为有人工打击过的痕迹。我们现在所知北京人已知用火、会敲击制造石器等信息，就是这样得来的。民国二十二年（1933），裴文中又在北京人遗址附近发现山顶洞人；民国二十五年（1936），我国学者贾兰坡又连续发现三个北京人头盖骨，周口店遗址的考古前景真是一片看好。

不料民国二十六年（1937）"七七事变"爆发，考古工作于7月9日全面停止并撤回北平；不久北平陷落，但因化石保存于协和医学院，该院又属美国洛克菲勒基金会所有，美日双方又并未交战而暂时无安全顾虑。但到民国三十年（1941），美日关系日益紧张；11月底前后，美国开始撤退其侨民与驻军。在中美两国同意下，将北京人和山顶洞人化石装箱，随美国海军陆战队撤离，由美方暂代保管。12月5日，陆战队专用铁路列车驶向秦皇岛，准备登上预定在8日抵达的哈里逊总统号邮轮；没想到7日珍珠港事变爆发，列车旋即被日军截获，邮轮又搁浅在上海附近，化石自然没有被送上船。从此北京人和山顶洞人化石下落不明……

丁村人：旧石器时代中期的人类代表

丁村人的化石出土于山西省汾河东岸。1953年、1954年、1975年均曾进行发掘，主要掘得相同地层的动物化石、丁村人的牙齿及孩童的顶骨。经过研究后发现，他们的牙齿与先前的北京人和以后的现代人都具有相同的特征。

从其他出土的动物化石中，可以推测先民们除了狩猎，也从汾河中捕捞渔获物作为食物；他们的石器虽然仍以摔砸和碰砸的方式制造，但步骤与石器的种类已渐渐地复杂化，也似乎表示在工具的使用上有开始分工的倾向。

长滨文化：台湾地区旧石器时代的代表文化

立足于今天中国大陆上人类的"旧石器时代"，大致与地质年代的"显生宙—新生代—第四纪—更新世"（距今约一百八十万至一万年）相当，此时人类先民们的演化（文化）发展相当缓慢。因为他们必须全力维持生存温饱，并面对游荡各地且会带来生命威胁的动物，还有恶劣的天候。更新世的地球可不像现在一样维持着四季的区别，当时的地球处于冰期和间冰期之间；只要处于冰河时期，大地多被雪和冰覆盖，海平面也随着水的结冰而下降许多。

人类先民们为了要活下来，除了抵御严寒，还要追寻移动的动物以确保食物来源，这样的行动造成人类的大迁徙。最近一次的冰河期大致和旧石器时代晚期的时间相近，当时亚洲和美洲相连，亚洲的先民或许是因为追逐鹿群而到达美洲，成为美洲的原住民（距今约两万年），也就是许多人所称的印第安人。

大概就在那时候，大陆和台湾同样因为海平面下降而相连在一起，人类先

大　事	时　代	距今约 单位：年
早期智人开始出现。	旧石器时代 中期	31万
马坝人出现。1958年在广东省曲江县马坝乡发现化石，属于早期智人。		20万 至10万

距今约 单位：年	时　代	大　事
13万		尼安德塔人出现于欧洲及中亚。

民当中的一部分也迁居到了台湾，形成台湾地区旧石器时代的代表文化。1968 年 3 月 4 日，台湾大学地质学系教授林朝棨在调查台东县长滨乡八仙洞的海蚀洞时，发现新石器时代的遗址，以及旧石器时代文化的可能存在迹象；因此该年年底台大地质系和考古人类学系合组调查队，在林朝棨和宋文薰教授的率领下，于 1969 年 1 月 4 日确定发现旧石器时代文化遗址，并由中央研究院历史语言研究所所长李济命名为长滨文化。

长滨文化约介于距今五万至五千年，出土的器物分为可由人类手掌持握的粗石制器、石质坚硬似刀形的细石制器，和作为捕鱼用途的骨角器。分析观察各器物的特性后，学者认为长滨文化源于大陆华南地区。由于长滨文化遗址没有人类化石出土，所以台湾地区旧石器时代的人类就由后来出土于台南县境的"左镇人"作为代表了。

左镇人与网状文化：台湾地区的旧石器时代

在 1971 年至 1978 年之间，我国的学者和业余化石收藏者、日本学者，陆续采集、辨认出旧石器时代的人类化石，这些化石包含头部的顶骨、额骨、枕骨、牙齿等部分。由于其来源多为台南县左镇乡菜寮溪一带，因此命名为"左镇人"。

"左镇人"和"长滨文化"分别为台湾地区旧石器时代人类与史前文化的代表，两者之间有没有关系呢？这实在很难完全确认。因为自长滨文化遗址出土的是石器和骨器，却没有人类化石，而采集到左镇人化石之处则是有人类化石，但没有其他器物；如果只从年代相近这点特征来看，的确不容易判断两者之间的关联。

除了长滨文化和左镇人之外，台湾其他各地也有旧石器时代的文化出现，但规模较前两者为小，或是仍有争议需要厘清。像"网形文化"（约分布在台湾西海岸中北部的丘陵台地，像苗栗县三义乡鲤鱼潭、大湖乡网形和伯公垄一带，可能距今约四万至一万年）、屏东县恒春镇"鹅銮鼻第二地点"遗址（1983 年由台湾大学人类学系主任李光周发现）、台东县成功镇马武窟溪北岸小马洞穴遗址（1987 年由台湾大学人类学系教授黄士强和台东县政府礼俗文物课课长吴敦善发现，大致与长滨文化有关）等等。

虽然出土的证据并不丰富，但可以确认的是：自约距今五万年起，随着长滨文化和左镇人的出现，台湾地区的人类历史也就此展开了。

"北京人"与"山顶洞人"究竟哪里去了：一段追寻的过程

民国二十二年（1933），在北平西南周口店的北京人遗址附近的山顶洞穴，我国学者裴文中（就是第一个北京人头盖骨化石的发现者）带着一批技工开始新一年度的发掘。在这一年当中，陆续找到与北京人不同的人类化石，还伴随着动物化石、石器、骨器、角器、赤铁矿粉末等等遗物。

经过分析后大致认为，他们的生存时

大　事	时　代	距今约 单位：年
丁村人出现。1953、1954、1975 年于山西省汾河东岸挖掘出化石。		12万
晚期智人开始出现。	旧石器时代晚期	5万
长滨文化。1969 年于台东县长滨乡八仙洞发现遗址。		5万至5000

距今约 单位：年	时 代	大 事
4万至 1万		网形文化。1983 年发现。
3万至 2万		左镇人活跃于世。1971 至 1978 年之间，在台南县 左镇乡采集到化石，包含 顶骨、额骨、枕骨、牙齿 等。
2万		山顶洞人活跃于世。1933 年 裴文中在今北京西南周口 店的山顶洞穴发掘到化 石；熟练使用工具，有审 美与葬俗等观念。

代约在距今二万年前，头骨特征与现代人已很相近，脑容量也增大了。除此之外，还有较先进的石器制造技术，可能用来缝制兽皮做成衣服的骨针，在兽牙、石珠和贝壳上穿孔当装饰物，以及可能作为染料和随葬用的赤铁矿粉末。从这些迹象可以发现，这个时代的人对于使用石器和骨器等工具更加熟练、更适应环境；而且已有多的心力和智慧注意到"爱美"、"死后的世界"等求生存之外的事，表示当时的人类可能开始有了"想像力"，人类的演化成就也更向前一步。由于他们和北京人的确不同，所以取了个新的名字：山顶洞人。

民国三十年（1941），太平洋战争爆发，日本随即接管美国设于华北的军事与民间机构，并立即派出军队、学者、侦探，在北平、天津、秦皇岛一带搜查北京人和山顶洞人化石的下落，严刑逼问协和医学院的外籍职员，但没有公布任何结果。抗战胜利后，我国派学者李济赴日与盟军总部接洽追查也没有线索。随着两岸分治，中共和美国的报章媒体与多国学者为化石的下落打了多年笔战；接着有想要借此获取名利的美国商人、声称从先夫战利品内找到化石的神秘黑衣女士、临死前留下遗言的日本老兵等人陆续登场，但还是无法确认化石的下落。我国国立历史博物馆也没有缺席，除展览北京人化石模型外，也宣示北京人的所有权应属于我国。

许多年过去了，当年参与发掘的中外学者多已去世，化石依然音讯全无。这真是人类文化发展史中，难以弥补的重大损失！北京人和山顶洞人的化石究竟去哪里了？是被日军扔进海里？在日本？在大陆？在台湾？在美国？是埋在土里还是被某个不知名的收藏家把玩着？时至今日仍是未解之谜……

进入新石器时代：特点和遗址分布

随着冰河时期结束，自距今约一万年前（约公元前 8000 年前后）起，地质年代进入"显生宙—新生代—第四纪—全新世"直到今日（虽然近来有科学家以人类开始大规模改变地形、地貌为由，建议使用"人类世"一词，不过尚未成为学术界的共识），大约就在此时，人类也进入"新石器时代"，各地文化开始蓬勃发展。

新石器时代有何特别之处吗？在旧石器时代，人类大致上仍受大自然环境牵制。他们以采集、狩猎、渔捞为生，花在求生存、找食物的时间很多，随时还要面对天灾，没有太多时间思考其他的事情。可是到了新石器时代，人类找到驯养动物、种植食用作物的方法，畜牧、农耕逐渐兴起；有了稳定的食物来源，人类渐渐定居下来，开始影响甚至改变自然环境。人类先民除了改进原先的石器和骨器，还开始烧制陶器，进而使用玉器，后来又找到烧铸青铜器的方法。除此之外，无论是更紧密的社会组织，或是建筑、宗教、城市、文字方面等事物，都是在新石器时代萌芽，因此有人说它是"新石器革命"并不为过。新石器时代的文化发展概况可说是今日人类社会的雏形。

大 事	时 代	距今约 单位：年
西亚的"肥沃月弯"一带开始出现农业，而耶利哥（位于今巴勒斯坦境内约旦河西岸）可能是目前已知最早建立的城市。 今日东亚的日本一带，进入绳纹陶时代。		1万
新石器时代文化约与传说时代相当，中国逐渐走出史前时代。 位于西亚的两河流域、北非的埃及则已经进入历史时代。	新石器时代·传说时代、远古帝王、三皇五帝	1万至4000
人类活动的足迹已抵达今日南美洲智利一带。		9000

距今约 单位：年	时　代	大　事
7000		今日埃及的尼罗河边形成许多聚落，埃及文明的远古时代开始。这些聚落逐渐合并成上埃及和下埃及王国。
7000 ─ 5000		仰韶文化出现于黄河流域。1921 年在河南省渑池县仰韶村发现，又称彩陶文化。
7000 ─ 5200		河姆渡文化出现于长江流域。1973—1978 年在浙江省余姚县河姆渡发现。
7000 ─ 4700		大坌坑文化出现于台湾地区。1958 年在台北八里大坌坑发现，是至今在台湾发现到的最早新石器时代文化层。
7000 ─ 4600		苏美尔人进入两河流域发展农业，发明楔形文字，文明就此展开。

如果再和其他世界古文明相比，中国的新石器时代文化也有其特点。古代的四大文明分别是古美索不达米亚（古巴比伦）、古埃及、古印度和古中国。西亚一带的文明遗址倚靠着幼发拉底河和底格里斯河，古埃及起源于尼罗河，古印度则与印度河有关，都是沿着大河两岸发展出来的大河文明。大家原本以为中华文化也是以大河（黄河）流域为起源发展的，可是随着考古遗迹不断出土，各地水域附近几乎都能找到新石器时代的村落和遗物，各聚落之间还有些关联，这才让人恍然大悟：原来中华文化的分布范围一开始就相当广泛，而且早有交流往来。

新石器时代的文化遗址星罗棋布，难以一一说明，但大致可以作些简单的分类：

黄河流域：仰韶文化、龙山文化等。

长江流域：河姆渡文化、良渚文化等。

辽河流域：红山文化。

台湾地区：大坌坑文化、圆山文化等。

燧人氏是不是北京人：远古帝王与新石器时代文化的关联

在中国的传说故事中，最常听到盘古、女娲、有巢氏、燧人氏、伏羲氏、神农氏等创世神话和远古帝王的故事。其实传说的帝王还不只这些人，陶渊明《五柳先生传》的最后两句："无怀氏之民欤！葛天氏之民欤！"就是其中一例。

在结合大家熟悉的名字与故事，以及像晋代皇甫谧的《帝王世纪》、唐代司马贞的《补三皇本纪》等图书记载后，大致可以列出远古帝王的可能顺序。

第一人当然是盘古,之后应该是天皇氏、地皇氏、人皇氏、五龙氏、燧人氏。

接着进入伏羲氏的世系。依序是太昊伏羲氏、女娲氏、大庭氏、柏皇氏、中央氏、栗陆氏、骊连氏、赫胥氏、尊卢氏、混沌氏、昊英氏、有巢氏、朱襄氏、葛天氏、阴康氏、无怀氏。

再来是炎帝神农氏的世系。相传神农氏为姜姓,先后顺序为炎帝神农氏、帝临魁、帝承、帝明、帝直、帝釐、帝哀、帝榆罔。神农氏的世系结束后就进入五帝时代了。

民国初年的疑古派学者,对这些传说中的远古帝王多抱持着怀疑、否定的态度。不过随着新石器时代的文化遗迹陆续出土,对于这些传说故事的看法也渐渐改变。如果认为远古时代确实有这些帝王,在位多少年,在位期间有哪些贡献政绩之类的,当然很难说是或不是。毕竟这些是传说故事,距离现在早就超过数千年了,要如何证明有没有这些人呢?

然而如果将这些帝王视为远古文化进展过程的缩影和代表,倒是相当合理的。比如使用火源的燧人氏不是和北京人很像吗?炼石补天的女娲氏似乎是母系社会的象征。用木头建筑房屋的有巢氏、教人渔猎畜牧的伏羲氏,以及教人种五谷和尝百草的神农氏,这些事迹不是可以和新石器时代的先民们会建筑房屋、会畜牧、会农耕的生活搭配在一起吗?由于先民们长年没有文字,只能口耳相传过去的事迹,久

大 事	时 代	距今约 单位:年
埃及发展出文字并开始制作木乃伊。		6000–5500
古印度河文明出现。		6000–5000
红山文化出现于辽河流域。1935年在内蒙古赤峰红山后发现。		5500–4000
良渚文化出现于长江流域。1936年在浙江省余杭县良渚镇发现。		5300–4000
上埃及法老美尼斯统一全埃及。		5100
埃及经历早期王国阶段。		5100–4700
生活在相当于今日中美洲一带的人们,开始农业生活。		5000
闪族(或称闪米人)在阿拉伯半岛过着游牧生活。		
龙山文化出现于黄河流域。1928年在山东省章丘县龙山镇发现。		5000–4000

距今约 单位：年	时　代	大　事
5000 ｜ 3500		南岛语系的台湾先住民开始活动。 台湾地区进入新石器时代中期，以牛骂头、牛稠子等地文化为代表。
5000 ｜ 3450		克里特岛"迈诺安文明"兴起。
4700 ｜ 4200		埃及进入古王国（旧王国）时代。
4600 ｜ 4200		阿卡德人（属于闪族）建立阿卡德帝国，萨尔贡王为其名主。
4600 ｜ 3500		哈拉帕和摩亨佐·达罗两地出现城市文明（两城均在今巴基斯坦境内）。
4500		中美洲·墨西哥高原已出现文明。
4500 ｜ 3500		闪族中开始有几支族人向外迁徙，包括希伯来人、腓尼基人和亚拉米人等。今天西方的拼音文字渊源于这些迁移的民族。

而久之多少会失真，直到文字发明并且能熟练地使用后，才将远古的事情追记下来成为传说故事。这些传说故事便是近现代考古学兴起前，历代的后人认识远古祖先们努力发展文化的依据。因此这些传说故事仍有它们的价值。

旧石器时代和新石器时代很难懂：用电脑游戏来介绍

什么？觉得旧石器、新石器时代的历史很难懂？那也难怪了，二者都属于史前时代。史前时代没有文字，如果再去掉后人追记的传说，留下来的就只有严肃复杂的考古报告了。没有文字、没有故事，实在很难将当时发生的事情说清楚，自然不容易提起兴趣去了解！其实，不妨试着用知名的电脑游戏和电影来想像。不过游戏和电影毕竟不同于历史，可千万别混淆了！

玩过微软公司制作的"世纪帝国"（Age of Empires）吗？在它的第一代游戏里，各个古文明背景分成石器时代（Stone Age）、工具时代（Tool Age）、铜具时代（Bronze Age）和铁器时代（Iron Age）。石器时代和工具时代应该是刻意分开的，将两者合在一起才是我们熟知的新石器时代。为什么呢？游戏一开始时不是会先看到一个市镇中心和三个人吗？这代表新石器时代的聚落中心，是集会和讨论公共事务的地方；人类以此为中心向四方探索、扩张，渐渐发展出聚落的社会组织。

不过，从获取食物的方式来看，一开始的背景又像在旧石器时代，因为人类获得食物的方式是采集果实、狩猎动物、捕捞渔获，速度相当缓慢而且充满危险，这是旧石器时代人类获得食物的方法。大体上仍受制于自然的力量。

　　游戏里称要盖两个建筑（比如谷仓和仓库），才能从石器时代进入工具时代。到了工具时代可以盖马厩，虽然那是制造骑兵军事单位的地方，但也代表人类会饲养动物；可以盖农场，表示已经开展农业。人类有了稳定的食物来源，渐渐不再害怕挨饿受冻，也开始改变周遭地形、地貌。森林被砍伐以建筑各式房屋，聚落规模渐渐扩大，社会分工也越来越细密；盖了市场，显示有商业的需要，聚落之间互有往来。可是聚落的互动不只是和平贸易，也会有军事冲突，所以人类开始建筑城墙，建立同盟；部落、城市和国家就这样一步步地渐渐形成了。

台湾地区的新石器时代中期文化

　　当中原一带逐渐从传说时代走向夏朝时，台湾地区也进入新石器时代的中期。新石器时代中期的代表有芝山岩文化（台北市士林区芝山岩）、圆山文化（台北市士林区圆山）、洞角文化（南投县浊水溪中游北岸、集集大山西南）、牛骂头文化（台中县清水镇灵泉里牛骂头）、牛稠子文化（台南县仁德乡成功村车路墘）、垦丁文化（屏东县恒春半岛西侧垦丁一带）等。

　　此期的遗址多位于海岸低地或溪流台地。陶器上绘有细绳纹花纹，所以又称为（细）绳纹陶文化。各地文化之间也有

大　事	时　代	距今约 单位：年
埃及进入第一中衰期。		4200-4100
苏美尔人复兴，建立乌尔第三王朝。		4200-3830
埃及开始中王国时代。		4100-3700
玛雅文明形成。 阿摩利人（属于闪族）进入美索不达米亚平原，成为后来巴比伦帝国和亚述帝国的先祖。 印欧语族拉丁人移入意大利半岛。		4000

距今约 单位：年	时 代	大 事
4698 - 4184 (？)	（有熊氏、轩辕氏） 黄帝	居有熊（河南新郑），代神农部落酋长榆罔成为国主（共主），尊称黄帝。 在涿鹿（河北涿鹿）打败蚩尤，驱逐荤粥（匈奴）。 领域东至海，西至崆峒（甘肃平凉），南至长江，北邻荤粥。 发明指南车，考定星历，令大挠作甲子纪年。 其妻嫘祖教人种桑养蚕。 仓颉造象形文字，为中国块字之始。
	（金天氏） 少昊	居奄（山东曲阜）。 用鸟做官名。
	（高阳氏） 颛顼	居帝丘（河南濮阳）。
	（高辛氏） 帝喾	居亳（河南偃师或商丘）。
	（高辛氏） 帝挚	
	唐 帝尧	居平阳（山西临汾）。 命崇伯鲧治水，九年不成，殛鲧于羽山。 尧禅位于舜。

不同的特色，像芝山岩文化中的制陶很发达，圆山文化的人类可能有拔牙风俗，牛稠子文化的石器出现来自澎湖的石材，垦丁文化有台湾地区目前最早的稻米栽培证据等。

"五帝"相继继位：中国逐渐从史前时代走向历史时代了

在上古传说时代的诸多帝王中，有三位圣德的君主，称为"三皇"。他们分别是天皇氏、地皇氏、人皇氏；另一种见解认为，其中两位是伏羲氏和神农氏，但第三位则有燧人氏、女娲氏、黄帝、祝融等诸多说法。他们和后来的"五帝"合称"三皇五帝"，而三皇的德行与功劳又高于五帝。

相传神农氏的世系结束后，继位的君主依序是黄帝、少昊金天氏、颛顼高阳氏、帝喾高辛氏、帝挚、帝尧（国号唐）、帝舜（国号虞）。固然多部古书的看法并不一致，但较常听到的是以当中的黄帝、颛顼、帝喾、尧、舜为五帝。汉代的大史学家司马迁在撰写《太史公书》（《史记》）时就采用这个说法，将他旅游各地的所见所闻，与《春秋》、《国语》等古书记载相配合，写下其中典雅精致的部分，以"五帝本纪"之名作为可信历史的起点。

司马迁既然写了五帝，为什么却没写三皇呢？因为三皇的事迹还带些神话色彩，比如伏羲和女娲有人首蛇身的形象，或是在位百余年等超越了人类寿命极限的说法。而五帝的形象和故事与常人相同，可信度也就提高了。

虽然今天的考古学尚无法为五帝时代提出较有力的佐证，但从周朝（东周的春秋战国时代）到汉朝以来的口碑与文献，都认为远古时的确有五帝。由此可知，在五帝时代，我国历史渐渐脱离沉默的考古遗址，以及奇异的传说故事，开始从史前时代走向历史时代了！

大　事	时　代	距今约　单位：年
居蒲阪（山西永济）。	虞	
征服三苗。	帝舜	
命禹治水，四狱佐之，治水成功。		
命契为司徒、弃为后稷、皋陶为士、益为虞、伯夷为秩宗。		
舜禅位于禹。		
虽然考古资料仍无法确定，但《史记》以"五帝本纪"作为信史的开始。		
中国逐渐从史前时代走向历史时代。		
圆山文化出现于台湾地区。1897年在台北圆山动物园旧址发现。		4000｜3500

夏朝·商朝

相传大禹因为治水有功，所以舜禅位给他；大禹之后，则是由他的儿子启赢得了各部族的拥戴，获得王位。启在史书上有"夏后"的称谓，夏朝由启开始进入了"家天下"的时期。接着是启的儿子太康继位，然而太康耽溺于玩乐，被外族有穷氏的后羿夺走了权位。而后有"少康中兴"，少康重掌了夏朝的政权，只是再传位到了孔甲，夏朝与各部族间的关系越来越恶化；桀即位后，骄奢淫逸，不顾民间疾苦，常常出兵讨伐其他部族，惹得民怨沸腾。

商是当时的部族之一，其首领商汤决定率众部向桀开战，终于推翻了夏朝，建立商朝。和夏朝一样，决定商朝命运的，是来自各个诸侯及部族的支持，所以商朝君王的最大责任就是随时保持继续成为共主的实力。然而，并非每位君主都是生来即是贤能的，例如：太甲便有被放逐与复位的经历。而自盘更迁殷之后，商朝的社会发展逐渐稳定；武丁在位期间，商朝国力便达到鼎盛；直至最后的君王帝辛，也就是纣王，因为连年用兵、广建宫室，才受到诸侯王姬发的举兵讨伐而结束国祚。

商人重视祭祀，讲究尊敬祖先，是对万物都有信仰的自然崇拜；遇到需要抉择的事情时，商人会使用占卜，甲骨文是这个时期的记录文字，工艺作品则是青铜器。

夏朝的国祚自公元前约 2183 年（？）至公元前约 1751 年（？），起自禹，终于桀；商朝的国祚自公元前约 1751 年（？）至公元前约 1111 年（？），起自商汤，终于商纣王。夏朝首都不固定，但大致都在现今河南省；商朝首都先是定于亳，后经多次迁徙，最后一个君主纣王则是立都朝歌（位于河南省）。

约公元前 单位：年	朝代	帝王年号	大 事
	夏		
2183 － 2176 （？）		禹	居安邑（山西夏县）。 大会诸侯于涂山（陕西潼关）。 颁夏历，铸九鼎。 东巡会稽（河南伊川）而卒。 禅让制度至禹去世后结束，但原因并非在禹。
2176 － 2166 （？）		启	禹之子启即帝位，家天下制度开始。 有扈氏不服，启灭有扈氏后地位巩固。
2166 － 2138 （？）		太康	太康迁居斟寻（河南巩县）。 太康沉溺于游猎，有穷氏后羿掌握大权，史称太康失国。
2138 － 2125 （？）		仲康	太康卒，弟仲康立。
2125 － 2097 （？）		相	寒浞弑后羿；寒浞使子浇弑相。 相妻后缗逃往有仍氏，生下遗腹子少康。
2097 － 2063 （？）		（寒浞、浇）	

从"禅让"到"家天下"：夏朝开国过程

大家对大禹的认识，除了为治水而过家门不入之外，还有禅让的故事：尧禅让给舜、舜禅让给禹，传贤而不传子，成为后世的佳话。然而尧、舜可不是光听到舜、禹有才能，就将天子之位"禅让"给他们。

类似尧在禅让给舜之前经过的程序，舜即位后任命禹、皋陶、益、契（商朝的始祖）、弃（周朝的始祖）等二十二人担任官职以辅佐舜。其中任命禹之前，舜询问四岳（四个部落的酋长）谁能光大尧的事业，四岳都推荐禹，于是舜任命禹为司空。禹任职期间不但治水成功，而且对外关系良好，使四海之内都感念拥护帝舜。后来舜因为儿子商均并不贤能，便仿效尧命禹代行天子之职。但直到舜过世三年后，众人在商均和禹之间一面倒地支持禹，禹才顺应天意（民意）即位。这样前前后后经过了二十年。套句现代的话来说，禹是经过二十年的"试用期"才得到"天子"这个位子！

禹即位后认为皋陶很贤能，原本依照前例任用皋陶处理政事，没想到还没来得及禅位，皋陶就过世了。后来禹又打算禅让给益，但因为益辅佐禹的时间不长，加上禹的儿子启也很贤能，所以禹过世后诸侯都支持启，启才即天子之位。自此"禅让"制度告终，开启历朝历代"家天下"的局面。

启杀益和启与有扈氏的战争："家天下"初期的不安

对于启受到诸侯的拥戴才继立天子之位，世人原本是深信不疑的，但到了晋武帝太康二年（281）时，有个名叫不准的人盗了东周战国时代魏国魏襄王（另一种说法是安釐王）的墓，得到数十车写在竹简上的书。其中有纪年十三篇（今日称这部书为《竹书纪年》），出现许多颠覆人们对夏、商、西周三代历史的印象，让人震惊不已。比如夏朝立国的时间比商朝还久，益是因为干预启的帝位而被启杀掉，等等。

虽然启取代益为天子的结果没有改变，禅让结束和父死子继家天下制度的开始没有改变，然而一种说法是和平的，另一种说法却是血腥的。这或许表示，启改变禅让制度的过程并不是当时的人都能接受的，也没有后世认为的那样顺利。

除了启的接位受到质疑外，在启即位后，有扈氏表示不服，启为此亲自率军与有扈氏在"甘"这个地方打了一仗。在开拔出战之前，启写了一篇文章《甘誓》（可见《尚书》、《墨子》、《史记》等书），告诉将领们为什么要讨伐有扈氏和作战时的相关命令。最后启消灭了有扈氏，而天下诸侯都来朝拜表示顺服。从天子之位改为传子，以及对不服者可以用武力惩罚看来：君主和诸侯之间的关系已有所改变，天子的地位与权力逐渐提高，不再只是原来各族部落的"共主"了。

大　事	帝王年号	朝代	约公元前 单位：年
		夏	
少康在有虞氏（舜的后代）掌管膳食，有田一成，众一旅，灭了寒浞，史称少康中兴。	少康		2063– 2041 （？）
少康卒，子杼立。	杼		2041– 2024 （？）
杼卒，子槐立。	槐		2024– 1998 （？）
二里头文化出现，是夏朝文化的代表遗址。		（新石器时代、青铜时代）	2000
苏美尔人的《吉尔伽美史诗》大约于此时完成。			2000– 1800

朝代	帝王年号	大　事
夏		
		印欧语族的雅利安人逐渐侵入印度河流域，再到恒河流域；最后取代原有的城市文明，成为当地的新主人。
	芒	槐卒，子芒立。
	泄	芒卒，子泄立。
	不降	泄卒，子不降立。
	扃	不降卒，弟扃立。
	厪（胤甲）	扃卒，子厪立。

左侧时间轴：

单位：年　约公元前

2000 - 1500

1998 - 1980（？）

1980 - 1964（？）

1964 - 1905（？）

1905 - 1884（？）

1884 - 1863（？）

少康中兴：田一成，众一旅

夏启过世后，儿子太康即位。他沉溺于狩猎的快乐，忘记治理百姓的重责大任，使得国势衰落，结果被有穷氏后羿驱逐流亡，史称"太康失国"。太康过世后，弟弟仲康继位；仲康过世后，仲康的儿子相继位。

虽然后羿取得政治实权，却没有好好处理政事，而是任用寒浞这个会颠倒是非的人，使他有机可乘，杀害后羿夺了有穷氏之位。接着寒浞篡夺夏朝自立为帝，而寒浞的儿子浇（奡〔ào〕）先灭了斟灌氏、斟寻氏，然后弑杀帝相；帝相的妻子后缗逃回娘家有仍氏，生下儿子少康。

寒浞夺得帝位后仍是依赖他的诈术，以欺骗的方式治国而不体恤百姓。少康在有仍氏长大，担任畜牧管理的首长。浇得知后，对少康非常顾忌，派了椒这个人想要找到少康。少康听到消息就逃到有虞氏（舜的后代），担任掌管膳食菜肴的官职，有虞氏将两个女儿嫁给少康，并且给他田"一成"（十里地）、众"一旅"（五百人）作为复国的基础。少康不同于后羿、寒浞，他修养自己的德行又广布恩惠给百姓，终于重新获得民心和臣子靡的支持。

靡原本为后羿做事，在后羿死后逃到有鬲氏。他集合残存下来的斟灌氏、斟寻氏人民，起兵杀死寒浞，拥立少康复位。后世就将少康复兴夏朝的故事称为"少康中兴"。

夏朝：一个古书上说有，部分学者怀疑其存在的朝代

古代的历史文献中，从来没有怀疑过夏朝的存在，比如：

《诗经·大雅》："殷鉴不远，在夏后之世。"

《尚书·召诰》："我不可不监于有夏，亦不可不监于有殷。"

《论语·八佾》："子曰：'夏礼吾能言之，杞不足征也；……'"

此外，《春秋左氏传》记载少康中兴，《史记》也立有夏本纪，等等，都是证明。尤其这些是周朝时的作品，比现代更接近夏朝许多，夏朝的存在怎会是问题呢？

可是到了民国初年，随着西方考古学的传入，以及部分学者兴起怀疑古史的风气，夏朝历史出现了被抹煞的危机。因为夏朝的遗址一直没有发现。

1959 年，河南省偃师县二里头附近发现新的考古遗址，后来被命名为"二里头文化"。当中有许多陶器、石器、骨器和玉器，从类型和精致度可以得知农业、手工业都很发达，社会分工应当更加专业。还有不少青铜器出土，表明中国已进入铜器时代。除此之外，还发掘出宫殿的地基遗址。由于这样的大建筑必须集合许多人力才能兴建，似乎也显示当时领导者已颇有权威。另外在陶器上刻着许多符号，它的意义是什么，却不得而知。

虽然根据碳十四法检测遗址，发现二里头文化与夏朝的时间大约是符合的，夏朝的存在应当不容否认，只是还有许

大　事	帝王年号	朝代	约公元前　单位：年
		夏	
胤甲卒，不降子孔甲立。	孔甲		1863 1832 （？）
孔甲卒，子皋立。	皋		1832 1821 （？）
巴比伦帝国在西亚两河流域立国。下令编纂《汉谟拉比法典》的汉谟拉比王为帝国最著名的国王。			1830 1530 （？）
皋卒，子发立。	发		1821 1802 （？）
喜克索人以外族入主埃及，为古埃及的第二中衰期。			1800 1600
桀居斟寻，建琼宫瑶台，行乱政。	履癸（桀） （末年）		1802 1751 （？）
伐蒙山有施氏，得妹喜。			
会诸侯于有仍，有缗氏叛。			
大夫关龙逢直言进谏，被桀杀。			
桀召汤，将他囚于夏台，不久即释放。			
汤修德，夏桀无道，诸侯皆归汤。			
汤作《汤誓》，讨伐夏桀，击败桀后将其放逐南巢。夏亡。			

约公元前 单位：年	朝代	帝王年号	大 事
	商		
1751 - 1738 (？)		汤（天乙） （元年）	商汤即位，以亳为都城。
？		外丙	商汤子。
？		仲壬	外丙弟。
1738 - 1727 (？)		太甲（太宗）	汤嫡长孙。
1735 (？)		四年（？）	太甲被伊尹放逐到桐官，伊尹代行摄政。
1732 (？)		七年（？）	太甲归亳，伊尹还政于太甲。
1726 - 1697 (？)		沃丁	太甲子。
1697 - 1672 (？)		太庚	沃丁弟。

多新旧谜团有待解答。

"汤武革命"的前半段：汤伐桀

夏朝传至末代君主帝履癸（桀）时，国势已极衰微，许多诸侯都不愿意朝拜桀，或是服从他的命令。夏桀也不去改变自己的修养德行，以重获民心，反而更加以武力压榨百姓。夏桀将自己比做太阳，想要显示自己的重要，没想到百姓的心声却是："你这太阳什么时候要灭亡啊？我们都愿意和你同归于尽！"（"时日曷丧，予偕汝皆亡。"）

这时东方的诸侯汤是个有德行的领导者，又有贤臣伊尹辅佐，深得百姓拥戴。于是夏桀召唤汤，将汤囚禁在夏台，过不久再释放他。因为汤能修德，连各地诸侯也转而支持他，汤于是正式发动兵力攻伐夏桀。双方先战于有娀（sōng）之虚，再战鸣条，夏朝军队都战败。夏桀被汤流放到南巢，夏朝就此亡国。

桀被放逐后还对人说："我真后悔没在夏台时就杀了汤，不然也不会变成现在这个样子。"桀后来死在南巢，而击败他的汤则取而代之即天子位，商朝也由此开始。

太甲的失位和复位：辅臣伊尹的功劳

太甲是商汤的嫡长孙，在他的叔父帝仲（中）壬后即位为帝。太甲即位后不久，商朝的辅臣伊尹先后写下《伊训》、《肆命》和《徂（cú）后》三篇文章，借以说明在处理政治和教化事务时，应当要做些什么，同时回顾了商汤在位时的法律与制度。

然而太甲在位满三年下来，昏庸不明、暴虐乱德，是个不遵守商汤所定法制的君主，所以伊尹就把太甲放逐到商汤埋葬地的桐宫。接下来的三年，伊尹代理天子的职务处理国事，并且接待各地来朝拜的诸侯。

太甲住在桐宫的三年里，深切地悔过反省，因此伊尹又将太甲迎回，归还政权。复位后的太甲修养德行，各地诸侯都服从商朝的领导，百姓们的生活终于又安定下来。伊尹相当夸奖赞美太甲的改变，于是又写了三篇《太甲训》加以褒扬，称太甲为太宗。

盘庚迁殷：商朝的都城安定了

商朝到了第十九位帝王盘庚即位时，因为继承权的问题造成连年争执，使得商朝声势衰弱，很多诸侯都不愿意来朝拜服从，局面相当不利。盘庚即位之后，决定迁都。可是自商朝取代夏朝以来，每隔一段时间就迁都的情况已经有五次了，百姓一听到这消息都埋怨不已，实在不想再搬家了。盘庚就对诸侯大臣们说："过去先祖成汤和你们的先祖一起平定天下，建立起法律与制度。如果舍弃了这些，如何能够成就规范品德呢！"就这样，盘庚带着大家渡河到殷地定居，并实行商汤的政策法则。百姓从此安定生活，各地诸侯再度朝拜服从，商朝的国势随之复兴。历史上也因为这次盘庚迁殷定居的行动，又称商朝为殷朝或是殷商。

大　事	帝王年号	朝代	约公元前 单位：年
		商	
太庚子。	小甲		1672 ─ 1655 （?）
小甲弟。	雍己		1655 ─ 1643 （?）
雍己帝。 命伊陟、巫咸、臣扈辅佐，诸侯归服，是商代良君。	太戊（中宗）		1643 ─ 1568 （?）
迈锡尼文明。			1600 ─ 1100 （?）
埃及进入新王国（帝国）时期。			1600 ─ 1090 （?）
太戊之子。 自亳迁于嚣（河南荥阳）。	仲丁		1568 ─ 1557 （?）
仲丁弟。	外壬		1557 ─ 1542 （?）

约公元前 单位：年	朝代	帝王年号	大　事
	商		
1542 – 1533 （？）		河亶甲	外壬弟。 自嚣迁于相（河南安阳）。
1533 – 1513 （？）		祖乙	河亶甲之子。 自相迁于耿（河南温县）。 命彭伯、韦伯辅佐，诸侯归服。
1513 – 1497 （？）		祖辛	祖乙子。
1497 – 1472 （？）		沃甲	祖辛弟。 居庇（山东鱼台）。
1472 – 1440 （？）		祖丁	祖辛子。
1440 – 1415 （？）		南庚	沃甲子。 自庇迁于奄（山东曲阜）。

武丁在位：商朝最后的盛世

盘庚之后的小辛、小乙在位时，商朝又衰落了，百姓们都很怀念盘庚在位的美好时代。帝小乙过世后，儿子武丁即位（约公元前1339—前1280年，或约公元前1250—前1192年，在位约五十九年）。武丁很想要重振商朝的声威，却没有得到适合的辅佐人才，于是武丁沉默了三年不亲自处理政事，而交给底下职位最高的官员，自己则观察当时的风俗情势。

有天晚上，武丁梦到有圣人出现，名字为"说"。当他拿梦境里看到的人像和百官对照时，发现都不符合，可见这位圣人身在民间。武丁派人到处寻找，终于在傅险这个地方找到说，当时说是个在傅险修路的囚犯。当说被带到武丁面前时，武丁说就是他。和他交谈之后，发现果然是圣人，就用他为相，使得商朝有所转变。

武丁除了任用贤人外，他还是位常用兵的君主。《易经》记载，他曾经出兵攻伐鬼方，经过三年才获得成功。另外，考古发现他曾以他的妃子妇好为将，四处征战。在武丁的统治下，文治武功都有所发扬，商朝的声势又恢复了。武丁过世后，后人还为他立庙，尊称为高宗。

武丁在位期间是商朝最后的盛世，随着武丁过世，之后的几位继承者无法守成，商朝日渐衰微。到了帝辛（纣）在位时，终于被周武王攻灭。

商亡周兴：商纣对照周文王

帝舜在位的时候，禹（夏朝的始祖）、契（商朝的始祖）、弃（周朝的始祖）同朝为官，与三人相关的部族（国）是同时存在的。当夏朝衰落时，商朝取而代之；当商朝衰落难以恢复时，周朝也就日渐兴起了。

商朝最后一位帝王帝辛（纣），是个非常聪明、反应快、力大无穷的人，自以为所有的人都比不过他。他还喜欢饮酒作乐，并沉迷于女色，尤其对妲己言听计从。商朝的风俗是尊崇天神、地祇、人鬼（祖先），他却对鬼神相当不尊重。因为纣老是在沙丘的花园里玩乐，索性就在池子里装满酒，到处悬挂着肉，还要男男女女裸体嬉闹，彻夜喝酒。"酒池肉林"的成语就是这样来的，形容毫无节制地纵欲浪费。

由于百姓渐渐怨恨不满，更有诸侯背叛了他，所以纣就加重刑罚，发明"炮格"（又作"炮烙"）之刑，借以吓阻大家。另外他还发兵征讨东夷，虽然商朝与东夷之间的往来变得频繁，但也损耗不少国力。

纣任命九侯、鄂侯及周的领导者姬昌为辅佐政事的三公，却又先后残杀九侯和鄂侯。姬昌听到消息只敢暗暗叹气，没想到被崇侯虎听到，立刻向纣报告。纣就将姬昌关在羑里（河南汤阴），相传姬昌就是在此时将《易》的八卦重新演化成六十四卦的。在周的臣子闳夭等人努力营救下，纣才赦免了姬昌；姬昌还献出洛水

大 事	帝王年号	朝代	约公元前 单位：年
		商	
祖丁子。	阳甲		1415 1398 （？）
阳甲弟。	盘庚		1398 1370 （？）
盘庚下令迁都至殷（河南安阳小屯村，屡有司母戊大方鼎、甲骨文等发现，2006 年商代殷墟遗址已成为世界文化遗产）。 迁殷前，因人民抱怨，而作《盘庚》三篇。 殷复兴，诸侯来朝。至纣灭亡，未再迁都。	十五年（？）		1383 （？）
埃及法老阿蒙霍特普四世（又称阿肯那顿、易克那唐）继位后企图改变国家原来的宗教内涵，转为只尊崇太阳神的一神信仰。但他死后一切规范依然照旧。			1370
盘庚弟。	小辛		1370 1349 （？）
小辛弟。	小乙		1349 1339 （？）
小乙子。	武丁（高宗）		1339 1280 （？）

约公元前 单位：年	朝代	帝王年号	大　事
1308 （？）	商	三十二年（？）	沉默三年，政事决定于冢宰。 举傅说为相，国大治。 攻克鬼方，妻子妇好也曾统兵征战。 在位期间是商朝最后的盛世。
1300 ｜ 1230			犹太人摩西带领其族人离开埃及，前往巴勒斯坦。此即约书（《摩西五经》、《旧约圣经》）里的"出埃及记"（"出谷记"、"出离之书"）。
1200 ｜ 800			海洋民族移入希腊半岛，当地进入荷马时代。
1200 ｜ 400			中美洲出现奥尔梅克文明。
1280 ｜ 1273 （？）		祖庚	武丁之子。
1273 ｜ 1240 （？）		祖甲（帝甲）	祖庚弟。

西边的一块土地，以请求纣免除炮格之刑。纣不但同意了，还赐给姬昌弓、矢、斧、钺，象征赋予征伐的权力，封他为"西伯"（西方诸侯首领）。此后纣改用擅长阿谀奉承的费中，和很会说别人坏话的恶来（秦朝远祖之一），使得商朝的百姓和诸侯对他越来越疏远了。

反观西伯回到周后，修养德行，使得许多诸侯都转而投向西伯。随着西伯的势力壮大，纣的权势相对有所减弱。然而，无论是王子比干还是臣子祖伊向纣劝谏，纣都听不进去。西伯连续攻伐饥（耆）、邘、崇等国，再将都城从岐下迁移到丰，慢慢增强与商抗衡的实力。可是西伯却在此时过世了，谥号"周文王"。虽然他没有亲见周取代商的那一刻，但坚实的基础已经奠定，商亡周兴的时刻将要到来。

周武王继位与首次东伐：尔未知天命

西伯（周文王）去世后，儿子姬发继位，是为周武王。他任用太公望（吕尚、姜尚，就是大家常听到的姜子牙）、弟弟周公旦等人辅佐协助，以继续文王的事业。

周武王在继位的第九年展开首次东伐，当时周军载着文王的神主木牌，而武王自称太子发，表示这次东伐纣是奉文王之命，并不敢专擅文王的功业名义。然而在行军途中，遇了见自孤竹国远来投奔的国君之子——伯夷、叔齐，他们拦下周武王的军队提出劝谏："父亲过世了没有安葬，还要发动战争，这算是尽孝道吗？以臣下的身分想要弑杀君上，这是仁的行为吗？"周武王的左右卫士想要杀掉伯夷、叔齐，但是太公望说："这是信守道义的人啊！"就将他们搀扶到一边，以免遭到伤害。

随后周武王军队抵达会师地点——盟津（即孟津），当时已有八百诸侯愿意跟随周武王伐纣，可是周武王却说："你们都不知道天命啊！"就让大家各自解散退师了。这看起来相当奇怪，但仔细想想就能明白。虽然纣的昏庸已使商朝陷入危局，但是像纣的叔父比干和箕子、纣的兄长微子启等贤人仍在商朝，周武王首次出兵就遇上伯夷、叔齐，可见仍有许多仁人志士支持商朝。就算周武王首次东伐就成功，恐怕也不会得到百分之百的民意支持，不如先退兵观察情势演变才是上策。

"汤武革命"的后半段：武王伐纣

在周武王首次东伐退兵后，商朝内部也发生相当大的变化。首先纣的兄长微子启屡次向纣提出谏言没有被接受，就和商朝的太师、少师离开商朝逃亡。纣的叔叔比干说："身为臣子，就算牺牲生命也得要力争道理。"所以强行向纣提出建言。纣大为震怒说："我听说圣人的心是有七孔的。"于是杀害比干，剖开他的身体看看到底有没有七孔。箕子听到消息就假装发疯，希望能逃过一劫，但是纣没有放过他，将箕子关了起来。

当商朝的太师和少师带着祭祀用的乐器逃到周时，周武王觉得商朝的贤人受到迫害，祭祀的制度和器物也已经崩溃，

大　　事	帝王年号	朝代	约公元前 单位：年
		商	
祖甲之子。	廪辛		1240 － 1234 （?）
廪辛弟。	庚丁（康丁）		1234 － 1226 （?）
武乙暴虐无道，犬戎寇边境。	武乙		1226 － 1222 （?）
封古公亶父为周侯，赐岐下邑（古公亶父已自豳迁于岐〔陕西岐山〕，改号周）。 周王季历攻西落鬼戎。 武乙猎于河渭之间，被暴雷震死。			
命周王季历为侯伯。 太丁杀季历。 季历卒，子世昌（文王）继为西伯。	太丁（文丁、文武丁）		1222 － 1209 （?）
帝乙嫁妹于文王。	帝乙		1209 － 1174 （?）
帝乙之子。	帝辛（纣）		1174 － 1111 （?）
姬昌成为周的领导者，商、周之间实力逐渐消长。	四年（?）		1171 （?）

约公元前 单位：年	朝代	帝王年号	大　事
	商		
			纣宠爱妲己，厚赋税，百姓抱怨，诸侯叛离。
			重刑辟，有炮格之法，醢九侯，脯鄂侯，囚西伯于羑里（西伯则演八卦），因周臣营救而释放，使西伯专征伐。
			剖比干，箕子佯狂，微子出走。
			西伯伐饥（耆）、邘、崇等，自岐迁于丰（陕西鄠县）。
1122 （？）		五十三年（？）	周武王继承西伯（文王姬昌）位并准备东伐。
			以太公望为师，周公旦为辅，曾伐商东至盟津，八百诸侯不期而会，解散退师。
1111 （？）	西周	六十四年（？） 武王	商、周二军交战于牧野（河南淇县）。
		十一年（？）	纣战败，逃往鹿台并自杀，商亡。

伐商的时机真的到了。因此率领各地诸侯讨伐纣的暴行，纣也发兵到牧野准备抵抗周武王的军队。商朝的军队虽然人数众多，但都没有抵抗之心，反而希望周武王的军队到来。

周武王十一年二月甲子日，两军交战，商朝的军队当然大败。纣逃往鹿台，穿上缀有珠宝的衣服投火自杀。周武王随后砍下纣的头悬挂在大白旗上，杀了妲己、释放箕子、修建比干墓等等，采取了许多安抚商民的措施，使得百姓们都很高兴。随后周武王才即天子位，取代商朝治理天下。

桀、纣分别为夏朝、商朝的末代暴君，商汤、周武王先后起兵讨伐，《易经》称为"汤武革命"，是"顺乎天而应乎人（顺应天理民心）"的行动。《孟子·梁惠王》也说："闻诛一夫纣矣，未闻弑君也。"（只听过诛灭纣这个残暴无道的人，没听说过是弑杀君主的行为。）随着汤武革命的发生，夏朝、商朝皆已走进历史，接着开启了中国历史上享国最久、统领天下时间最长的朝代——周朝。

周朝

周朝分为西周与东周两个时期。周原本只是商朝的一个封国，后由周武王姬发在牧野一战打败商纣王的军队后，建立周朝，是为西周的开始。周朝初建时期国内并不安宁，在辅政大臣周公扫荡"管蔡之乱"、安顿好商朝的遗民后，周朝的天下才大定，出现"成康之治"，进入西周的全盛时期。然而，继位的君王并非都能励精图治，周厉王便因为过于暴戾、贪婪，被人民放逐，王位的空档时期则由两位大臣共掌朝政，史称"共和时代"。后有周宣王力图振作，号称中兴，但因晚年对西北戎狄用兵失败，周朝国力便快速衰退；周幽王的荒淫无道，使人民怨声载道，幽王后来被入侵的戎狄所杀，西周于是覆亡。

西周的王都镐京因为受到战火的破坏，周平王在诸侯的建议下，东迁雒邑，此为东周的开始。周王室的王权在这个时期受到诸侯国的抑制，徒有"天下共主"的虚名，诸侯国之间互相称霸，各自伸展势力，前有"春秋五霸"、后有"战国七雄"。春秋五霸先后为齐桓公、宋襄公、晋文公、秦穆公、楚庄王，霸主是通过战争来取得盟主地位，获胜者有权召开会盟，要求大家公开承认其"霸主"的地位。战国七雄则为齐、楚、秦、燕、韩、赵、魏等七个诸侯国，战国时期能够国势强盛的先决作为，是先要在国内进行变革，例如魏文侯任用李悝，楚国任用吴起，秦国任用商鞅。战国七雄的势力互有消长，在"合纵政策"与"连横政策"的交锋下，最后由秦国胜出。

春秋战国时期是一个诸子百家争鸣的时代，有政治抱负的人都可以主动去寻觅合适的君王来辅佐，发挥自己所代表的思想特色，更出现所谓的"九流十家"，是中国学术百家争鸣、开枝散叶的时代。孔子更开创私学，让教育变得普及，不再是贵族的专利。

周朝的国祚自公元前约 1111 年（？）至公元前 256 年，起自周武王姬发，终于周赧王；其中公元前722 年至公元前 404 年，又可称为春秋时期；公元前 403 年至公元前 221 年，又可称为战国时期。西周首都为镐京，东周则为雒邑。

	朝代	帝王年号	大　事
约公元前 单位：年 1111 — 1005 （？）	西周	武王	自丰迁都于镐（陕西西安）。 武王封先王后裔，并封弟叔鲜于管（都今河南郑州）、叔度于蔡（都今河南上蔡）、叔处于霍（都今山西霍州），立纣子禄父（武庚）治殷，使管、蔡、霍监视武庚。 功臣以师尚父为首封，封于营邱（都今山东临淄），封召公奭于燕（都今北京），封周公旦于鲁（都今山东曲阜）。 孤竹国的伯夷、叔齐以武王伐纣为不义，不食周粟饿死。 武王访箕子，箕子作《洪范》，不臣周，封箕子于朝鲜。 修缮并封比干之墓。
1104 — 1068 （？）		成王 　元年（？）	周成王即位，年少，周公摄政。管叔、蔡叔联合武庚作乱，称为"管蔡之乱"。周公率军东征。
1102 （？）		三年（？）	周公平定管蔡之乱，诛武庚、管叔，放逐蔡叔。

管蔡之乱：周朝初年的政治危机

商朝灭亡后，周武王采取很多安抚商朝遗民的措施，包括杀妲己、释放箕子、修缮比干之墓、表彰贤人商容的家乡等等，还封纣的儿子武庚禄父治理商朝遗民，要求他施行盘庚在位时的善政。这些都让商朝遗民觉得相当满意。周武王又认为战事才刚结束，各地尚未完全平定，而另外要求自己的弟弟叔鲜、叔度协助武庚治理商朝故地。

周武王在班师西归都城镐京后，分封炎帝、黄帝、帝尧、帝舜、大禹的后世子孙，再分封功臣谋士。首封师尚父（太公望，又称吕尚、姜尚，就是大家熟知的姜子牙）于齐，接着封弟弟周公旦于鲁、宗室召公奭于燕、弟弟叔鲜于管、叔度于蔡等等。

于是周武王即位成为天子，由于觉得德行比不上五帝，所以不再自称帝而只称王，而武庚禄父则成为周朝的诸侯。

周武王在位没有多久就过世了。他的儿子姬诵即位，是为成王。由于周朝刚平定天下，周公害怕各地诸侯对年轻的成王不服而背叛周朝，因此代替成王处理国事。这反而使管叔、蔡叔怀疑起周公来，在国内不断散布周公即将对成王不利的消息，使得召公奭也对周公不高兴。周公就向太公望、召公奭解释他为什么如此不避嫌暂代摄政的理由，又列举历位辅佐商朝的名臣表示自己的立场，使得召公奭终于放下心来。

管叔、蔡叔终究联合了武庚和另一民

族淮夷兴兵作乱，想要进攻雒邑（相当于今河南洛阳）。周成王命令周公出兵讨伐，经过三年终于诛灭武庚、杀管叔、放逐蔡叔，然后改立纣的兄长微子启于宋，以继续商朝的香火祭祀。除此之外，为了分治商朝遗民，而分封武王的另一位弟弟康叔于卫地。过了两年，淮夷也被平定。各地诸侯都服从周朝的领导，周朝初年不稳的天下局势终于渐渐地平定下来。随着成王日渐年长，周公也在成王七年（公元前 1097 或前 1035 年）还政于成王，自己回到群臣的行列里，恭谨地听从成王的号令。

共和元年：从此史书对于年代的记录没有中断

史学发达是中华文化的特色之一，从上古三代开始就有专人负责记载过去发生的事情，这些被保留下来的事情，有一部分逐渐成为历史。

历史脱离不了时间，大部分的历史事件发生时，其年、月、日、时都会被详细记载。然而有些年代久远的事件，虽然有内容情节，却失载时间（可能是没有记载、遗失记载，或是记载不清），使得后来的人们无法确认这些事件发生的时间，只能推断出一个时间范围而已。

从现有的文献史料中能够得知：到目前为止，历史事件和发生时间可以完全契合的年代，可以上溯到西周的"共和元年"。为什么是这一年？汉代大史学家司马迁在撰写《太史公书》（《史记》）时，其中有一篇《十二诸侯年表》。太史公

大 事	帝王年号	朝代	约公元前 单位：年
封纣庶兄微子启于宋（都今河南商丘），治殷遗民。封武王弟康叔于卫（都今河南淇县）。	四年（？）	西周	1100（？）
周公还政于成王。营建成周（东都）雒邑（洛阳），以镐京为宗周。	七年（？）		1097（？）
埃及新王国时期结束，国势渐衰。			1090
武王子。	康王		1067—1042（？）
康王子。	昭王		1041—1024（？）
昭王子。	穆王		1023—983（？）
穆王子。	共王		982—967（？）
共王子。	懿王		966—955（？）
共王弟。	孝王		954—925（？）
懿王子。	夷王		924—879（？）
厉王以荣夷公为卿士，实行"专利"，国人谤王，王以卫巫监视，杀害批评者。"国人莫敢言，道路以目。"召公进谏，厉王不听。	厉王		878—842（？）

公元前 单位：年	朝代	帝王年号	大 事
	西周		厉王暴虐，楚雄渠畏惧其伐楚，而去其王号。
841		共和 元年	厉王出奔彘（山西霍县）。周公、召公二相行政，暂代被驱逐的周厉王，史称"共和"。从此年起，史书上记载的年份没有中断，中历与西历年份可以相互对照。
828		十四年	周宣王即位，共和结束。宣王以周召二公为辅，征讨猃狁、淮夷等，四方安定，为宣王中兴。
824		宣王 四年	秦仲攻伐西戎，败死。周宣王召其子庄，统兵七千人，破西戎。
806		二十二年	宣王封弟友于郑，是为郑桓公。
797		三十一年	宣王遣兵攻太原戎，不克。
789		三十九年	宣王攻伐申戎，破之。宣王与姜戎交战，王师战败。

马迁以周朝纪年为基础，列举鲁、齐、晋、秦、楚、宋、卫、陈、蔡、曹、郑、燕，再附加吴等十三诸侯的每年大事，表中的起点就是周共和元年。将共和元年与公元历法对照，得知共和元年与公元前841年同年；从此年开始，史书对于年代的记录没有中断，直到今日。

可是之前呢？之前的历史事件有办法得知它们的发生时间吗？长期以来，在列举从黄帝到共和元年之间的年代划分方式时，所采用的传统说法，是将夏朝定于公元前2183—前1752年之间，商朝则定于公元前1751—前1111年之间，等等。

1996年横跨历史学、考古学、古文字学、天文学、测年技术等学科的专家学者，进行为期四年多的"夏商周断代工程"研究计划。在分析大量的甲骨、青铜器、天文现象等线索后，大致得出夏朝是介于公元前2070—前1600年之间，商朝是介于公元前1600—前1046年之间等结论，并且出版成果报告简本。因为各界的质疑声浪不断，所以后来没有出版完整本的报告，只能算是当代大陆地区学界对这项议题的看法之一。

由于现在仍然没有确定的结论，因此在讲共和元年以前发生的史事时，对于这些事件的发生年代，还是得要加上一个"？"，表示仍有争议尚未厘清。

周幽王被犬戎所杀：都于镐京的西周时期结束了

相传夏朝走向衰落的时候，有两条神龙飞到夏朝的宫廷里，对夏帝表明它们是褒国的前代国君。夏帝将它们的"龙漦(chí)"（龙所吐出的唾液口水，代表它们的精气）装进木柜藏着，一直都没人敢打开它。直到周厉王末年时，才把木柜打开，一开龙漦就流到庭院里没办法清除。后来龙漦变成"玄鼋(yuán)"（蜥蜴）跑到后宫，结果被一个小宫女踏到，等到周宣王在位时，她竟然就怀孕生女了。小宫女没有嫁人却会怀孕，让她感到相当害怕，所以将女婴丢弃。女婴被一对夫妻发现，将她带到褒国抚养长大。

后来周幽王讨伐褒国，褒国人请求送这个女孩到王廷服侍周幽王，以当做赎罪。因为女孩来自褒国，褒国又与夏朝同姓姒，所以就称她为褒姒。

周幽王三年（公元前779年），幽王到后宫时发现褒姒，此后备加宠爱。当时周朝设有燧燧（烽火台）和大鼓，如果发现有敌人进攻侵略时，就点燃烽火召集各诸侯的军队以保卫周朝。由于褒姒不喜欢笑，周幽王用尽千方百计都无法博得她一笑，于是发出假警报，引诱诸侯军队赶来。褒姒看到各军集结却发现没有敌人时的情景，终于大笑起来。幽王相当高兴，之后又好几次举烽火召集诸侯，久而久之就失去了对诸侯的信用，诸侯也慢慢地不派兵来了。

当时幽王的皇后是申国侯爵的女儿，生下了嫡长子宜臼并立为太子。后来褒姒为幽王生下儿子伯服，由于喜爱褒姒的缘故，幽王就废后废太子，改以褒姒为皇后，伯服为太子。周朝的太史伯阳因为读过史料，知道褒姒的来历，直说："（周

大　事	帝王年号	朝代	公元前 单位：年
		西周	
幽王纳褒姒，并宠之，以烽火戏诸侯，博其一笑。之后诸侯不信，因而不至。	幽王 三年		779
古希腊首届奥林匹亚运动会在奥林匹亚山举行。每四年一次，成为当时计算古希腊年代的方式，称"奥林匹亚纪年"（约至罗马帝国皇帝狄奥多西一世在位时被禁）。	六年		776
幽王废申后与太子宜臼，立褒姒为后、其子伯服为太子。	八年		774
申侯（宜臼外祖父）联合缯与犬戎大破镐京，杀幽王，掳褒姒。西周时期结束。诸侯立太子宜臼为平王。	十一年		771
周平王即位后东迁雒邑，由晋文侯、秦襄公、郑武公、卫武公等护送。东周时期开始。平王以岐之西地赐秦，秦列诸侯。周东迁仰赖晋郑二国，以郑伯为王卿士。	平王 元年	东周	770

公元前 单位：年	朝代	帝王年号	大　事
	东周		
753		十八年	罗马城初建于意大利半岛中部台伯河畔，罗马进入王政时期。
724		四十七年	晋国发生曲沃之乱。晋曲沃庄伯杀晋孝侯，晋国大夫将庄伯逐回曲沃，立鄂侯（孝侯子）为国君。
722	春秋 时代 /东周	四十九年	孔子修《春秋》以此年（鲁隐公元年）为纪年起点，"春秋时代"开始。 郑伯克段于鄢。 亚述帝国击灭以色列王国。
707		桓王 十三年	周桓王与郑庄公有争端，桓王率军伐郑，双方交战于繻葛（河南长葛），郑军射箭中桓王肩膀。
686		庄王 十一年	齐国内乱，管仲奉公子纠奔鲁国，鲍叔牙奉公子小白奔莒。

朝的）祸患已经造成，毫无办法了！"

由于周幽王任用虢石父这个很会巴结奉承又贪财好利的人，作为处理政事的卿，国人都相当埋怨。加上幽王废申后和太子的事情，使得他的"前岳父"申侯大怒，终于在周幽王十一年（公元前 771 年）与缯国和西方的犬戎联合起来，进攻周朝。此时周幽王再举烽火想要征调诸侯兵平乱，却没有任何军队赶来。就这样，入侵的犬戎在骊山下杀害周幽王，俘虏褒姒，将财物掠夺一空后离去。随着幽王被杀，历史上所称建都于镐京的西周时期便结束了。

周平王率众东迁：都于雒邑的东周时期开始了

周幽王被犬戎杀害后，诸侯们就跟着申侯拥立原来的太子，也就是申侯的外孙宜臼为周王，以继续周朝的香火祭祀，是为周平王。由于当时的犬戎实力强大，周平王即位后为了避开犬戎，只好率众东迁至雒邑。历史上就称建都于镐京的周为西周，周平王迁都雒邑后的时期为东周。周平王在位期间，周王室逐渐衰微，失去指挥控制诸侯的威望与力量，各地诸侯开始强并弱，大欺小，齐、楚、秦、晋日渐变得强大，政事与号令也渐渐改由这些雄踞一方的霸主所控制发布。迁都后的周朝展现出与迁都前截然不同的风貌。

礼崩乐坏的春秋时代："孔子成《春秋》，而乱臣贼子惧"

东周自周平王元年（公元前 770 年）

东迁雒邑起，至周赧王五十九年（公元前256年）时被秦国所灭，如再加上接纳流民，继续奉祀周朝先祖达七年之久的东周君，则可延至公元前249年为止。虽然有些人会以"春秋时代"加"战国时代"等于"东周"的方式来看待这段时期的历史，但是实际上这三个词所指的时间范围是不完全衔接与相同的。

"春秋时代"之名取自于孔子私自编修的史书《春秋》。《春秋》一书是孔子晚年结束周游列国的旅程，回到鲁国后所编写的。由于他所依据的是鲁国的史书，所以在记录年代时依据的是，上自鲁隐公元年（周平王四十九年〔公元前722年〕）起，下至鲁哀公十四年（周敬王三十九年〔公元前481年〕）止，共十二公在位时的纪年。

夫子身处的春秋时代是周天子地位下降，诸侯做事常常超越了原本应遵守的身分与职务范围，社会秩序、伦理道德等价值都受到冲击，一个"礼崩乐坏"的时代。取而代之的是不当的言论和残暴的行为，臣子弑杀国君、儿子弑杀父亲的伦理悲剧时有所闻。夫子感到相当忧虑畏惧，因而决定作《春秋》。然而夫子编写的《春秋》和其他的史书有许多不同之处。

首先编修史书是史官的职责，但夫子却自行编写《春秋》；其次像《春秋》在记事时已不限于鲁国境内，有不少事情是和齐桓公、晋文公等霸主的功业有关。虽然夫子以原来的鲁国史书内容为基础，但在用字遣词上却有独到的考量标准，隐含着褒贬评价与道理。

大　事	帝王年号	朝代	公元前 单位：年
齐公子小白自莒先入齐即位，是为齐桓公。任管仲为相，齐强。	十二年	春秋时代/东周	685
鲁将曹沫劫盟，迫齐桓公还侵占鲁国之地。	釐王（僖王）元年		681
齐、宋、陈、卫、郑会于鄄（山东鄄城）。	三年		679
齐桓公的霸业始于此年（鲁庄公十五年），"春秋五霸"陆续登上历史的舞台。			
晋献公攻打骊戎，得骊姬。	惠王五年		672
秦穆公时代开始，重用蹇叔、百里奚与其子孟明视，国力日强。	十八年		659
晋献公用荀息之计，"假虞灭虢"，以扩大疆域。	十九年		658
晋灭虢还，然后灭虞。	二十三年		655
齐、鲁、宋、卫、郑、许、曹等国大会于葵丘（河南兰考），周天子派遣使者参加。	襄王元年		651
晋献公死，子奚齐立。大夫里克杀奚齐，荀息立奚			

公元前 单位：年	朝代	帝王年号	大　事
	东周		齐弟卓子，里克杀卓子。秦以兵护送晋公子夷吾回国，是为晋惠公。
645		七年	管仲卒（齐桓公四十一年），死前推荐鲍叔，桓公未任用，而用易牙、开方、竖刁，齐政益乱。
638		十四年	宋襄公欲继齐桓公为中原盟主。在楚、宋的泓水之战中，宋襄公待楚军渡河列好阵势后才出战，大败受伤，一年后忍恨而死。
636		十六年	晋公子重耳历经流亡至楚，后秦穆公送他回晋嗣位，是为晋文公。
632		二十年	楚成王攻宋，晋文公与齐、秦联军救宋，与楚战于城濮（今山东鄄城西南），并依约定"退避三舍"，楚军败。晋、齐、鲁、宋、郑、蔡、莒、卫，在践土（河南原阳）会盟。晋文公称霸。
630		二十二年	晋文公与秦穆公围攻郑国，郑派烛之武说服了秦穆公退兵，晋军亦退，史称"烛之武退秦师"。

对天下事是非善恶的评价议论，其实是天子的权力与职责；加上孔子又不是史官，表明孔子私修《春秋》的举动已经越过了他的身分地位，做了不应该做的事。所以书成之后，孔子才会说："知我者其惟《春秋》乎！罪我者其惟《春秋》乎！"（后世能够了解我，知道我的理念的，大概是因为这部《春秋》吧！指责我不该擅自去做只有天子才能做的事情，逾越了自己本分的，大概也是因为这部《春秋》吧！）

无论后世的评价如何，孔子首开私人修史的先例，在记录、保存过去历史事件发生的经过外，还蕴含着惩恶劝善的义法，这些都成为中国史学发展的特色之一。

春秋霸主出现与齐桓公的霸业："天下无道，则礼乐征伐自诸侯出"

西周是"天下有道，则礼乐征伐自天子出"的时代。无论是封建制度还是宗法制度，周天子都是居于最崇高的地位。由于历任周王施政时能从"公"的角度考量事情，依王道仁义治理天下，不以一己之"私"为优先，所以政治清明，凡事都上轨道。在这样的背景下，无论是制定礼乐，还是对外征伐等大事，都由天子做主，诸侯们也愿意服从周天子的领导。直到西周晚期，周天子施政逐渐不依王道，开始以私废公，对天下诸侯的号召力便逐渐减弱。

到了东周开始后，进入了"天下无道，则礼乐征伐自诸侯出"的时期。虽然周天

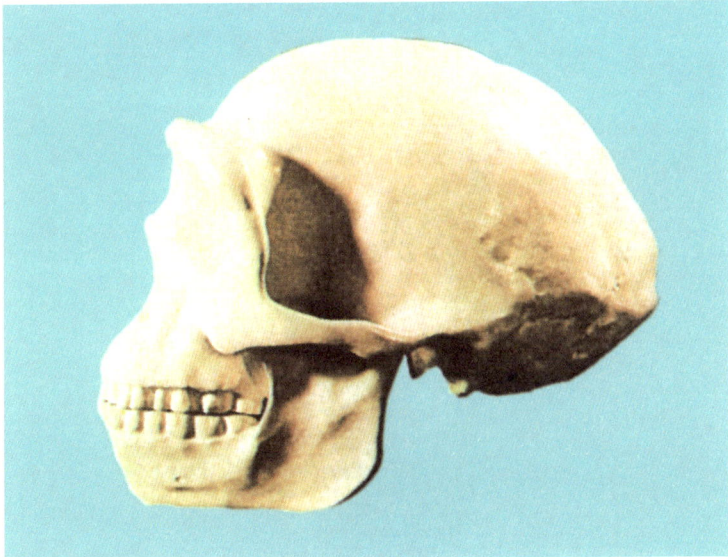

北京人头盖骨

1929 年，裴文中找到首具头盖骨，震惊中外；1933 年，裴文中又在北京人遗址附近发现山顶洞人；1936 年，贾兰坡又连续发现三个北京人头盖骨，周口店遗址的考古前景真是一片看好。

龙山文化　薄胎高柄陶杯

龙山文化出现于黄河流域。1928 年在山东省章丘县龙山镇发现。

二里头文化青铜牌饰

1959 年，河南省偃师县二里头附近发现新的考古遗址，后来被命名为
"二里头文化"。当中有许多陶器、石器、骨器和玉器，从类型和精
致度可以得知农业、手工业都很发达，社会分工应当更加专业。还有
不少青铜器出土，表示中国已进入铜器时代。

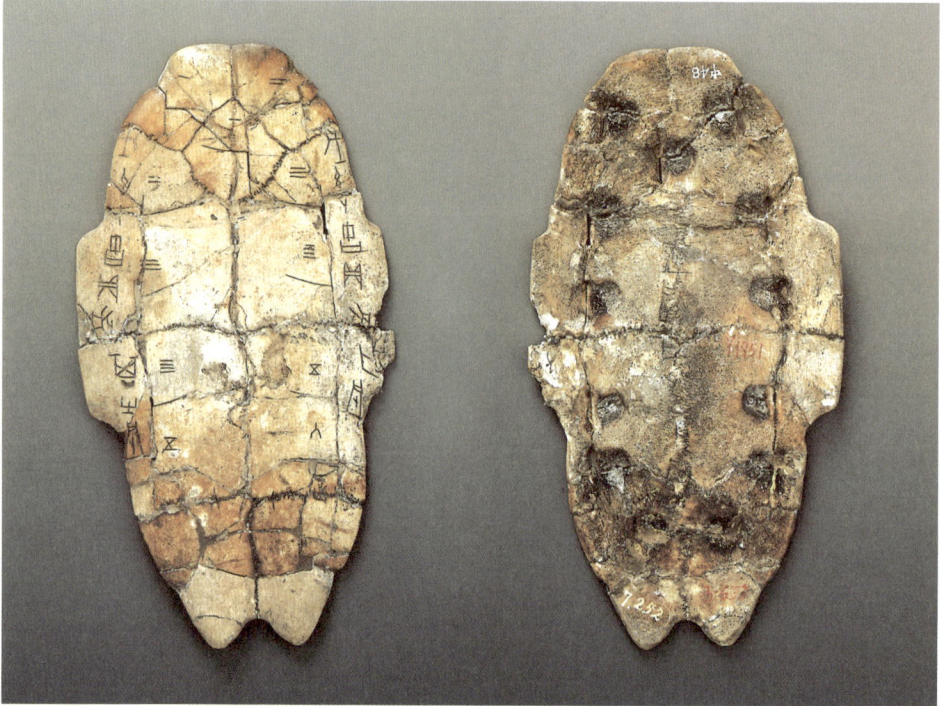

占卜龟甲正、反面比较图示

商人重视祭祀，讲究尊敬祖先，是对万物都有信仰的自然崇拜；遇到需要抉择的事情时，商人会使用占卜，甲骨文是这个时期的记录文字。

孔子讲学图

春秋战国时期是一个诸子百家争鸣的时代，有政治抱负的人都可以主动去寻觅合适的君王来辅佐，发挥自己所代表的思想特色，更出现所谓的"九流十家"，是中国学术百家争鸣、开枝散叶的时代。孔子更开创私学，让教育变得普及，不再是贵族的专利。

清　易水送别图

出发当天，众人都到易水岸边饯行，高渐离击筑，荆轲配合着节拍，边走边唱道："风萧萧兮易水寒，壮士一去兮不复还！"

秦始皇像

秦王政又下制说："朕曾听说上古时代对天子只有号而没有谥，后来才出现在世时有号，死后再以生平事迹赋予谥。这样的话就变成儿子评价父亲，臣子议论先君的行为。这是没有意义的，朕不愿这么做，从此以后去除谥法。朕是始皇帝，后代以序数计次，从二世、三世一直到千万世，直到无穷无尽。""皇帝"这个词和历史上的第一位皇帝——秦始皇（帝）就这样跃然于历史上了。

秦始皇陵兵马俑坑

后世对秦代文物认识度最高的，当是临潼出土的秦始皇兵马俑。

子依然存在，没有立刻被任何势力取而代之，诸侯们仍承认周天子是天下共主，不过原来由周天子做主的礼乐征伐之事，都无力再继续亲自执行，变成只是"名义"上的共主了。

天下秩序仍然需要维持，诸侯当中势力比较强大的，便逐渐成为各国之间的霸主（领导者）。由于霸主也是各诸侯国中的一国，不是原本更崇高的周天子，所以在处理事情的时候容易想到"私"的一面，而不一定能从全局思考。两者仍是不同的。

春秋时期先后出现五位霸主，依序是齐桓公、宋襄公、晋文公、秦穆公、楚庄王，也有说法认为是齐桓公、晋文公、楚庄王、吴王阖闾、越王句践。

无论是哪种说法，齐国都是五霸之一。齐国传到桓公在位时，以管仲、鲍叔牙等人整治齐国政事，又发展军事组织和鱼盐之利，照顾贫穷、任用贤人，齐国的百姓都感到很满意。齐桓公五年（周釐王元年〔公元前681年〕）出兵伐鲁，面临战败的鲁国提议献地求和，齐桓公也表示同意，两国会盟订约。没想到鲁将曹沫持匕首挟持齐桓公，要求归还已占领的鲁国土地。齐桓公答应了，曹沫才放下匕首，回到面向北方的臣子位置。后来齐桓公想反悔，但管仲力劝桓公要讲信用，所以最后还是归还了土地。各诸侯国听到消息，都觉得齐国是可以相信而且想要归附的国家。也由于诸侯们认为齐国可信，两年后齐桓公与多位诸侯在鄄地集会时，方能成为诸侯间的霸主。"春秋五霸"的霸业便

大　事	帝王年号	朝代	公元前 单位：年
		东周	
郑国商人弦高在滑国遇秦师，假借郑使者的名义，犒劳前来偷袭的秦军，并派人通知郑国。秦知郑有备，灭滑而还。晋国与姜戎在崤山埋伏，大败秦军。	二十五年		627
秦穆公三十五年，孟明视攻晋欲报崤之役，败于晋。	二十七年		625
秦穆公（三十七年）用大臣由余之计，攻伐西戎大胜，称霸西戎。	二十九年		623
楚庄王（八年）伐陆浑之戎，周命王孙满劳楚王，楚王问鼎大小与轻重，有意"问鼎中原"，满对曰："在德不在鼎。" 亚述帝国亡于新巴比伦王国（迦勒底王国，一说为公元前605年）。	元年	定王	606
楚国围攻郑国，郑伯肉袒牵羊谢罪请降。 楚国与晋国交战于邲，楚大胜。	十年		597

公元前 单位：年	朝代	帝王年号	大　事
594	东周	十三年	梭伦开始在雅典进行政治改革。
587		二十年	鲁成公拜访晋君，晋景公不礼。
586		二十一年	新巴比伦王国（迦勒底王国）在尼布甲尼撒王率领下，击灭犹太王国，并且强迫希伯来人（犹太人）移居巴比伦，是为"巴比伦之囚"。
584	简王	二年	巫臣从晋使吴，教吴车战，吴国兴起。吴攻楚国，让楚国的子重、子反"一岁七奔命"。
582		四年	郑成公前往晋国，被怀疑亲近楚国，而遭扣留。秦桓公与外族白狄侵犯晋国。
579		七年	宋国华元成功联合晋、楚，会盟于宋西门之外，约互不加兵、彼此援助，为第一次诸侯弭兵。
575		十一年	晋、楚发生鄢陵之战，晋胜。

陆续展开。

华元国际和平运动：同恤灾厄，备救凶患

齐国的霸业让其他诸侯王有了学习的对象，原来权力不仅可以对内驾御臣民，更可以对外统御各国。国际间的争霸，往往是大国之间的事情，受苦的就是那些常被作为缓冲剂、筹码或是牺牲品的小国家，例如宋国。宋国夹在晋国与楚国之间，当时宋国大夫华元恰好与晋国的大夫栾武子、楚国的令尹子重，都有不错的交情，因此便出面奔走晋国与楚国之间，希望能促成双方的友好相处。

当时晋国对楚国的争霸，虽然有几分优势，但是晋国出面干涉鲁国与齐国之间的土地问题，不只对鲁国不尊重，也引起一些小国的不满；又郑成公前来晋国拜访，晋国居然怀疑他亲近楚国，所以扣留了郑成公，这件事情自然不见容于国际社会。与此同时，西边的秦桓公与外族白狄，也趁机侵犯晋国。如果能暂时停止与楚国之间的争势，晋国当然愿意喘一口气。

而楚国本身也必须面对国内权臣的意见分裂，加上邻居吴国的迅速崛起，还夺走原本臣属于楚国的蛮夷小国，楚国大臣们为了维护国家利益而疲于奔命在这些小国中，如果可以暂缓与晋国的争势，自然也是一件好事。

于是乎，华元的安排很快获得晋楚双方的正面回应。周简王七年（公元前579年），双方代表人物是晋国的大夫士

燮与楚国的公子罢、许偃，会盟地点就在宋国的西门外。本次签订的合约是希望晋楚两国可以"好恶同之，同恤灾危，备救凶患"，即喜欢与讨厌的都一样，大家有同样怜恤危难的心情，随时准备救援灾祸；倘若遇到有他国危害盟约一方，另一方必定出兵协助；希望双方能做到"交贽往来，道路无壅"，两国使者往来的道路没有阻碍，这是比喻两国的沟通能毫无障碍。最后盟约上议定，如果有违背约定者："明神殛之，俾坠其师，无克胙国。"违背盟约者，会受到神灵的歼灭，使他的军队瓦解、无法保卫国家。

然而，晋楚两国长期的纠葛，想要通过一纸盟约便化敌为友，根本就是天方夜谭，会盟能够成功，只能说双方都想要休息一下。果真不到几年光景就毁约了，晋楚两国发生"鄢陵之战"。这次战败的楚国无力再角逐中原霸主，战胜的晋国也因为内部的政治斗争而无暇他顾。事实上，春秋几个大国的持续争霸，迟迟难分胜负，作为盟国的小国们也必须随时听候号令，因此在三十多年后，各国都强烈要求停战。周灵王二十六年（公元前546年），宋国大夫向戌再度发起弭兵之会，这次有十四个国家参与。经此之后，晋国与楚国维持了四十多年未启战端。

句践复国：十年生聚，十年教训

越王允常在位时，与吴王阖闾因战争而结下仇怨，吴王阖闾因此丧命，这个仇怨便延续到他们的下一代。周敬王二十六年（公元前494年），吴王夫差为

大 事	帝王年号	朝代	公元前 单位：年
孔子出生（鲁襄公二十二年），一生从政、教育、编书。有弟子约三千人，成为万世师表。	灵王 二十一年	东周	551
居鲁士并吞米底王国，建立波斯帝国。	二十二年		550
宋国大夫向戌提倡弭兵之议，约合晋、楚、齐、秦等十四国于宋再次结盟。	二十六年		546
新巴比伦帝国被波斯帝国击灭，两河流域的独立政治地位告终，而犹太人也结束巴比伦之囚。	景王 七年		538
楚杀伍奢父子，伍员（子胥）逃至吴国，为其谋而致霸业。	二十三年		522
吴王僚十二年，公子光设宴，遣专诸刺杀僚王。光自立，是为吴王阖闾。	敬王 五年		515
罗马的国王被推翻，进入共和时期。	十一年		509

公元前 单位：年	朝代	帝王年号	大　事
	东周		
506		十四年	吴王阖闾用伍子胥为谋主、孙武为将，率师大举攻楚，在柏举（湖北麻城）破楚军，入楚都郢。
500		二十年	齐、鲁两国进行夹谷之会，孔子相鲁。齐人欲劫鲁定公，被孔子斥退。 *印度佛教约在此时前后逐渐形成，由佛陀释迦牟尼（原名乔达摩·悉达多，在世时间不超过公元前567—前483年间的范围）所提倡。*
497		二十三年	孔子离开鲁国，前往卫国，开始周游列国。
496		二十四年	吴王阖闾得知越王允常卒，兴兵攻越，战败而死。
494		二十六年	吴王夫差攻越国，在夫椒（浙江绍兴）打败越军，逼得越王句践使人求和。夫差同意，伍子胥力谏，吴王不听。 句践在大夫范蠡与文种辅佐下，卧薪尝胆，卑身事夫差。

自己的父亲报仇，发兵大败句践，将他困在会稽山。句践听从越国大夫范蠡的建议，派文种去向吴王夫差求和，并且谦卑地给夫差做奴仆，甚至亲尝粪便，骗取了夫差的信任。三年后，句践被释放。句践回国后便发愤图强，在座旁悬挂一个苦胆，不时尝一尝，以惕励自己不要忘记会稽之耻。

越国的如意算盘是，结交齐国、楚国、晋国，而且对吴国更加恭顺，目的在于让吴国对越国疏于防范。而吴王夫差也因为觉得越国没有威胁性，所以先去攻打齐国，还打了胜仗，这下可更得意了。越国大夫文种看到吴王的志得意满，便向吴国借粮，探探吴王对越国是否真有芥蒂。吴王果真借粮给越国，越国因此非常高兴。只有吴国的大臣伍子胥深知越王句践的复仇心切，虽然屡次劝戒吴王要小心，但吴王根本听不进去。更可悲的是，吴王受到太宰伯嚭的蒙骗与离间，赐了一把宝剑让伍子胥自杀。

伍子胥死后三年，范蠡劝阻句践还不能对吴国发兵，直到周敬王三十八年（公元前482年），吴王率领精兵前去黄池与诸侯会盟，吴国内部空虚，范蠡便鼓励句践发兵攻打吴国，还杀死了吴国的太子。吴王虽然在会盟的同时得到吴军溃败的消息，仍坚持签完盟约之后，再去向越国求和。句践自知目前实力不足，所以答应与吴国和解。

过了几年，越国再次对吴国发动战争，吴国早已因连年的征伐而疲惫不堪，根本抵抗不了越国大军，因此越军势如破竹，不仅在吴国境内围困了吴军三年，又将吴王围困在姑苏。周元王三年（公元前473年），越国正式攻下吴国，夫差兵败自杀。句践随后北上到徐州参与盟会，并向周王室纳贡，获得正式的霸主地位。这是句践花了二十年工夫所换得的成果。

七雄并立的战国时代开始：韩、赵、魏"三家分晋"

"战国时代"的名称，源自汉代刘向所辑的《战国策》一书，内容依国别分为西东周、秦、楚、燕、齐、赵、魏、韩、宋、卫、中山十二策。一般来说，大家所熟知的战国时代开始时间，是依宋代史家司马光《资治通鉴》首卷的纪年：周威烈王二十三年（公元前403年）为起点。这一年最重要的大事就是韩、赵、魏被周天子任命为诸侯。

韩、赵、魏三国的先祖原本都是晋国的卿大夫。春秋时代晋国国势强盛，尤其晋文公更是春秋五霸之一，但约到春秋晚期晋平公在位时，渐渐显露衰落迹象。当时晋国之下有六家卿大夫，分别是韩、赵、魏、范、智、中行六氏，因为他们的势力不断增长，而开始威胁到晋公室的地位。晋出公十七年（周贞定王十一年〔公元前458年〕），智伯和韩、赵、魏三家共同瓜分范氏和中行氏的土地，使得晋出公大怒，请齐鲁二国派兵共伐四卿，没想到竟反被击败，晋出公死在逃往齐国的路上。接着战胜的智伯另立晋哀公并掌握实权，又从韩、赵、魏三家夺得他们原获得的范氏、中行氏土地，实力最为强大。

大事	帝王年号	朝代	公元前 单位：年
罗马百姓借由撤出罗马城的强烈手段，逼迫贵族让步，同意百姓推选"护民官"（或称保民官）以监督官员。		东周	
波希战争（广义而言介于公元前500—前490年，双方之间多次冲突，包括著名的"马拉松之役"），结果波斯帝国败。	三十年		490
吴国开凿邗沟，沟通江、淮水道。	三十四年		486
吴王夫差赐伍子胥剑，令自杀。	三十六年		484
西方"史学之父"希罗多德生（约公元前484—前425年）。在世时撰写之《历史》（《波希战争史》）是西方史学的经典名著。			
吴王夫差与诸侯会盟于黄池，吴、晋争歃血先后。越王句践乘机引兵攻入吴都，吴请和。	三十八年		482
传《春秋》绝笔于本年春。齐国田常杀其君简公，田氏专政。	三十九年		481

公元前 单位：年	朝代	帝王年号	大　事
480	东周	四十年	波希战争再起（广义而言介于公元前480—前449年，双方多次冲突，包括著名的"温泉关之役"——电影《三百壮士》发生场景），结果波斯帝国又败。
479		四十一年	孔子逝世，享年七十三，鲁哀公作诔文悼念孔子。
478		四十二年	希腊各城邦在雅典领导下组成同盟，是为"提洛同盟"。
473	元王	三年	句践再度大举出兵攻吴，吴大败，夫差自杀，吴国亡。 句践与齐、晋诸侯会于徐州。 范蠡以为越王可共患难，不可共安乐而离去。
469		七年	"希腊三哲"之苏格拉底生（至公元前399年）。
458	贞定王	十一年	晋出公十七年，智伯和韩、赵、魏瓜分范氏和中行氏的土地。

晋哀公四年（周贞定王十六年〔公元前453年〕），韩康子、赵襄子、魏桓子联合起来杀害智伯，并吞他的土地。也因为这样，才会有忠于智伯的刺客豫让改变自己的容貌，企图杀掉赵襄子为智伯报仇的故事（也是"士为知己者死"的由来）。

晋哀公过世后，儿子幽公接位。当他在位的时候（约介于周考王二年至周威烈王六年〔公元前439—前420年〕），连自己的土地都不保，除了绛、曲沃两块地方外，其余的部分全被韩、赵、魏三家兼并了。原本晋公是三家卿大夫的国君，地位在他们之上，没想到此时反而倒了过来，得要低声下气向他们朝拜才行。

终于到了周威烈王二十三年（公元前403年），周天子提升三家卿大夫的名义地位，让他们成为诸侯，史称"三家分晋"。晋国继续苟延残喘，直到周安王二十六年（晋静公二年、魏武侯二十年、韩哀侯元年、赵敬侯十一年〔公元前376年〕）终究被韩、赵、魏所灭亡。

以三家分晋作为战国时代的起点，有其特殊之处。自此之后，原有的燕、齐（三家分晋后不久，齐国也被田氏所篡）、楚、秦加上新兴的韩、赵、魏，共七个大国并立称雄，是谓"战国七雄"。各国内部斗争不断，国与国间连年征战，无论各方面都发生了剧烈的变化。

商鞅变法：以"徙木立信"的方式建立威望

要说战国七雄中的秦国为什么能够吞并六国，就不能不提到"商鞅变法"。

商鞅年轻时住在魏国，后来听到秦孝公征求能让秦国强盛、恢复过去秦穆公（春秋五霸之一）时代霸业的人，因此投奔到秦国。商鞅见到秦孝公后，刚开始说些追随夏、商、西周三代的帝王之道，结果孝公听得昏昏欲睡；后来改说可以迅速让国势转强，而且能彰显国君名声功业的方法，孝公立刻振作起精神，专心到不自觉地前倾身子。在商鞅的游说之下，秦国走上变法之路。

商鞅变法是从改变原有刑罚、家庭、赋税等制度规范，以及对内注重农业、对外奖励作战为方向。包括如有一家有罪而其他九家百姓不告发者，要连带受处罚，不告发犯法者就被腰斩；奖励农业而压抑工商；一户如有两名以上壮丁而不分家者，要加倍征收税赋；在地方私斗者依情节处罚；有战功者封爵，秦国贵族的待遇依战功大小决定等措施。当变法内容正式公布前，商鞅怕百姓不相信自己，于是在国都的南门放了一根三丈高的木头，告诉大家谁要是能将这木头搬到北门，就给十金。百姓们觉得奇怪，没人敢搬动木头。之后商鞅又将赏金提高到五十金，终于有人决定一试。当他将木头搬到北门后，商鞅立刻发五十金以示诚信。这就是"徙木立信"成语的由来。

在展示过自己的信用后，商鞅下令实施变法。新法施行一年下来，数以千计的百姓都觉得不方便，后来甚至连秦孝公的太子都犯了法。商鞅认为法令不能彻底施行，是因为在上位者没有带头遵守，可是太子是未来的国君，不能直接处罚，所以

大　事	帝王年号	朝代	公元前 单位：年
韩康子、赵襄子、魏桓子联合杀害智伯，并吞其土地。	十六年	东周	453
罗马公布"十二表法"。	十九年		450
魏文侯即位，礼贤下士，以李悝为相进行改革，使魏国强盛。	二十四年		445
晋幽公在位期间，除绛、曲沃，其余均被韩、赵、魏三家兼并。	考王 二年		439 (−420)
希腊半岛上爆发内战，即"伯罗奔尼撒战争"（至公元前 404 年）；最后雅典败于斯巴达之手，提洛同盟被迫解散。	十年		431
"希腊三哲"之柏拉图生（至公元前 347 年）。	十四年		427
周威烈王命韩虔（景侯）、魏斯（文侯）、赵籍（烈侯）为诸侯，史称"三家分晋"。"战国时代"开始。	威烈王 二十三年	战国时代 /东周	403
吴起自魏奔楚，楚悼王任命为楚相，明法审令，旨在强兵，使楚国强大。	安王 十二年		390

	朝代	帝王年号	大　事
单位：年 公元前			
386	东周	十六年	周安王封齐国田和为诸侯，史称田氏篡齐。
384		十八年	"希腊三哲"之亚里士多德生（至公元前322年）。
376		二十六年	韩、赵、魏共废晋静公，晋亡。
367	显王	二年	周王畿土地分为东周、西周两小国。
			罗马通过新法，规定两位执政官中，必须有一人是百姓。
359		十年	秦孝公三年，商鞅获秦孝公信任，在秦国实行变法。
353		十六年	魏破赵国邯郸。齐以田忌为将，孙膑为军师，采"围魏救赵"战术，在桂陵（河南长垣）败魏军。
341		二十八年	齐国的田忌、孙膑采取减灶诱敌之计，于马陵大战打败魏军，俘魏太子甲，魏将庞涓自杀。

就改惩罚太子的老师。一个受了刑，一个脸上被刺字。消息一出，百姓们第二天就更加守法了。这样过了十年之后，百姓们都转而称赞变法。走在秦国的街道上没人捡拾掉在地上的财物，深山里没有盗贼，家家户户都能温饱。百姓们勇于为国家作战且不敢私斗，地方的发展越来越好。当初说法令不好后来又改口的百姓，商鞅觉得都是些扰乱捣蛋的人，就全部驱逐到秦国的边境。从此没人敢对变法内容批评议论，商鞅的变法也就实施得更为彻底了。

苏秦与张仪：合众弱以攻一强，事一强以攻众弱，都是纵横家的操盘

战国时代崛起的纵横家，是靠机智与口才来谋生的专家，沙盘推演的都是国际局势与国家利益。这个时期有两种外交操盘方式：一是采取"合众弱以攻一强"的合纵政策，这是苏秦所主张；另一是连横政策，采取"事一强以攻众弱"，这是张仪所主张。从当时的局势来看，合纵政策的目标可以是齐国，也可以是秦国；连横政策可以秦国为中心，也可以齐国为中心，全凭纵横家对国际情势的掌握，以及所事奉君王的利益在哪里。

苏秦年轻时，曾壮志满怀地去拜访刚继位的秦惠王，无奈秦惠王刚斩杀了商鞅，对于苏秦这位也是外来客的建议，根本没有什么兴趣。所以苏秦便转到燕国，获得燕王的赏识后，开始积极游说六国，共同对抗秦国。《史记·苏秦列传》对于

这段游说过程有精彩的纪录。苏秦很快地当上六个国家的宰相，因为大伙需要联合对抗越来越强大的秦国，苏秦果真"以三寸之舌为帝王师"。然而，各国原本就是利益的结合，当苏秦因为被怀疑是燕国间谍而被齐王杀死后，合纵联盟也不复存在了。

《史记·张仪列传》记载，张仪之所以担任秦国的客卿，是出自苏秦的阴谋。原来，苏秦认为将六国联合起来只是一种表面功夫，要维持合纵联盟的张力，需要靠秦国国势强大的威吓。苏秦看好张仪可以将秦国辅佐强大，所以激怒张仪，让他前去投靠秦王。这段记载增添了战国时期外交场上的戏剧性。

张仪确实为秦惠王所重用（周显王四十一年〔公元前328年〕）。张仪采取连横政策，分别规劝六国和秦国交好，并从中展开分化各国对彼此的信任，以各个击破。只是，周赧王四年（公元前311年），当张仪好不容易让各国向秦国输诚时，秦惠王却死了。接着登基的秦武王并不喜欢张仪，张仪只好离开秦国，而连横政策自然也维持不下去。张仪最后死在魏国。

吕不韦的抬轿艺术：吾门待子门而大

吕不韦原本只是个商人，而且对货物有独到的选择，所以能够"贩贱卖贵"而创造出"家累千金"的成果。这样奇准的眼光，加上对市场的嗅觉，吕不韦发挥在政治谋略上，可说是淋漓尽致。

大　事	帝王年号	朝代	公元前 单位：年
		东周	
马其顿王国国王腓力二世击败希腊城邦联军，各城邦的自由地位宣告落幕。	三十一年		338
马其顿王国之王位由亚历山大继承。他在位期间陆续征服埃及、西亚、波斯等地，建立横跨亚、非、欧三洲的亚历山大帝国，是为亚历山大大帝。	三十三年		336
魏惠王采惠施的联齐主张，与齐威王相会于徐州（今山东滕州市东南），互尊为王，史称"会徐州相王"。	三十五年		334
张仪被任命为秦国相，推动连横，让六国割地妥协以事秦国。	四十一年		328
亚历山大大帝过世，帝国也很快分裂为三，但接下来的三百多年，希腊、西亚、埃及等地的文化相互融合，形成"泛希腊（希腊化）文化"（约至公元前30年前后），促进东西方之间的文化交流。	四十六年		323

公元前 单位：年	朝代	帝王年号	大 事
	东周		科学家欧几里得生（一说生于公元前325年），他是泛希腊时代的科学家代表之一，重要著作是《几何原本》。
318		慎靓王 三年	公孙衍发动魏、赵、韩、燕、楚五国合纵攻秦，失利而返。 燕王哙将君位让给相国子之。
314		赧王 元年	燕国子之杀太子平、市被。齐宣王乘燕内乱，遣匡章攻燕，五十日取燕，并杀子之与哙。燕人反抗，齐国退兵。赵国送燕公子职回国即位，是为燕昭王。
307		八年	赵武灵王令胡服骑射。
299		十六年	楚怀王被骗入秦，遭到扣留。楚太子横即位，是为顷襄王。当初屈原曾谏怀王，但王未听。顷襄王初年，屈原被谗流放。 齐国孟尝君入秦为相，遭到软禁，以鸡鸣狗盗方式逃脱。

吕不韦前往赵国邯郸做生意时，认识了子楚（原名异人）。子楚当时是秦国安排在赵国的人质，虽然他的父亲安国君是现任的秦国太子，但由于只是庶出，因此子楚在赵国的生活日用并不富足。然而吕不韦看到"未来"的子楚，是很不一般的，他认为子楚"奇货可居"，就像一个稀有的货品，可以囤居，再高价售出。吕不韦很快地结交了子楚，并且向子楚保证可以光大他的门庭。

吕不韦开始金援子楚，任他日常用度，还可以与人交游。此外，吕不韦知道安国君宠爱的华阳夫人并没有儿子，因此吕不韦积极地游说华阳夫人，如果安国君继任王位，让子楚当上太子，那么华阳夫人可保一生衣食无虞。华阳夫人认为很有道理，因此在安国君的同意下，立了子楚为嫡嗣，并且安排吕不韦来辅佐他。子楚的身价因此水涨船高，不可同日而语。

子楚看上了吕不韦的姬妾赵姬，因此请求割爱。吕不韦为了"囤货"，于是隐瞒赵姬已经怀有身孕的事实，把她献给了子楚。赵姬后来产下了一个儿子，取名曰政。秦昭（襄）王五十年（公元前257年），子楚回到秦国；秦昭（襄）王在位五十六年后过世，安国君继任为王，华阳夫人为王后，子楚便是太子。不料，秦王在位一年即死，子楚顺理成章继位，是为秦庄襄王，而吕不韦则被封为丞相。秦庄襄王在位也仅仅三年，太子政继立为秦王，尊奉吕不韦为相国，号称"仲父"。吕不韦不仅光大了子楚的门庭，更是光大了自己的门庭。

周朝的最后结局：犹如风中残烛的赧王

周朝自平王东迁后不但地位下降、影响力大减，连直接控制的王畿面积也因为分封和诸侯国的侵占而越来越小。到了春秋战国之际，王畿土地又逐渐可分成东周、西周两部分，实力越来越被分化。

周朝最后的王是周赧王。"赧"原来的意思是指害羞惭愧而脸红，可见当时的周朝已犹如风中残烛一般虚弱了。他在位的时候，东西周土地分治，各有西周君和东周君治理，赧王从东周这边的土地迁都到西周那边去。

此时的周朝为了在战国七雄的夹缝下求生存，只能运用外交手段，从七雄间关系的好坏着手，以尽力避免被攻击。有关这方面的详情，可以从《战国策》、《史记》等史书中找到不少记载。

周赧王本身的事迹不是很多，比较有名的故事是有次他曾向人借钱。是的！没看错，用现代的话来说就是借钱。当堂堂的周天子竟沦落到得去借钱时，恐怕心中十分惭愧吧！更糟糕的是他竟然还不起，债主管他是不是天子，一直向他讨债。情急之下，周赧王只好逃到一座高台里躲避债主。这就是成语"债台高筑"的由来。看来欠债还钱天经地义，可真是不分古今、不分地位的啊！

周朝既然已经走到这样的地步，灭亡的那一刻终究要到来。

周赧王五十九年（公元前256年），秦国出兵攻打韩国，取得阳城、负黍等地

大　事	帝王年号	朝代	公元前 单位：年
孟尝君逃回齐国。	十七年	东周	298
赵惠王以弟赵胜为相，封平原君。平原君与齐孟尝君、魏信陵君、楚春申君，号称战国四公子，各自有门客三千多人。			
苏秦游说五国合纵反秦，虽未有战争，已迫使秦国废帝号。南北联合抗秦称合纵。	二十七年		288
科学家阿基米德生（至公元前212年），他是泛希腊时代的科学家代表之一，重要成就是发现浮体力学和杠杆原理。	二十八年		287
燕昭王二十八年，以乐毅为上将军，组织秦、韩、赵、魏联军攻齐，破齐都临淄，仅莒与即墨二城未能攻下。即墨人奉田单为将领抗燕。	三十一年		284
燕昭王辛，惠王立，中齐反间计，以骑劫取代乐毅。齐将田单在即墨破燕，杀骑劫，恢复齐国。秦、赵两王相会于渑池，蔺相如冒死不屈，使赵王	三十六年		279

公元前 单位：年	朝代	帝王年号	大　事
	东周		不受辱，得封上卿。廉颇不服，蔺相如退让，廉颇负荆请罪而将相和。
278		三十七年	秦白起攻楚，破楚都郢。屈原投汨罗江。
273		四十二年	印度孔雀王朝的阿育王即位（至公元前232年）。在位时提倡佛教并向外弘扬佛法。佛教因此逐渐成为东亚一带的重要宗教，但阿育王过世后，佛教在发源地印度的发展反而逐渐式微。
264		五十一年	罗马与北非迦太基展开第一次"布匿战争"（至公元前241年结束，结果罗马胜，夺取西西里岛）。
260		五十五年	赵国中了秦国范雎的反间计，用只会纸上谈兵的赵括取代廉颇。在秦、赵的长平之战中，秦以白起为将，坑杀赵军四十万。
258		五十七年	秦将王龁攻赵都邯郸，赵平原君赴楚求救，门客毛遂自荐说服了楚王，楚派春申君救赵。魏国则派

方。由于韩国与周朝相邻，使西周君相当害怕，因此改与其他诸侯合纵串连，要率天下精兵征秦，让秦国与阳城间失去联系。秦昭襄王大怒，派军攻西周君。西周君跑到秦国，向秦昭襄王叩头承认自己有罪，将自己统治的三十六座城池与三万百姓全部交出。秦国接受了西周君的奉献，将他送回西周地。就在这一年，周赧王和西周君都过世了，百姓纷纷向东逃亡，秦国就将夏、商、周以来代表国家重器的九座大鼎统统搬走，隐喻秦国将接替周朝领导天下。由于后继无王，周朝可说已要亡了，只剩东周君在东周地苟延残喘。七年后，东周君与其他诸侯暗中准备打击秦国，新立的秦庄襄王得知后，派相国吕不韦杀东周君，完全并吞东周地。自此周朝的国祚与祭祀就完全中止了。

荆轲刺秦王：壮士一去兮不复返

荆轲是卫国人，在卫国没有找到出路，所以一路往燕国而去。到达燕国时，荆轲结识了擅长击筑的高渐离，还结交了燕国隐士田光先生。田光知道荆轲不是平庸之辈，所以就趁机把荆轲推荐给燕国的太子丹，让荆轲接下刺杀秦王的任务。

燕太子丹想刺杀秦王的原因有两个：一是秦王嬴政年少时期羁留在赵国，结识了在赵国当人质的燕太子丹，燕太子丹对他很友好，但嬴政被立为秦王后，太子丹到秦国做人质，嬴政却没有善待他；第二个原因是秦国到处出兵征伐，燕国也岌岌可危，势必要阻止战争的发生。基于对秦王的仇恨，燕太子丹还保护了秦国的叛将樊於期，让他居住在燕国。

荆轲认为，执行这个刺杀计划的先决条件，是必须先见到秦王，所以要有一个吸引秦王愿意接见的理由，那就是樊於期的项上人头以及燕国督亢的地图。樊於期知道自己的人头可以解除燕国的危机，便自刎而死。于是荆轲带着一把锋利且有毒的匕首，以及燕国的勇士秦舞阳，一同前往。出发当天，众人都到易水岸边饯行，高渐离击筑，荆轲配合着节拍，边走边唱道："风萧萧兮易水寒，壮士一去兮不复还！"

秦王知道了这份厚礼，果真在咸阳宫安排了隆重的迎宾仪式。荆轲捧着樊於期的首级，秦舞阳捧着地图，一前一后地来到大殿台阶前。这时，秦舞阳突然害怕起来，一直发抖，荆轲便上前向秦王谢罪，然后将秦舞阳手上的地图，献给了秦王；秦王慢慢地展开地图，看到一把匕首露了出来。说时迟、那时快，荆轲用左手抓住秦王衣袖，右手握住匕首，直接刺向秦王。但秦王未等荆轲接近，便大惊地从座位上抽身而起。荆轲第一刀没刺中，便追赶着秦王，秦王也只能绕柱奔跑，徒手抵抗。大殿上的人都慌了，因为有武器的侍卫，如果没有秦王的命令，是不可以进大殿的。

仓促之间，只听见侍从提醒秦王拔剑。于是秦王拔出宝剑，用力砍向荆轲的左腿，荆轲被砍断腿，只好奋力举起匕首刺向秦王，却只击中了圆柱。只见秦王连连攻击，受重伤的荆轲已经无力抵抗，最后被侍卫们杀死。秦王震怒，下令王翦攻

大　事	帝王年号	朝代	公元前 单位：年
大将晋鄙救赵。秦出言恫吓，拔赵后必攻魏。魏王惧，使晋鄙观望。次年魏信陵君用侯嬴之计，通过魏王宠妃如姬窃得兵符，并让力士朱亥击杀晋鄙，然后率军救赵，大败秦军，解邯郸之围，史称"窃符救赵"。		东周	
魏信陵君在邯郸大破秦军。秦将郑安平以二万人降赵。	五十八年		257
秦国太子之子异人在赵国为人质，得到大商人吕不韦协助，回到秦国。			
周王室无法抵抗秦国攻击（秦昭襄王五十一年），周赧王过世，秦灭西周王畿，百姓向东流亡。	五十九年		256
蜀守李冰兴修都江堰水利工程。	秦昭（襄）王 五十六年		251
秦庄襄王（异人）以吕不韦为相国。 秦灭东周王畿。	秦庄襄王 元年		249

公元前 单位：年	朝代	帝王年号	大　事
247	东周	三年	秦庄襄王卒，子政立，年十三岁。吕不韦专权，号称仲父。
246		秦王政 元年	韩人郑国为秦筑渠，长三百余里，灌溉田四万余顷，名郑国渠。
233		十四年	韩公子韩非入秦，李斯害其自杀。
230		十七年	秦灭韩。
228		十九年	秦将王翦破赵军；秦灭赵。 赵公子嘉奔代，称代王。
227		二十年	燕太子丹派荆轲刺秦王，失败。 秦派王翦攻燕，败燕、代联军。
226		二十一年	秦将王翦破燕都蓟，迫燕杀死太子丹。燕王喜徙辽东。
225		二十二年	秦将王贲引河水灌魏都大梁；秦灭魏。
223		二十四年	秦将王翦攻入楚都寿春；秦灭楚。

打燕国。燕王以为只要杀了太子丹谢罪，就可以免除战火，但太子丹死了，秦军并没有停止攻伐，燕王最后还是赔上了自己的性命与国家。

战国时代结束：六国中最后的齐国被灭

战国时代后期，秦国凌驾于其他六国之上的形势已经相当明显。自秦王嬴政十七年（公元前 230 年）起，陆续攻灭韩、赵、魏、楚、燕五国。到了秦王政二十六年（齐王田建四十四年〔公元前 221 年〕）时，秦国将目光投向最后的齐国。

齐王建在位初期，由于他的母亲君王后相当贤能，与包括秦国在内的各国关系都维持得不错。而秦国连年用兵于相邻的韩、赵、魏、楚及后来的燕国，各国也都忙于抵抗秦国的攻击，所以齐王建才能在位四十余年都没有受到兵灾人祸的威胁。但当君王后过世之后，由后胜担任齐相。后胜接受秦国的行贿，又多派宾客访问秦国，秦国也多给予重金贿赂，使得宾客们都被秦国收买，为秦国执行反间之计。他们不断劝说齐王建与秦国友好，不做军事防御的准备，也不帮助五国抵抗秦国，所以秦国才能顺利地消灭五国。

到了五国皆被灭亡，齐国已经三面与秦国为邻，这时齐王建与后胜才发兵驻守西方的边界，但是已经来不及了。秦国派将军王贲从原来燕国的南部出发，向齐国进攻，齐王建听从后胜的建议不再抵抗，向秦国投降。当秦国军队进入齐国都城临淄时，百姓们也不敢起而应战。秦国就将已成俘虏的齐王建迁到"共"这个地方。虽然齐国灭亡了，但齐人都埋怨齐王建，为什么不早点和其他国家合纵串连抵抗秦国，反而听信奸臣宾客的说法，才会导致亡国的下场，所以出现这样的歌谣："松耶? 柏耶? 住建共者客耶? "（是松树吗? 是柏树吗? 还是与田建一起居住在共城的宾客呢? ）借以对齐王建的识人不明，表达憎恨的情绪。

无论如何，随着齐国被秦国所灭，战国时代结束了，由中央朝廷直接统治天下的秦朝揭开新的一幕。

大　事	帝王年号	朝代	公元前 单位：年
秦将王贲攻辽东，俘燕王喜；秦灭燕。王贲再攻代，俘代王嘉，代亡。	二十五年	东周	222
秦将王贲南下攻入齐都临淄，掳齐王田建；秦灭六国中最后的齐国（齐王田建四十四年）。 "战国时代"结束。 秦王嬴政改称皇帝，是为秦始皇。	王（始皇） 二十六年		221

秦朝

秦国的崛起是在公元前 770 年，秦襄公护送周平王东迁到雒邑，事成之后，被封为诸侯，秦国始列诸侯国。公元前 221 年，结束春秋战国时代的也是秦国。秦王政统一中国后，认为自己"德兼三皇，功过五帝"，因此自号为"始皇帝"。

秦始皇实行中央集权制度，但设置"三公"以为辅佐，分别是丞相负责国家行政，御史大夫负责监察事务，太尉负责军事管理。废除商周时期的分封制度，地方实行郡县制，天下分为三十六郡，皆归朝廷管理。秦始皇还兴建水利，修筑驰道，重建长城、以防止匈奴入侵，更重要的是推行"书同文，车同轨"。秦始皇任用李斯创建"小篆"，文字统一等于让沟通有了相同的基础；统一度量衡则有利于社会的经济发展。

然而在多项重大工程的建树中，另一黑暗面是役民过度、奢华浪费，例如修建阿房宫。而秦始皇为了统一大业，不惜禁锢思想，采取"焚书坑儒"的手段，影响后代甚巨。而后宦官赵高乱政，立秦二世胡亥为帝，然而胡亥为人昏庸，对于朝臣根本没有驾驭能力，更何况各地纷纷发生揭竿而起的民变。秦二世元年（公元前 209 年），最先起兵反秦的是陈胜、吴广，西楚霸王项羽、平民刘邦都是后继者。秦二世三年（公元前 207 年），项羽和秦军在巨鹿展开决定性的一役，项羽消灭了秦军战斗主力，"巨鹿之战"是历史上以少胜多的著名战役之一。

当时赵高见六国起兵作乱，便逼死秦二世，另立子婴为秦王。子婴即位的第一件事情，便是杀死赵高。子婴元年（公元前 206 年），刘邦杀入关中，子婴向刘邦投降，秦朝灭亡。后世对秦代文物认识度最高的，当是临潼出土的秦始皇兵马俑。

秦朝的国祚自公元前 221 年至公元前 206 年，起自秦始皇嬴政，终于秦王子婴。秦朝首都为咸阳。

单位：年 公元前	朝代	帝王年号	大　事
221	秦	秦始皇 二十六年	秦王嬴政改称皇帝，是为秦始皇。
			分天下为三十六郡。没收民间兵器，铸成铜人置于宫廷。统一度量衡，车同轨，书同文。
			徙天下十二万富豪至咸阳。
220		二十七年	始皇巡陇西。
			修筑驰道。
219		二十八年	始皇东巡，在泰山封禅，刻石颂德。
			遣方士徐市（徐福）与童男童女入海求仙药。
218		二十九年	始皇东巡。张良狙击始皇于博浪沙（位于今河南原阳），未中。
			罗马与迦太基展开第二次"布匿战争"（至公元前201年结束），结果罗马再胜。迦太基丧失海军，赔款，名将汉尼拔自杀，丧失海外领地。
216		三十一年	令黔首（百姓）自实田（自行陈报土地）。
215		三十二年	命将军蒙恬率军三十万北攻匈奴。

秦"王"嬴政改称"皇帝"：皇帝之名与制度的开始

当秦王政灭亡六国之后，认为自己的功劳事业超越了过去的历代君主，如果不改变"王"的名号，实在无法彰显成就，所以要臣子们讨论新的帝号名称。

丞相王绾（wǎn）、御史大夫冯劫、廷尉李斯等人说："过去五帝时代据有地方千里，可是之外的诸侯有些服从命令，有些则不服从，连天子都无法约束。现在陛下举兵平定天下，设立郡县，法令统一，这是上古以来所没有的，连五帝都达不到。臣等与博士们讨论后认为上古有天皇、有地皇、有泰皇（人皇），而泰皇是最尊贵的。所以臣等冒死呈上尊号，将王改称'泰皇'，命称为'制'（与制度有关的指示），令称为'诏'（对外宣布的指示），天子自称为'朕'。"秦王政说："去掉'泰'而保留'皇'字，采用上古'帝'字，称为'皇帝'。其他的就照你们的意见。"随后发布正式的"制"以表示同意。

接下来，又追尊他的父亲秦庄襄王为太上皇，并下制说："朕曾听说上古时代对天子只有号而没有谥，后来才出现在世时有号，死后再以生平事迹赋予谥。这样的话就变成儿子评价父亲，臣子议论先君的行为。这是没有意义的，朕不愿这么做，从此以后去除谥法。朕是始皇帝，后代以序数计次，从二世、三世一直到千万世，直到无穷无尽。""皇帝"这个词和历史上的第一位皇帝——秦始皇（帝）就这样跃然于历史上了。

随后在这一年之中，秦始皇又采取不少后续措施，像接受"五德终始"的说法、将天下分成三十六郡直接治理、没收天下兵器铸成铜人置于宫廷、统一度量衡单位、车同轨、书同文、迁徙各地富豪共十二万人到都城咸阳、在咸阳仿造六国宫室建筑的形式等等。这些秦朝初灭亡六国后所采取的治理政策，部分对秦朝的兴衰，部分对后世中华文化的发展都带来了深刻的影响。

秦朝的灭亡与混乱局面：赢秦氏，始兼并；传二世，楚汉争

秦始皇过世后，少子胡亥在李斯和宦官赵高的扶助下即位，是为二世皇帝。由于秦朝的统治日益苛刻，黔首（百姓）们终于受不了，陆续起兵抗秦。最初是由陈胜（涉）、吴广首先发难但旋即失败。接着六国遗民也纷纷拥立原六国王室之后，声势浩大。

在秦朝内部，二世皇帝由于听信赵高的话而与群臣隔绝。赵高以高压手段控制朝廷，不但连李斯也被杀害，还用"指鹿为马"的方式迷惑皇帝。既然朝中沉默不语的人才能活下来，正直敢言的则多被杀害，二世皇帝自然不知天下剧变。直到东方的六国军队逐渐逼近，二世皇帝惊觉不对而责备赵高误事。赵高感到害怕，就派兵逼迫二世皇帝自杀。

赵高召集诸大臣公子，公布已经杀害二世皇帝，又说因为过去秦始皇统一天下所以称帝，可是当六国恢复后，秦的疆域变小了，不适合称帝，应该恢复王的名号。

大　　事	帝王年号	朝代	公元前 单位：年
开凿灵渠，连接湘江和漓江。	三十三年	秦	214
进兵取岭南地，设置南海（郡治今广东广州）、桂林（郡治今广西桂平）、象（郡治今广西崇左）三郡。			
蒙恬击败匈奴，收河南地（黄河河套），置九原郡。			
为了防止匈奴南下，建造长城，连接原秦、赵、燕国长城，西起临洮（甘肃岷县），东至辽东，世称"万里长城"。			
采丞相李斯建议，禁私学，下焚书令，烧秦纪以外的列国史籍，焚毁儒家经典与诸子百家著述，《诗》、《书》、百家语限博士官保有，医药、卜筮、种树之书不烧。	三十四年		213
发隐宫（受宫刑者）、徒刑者七十多万人，建造阿房宫与骊山陵。	三十五年		212
坑杀儒生四百六十余人于咸阳。长子扶苏劝谏，秦始皇大怒，使至上郡监蒙恬军。			

公元前 单位:年	朝代	帝王年号	大 事
211	秦	三十六年	刘邦为沛县亭长送徒骊山,沿路中徒多有逃亡,便率壮士逃亡山泽之间。
210		三十七年	始皇南巡,西还,在沙丘(位于今河北广宗)病死。 赵高、李斯秘不发丧,矫诏立少子胡亥为太子,赐扶苏、蒙恬死。 至咸阳发丧,胡亥即位,为秦二世。 此年,始皇渡钱塘江时,项羽前往观看,说:"彼可取而代也。"
209		秦二世 元年	陈胜(涉)、吴广在蕲县大泽乡(位于今安徽宿州)起义,攻占陈,号"张楚"。 项梁、项羽在吴(江苏苏州)起义。 刘邦起兵于沛(江苏沛县),号"沛公"。
208		二年	吴广、陈胜被杀,秦军收复陈。 项羽、刘邦等拥立楚怀王孙心为王,仍号"楚怀王"。 赵高诬李斯谋反,李斯被腰斩灭族。赵高为丞相。

接着准备拥立二世皇帝的侄儿子婴为王。子婴与他的两个儿子在讨论此事时,认为或许有被赵高杀害的可能,所以子婴诈称生病不能前往祖庙即位,以引诱赵高现身。果然赵高主动来找子婴询问病情,子婴立即与下属诛杀赵高,再将赵高的家族全部杀害。随后子婴才即秦王之位。

子婴当上秦王不过四十六天,楚将沛公刘邦就击败秦军进入武关,到坝上扎营,同时派人联络秦王子婴,希望他能投降。秦王子婴知道大势已去,就在脖子上放着绳子,坐着白马素车,到了咸阳东北的轵道亭旁。他捧上天子玉玺,向沛公刘邦投降,秦朝就此灭亡。

沛公受降后进入咸阳,封闭秦朝的宫室府库,与地方父老"约法三章":"杀人者死,伤人及盗者抵罪。"之后便离开咸阳回到坝上。大约一个多月后,以楚将项羽为首的各诸侯国联军抵达。项羽不但杀害子婴和秦朝宗室贵族,还屠杀咸阳城内的人民、焚烧宫室、掳掠百姓,将劫来的珍奇异宝平分给各诸侯。接着将秦地一分为三,而项羽自立为西楚霸王,握有实际号令天下分封诸侯的权力,至于沛公刘邦则被封为汉王。可是因为项羽在分封过程中不尽公平,引起各诸侯不满继而引发乱事。经过数年相斗后,逐渐形成楚(项羽)汉(刘邦)相争的对立局面。

楚汉相争:楚河汉界,中分天下

先攻进咸阳的虽然是刘邦,但项羽岂能容下这个威胁,公元前 206 年,一场鸿门宴、一场项庄舞剑，拆穿两帮人马的假象。刘邦逃离暗杀现场后立即示弱，带着人马前往自己的封地，汉中、巴、蜀一带，并在进入南郑时，顺便烧毁进入巴蜀的栈道，以示自己没有东进的野心，项羽这才班师回到彭城。

项羽的计划是，让秦三位降将章邯、司马欣、董翳分别在关中地区为王（雍王、塞王、翟王），称"三秦"，企图将刘邦困在巴蜀一带。但是，田荣因不服分封结果，在齐地起兵叛楚，项羽当然发兵处理。刘邦认为项羽无暇西顾，便采取张良、韩信的计策"明修栈道，暗度陈仓"，迅雷不及掩耳地打败三秦。刘邦占据关中大部分地区后，项羽的大军还胶着齐地，刘邦见机不可失，立刻集合各路人马约五十多万人，向东攻取彭城。刘邦大胜，顺利进入彭城。

项羽得知彭城失陷后，立即率领精锐将士三万人，一路从齐地回转南下，隔天便乘刘邦疏于防范时，发动进攻，歼灭汉军数十万人，收复彭城。这就是历史上以少胜多的著名战例——彭城之战，时值公元前 205 年。项羽收复彭城后紧追不舍，来到睢水附近，让汉军淹死了十余万人，导致"睢水为之不流"，足见此役之惨烈。

刘邦狼狈地仅率少数兵力突围，逃回荥阳，实力大衰。许多诸侯王看到刘邦溃败，转而重新投靠项羽。刘邦败退后，很快重整旗鼓，并在萧何、韩信的协助下有效地阻遏楚军西进的攻势。这时双方在荥阳一带，僵持不下。数次攻防之后，

大　事	帝王年号	朝代	公元前 单位：年
怀王立宋义为上将军，项羽为次将，范增为末将；遣刘邦伐秦，与诸将约定"先入关中者王之"。		秦	
项羽杀宋义，为上将军，领兵渡河，破釜沉舟，在巨鹿（河北平乡）大破秦将章邯所率领的秦军主力。 秦丞相赵高杀秦二世，立子婴。 子婴杀赵高。 刘邦入武关，进击秦兵至蓝田，秦兵败。	三年		207
沛公刘邦入关，秦王子婴投降，秦亡。	秦王子婴 元年	秦 楚/汉	206
刘邦还军坝上，与关中父老约法三章。	霸王（项羽） 元年		
项羽破函谷关，至鸿门，与刘邦相会，未听军师范增建议而放走刘邦。	汉王（高祖） 元年		
项羽入咸阳，杀子婴，烧宫室。			
项羽佯尊怀王为义帝，自立为西楚霸王，都彭城，分封十八诸侯王，刘邦被封为汉王。			
分关中地，封秦三降将，章邯为雍王、司马欣为塞			

公元前 单位：年	朝代	帝王年号	大　事
	秦 楚/汉		王、董翳为翟王。
			刘邦以萧何为相，韩信为大将，还定关中，听张良、韩信建议，烧入巴蜀栈道，表示无意东归，之后暗度陈仓，定三秦。
			田荣自立为齐王。
			冒顿单于击东胡、月氏、楼烦。
			赵佗自立为南越武王。
205		霸王（项羽） 二年 汉王（高祖） 二年	项羽杀义帝。 项羽攻击齐，杀田荣，毁城焚屋。齐民反抗，项羽连战不下。 刘邦为帝发丧，讨伐项羽。率五十万大军攻入彭城，被驰援而来的项羽打败，汉军死十余万人，是为彭城之战。刘邦退守荥阳，父太公、妻吕氏被楚军所俘。 楚汉两军相峙于荥阳。
204		霸王（项羽） 三年 汉王（高祖） 三年	英布背楚归附汉王刘邦。 项羽围刘邦于荥阳。陈平以反间计使项羽怀疑范增，范增离去，途中病死。

因汉军的粮食短缺，刘邦不得不向项羽要求议和，荥阳以西归汉。项羽的幕僚范增极力反对，所以项羽更是加紧包围荥阳。刘邦便派陈平去离间项羽和范增之间的关系。项羽果然中计，范增一怒之下选择离去，病死途中。

接着，刘邦决定分散项羽的兵力，以摆脱汉军挨打的局面，他联络了几路大将分头出击，果然让急于求战的项羽，常常打到一半，便得回师解救后方。特别是英布归顺汉军后，有效牵制了项羽在南方的军力。项羽由于兵力过于分散，腹背受敌，加诸战事日久，粮草不济，刘邦则尽可能采取守势。

楚（项羽）汉（刘邦）相争经过数年后，局面已逐渐对楚不利。西楚霸王与汉王四年（公元前203年），楚的兵力减弱、粮食缺乏，汉则完全相反。双方经过谈判，项王同意与汉约定平分天下。楚汉之间以鸿沟为界，以西为汉，以东为楚，这就是"楚河汉界"。（有印象吗？每个象棋棋盘的分界上写着这四个字！）两军终于休兵。

西楚霸王项羽的败亡：四面楚歌，无颜见江东父老，最后自刎于乌江

楚汉双方既然已经订约，汉王就想带兵西归，但汉王底下的名臣张良、陈平劝汉王趁着已有大半土地、诸侯归附、楚国力衰弱的时候进兵，不然放走了项羽，就像是养着老虎会给自己带来后患（养虎遗患）的情况是一样的。汉王也接受了。

次年，汉王追击项王，又得到齐王韩

信、建成侯彭越的帮助。经过一番交战后，项王被击败，退到垓下防守。

此时的项王遭到层层包围，局势相当不利。夜晚时分，四面汉军阵地又传来楚地歌谣的曲调（四面楚歌），让项王大吃一惊，觉得楚地难道已尽落入汉的手中了吗？怎么汉营里有那么多楚人呢？后来项王睡不着觉只好在军帐里饮酒。当时常伴随在项王身旁的，一是美人虞姬，一是骏马骓。悲伤的项王引吭高歌，虞姬也和了首诗。项王流下了数行眼泪，左右的追随者均低头涕泣。

项王骑上了骓，率领最后的骑兵突围而出。直到破晓时分，汉军才察觉项王逃走，立刻派兵追赶。经过一阵冲杀后，项王退到乌江边，乌江亭长准备好一条小船，请项王上船渡江。可是项王认为当年率领的江东子弟没有一人生还，实在"无颜见江东父老"，所以放弃渡江，还将骓送给亭长，自己下马与汉军做最后决战。

项王在冲杀之中，忽然发现故人老友吕马童竟也在汉军之中。吕马童不敢直视项王，只好对一旁的人说这是项王。项王就说："听闻汉悬赏千金、封地万户要我的头，我就给你一点功德吧！"于是自刎而死。汉军为了抢夺他的尸体，竟也自相残杀起来，牺牲了数十人。

由于项王已死，汉王获胜，所以诸侯将相联合请汉王为皇帝。经过三次谦让后终于接受而即位，刘邦成为历史上第一位完全出身于平民的天子，建立汉朝，是为汉高祖。历史又进入了另一个阶段。

大 事	帝王年号	朝代	公元前 单位：年
韩信破楚军。汉封韩信为齐王。	霸王（项羽） 四年	秦 楚/汉	203
汉封英布为淮南王。	汉王（高祖） 四年		
项羽遣武涉游说韩信反汉，三分天下，韩信拒绝。			
项羽粮尽，与汉议和，以鸿沟为界，西属汉，东属楚。项羽东归。			
张良、陈平劝汉王不要养虎遗患，便追项羽。			
项羽在垓下（位于今安徽灵璧）被刘邦包围，夜晚听到四面楚歌，突围而出，自刎于乌江。楚汉相争结束。	霸王（项羽） 五年 汉王（高祖） 五年	西汉	202
汉王刘邦即帝位，是为汉高祖。			

汉朝·新·三国

张良、韩信之计"明修栈道，暗度陈仓"，让刘邦从汉王晋升到汉皇帝。大乱后的汉室主张轻徭薄赋、与民休息，使得汉初社会大定、经济富裕，开创出"文景之治"。在此良好基础上，汉武帝之后又将力推向另一个巅峰。只是常年发兵，"文景之治"累积的财力、物力几乎耗尽，汉武帝晚年转而振兴经济，再上昭、宣二帝的延续，使汉朝国力日益恢复，是为"昭宣中兴"。

后继几位皇帝却放纵朝政、沉迷酒色，使外戚王莽乘机篡夺汉室，建立"新朝"。然而王莽施政紊乱，很就被民变所推翻。汉王室刘秀接手帝位，称光武帝，为东汉之始。汉光武帝安内攘外，开创"光武中兴"的面；明帝、章帝在位时期，更有"明章之治"，东汉臻至全盛。尔后，皇帝多为年幼即位，外戚与宦官干政，至爆发两次"党锢之祸"。

政局不安，动摇社会民生，终于引发"黄巾之乱"，导致枭雄各自割据一方。先是董卓，后是曹操"挟天子令诸侯"。官渡之战，曹操统一了中国北方；赤壁之战，却形成曹操、刘备、孙权三分天下的局面。公元220，汉献帝被迫"禅位"给曹丕，汉朝告终，三国时代正式来临。

蜀汉与东吴之间因为荆州的归属问题，发生了几次战争，刘备在夷陵之战失败，孙权夺回绝大部分的荆州。后，为了共同对抗曹魏，两国只好维持合作关系。蜀汉在刘备过世后由诸葛亮独撑大局，多次北伐曹魏皆未成效；孙权晚年及其过世之后，东吴内政出现严重的分裂。曹魏在曹丕过世之后，司马氏专权朝政，杀害曹家族，铲除异己，为篡夺皇位作准备。三国时代的风云人物纷纷殒落后，三国鼎立的政治局面逐渐瓦解。

汉武帝时，儒学从诸子百家中脱颖而出，成为治国的最高指导原则；这原本只是帝王心术的一环，却衍生所谓的"今古文之争"。太史令司马迁将"纪录"提升为"著述"，创作出中国第一部纪传体通史《史记》；继者班固仿效其体例，撰写出《汉书》，是为中国第一部完整的断代史。

《史记》的《货殖列传》俨然宣告用商品货币累积财富的时代来临；汉文帝也主张贵粟，商人可以通过金钱拜以提升社会地位。张骞开通"丝绸之路"，佛教在两汉之际沿着丝路东传，本土道教也在东汉末年崭露头角。伦提升造纸技术，使文化传播更容易；张机写了"众方之宗、群方之祖"的《伤寒杂病论》；张衡发明世界上第台能够感应地震方位的候风地动仪；《太初历》首次将二十四节气编入历法。

曹魏的文学风气极盛，具有刚健的风格，后世称为"建安风骨"，代表人物有"三曹"父子与"建安七子"。汉出身的陈寿编写了《三国志》，采取三国并述的方式，发展出新的纪传体撰史方法。明代罗贯中著有《三国义》，在三分写实、七分虚构的前提下，演绎三国争锋时期的人物与事件，英雄气概与智谋跃然纸上。

汉朝的国祚自公元前202年至公元220年，起自汉高祖刘邦，终于汉献帝刘协。三国时代为公元220年至0年，起自曹丕篡汉立魏，终于西晋消灭东吴。西汉定都长安，东汉定都洛阳；三国时期曹魏立国于许昌，汉立国于成都，东吴立国于建业。

公元前 单位：年	朝代	帝王年号	大　事
202	西汉	高祖 五年	汉王刘邦即帝位，是为汉高祖，都洛阳。不久，迁都长安。
201		六年	用陈平之计，以游云梦为名，诱捕楚王韩信，降为淮阴侯。 封诸功臣为侯；封同姓为王。 韩王信降匈奴，匈奴南下晋阳。 叔孙通为高祖制定朝仪。
200		七年	行朝仪，无人敢失礼，高祖谓今乃知皇帝之贵。 韩王信逃入匈奴。 高祖亲率军攻匈奴，被单于冒顿围于平城（山西大同）白登山七日，用陈平计厚贿单于妻，始得以解围。
199		八年	匈奴扰北方，采刘敬和亲建议。
198		九年	以萧何为相国。
196		十一年	因陈豨反，自立代王，高祖兵破陈豨。 吕后、萧何以谋反罪，杀韩信。 高祖杀彭越。

吕后的成与败：中国第一位女性政治家，外戚专权的先驱者

吕雉（公元前241—前180年）是汉高祖刘邦的皇后，刘邦能一路从平民百姓蜕变为群雄之首，吕后的政治谋略，实不可小觑。汉高祖的宠妾戚夫人曾经哭闹要改立自己的儿子为太子，吕后却不慌不忙请出"商山四皓"——德高望重的四位隐士，来做太子的贵宾。"商山四皓"是刘邦多次邀请未果的对象，这便让刘邦打消撤换太子的念头，由此也证明了吕后高明的政治手腕。

吕后能临朝称制十五年，原因在于她的儿子汉惠帝生性懦弱，加上汉惠帝在位仅七年便过世，吕后接连立了两个年少的傀儡皇帝，继续执政。吕后的政治方向大多遵循刘邦的遗训，任用曹参、王陵、陈平、周勃等开国功臣，并奉行"黄老无为"、休养生息。《史记》称赞这段时期是："政不出户，天下晏然；刑罚罕用，罪人是希；民务稼穑，衣食滋殖。"这几乎是"文景之治"的先锋了。

匈奴冒顿单于曾借着汉高祖之死，修书羞辱吕后。内容是说，冒顿单于与吕后都是单身一个人，不如"愿以所有，易其所无"。吕后隐忍怒火，以自己已经年老色衰来婉拒，并送给单于许多车马与美女，平息了这场挑衅。很多历史学家都称赞吕后的政治风度。而司马迁的《史记》将吕后列入记载皇帝的"本纪"体例，《汉书》也沿用，这即是肯定吕后对汉室政治的功劳。

至于吕后为汉朝制造的最大问题就是扶植外戚诸吕的势力。吕后通过联姻的方式，让吕氏与刘氏更加紧密，但是并没有打算将汉朝易姓，纯粹是希望娘家也可以共享荣华富贵。然而，当吕后要封吕氏为王，并且分享刘氏宗族的封国时，冲突与对立，便如箭在弦上了。吕后一死，当时吕禄掌控最重要的北军，周勃、陈平、刘章等人便设计了一出"郦寄卖友"（因郦寄与吕禄是好友，周勃通过挟持郦寄的父亲，让郦寄骗出吕禄作为交换），逼吕禄交出兵权，接着展开一场宫廷杀戮，诸吕几乎灭亡。大臣们扶持代王刘恒继位为汉文帝，原因很单纯，因为代王没有势力强大的外戚关系，这就是吕氏政权的教训。

七国之乱：汉室进一步迈向中央集权

汉高祖刘邦立下"非刘氏不王"的规矩，目的在于让有血亲的宗室兄弟能够在地方上捍卫中央。但是吕后分封诸吕为王，破坏这个约定，导致刘姓诸王的不满，后来诸吕叛乱平定后，群臣选择代王刘恒即任为汉文帝。汉文帝是汉高祖庶出，又是诸王所拥立，因此面对各地封国日益扩张的势力，十分小心翼翼。汉文帝采取贾谊提出的"众建诸侯而少其力"，借由分封诸王子弟，把大国分为几个小国，使每一封国的地域和力量都变小。而针对淮南王刘长的骄矜不法，袁盎、晁错等人都提出了削藩的建议，但是汉文帝不敢贸然实施。

文帝时，吴王刘濞的儿子到长安来

大　事	帝王年号	朝代	公元前 单位：年
封赵佗为南越王。		西汉	
陆贾经常为高祖说《诗》、《书》，言不能马上治天下。			
高祖卒，太子刘盈即位，是为汉惠帝，吕后掌政。	十二年		195
高祖曾拟立戚夫人子刘如意为太子，吕后怀恨，毒杀赵王如意，残害戚夫人为"人彘"。惠帝见大哭，不治政事。	元年	惠帝	194
萧何卒，曹参继为相国，举事无所变更，史称"萧规曹随"。	二年		193
匈奴冒顿致书羞辱吕后，吕后忍辱再度与其和亲。	三年		192
以王陵任右丞相，陈平任左丞相。	六年		189
惠帝卒，吕后立养子刘恭为少帝，临朝称制。	七年		188
吕后想要封诸吕为王，王陵以高祖生前有"非刘氏而王，天下共击之"规定而反对，遭罢相。	元年	高后	187

公元前 单位：年	朝代	帝王年号	大　事
184	西汉	四年	吕后杀少帝，立常山王刘义。
180		八年	吕后卒，周勃、陈平等尽杀诸吕。大臣迎立代王刘恒为帝，是为汉文帝。
179	文帝	前元元年	陆贾使南越，赵陀称臣。
157		后元七年	文帝卒，太子刘启即位，是为景帝。文帝临终嘱太子："即有缓急，周亚夫真可任将兵。"
154	景帝	前元三年	晁错建议削藩，吴、楚等七国以"诛晁错，清君侧"为名，举兵叛乱，史称"七国之乱"。 景帝杀晁错，遣太尉周亚夫率兵平定，吴王刘濞被杀。
150		前元七年	景帝废太子刘荣为临江王，立胶东王刘彻为太子。
149		中元元年	**罗马与迦太基展开第三次"布匿战争"（至公元前146年结束），结果罗马全胜，迦太基亡。**
141		后元三年	景帝卒，太子刘彻即位，是为武帝。

玩，与仍是太子的景帝发生冲突，吴王的儿子被棋盘击毙，吴王自此二十多年称病不朝。当时诸王因为坐拥封国，权力不小，多少会倚势作乱。景帝即位后，接受晁错提出的削藩政策，首当其冲的有赵王刘遂的常山郡，胶西王刘卬的六县，楚王刘戊的东海郡，吴王刘濞的会稽等郡。

吴太子事件一直是吴王刘濞的心病，削藩的举措传到了诸王耳中，吴王便率先联络相关诸王，约定以"诛晁错，清君侧"的口号起兵。景帝三年（公元前154年），当朝廷正式的削藩诏令送达吴国时，吴王濞、楚王戊、赵王遂、胶西王卬、济南王辟光、淄川王贤、胶东王雄渠等，分别起兵。诸王的叛乱遍及关东地区，声势浩大。

汉景帝派太尉周亚夫率军袭击吴楚军队，派郦寄攻击赵国，栾布袭击齐地诸叛国，大将军窦婴则驻屯荥阳。当时情势紧急，袁盎建议景帝处死晁错，以平息叛变；只是，晁错死了，七国之乱并未停止，吴王还自行称帝，景帝方知事情并不单纯。好在周亚夫积极求战，结果吴国军队一败涂地，吴军中的东越人杀了吴王濞，其他诸王也因兵败而自杀。匈奴人原本承诺出兵相助，在获知吴楚兵败后，也不愿意到中原搅局。

汉景帝借由七国之乱的平定，顺势收回封国的部分土地，并规定王国内的重要官吏必须由中央政府来任命，使汉室迈向中央集权之路又更进一步，亦有助于日后汉武帝"推恩令"（令诸侯推私恩，分封各子弟为列侯）的施行。

汉武帝建元元年："年号"纪年的开始

唐代学者张守节的《史记正义》上写着："孝景以前即位，以一二数年至其终。武帝即位，初有年号，改元以建元为始。"（汉武帝之前的帝王，大都只记他们的在位年数，如从元年开始，然后二年、三年，一直写到结束，如过世、亡国、被篡位等为止。汉武帝即位后开始有了年号，首先采用的名称是"建元"。）

另一位唐代学者颜师古在注释汉代史家班固所著的《汉书》时，也说："自古帝王未有年号，始起于此。"（古代的帝王没有使用年号，使用年号的起源开始于汉武帝建元元年。）

依据"教育部"《国语辞典》的解释，"年号"的意思是："君主时代帝王纪元所立的名号。"自汉武帝首创建元年号后，后来的皇帝（包括汉武帝在内）会在在位期间依不同的理由原因改变年号而重新纪年。另外除非情况特殊，否则原任皇帝过世后，接任皇帝继位后的当年，仍使用原任皇帝使用的年号，直到当年结束，新的一年开始时才会"改元"，使用接任皇帝新订定的年号。

到了后来，年号在某种程度上可以成为称呼皇帝的代名词。我国对于帝王年号的使用，是到清宣统帝爱新觉罗·溥仪退位时结束，改以中华民国的国家纪元取而代之。不过因为帝王年号已使用二千余年，所以它也曾影响到邻国的历史发展，像日本至今仍使用皇帝年号就是一

大　事	帝王年号	朝代	公元前 单位：年
武帝使用"建元"年号，是首位采用年号的皇帝。诏举"贤良方正、直言极谏"之士。卫绾建议不任用研究申不害、商鞅、苏秦、张仪者。以窦婴为丞相、田蚡为太尉、赵绾为御史大夫、王臧为郎中令。窦婴等"隆推儒术，贬道家言"。	武帝 建元元年	西汉	140
窦太后不喜儒术。窦婴、田蚡被免官，赵绾、王臧下狱自杀。	建元二年		139
闽越围东瓯，汉遣严助救援。	建元三年		138
张骞首次出使西域，欲招大月氏，中途为匈奴所留。			
设置五经博士。	建元五年		136
窦太后卒。	建元六年		135
以田蚡为丞相，排斥黄老、刑名等百家言论。			
闽越击南越，汉派王恢等攻闽越。闽越王弟余善杀王郢降汉。			
董仲舒上"天人三策"，建议独尊儒术。	元光元年		134

公元前 单位：年	朝代	帝王年号	大　事
133	西汉	元光二年	采王恢建议，设马邑之谋，诱使匈奴单于入塞，未成功。 **罗马护民官格拉古兄弟试图展开改革，解决社会问题，但分别在公元前133、前121年不敌政治斗争而被杀。**
130		元光五年	陈皇后因巫蛊罪被废。
129		元光六年	武帝命卫青等四将军，分道出击匈奴。李广兵败，卫青获胜。
127		元朔二年	颁推恩策，藩国势力日益削弱。 匈奴入寇，遣卫青、李息领兵出击，取河南地（黄河河套一带），设置朔方、五原郡。
126		元朔三年	张骞首次出使西域结束归国。途中被匈奴扣留，逃到大宛，至大月氏，归途又遭匈奴俘，趁内乱逃归，前后十三年。
124		元朔五年	以公孙弘为丞相。公孙弘议为博士官设置五十名弟子员。

例。

汉武帝罢黜百家，提倡经学：汉朝的治国理念与学术风气为之一变

汉朝自高祖开国到文帝、景帝在位时的施政走向，着重于"扫除烦苛，与民休息"（取消秦朝时过于扰民的苛刻规定，让百姓们休养生息、安居乐业），经过六十多年的努力，终于让汉朝的国力逐渐成长起来。但从向往儒家学术思想的汉武帝即位后，开始改变原有的治国理念，也使汉朝展现出新的风貌。

武帝在建元元年（公元前140年）冬天下诏选举"贤良方正、直言极谏"之士，并且接受丞相卫绾的建议，不任用研究申不害、商鞅、苏秦、张仪等学说言论的人为官。相对而言，讲授《诗》、《书》、《礼》、《易》、《春秋》等五经的学者地位则有所提升。

当时魏其侯窦婴（汉文帝皇后窦氏的堂侄）、武安侯田蚡（汉景帝皇后王氏同母异父之弟）两人都喜好儒家的学术思想，推举同好赵绾和王臧分别担任御史大夫与郎中令的职务。因为这几人推崇儒术，对道家的评价相对贬低，引起了向来喜好黄老之术的武帝祖母——太皇太后窦氏（汉文帝之后）不高兴。建元二年（公元前139年）冬天，赵绾向武帝提出不用向太皇太后报告政事的建议，终于使太皇太后大怒，不但免除魏其侯、武安侯的官职，又逮捕赵绾和王臧，最后以两人在狱中自杀收场。

虽然太皇太后对儒家的态度较不重视，武帝仍于建元五年（公元前136年）设置五经博士。建元六年五月，太皇太后过世。之后武帝任命武安侯田蚡为丞相，排斥黄老、刑名等百家言论，延揽文学儒者数百人；尤其学《春秋》的公孙弘竟能从百姓一路爬到丞相的位子，还被封为平津侯，更是其中代表。从此天下读书人纷纷兴起学习五经的风气，希望凭借了解经书的道理而获得做官的机会。

元朔五年（公元前124年），公孙弘建议为博士官设置五十名弟子员；地方官员也得选出符合喜好文学、尊敬长辈等多项条件者，与博士弟子员一起接受学业，一年之后再经过考试筛选担任官职。这些意见都获得武帝认可。从此朝廷里的官员大都成为文、质兼备的文学之士，汉朝的学术风气与治国理念也转为儒家思想。只是在实际的政治情势与人物等影响下，汉朝采用的儒术与孔子提倡的理念，似乎已经有些不大一样了。

汉武帝征伐四方：扩展了汉朝的疆域与对外的影响力

汉武帝即位时还是个十六岁的少年，在位时间长达五十四年。在他的主导之下，汉朝渐渐发挥自高祖开国至文景之治时期，长期培植的国力，向四方展现大汉声威，也大大扩展了汉朝的疆域。

汉朝发动军队南征的时间比北伐匈奴还早。早在建元三年（公元前138年），闽越军围困东瓯（两国约在今福建省、浙江省一带），东瓯向汉朝告急。武帝派中

大　事	帝王年号	朝代	公元前 单位：年
大将军卫青出定襄（内蒙古和林格尔）击匈奴。霍去病功封冠军侯；张骞封博望侯。	元朔六年	西汉	123
令张骞派使者访身毒国（印度），使者到达滇国。	元狩元年		122
骠骑将军霍去病出击匈奴，至祁连山，大胜。李广与十倍敌人力战，因伤亡多而无赏。	元狩二年		121
匈奴昆邪王杀休屠王，率众降汉。设置武威、酒泉郡。			
实行盐铁专卖。	元狩四年		119
卫青、霍去病出兵击匈奴。卫青破单于兵；霍去病出代、右北平二千余里，封狼居胥山。			
前将军李广迷失道，受审讯，气愤自杀。			
张骞奉命出使乌孙（伊犁河流域），为第二次出使西域。			
行五铢钱。	元狩五年		118
张骞自乌孙还，曾遣副使遍行西域各国，"丝绸之路"开通。	元鼎二年		115

公元前 单位：年	朝代	帝王年号	大　事
112	西汉	元鼎五年	南越相吕嘉发动政变，杀南越王、太后与汉使。武帝遣路博德、杨仆等分五路击南越。 从武威、酒泉两郡划出张掖、敦煌郡，为河西四郡。
111		元鼎六年	南越降，至番禺（广州），俘吕嘉等，置南海等九郡。东越王余善反叛。
110		元封元年	东越人杀余善、降汉，武帝下令徙民至江淮一带。置均输官于郡国，流通货物；置平准官于京师，平抑物价。
109		元封二年	朝鲜王卫右渠攻杀辽东都尉，武帝募天下罪人充军，遣杨仆、荀彘进攻朝鲜。
108		元封三年	朝鲜人杀卫右渠后降汉，置乐浪、临屯、玄菟、真番等四郡。
103		太初二年	李广利败还敦煌。
102		太初三年	李广利率兵（包括有罪者、亡命者、被释囚徒、恶少年等）出击大宛，大宛人杀其王毋寡降汉。

大夫严助发动兵马救援。建元六年（公元前135年），闽越王郢攻打南越，朝廷派军攻击闽越。结果汉军还没抵达，闽越人已经杀了国王宣告投降，汉军撤退。元鼎五年（公元前112年），南越相吕嘉发动政变，杀害汉朝使者及其王和王太后；武帝再度发兵南征，于隔年平定南越，稍后同时进军西南夷，均获得胜利。武帝对这些土地均设置郡县加以治理。元鼎六年（公元前111年）东越（闽越）王余善反叛，元封元年（公元前110年）东越人杀余善向汉朝投降，武帝下令将当地居民迁往江淮一带以防再度叛乱。

对于北方匈奴的强大压力，武帝在元光二年（公元前133年）采纳王恢的建议，以王恢、韩安国、李广等人为将，在马邑埋下伏兵，想要先引诱匈奴上当，再发动攻击。这一计虽然没有成功，但已显示武帝打算改变汉初以来放低姿态与匈奴和亲的政策，准备反守为攻。接下来的数年，进攻匈奴的军事行动不断。其中具有代表性的战役是元朔二年（公元前127年）春天，卫青、李息领兵出击，夺回失去的河南地（黄河河套一带的土地），设置朔方、五原郡。另外元狩二年（公元前121年）骠骑将军霍去病往陇西方向出击，多次击败匈奴；当年秋天，匈奴昆邪王先杀休屠王，再带着部众四万多人向汉朝投降，汉朝在其原来的土地上设置武威、酒泉郡。元鼎五年（公元前112年）再从两郡中划出张掖、敦煌郡。这就是河西四郡。

至于进兵东方的行动，则是从元封

二年（公元前 109 年）春天，朝鲜王卫右渠攻杀辽东都尉后开始。武帝募集天下罪人进攻朝鲜；隔年夏天，朝鲜人杀卫右渠后向汉朝投降。武帝在当地设置乐浪、临屯、玄菟、真番等郡加以治理。

张骞"凿空"，西域开通：中西交通史的源头

要说到拓展汉人视野，更进一步认识这个世界的人，就不能不提到张骞。

张骞是汉中人，汉武帝建元年间担任侍卫的郎官。当时投降汉朝的匈奴人都对汉武帝说道，匈奴曾杀害大月氏王，拿他的头当作喝酒的容器；逃脱的大月氏人对匈奴相当仇恨，却一直找不到可以共同出兵打击匈奴的国家。

汉武帝听到这情报怎能放过，于是想派遣使节与大月氏联络。可是要到大月氏就得冒险穿越匈奴，所以必须招募愿意出使的人，而入选者就是张骞。他率领百余人一起自陇西出发，可是没多久就被匈奴抓到了。匈奴君主军臣单于扣留张骞一行人长达十多年，长到让张骞在匈奴娶妻生子，可是他手上仍持有代表汉朝的使者符节，心中没有忘记出使大月氏的使命。

随着匈奴的看守越来越松，张骞和部下们终于找到机会逃走，向西走十多天后抵达大宛。大宛的统治者以前就听闻汉朝很富裕，想要试着接触却没办法，看到张骞后相当惊喜，就问他要往哪里去。张骞便请大宛王帮助他们到达大月氏，于是大宛王派人协助翻译，并引导他们先到康居，再从康居进入大月氏。

大 事	帝王年号	朝代	公元前 单位：年
苏武送被扣留的匈奴使者北归，因副使张胜谋杀卫律，事败，苏武遭扣留，拒降。匈奴令苏武居北海（贝加尔湖）牧羊。	天汉元年	西汉	100
贰师将军李广利击匈奴右贤王，败还。	天汉二年		99
李陵自请击匈奴，因马匹均归贰师将军，率步兵五千人，兵败降匈奴。太史令司马迁为他辩护，武帝怒，对司马迁处以腐刑。			
初榷酒酤（禁止民间酿酒，由政府官酿、专卖）。	天汉三年		98
丞相公孙贺逮捕阳陵大侠朱安世。朱安世上书，告公孙敬声与阳石公主私通，诅咒皇帝。巫蛊案起。	征和元年		92
公孙贺父子死于狱中。	征和二年		91
武帝命江充治巫蛊狱，被冤杀者数万人。			
江充诬陷太子刘据巫蛊诅咒武帝。太子发兵诛杀江充，丞相刘屈氂发兵击太子，太子兵败自杀。			

单位：年

公元前	朝代	帝王年号	大　事
	西汉		**罗马内部爆发"社会战争"**（至公元前88年结束）。
90		征和三年	匈奴入五原、酒泉，遣李广利等人分道出击。 宫廷供应部（少府）的内务官（内者令）郭穰告密，指丞相（刘屈氂）夫人与李广利祝诅武帝。武帝杀刘屈氂夫妇，逮捕李广利家人，李广利则兵败降匈奴。 巫蛊案多为虚构，真相渐白，武帝知太子蒙冤，灭江充三族。
89		征和四年	武帝下《轮台罪己诏》。
87		后元二年	武帝病重，立弗陵为太子，年八岁（母钩弋夫人已被武帝赐死）。霍光、金日磾、上官桀受诏辅政。 武帝卒，弗陵即位，是为昭帝。
81	昭帝	始元六年	诏有司问民疾苦，皆请罢盐、铁、酒榷、均输官。桑弘羊认为不可废，而有盐铁之议。桓宽集论辩为《盐铁论》。 苏武自匈奴归汉，被扣留十九年。

然而，当时的大月氏早已成功地让大夏人臣服于他们。他们得到的新土地既丰饶又少外患，过得相当安乐，而且觉得大月氏距离汉朝十分遥远，已经没有报仇的意愿了。

张骞努力一年多后没有结果，只得启程回国，他想要试着绕道而行以回避匈奴，没想到还是被逮到了。他又在匈奴境内待了一年多，直到军臣单于过世后，匈奴发生内乱，张骞才乘机带着妻子和另一部下一起回到汉朝。这年是汉武帝元朔三年（公元前126年），距离他出发的时间已经有十三年了。

虽然出使大月氏的任务没有成功，但是张骞向汉武帝报告亲身所见或听闻的西域各国位置与风土民情，包括大宛、大月氏、大夏、康居等国，也使得汉朝重新开始经营西南夷。后来张骞又再度前往西域、出使乌孙，虽然还是没有达成联外攻击匈奴的目标，但是已经打开当时汉人的视野，知道还有更遥远的国度。以后谈起中西交通史的源头时，都不会忘记张骞"凿空"（开通道路）的首功。

巫蛊之祸：汉武帝晚年的宫廷政变

汉武帝第一次亲身遇到巫蛊之术，是皇后陈阿娇所为，目的在诅咒武帝妃子卫子夫，元光五年（公元前130年），汉武帝选择废黜陈皇后，受到这次巫蛊之祸而被牵连诛杀者，大概有三百多人。卫子夫在元朔元年（公元前128年）生下太子刘据，方坐上皇后之位。

汉武帝晚年，当时的宰相公孙贺的儿子公孙敬声，因为擅自动用军费而入罪。公孙贺为了替儿子赎罪，逮捕了当时汉武帝下诏通缉的阳陵大侠朱安世，其子之罪也因此被赦免。孰料，朱安世在狱中上书，揭发公孙敬声与阳石公主私通，并在皇帝专用的驰道上行巫蛊之术，诅咒皇帝。

汉武帝晚年性格多猜疑，觉得身旁有人搞鬼，所以自己才会常常生病。汉武帝知道朱安世的控诉后，立刻下诏逮捕公孙贺一家人入狱，时值征和元年（公元前92年）。这件事情并没有因为公孙贺等人死于狱中而结束，反倒被当时深受汉武帝宠信的江充，拿来利用。江充和当时的太子刘据交恶，担心汉武帝如果撒手而去，太子继位之后会对自己不利，因此打算借巫蛊之事来铲除太子。

江充告诉汉武帝，宫中的巫蛊如果不除，皇上的病就不会好。因此汉武帝任命江充追查巫蛊的来龙去脉。江充一路从后宫查到皇后与太子，最后把事先准备好的物证拿出来，诬陷太子行巫蛊之术。刘据一时恐惧，发兵诛杀江充，汉武帝误以为是太子要造反，便也发兵追捕。太子兵败逃出，选择上吊自杀，皇后卫子夫也跟着自杀，史称"巫蛊之祸"。

这次遭受牵连者，除了皇后、皇太子、皇孙、丞相家族，还有许多公卿大臣，死者可说是数以万计，严重撼动汉帝国的统治阶层，这是西汉时期非常重大的历史事件。后来汉武帝发现事实真相，深感悔恨，便灭了江充三族，建"思子宫"，

大　事	帝王年号	朝代	公元前 单位：年
昭帝卒，霍光立昌邑王刘贺为帝，贺狂纵无节，不久即废。	元平元年	西汉	74
立刘询为帝，是为宣帝。宣帝生长于民间，好学，喜游侠。			
当时吏治严酷，宣帝知百姓之苦。河南太守黄霸以宽和为名，召为廷尉正。	宣帝 本始元年		73
罗马奴隶、格斗士斯巴达克斯号召其他奴隶起兵反抗罗马压迫（至公元前71年，结果被罗马军击败。此事拍成电影《万夫莫敌》）。			
乌孙昆弥与校尉常惠自西方攻匈奴，匈奴衰竭。	本始三年		71
匈奴单于亲自率领数万骑攻乌孙，遇大雪人畜多冻死。丁零、乌桓、乌孙乘机攻击匈奴，匈奴大虚。			
大司马霍禹（霍光子）等人阴谋废帝，事败露，与霍氏连坐被诛灭者数十家。	地节四年		66
龟兹王及夫人来朝。	元康元年		65

公元前 单位：年	朝代	帝王年号	大　事
63	西汉	元康三年	（罗马）凯撒养子屋大维生（至公元 14 年）。凯撒与屋大维身处于罗马共和晚期内战不断的时代，像他们这样有实力的军事将领逐渐在政治上发挥影响力。
60		神爵二年	匈奴日逐王先贤掸率众降汉。 郑吉任西域都护，治理乌垒城（位于今新疆轮台），加强对西域的联系，削弱匈奴对各国的控制。 罗马出现第一次"三头政治"：凯撒、庞培、克拉苏合称"前三雄"，共同掌握政治权力。
58		神爵四年	凯撒征高卢。
57		五凤元年	匈奴因五单于争立，国中大乱。
56		五凤二年	匈奴呼韩邪单于破屠耆单于。匈奴内部分裂，贵族多率部降汉。
55		五凤三年	置西河、北地属国，以安置匈奴降者。 凯撒征日耳曼与不列颠。

甚至下了《轮台罪己诏》，深切悔悟自己的过失，时值征和四年（公元前 89 年）。汉武帝罪己的举措，让西汉吏治有重整的机会，也开启日后的"昭宣之治"。

王莽篡汉：从"假皇帝"到"真皇帝"

虽然西汉有"文景之治"、"昭宣之治"等盛世，但到元帝、成帝、哀帝、平帝在位时，已逐渐走向衰落。汉元帝喜好儒术，即位后多任命儒生为宰相，可是处理事情时，常受文辞含义的拘束，比较优柔寡断，缺乏果决判断的能力。

汉成帝在位时，虽然称得上太平时代，朝廷气氛和谐，百官做事也称职，然而当他还是太子的时候就沉迷于饮酒作乐，当上皇帝后也没改善。另外他又宠幸皇后赵飞燕（就是"环肥燕瘦"成语里的"燕瘦"），他的母亲（即元帝的皇后）王政君所引进外戚王家的势力，也开始掌握国家的政令，为后来西汉灭亡埋下伏笔。

汉成帝没有儿子，继位的哀帝算是他的侄儿。哀帝目睹成帝时代握有的权力逐渐流失，所以在位时常诛杀大臣想要再加强皇帝的威望。但因为只在位六年就去世，所以成效有限。至于汉平帝也是成帝的侄儿，九岁即位，十四岁就被害死，遑论有何作为。

除了皇帝的权力逐渐下降外，社会上开始出现一种气氛，认为汉朝立国已久，从一些自然界的异象当中透露出汉朝衰落，应让出天子之位的征兆。这种推波助澜的效果，顺势减少了日后王莽乘机篡汉的阻力。

汉元帝的皇后王政君引外戚势力进入朝廷，总共有九人封侯（加上最后的王莽就成十人），五人先后任大司马，势力相当庞大。原本王莽连权力边缘都沾不上，因为他的父亲早逝，来不及封侯，王莽为了进入朝廷，刻意隐瞒实情，以求取好名声为优先。比如表现自己并不喜好声色犬马、勤俭到连妻子都穿着破烂迎接客人、模仿周公的行事作风等等，加上太后王政君年纪大不想处理政事的心态，都让他的权力逐渐增加。到了弑杀汉平帝、改立两岁的汉宣帝曾孙孺子刘婴，然后依着所谓的自然异象，要太后王政君下诏让他成为"假皇帝"或"摄皇帝"，再铲除少数反对他的势力后，王莽篡夺帝位的结果也就底定了。

西汉孺子初始元年（公元8年），王莽正式宣布即"真"天子位，改国号为"新"，隔年的新年号是"始建国元年"。太后王政君这才发现王莽的真面目，但是为时已晚，西汉就这样灭亡了。

新朝倾覆：王莽"托古改制"，汉宗室起兵反抗

王莽篡汉后所施行的政策，一言以蔽之就是"托古改制"；任何制度规定的改变都要拿出上古三代实行过的措施为借口，或是引用五经的内容为依据后才施行，仿佛这样做才是正当合理的举动。

在政治制度上，他常常更换中央和地方官的官名、等级、薪资及其负责的职务内容，另外将原来封为王的诸侯降为公，

大　事	帝王年号	朝代	公元前 单位：年
匈奴呼韩邪南移，遣子朝汉，郅支也遣子入侍。	甘露元年	西汉	53
匈奴呼韩邪单于朝汉。	甘露三年		51
呼韩邪、郅支单于皆遣使朝汉。	甘露四年		50
匈奴呼韩邪单于朝汉。宣帝卒，太子奭即位，为元帝。凯撒开始独裁罗马政治。	黄龙元年		49
珠崖人民因官吏压迫，屡次反抗。	元帝 初元二年		47
凯撒在罗马元老院内遭到刺杀。	初元五年		44
呼韩邪北归单于庭。罗马出现第二次"三头政治"：屋大维、安东尼、雷比达合称"后三雄"，共同掌握政治权力。	永光元年		43

公元前 单位：年	朝代	帝王年号	大　事
36	西汉	建昭三年	西域都护甘延寿、副校尉陈汤发兵，破郅支城，杀单于。
33		竟宁元年	呼韩邪单于朝汉，愿为汉婿。元帝以后宫王嫱（字昭君）赐之。单于号昭君为胡阏氏。 元帝卒，太子刘骜即位，是为成帝。以舅王凤为大司马等职辅政，外戚王氏得权由此开始。
31	成帝	建始二年	屋大维击败安东尼与埃及女王克丽奥佩特拉的联军，独揽罗马权力。
27		河平二年	成帝封王氏五侯。 屋大维接受罗马元老院所奉"奥古斯都"（至高无上、庄严伟大）尊号，自此罗马进入帝国时期，也展开长达二百余年的"罗马和平"（公元前27年至公元180年）。
18		鸿嘉三年	成帝宠赵飞燕，废许后。
16		永始元年	封王太后侄王莽为新都侯，王莽当时三十岁。 立赵飞燕为皇后。

其他民族的领导者从王降为侯等。

在财政经济方面则包括更改币制、禁止买卖土地奴婢、实行新的国营政策等。王莽废除了汉武帝时代开始使用的五铢钱，以及他先前下令铸造的错刀、契刀，而改用称为"宝货"的金、银、龟、贝、钱、布等六种货币。因为"刘"字拆开就是"卯、金、刀"，新朝已经建立了，怎能留下汉朝刘姓的象征呢？

另外他想效法周代的井田制度，于是将天下田改名"王田"，又将奴婢仆人改称"私属"，王田和私属都是禁止买卖的。如果一家的男丁没有超过八人，但是田的总数超过当时一井（百亩）者，就要将多出来的田分给九族亲属与邻里。

始建国二年（公元10年），王莽公布新的国营政策，简称"五均六筦（管，国家管理）"。命令地方官在卖盐、铁、酒，取用名山大泽的天然物资时都要课税；又设置平稳物价的五均官；还对百姓开放贷款，如果借一百钱的话每月收三钱利息等。

这些措施实行后造成百姓生活困苦，四方民族率先反叛。归根究柢，很多政策都太"不切实际"了。王莽太沉浸在自己认为的美好世界里，以为只要死守经书里的字句再仿造制度，一切就会自行运作得很好。他没有想到上古三代已成过去，新朝面对的是不同的环境，经书的精神是要活用的。

在饥寒交迫下，许多百姓被迫沦为打劫粮食的盗匪，人们开始思念起汉朝盛世的美好。后来的英雄豪杰在起兵时，纷纷自封为汉朝将领甚至是宗室后裔，以为凝聚人心的力量。地皇三年（公元 22 年），王莽终于醒悟，下令取消先前所有的扰民政策，不过已经来不及了。当年十月，汉高祖刘邦九世孙刘縯和弟弟刘秀集结数千人反抗。新朝的末日渐渐接近……

绿林兵起兵绿林山：新朝被一群绿林兵给打倒了

新朝地皇四年（公元 23 年），在王莽的不当施政下，原本取代西汉想要开创一番新气象的"新朝"变得破败不堪，毫无一丝"新"气息。人心思汉的气氛反而逐渐扩散开来。

当时南方的饥民涌入湿地沼泽，想要挖掘凫茈（fú cí，即荸荠）来吃，但也出现饥民相互侵占掠夺的状况。有两个名为王匡、王凤的人，因为能处理这些纠纷而被大家推举为首领，吸引更多人前来投奔。他们后来转到绿林山（在今湖北省）躲藏，逐渐扩张至七八千人的规模。到了地皇二年（公元 21 年），荆州牧派二万人攻击这批由饥民组成的绿林兵，却被他们击败，还损失不少物资。

我们在武侠小说或是古装戏剧里，看到在山林里抢劫过路客的盗匪或是对抗地方官府的团体，往往自称或被称为"绿林"、"绿林大盗"、"绿林好汉"等，其中的典故就是从这里衍生开来的。

地皇三年（公元 22 年），由于绿林山发生流行疫病，绿林兵开始到处流窜，并分成"下江兵"、"新市兵"两股势力，加上新加入的"平林兵"，逐渐扩张他们的

大　事	帝王年号	朝代	公元前 单位：年
成帝卒，太子刘欣即位，是为哀帝。	绥和二年	西汉	7
耶稣生（约至公元30年）。在世时于巴勒斯坦一带阐扬平等博爱、上帝耶和华是世人的唯一真神等理念，并且批评当时的犹太社会。结果遭部分犹太祭司排斥，被钉死于十字架。但他死后，其信仰者不断向外散布其主张，逐渐形成基督宗教。	哀帝 建平三年		4
哀帝卒，中山王刘衎即位，是为平帝。太皇太后王政君临朝。王莽为大司马、领尚书事，执掌大权。	元寿二年		1
			公元
台湾地区进入金属器时代，以十三行、茑松、番仔园、静浦等地文化为代表。		金属器时代 / 西汉至明	约1～1600公元
加王莽为安汉公。王莽令太后下诏，除了封爵，均由安汉公与四辅决定。	平帝 元始元年		1

单位：年

公元	朝代	帝王年号	大　　事
2	西汉	元始二年	郡国大旱、大蝗，王莽上书愿献钱百万、田三十顷，助给贫民。公卿仿效。
5		元始五年	王莽加九锡。 王莽毒死汉平帝。
6		王莽居摄元年	立宣帝玄孙刘婴为太子，号孺子，年仅两岁。太皇太后命王莽代天子朝政，称"假皇帝"或"摄皇帝"。安众侯刘崇起兵反王莽，失败。
7		王莽居摄二年	改货币，错刀、契刀、大钱与五铢钱并行。
8		王莽居摄三年 孺子（刘婴）	西汉被外戚王莽篡夺，改国号为新。
		初始元年	三辅起兵，赵朋、霍鸿等攻长安，王莽发兵镇压。
9	新	帝（王莽） 始建国元年	废孺子婴，封为定安公。更改官名与爵名。 再改货币，罢错刀、契刀与五铢钱，造一小铢钱与大钱并行。 改名天下田为"王田"，奴婢为私属，不得买卖。
10		始建国二年	设五均六筦。

影响范围。此时原汉朝宗室后裔刘玄投靠平林兵，汉高祖九世孙刘縯与刘秀也起兵加入新市兵和平林兵的阵营。地皇四年（公元 23 年）正月，众人称刘玄为更始将军；三月刘玄正式被推举为皇帝，恢复汉朝国号，建年号为更始。

王莽听到这消息相当恐惧，因为发兵攻击更始帝的军队接连失败，他的情绪日益焦躁不安。在六神无主的情况下，王莽还曾接受臣子的建议，率领群臣到祭天地点的南郊放声号泣痛哭，希望上天能够垂怜王莽，消灭更始帝的军队。一朝的皇帝竟已沦落到如此山穷水尽的田地！

打着更始帝名号的绿林势力渐渐接近长安（王莽称为常安）城，新朝与更始帝的决战时刻也随之到来。十月初一日，汉军开始进攻长安。经过三日血战，至十月初三日傍晚，新朝军队终于溃败。王莽在渐台被商人杜吴杀害，首级被校尉公宾就砍下，还被贪图赏赐的军人分尸。

不了解民心的王莽，死前还深信上天会眷顾他，抱着象征"天意"的符命不放，真是至死不悟。难怪"新朝"不过才十五年就被愤怒的百姓推翻了。

光武中兴：对人"推心置腹"的刘秀恢复汉政权

绿林势力拥立的汉更始帝刘玄其实是个懦弱、难以控制局面的人。刘縯、刘秀兄弟及其部下虽加入绿林阵营，但威望、战功都在其他诸将之上，这引起更始帝及其他将领的疑虑猜忌，于是在与王莽决战之前，就利用些小事故诛杀了刘縯。刘秀当时在外与新朝军队战斗，得到兄长死亡的噩耗，心感哀痛但只能先强忍了下来，在人前表现得好像什么事也没发生过的样子，而在人后独处时暗自流泪。

新朝覆亡后，更始帝打算迁都洛阳，于是任命刘秀为司隶校尉（负责监督京师和京城周边地方的监察官），先前往当地进行相关准备。当时洛阳百姓已经见过多位更始帝派出的将领，可是他们的服装仪容都很失礼，甚至还有穿女人衣服就游街的，百姓看到他们不是取笑就是赶快避开。但当雄壮威武、衣着得体的司隶校尉部属及仪仗开进洛阳城时，百姓都流露出欢欣鼓舞的情绪，还有曾任汉吏的老人家激动地流泪，喃喃说着："没有想到今日还能再见到真正代表大汉威严的官吏和礼仪啊！"大家对刘秀的好感就这样建立起来，贤能的人也纷纷投奔到刘秀的麾下。

后来刘秀又渡过黄河慰问各地方州郡的官员，去除新朝苛政，还先后击败邯郸（王郎）、铜马等割据势力，逐渐脱离更始帝的控制。当刘秀接受铜马的投降时对他们相当和善，不过铜马的首领依然感到不安，于是刘秀就毫不设防地单独骑马进入铜马的营区里巡视队伍，投降者看到这样的情景议论纷纷，都觉得刘秀是"推出自己的赤心放入我们的腹中，这样真诚地待人，我们怎能不舍命报效呢"？刘秀的基础因此更加巩固，而这也是成语"推心置腹"的由来。

大约在这段时间，更始帝又从洛阳

大 事	帝王年号	朝代	公元 单位：年
第三次改货币，总称"宝货"（金、银、龟、贝、钱、布）。		新	
以洛阳为东都，长安为西都。废除王田私属制。	始建国四年		12
荆州饥荒，王匡、王凤率饥民起义，聚于绿林山，称为"绿林兵"。另有南郡人张霸、江夏羊牧等俱起，皆有万人。	天凤四年		17
樊崇起义于莒（山东莒县）。	天凤五年		18
荆州牧发兵攻绿林兵，大败。	地皇二年		21
樊崇等用红色涂眉以为区别，而有"赤眉军"称号。绿林军因疾疫分路活动，王常、成丹入南郡，为"下江兵"；王凤、王匡、张卬北入南阳，为"新市兵"；平林人陈牧、廖湛起义，为"平林兵"。原汉朝宗室刘縯、刘秀兄弟起兵反抗王莽，希望恢复汉朝。与新市兵、平林兵会合。	地皇三年		22

公元 单位：年	朝代	帝王年号	大　事
23	新汉	帝（王莽） 地皇四年	新市、平林诸将立汉宗室刘玄为皇帝，号更始。
		更始帝 （刘玄） 更始元年	刘秀、王匡在昆阳（河南叶县）大破王莽军。刘玄杀害刘縯。
			王匡攻洛阳；王莽危急，率领群臣到南郊，告天大哭。
			长安城为汉军攻破，王莽被杀，新朝灭亡。
24		更始二年	刘玄自洛阳迁都长安，封诸将十余人为王。刘玄封刘秀为萧王。
			刘秀收降铜马等部众。
			赤眉军西进关中，秦丰占据黎丘，自称"楚黎王"。
25	东汉	更始帝 （刘玄） 更始三年	赤眉军进至弘农（河南灵宝），大破更始丞相李松的军队。
		建世帝 （刘盆子） 建世元年 光武帝	赤眉军立刘盆子为皇帝，年号建世，后攻入长安。
			更始帝向赤眉军投降，后被赤眉军所杀。
		建武元年	汉朝宗室刘秀即位为帝，是为东汉光武帝，定都洛阳，史称"光武中兴"。
26		建武二年	赤眉军为刘秀的部将所破。

迁都到长安，他每日沉溺于饮酒作乐，朝政混乱。早在绿林起义后不久，还有另一势力赤眉兵崛起，当初起兵时为了与新朝军队有所区别，而将眉毛染成红色，故得名。赤眉兵以樊崇为首领，流窜于今山东、河南、安徽一带。就在更始三年（公元 25 年），樊崇另立宗室刘盆子为帝，年号建世，并率赤眉兵攻入长安，更始帝刘玄投降后被杀。同年刘秀也在部属拥戴下称帝，即为东汉光武帝。次年，光武帝经过部署，在樊崇领兵离开长安东归之际，击败了赤眉。接下来的十余年，光武帝不断遣兵征伐，终于讨平所有的割据势力，完成"光武中兴"的大业。

班超出使西域："不入虎穴，不（焉）得虎子"

王莽篡汉建立新朝后，由于贬抑匈奴与西域国家的地位，使各国倒向匈奴，中原与西域的交流中断。直到汉明帝在位时才恢复与西域的往来，也造就班超在西域建功立业。

班超字仲升，是汉朝著名史学家班固的弟弟。汉明帝永平五年（公元 62 年），班超与母亲跟着兄长班固来到洛阳。班超因为家境贫穷而在官府做些抄书的工作，以维持家计，日子久了感到很辛苦。有一次他丢下笔叹气说："大丈夫没有什么其他志向，就是要效法傅介子（曾出使西域，因诛杀态度反复的楼兰国王而被封为义阳侯）、张骞在遥远的地域建立功业，以获得赐封侯爵的地位。怎么可以长久安于做些抄抄写写的事情呢？"这就是成语

"投笔从戎"的典故。

永平十六年（公元 73 年），汉明帝派兵征伐北匈奴，其中奉车都尉窦固自酒泉出发，击败匈奴呼衍王，并将兵力留在伊吾卢城（哈密）驻扎开垦。王莽篡汉后，中原与西域间中断联系长达六十五年，自此终于恢复。

当时班超担任窦固手下的假司马且立下战功，于是窦固派他出使西域。这是班超接触西域的开始。

班超首站抵达鄯善国（楼兰）。刚开始鄯善王广对汉朝使节相当礼敬，后来却突然变得冷淡，因为匈奴使节也来到鄯善。于是班超召集部属说："不入虎穴，不（焉）得虎子。我们现在只能趁夜用火攻击匈奴，他们不知道我们究竟有多少人，我方必定可以战胜。到时鄯善也会惊吓破胆，任务就能获得成功。"于是众人乘夜攻击匈奴扎营的地方，斩下使节的头，并且夺取代表使者身分的节。

接着班超到达于阗国。于阗王广德的态度相当怠慢不周到，原来于阗的风俗是听信巫师的指示。巫师对于阗王说："神对王接近汉朝感到愤怒。汉朝使节有匹骗（guā）马（黑嘴的黄马），要赶快取来祭祀神明。"班超知道了就要巫师亲自来取，等到巫师一出现立刻将他斩首。于阗王大为惊恐，就向班超投降。

因为班超接连立下奇功，开展了之后在西域三十多年的事业，达成扬名异域的愿望。汉朝与西域间的交流也再度活跃起来。

大　事	帝王年号	朝代	公元
赤眉余部往东，为光武军所阻。刘盆子与诸将被迫投降。	建武三年	东汉	27
秦丰降汉，之后被杀，守黎丘将近二年。	建武五年		29
恢复西汉田租三十税一制。	建武六年		30
因为兵力足，而罢郡国轻车、骑士、材官、楼船士与军假吏，令还民伍。	建武七年		31
诏令不得虐待奴婢。之后又多次下令释放奴婢。	建武十一年		35
全国平定，功臣增邑增封三百六十五人，但多封赏而不用。	建武十三年		37
诏令州郡度田。	建武十五年		39
交趾女子征侧、征贰反汉。征侧自立为王，九真、日南、合浦响应之。河南尹张伋与郡守十余人因度田不实，下狱死。	建武十六年		40
莎车王贤请设西域都护，汉赐印绶予贤，却又索	建武十七年		41

单位：年

公元	朝代	帝王年号	大事
单位：年	东汉		还，改给大将军印绶。莎车王不满，仍以大都护之名，移书诸国。
42		建武十八年	伏波将军马援破交趾军，之后征侧、征贰二人战败而死。岭南平定。
48		建武二十四年	马陵征武陵蛮。 匈奴日逐王比自立为南单于，遣使至汉称臣。南、北匈奴分裂。
49		建武二十五年	武陵蛮降。 复置乌桓校尉。
51		建武二十七年	北匈奴求和亲，后又再求，光武帝赐以缯帛。
57		中元二年	委奴国派遣使者来汉，光武帝赠"汉委奴国王"印，为中日国家往来之始。 光武帝卒，太子刘庄即位，是为明帝。
60	明帝	永平三年	明帝令画工在南宫云台画功臣二十八将画像，史称"云台二十八将"。
62		永平五年	班超与母亲和兄长班固来到洛阳。

蔡侯纸：蔡伦造纸术的突破

南朝梁人周兴嗣编写的《千字文》里，提到"恬笔伦纸"——"秦朝将领蒙恬发明毛笔，汉朝宦官蔡伦发明纸张"，可见纸是由蔡伦发明的说法早已深入人心。虽然近年来的考古报告中，发现今天大家所称的纸其实早在蔡伦之前就创造出来了，可是蔡伦的改良之功依然无法磨灭。若是没有蔡伦的研究，恐怕纸遍布于各地的时间会延后许久。

蔡伦字敬仲，汉明帝永平年间（公元58—75年）入宫成为宦官，到汉和帝即位后升任中常侍，参与宫内谋划策略的事务。他是位有才能学识的人，做事时相当慎重，曾经好几次冒犯皇帝，试图矫正皇帝的过失。后来蔡伦被擢升为尚方令，职掌制造御用刀剑等器物。到了汉和帝永元九年（公元97年），蔡伦还监造秘剑与各项器械，每项器物的品质都"精工坚密"，足为后世所效法。

古代的图书都是写在竹简上再串编起来，如果是写在缣帛（质地细薄的丝织品）上的则称为"纸"。缣帛很贵而竹简又重，所以蔡伦动起了念头，想用树皮、麻头、敝布和鱼网来造纸。

直到汉和帝元兴元年（105），蔡伦终于将研究成果向汉和帝报告，获得皇帝的称许，也开始使用他所造的纸。因此天下都称由蔡伦制造的纸为"蔡侯纸"，"纸"经过改良后也渐渐普及于民间了。

汉朝的地球科学家张衡：精准的候风地动仪

张衡字平子，擅长制造精巧的器械，也花了许多时间钻研天文历算等方面的学问。他于汉安帝在位期间（106—125）担任太史令（掌管天时星历的官员），制造了可以观测天体运行的浑天仪；到汉顺帝阳嘉元年（132）时，又设计制造了可以测报地震的候风地动仪。

候风地动仪是以质地相当好的铜金属铸成，直径有八尺，外形像一座尊（酒器），还有篆文、山龟、鸟兽的装饰纹路。所有精密的机械零件和装置奥秘都隐藏在尊里，外表是看不出来的。我们只能看到候风地动仪的主体有八条口中含着铜丸的龙分别面对八方，底下有八只张开嘴的蟾蜍准备承接铜丸。

如果发生地震，尊会受到震动，龙口的铜丸便掉下来落入蟾蜍的嘴里，发出激昂高亢的振动声，于是知道发生了地震。虽然其中一条龙受到震动掉下铜丸，但其他七座龙首不受影响，从铜丸自何座龙首掉下就能得知发生地震的方向。

自候风地动仪启用后，将它侦测地震的结果与相关纪录对照，发现完全符合，这是从有记载以来从没发生过的事。曾经有一次，龙口丢下铜丸却没有感觉到地震，京师的学者都怪它失效。可是几天后传递消息的人赶到京师，报告陇西（今甘肃省境内）一带发生了地震，所有人都为它的巧妙侦测感到佩服。朝廷从此命令史官要将地震发生的方位记录下来。

大　事	帝王年号	朝代	公元 单位：年
明帝约在此年派遣蔡愔等前往天竺（印度）求访佛学。	永平七年	东汉	64
罗马皇帝尼禄在位期间，罗马城发生大火；一说为尼禄下令放火，但他宣称为基督徒放火，开始迫害基督徒。（此事被拍成电影《暴君焚城录》。）			
蔡愔与天竺的两位沙门回到洛阳，之后另建住所，称白马寺。	永平十年		67
犹太人反抗罗马统治，但遭到镇压；耶路撒冷的犹太圣殿也被摧毁，仅剩下"哭墙"。	永平十三年		70
明帝派兵征伐北匈奴，窦固击败呼衍王。 窦固遣班超出使西域，至鄯善与于阗等国，重启中原与西域间的交流。	永平十六年		73
明帝卒，太子刘炟即位，是为章帝。	永平十八年		75
章帝召集儒者在白虎观议"五经"异同，并亲临裁决，班固奉命将结果编为	章帝 建初四年		79

公元 单位：年	朝代	帝王年号	大 事
	东汉		《白虎通义》。
			维苏威火山爆发，埋没庞贝城。
88		章和二年	章帝卒，太子刘肇即位，是为和帝。明、章二帝崇尚儒术，留意吏治，奖励农桑，在位时政治清明，是东汉的治世，史称"明章之治"。
			和帝即位时年仅十岁，窦太后临朝，侍中窦宪执政。这是东汉外戚专权的开始。
89		和帝 永元元年	窦宪、耿秉与南匈奴兵大破北匈奴。
90		永元四年	和帝与宦官郑众定议，收窦宪大将军印绶，改封冠军侯，待其到封国后，迫其自杀。
94		永元六年	班超发龟兹、鄯善等国兵，攻杀焉者、尉犁二王。西域五十余国全纳入东汉版图。
96		永元八年	罗马帝国进入"五贤帝"时期（至公元180年结束）。

候风地动仪是我国最早测定地震的仪器，也是目前已知世界上最早的测定仪器，张衡对地球科学的贡献卓著。

两次"党锢之祸"：东汉朝廷的贤臣几乎被迫害一空

"光武中兴"之后，接着是汉明帝、汉章帝在位，其间政治、民生等方面都呈现富足安乐的气象，史称"明章之治"。但从和帝即位后，东汉因受到外戚、宦官、皇帝之间关系不稳定的影响，而逐渐走向衰落。

到汉桓帝、汉灵帝在位时，政治日益败坏，朝廷发布的政令竟然出自于宦官之手。读书人不愿与宦官为伍，开始对当时的政治与人物发表批评议论，形成一股无法忽视的风气。

当时的太学里有超过三万名的太学生，以郭林宗、贾伟节为首，与在朝中为官的李膺、陈蕃、王畅等人彼此交流鼓励。太学里还流传着一句话："天下楷模李元礼（李膺），不畏强御陈仲举（陈蕃），天下俊秀王叔茂（王畅）。"另外还有公族进阶、魏齐卿时常不顾危难，发表正直深刻的言论。至于朝廷官员们，没有不对这些评论敬畏三分的。

那时有个善于从天象推算吉凶的人名为张成，他算出朝廷即将发布赦免的命令，所以让他的儿子先去杀人。担任司隶校尉的李膺逮住人后没多久，朝廷果然颁布赦免令。李膺对此感到愤怒，不顾命令还是杀了张成的儿子。由于张成先前曾凭借他的技术与宦官来往，连汉桓帝也曾问过张成问题。于是张成的弟子牢修向朝廷上书，诬告李膺等人与太学生和地方学校的学生结成朋党，发表诽谤朝廷的言论，有扰乱风俗的嫌疑。

汉桓帝看到上书后震怒。延熹九年（166）十二月，下令地方郡国逮捕党人，结果包括李膺在内有二百多人被捕下狱。延熹十年（167）六月，汉桓帝在尚书霍谞（xū）、城门校尉窦武的请求下，终于同意释放党人回到故乡，同时改年号为永康。这就是"第一次党锢之祸"。

后来到了汉灵帝建宁二年（169）十月，宦官侯览设法让官员将前司空虞放、长乐少府李膺等人全部牵引成同党，再次将他们逮捕下狱。包括李膺在内有超过百人全部死在牢里，随后数年间还发布相关的牵连措施。这就是"第二次党锢之祸"。

经过两次党锢之祸，东汉的栋梁人才受到相当大的摧残，朝中几乎已无贤臣，国运也更加暗淡无光了。

"黄巾之乱"：乱世即将到来

大约在汉灵帝即帝位的前后，冀州巨鹿郡（约在今河北省境内）人张角自称"大贤良师"，以奉行黄老道为名，开始在地方发展起自己的势力——"太平道"。由于张角用符水咒语为百姓治病，很多人相信符水有疗效，信奉太平道的人便越来越多。

张角又派遣八名弟子到各地传播相关言论，十多年下来，太平道在东方的青、徐、幽、冀、荆、扬、兖、豫八州的信众已达数十万人。于是张角设置三十六

公元 单位：年	朝代	帝王年号	大　事
97	东汉	永元九年	窦太后卒，追尊梁贵人为太后，梁氏始盛。
			西域都护、定远侯班超遣甘英使大秦（罗马）、条支（伊拉克），到安息（伊朗），临大海（波斯湾）而返。
			蔡伦监造秘剑与各项器械。
102		永元十四年	班超自西域返回洛阳，不久后过世。
			和帝封郑众为鄛乡侯，宦官封侯始于此。
105		元兴元年	和帝卒，立少子隆为太子，出生仅百余日，即位为帝，是为殇帝。邓太后临朝。
			宦官蔡伦改进造纸术，其所造的纸有"蔡侯纸"之称。
106		殇帝 延平元年	殇帝卒，立清河王庆之子祜为帝，是为安帝。
115		安帝 元初二年	邓太后任虞诩为武都太守。虞诩击退羌军，招还流亡。
117		元初四年	图拉真皇帝时代，罗马帝国领土扩张到最大。

公元	朝代	帝王年号	大 事
单位：年			
121	东汉	建光元年	邓太后卒，安帝亲政。诸宦官与乳母王圣及圣女伯荣用事。
			阎皇后兄弟阎显等任诸卿、校尉，掌管禁兵。
125		延光四年	安帝卒，阎后等立北乡侯懿为嗣，阎太后临朝，阎显为车骑将军。
			北乡侯卒，阎显与太后谋另立他人。
			宦官孙程、王康、王国等逼李闰，同立济阴王刘保，是为顺帝。
132	顺帝	阳嘉元年	太史令张衡制造候风地动仪，能准确测报地震
144		建康元年	顺帝卒，太子刘炳即位，是为冲帝，年仅两岁。梁太后临朝。
145	冲帝	永嘉元年	冲帝卒，梁冀立刘缵为帝，是为质帝，年八岁。
146	质帝	本初元年	质帝称梁冀为"跋扈将军"，被梁冀毒死。
			梁冀立蠡吾侯刘志为帝，年十五岁，为桓帝，梁太后仍临朝。

"方"，方的意思相当于将军，是有规模的军事组织。另外还到处散布"苍天已死，黄天当立；岁在甲子，天下大吉"的消息，暗示他们即将取汉朝而代之。由于朝廷长期陷入外戚、宦官、读书人之间的斗争中，根本没有处理张角的问题，使他的势力不断坐大。

汉灵帝光和七年（184）二月，张角终于起兵作乱，东方开始陷入混乱。由于太平道人刚开始造反的时候，头上都包裹着黄色的布，以方便与交战的汉军有所区别，因此这批人又称为"黄巾贼"。黄巾贼所到之处都是烧杀掳掠，但竟然有许多地方响应他们的军事行动，使朝廷大为震惊。

三月，汉灵帝为了对抗黄巾贼，接受宦官的建议，赦免因卷入党锢之祸而被惩罚的人，以免他们与黄巾贼合作反叛汉朝。接着朝廷派遣北中郎将卢植讨伐张角，左中郎将皇甫嵩、右中郎将朱儁攻击豫州颍川郡（今河南省境内）的黄巾贼。

接下来的八个月，汉军与黄巾贼陷入混战。其中皇甫嵩、朱儁在骑都尉曹操的协助下，在长社击败黄巾贼波才，而卢植原本已围困张角，但受到宦官陷害遭到撤职。朝廷改派东中郎将董卓攻打张角，但是无法取胜。直到皇甫嵩和朱儁清除大部分的黄巾势力后，才展开决战，完全击败张角的主力，平定乱事。

虽然黄巾之乱不到一年就落幕，可是朝廷内部外戚与宦官之间的对立争斗逐渐达到最高峰；地方州郡也没有因黄巾之乱结束而恢复平静，反而出现更多小规模的变乱。汉朝治理天下的能力与控制力日渐减弱，董卓、曹操等豪杰却因黄巾之乱开始登上历史的舞台。安定的时代一天天消失，乱世即将到来……

官渡之战：曹操称霸北方的重要战役

汉献帝刘协是东汉最后一位皇帝，处境相当可怜。出生后母亲就被杀害，幼年时黄巾之乱发生，朝廷的统治力开始减弱。接着父亲汉灵帝过世（中平六年〔189〕），兄长继位为帝。不久袁绍杀尽宦官，董卓兵力趁虚而入，废杀兄长改以刘协为帝。汉献帝当时不过九岁就已看尽生离死别。

董卓乱政，天下群雄并起，彼此互相攻击争夺地盘。接着又有李傕（jué）、郭汜（sì）之乱，汉献帝被这些军阀将领欺负玩弄，在洛阳、长安之间来回流浪，连吃住都成问题，朝廷也早已不像个朝廷了。直到建安元年（196）镇东将军曹操迎接汉献帝迁都到许后，生活才得以安定下来。

可是曹操也非真心拥护汉献帝，而是"挟天子以令诸侯"。他对内控制朝廷政治，对外与各地豪杰争夺北方霸权，因此逐渐接触到袁绍的势力范围。当时曹操的实力在袁绍之下，于是让出大将军的位子，两人相处一时还算平安。但到他们分别击败公孙瓒和吕布后，情势改观。

建安五年（200），左将军刘备在徐州对抗曹操。袁绍的谋士田丰建议趁机攻许，袁绍没有接受，直到刘备被击败赶来

大　事	帝王年号	朝代	公元
			单位：年
桓帝亲政；梁太后卒。	桓帝	东汉	150
	和平元年		
桓帝与宦官单超、唐衡、左悺、徐璜、具瑗定谋同盟，发兵围梁冀府第，收印绶。梁氏一门被诛，单超等五人同日封侯，世称"一日五侯"。东汉政权落入宦官手中。	延熹二年		159
李膺捕杀与宦官交好的方士张成之子，被诬"与太学游士、诸郡生徒……共为部党，诽讪朝廷"，与杜密、陈寔、范滂等二百余人下狱。陈蕃因上谏书而被免职。	延熹九年		166
霍谞、窦武上书，党人得到赦免，但禁锢终身，为第一次党锢之祸。	延熹十年		167
桓帝卒，窦武等立解渎亭侯刘宏为嗣。	永康元年		
刘宏即帝位，是为灵帝。	灵帝		168
	建宁元年		
宦官大兴党狱，侯览、曹节等捕杀李膺、虞放、杜密、范滂等百余人。天下豪杰与饱学之士被宦官指为党人，六七百人遭禁	建宁二年		169

公元 单位：年	朝代	帝王年号	大　事
	东汉		锢、迁徙，为第二次党锢之祸。
183		光和六年	巨鹿人张角密谋起义，传言："苍天已死，黄天当立；岁在甲子，天下大吉。"
184		光和七年 中平元年	张角与弟张宝、张梁称天公、地公、人公将军，起兵反叛，头带黄巾，史称"黄巾之乱"。
			赦免"党人"。
			命卢植讨伐张角，皇甫嵩、朱儁攻击豫州颍川黄巾。
			皇甫嵩、朱儁在曹操协助下，大破黄巾贼波才。
			卢植围张角，被宦官诬作战不力，灵帝以董卓代之。
			董卓攻张角，不能胜，皇甫嵩取代之，破张梁、张宝，张角也死。朱儁出兵，黄巾主力全败。
189		中平六年 少帝 昭宁元年 献帝 永汉元年 中平元年	灵帝卒，皇子刘辩即位，是为少帝，年十四岁。何太后临朝，何进为大将军参录尚书事。 何进召董卓杀宦官，张让、段珪等杀何进，袁绍诛杀宦官。

投靠后才决定出兵。田丰认为曹操已有所防备，应从长计议。袁绍不听。

袁绍先后派出颜良、文丑等大将进攻，结果都被击杀。战役结束后，曹军驻守官渡（约在今河南省中牟县东北），而袁军向官渡进军。因袁军数量多于曹军，所以交战时曹军只能坚守阵地。双方僵持一百多天后，袁绍派淳于琼出发运输粮草，曹操得知后亲率五千兵马攻击。

袁绍刚知道淳于琼遇袭时，便对他的长子袁谭说："即使曹操获胜，我打下他的营帐，他还是回不来的。"于是要高览、张郃进攻曹营，但攻不下来，而他们一听到淳于琼战败的消息后立刻投降，袁军完全溃败。袁绍、袁谭等人带着少数骑兵逃走。

袁绍在"官渡之战"失败后生病，在建安七年（202）夏天病死，反观曹操在建安六年至十二年之间陆续击败袁尚、袁谭、高干等群雄及外族乌桓。随着战果不断扩大，北方也渐渐被曹操所掌控。

赤壁之战：决定三分天下的关键战役

汉献帝建安十三年（208）六月，曹操自任丞相，开始将目光转向南方，想要将全天下都纳入他的掌握之中。七月，曹操带兵南攻荆州牧刘表。八月，刘表过世，由次子刘琮继任。当时刘琮驻守襄阳，寄居在荆州的刘备等人则在樊城。九月，曹操抵达新野，刘琮向曹操投降，而刘备等人往夏口的方向逃亡。

另一方面，讨虏将军孙权听到刘表

过世的消息后，派宾客鲁肃前往荆州向刘表的两个儿子刘琦、刘琮致哀，同时观察荆州的局势变化。没想到鲁肃还没抵达，曹操已经兵临荆州，刘琮也向曹操投降了。当时刘备想要南渡长江，鲁肃转而与刘备在当阳会面，传达孙权方面的想法。刘备抵达夏口后，诸葛亮向刘备说："现在事态紧急，请您下令让我向孙将军求救。"于是刘备以诸葛亮为代表前往柴桑拜访孙权，希望双方能够合作，共同对抗曹操。

当时曹操已接收刘表的部队，声势惊人。孙权的部属大多认为应该投降，唯独周瑜、鲁肃力排众议，认为应该要对曹操作战；再加上诸葛亮一番对时局的分析，使得原本观望的孙权，终于决定要战。随后他派周瑜、程普、鲁肃等人率水军三万，跟随诸葛亮拜见刘备，双方组成联军一起抵抗曹操。

十月，曹操发动水军向孙权进攻。周瑜和程普分别为左右督，各自率领万人与刘备一起进兵。曹操与孙、刘联军在赤壁（约在今湖北省嘉鱼县东北）遭遇并展开激战，这就是赫赫有名的"赤壁之战"。

战前，周瑜的部将黄盖观察到曹军的船舰都是首尾相连，可以采取火攻。于是周瑜一边准备适合的战船，一边放出黄盖要投降的假消息给曹操。当战船靠近曹军时，黄盖下令放火。在风势助威之下，曹军船舰迅速燃烧，还波及陆上军营，曹军因此大败。曹操下令将剩下的船只焚毁向后撤退，途中又有不少士兵死于疾病或是饥饿。刘备和周瑜一路追击到

大　事	帝王年号	朝代	公元 单位：年
董卓进京，护少帝，后又废帝，立陈留王刘协为帝，是为献帝，年九岁。曹操到陈留，准备起兵。		东汉	
关东诸郡起兵讨伐董卓，共推袁绍为盟主。董卓逼献帝迁都长安，焚烧洛阳宫庙与官府等。	初平元年		190
司徒王允使吕布杀董卓。董卓部将李傕、郭汜攻进长安。	初平三年		192
罗马的军人皇帝时期开始。	初平四年		193
献帝出长安，流亡至安邑。孙策渡江南下，孙氏自此始有江东。	兴平二年		195
献帝归洛阳。曹操出兵迎献帝至许（河南许昌），在许屯田。	建安元年		196
曹操攻陷下邳，杀吕布。	建安三年		198
袁绍攻破易京，杀公孙瓒。袁绍谋攻许，曹操率兵迎绍，进至黎阳，分兵驻守官渡。刘备据徐州。	建安四年		199

公元 单位：年	朝代	帝王年号	大 事
200	东汉	建安五年	曹操东进打败刘备，擒关羽。
			袁绍进兵黎阳，命颜良攻白马（河南滑县）。曹操救白马，关羽斩颜良。曹操复击斩袁绍部将文丑。
			曹操奇袭乌巢，突击淳于琼，烧毁袁绍军粮草辎重，大败袁绍，奠定统一北方的基础，史称"官渡之战"。
			孙策遇刺身亡，弟孙权继承江东。
201		建安六年	曹操败刘备，刘备投荆州刘表。
202		建安七年	袁绍卒，幼子袁尚继位；袁谭、袁尚兄弟对立。
			曹操令孙权以子为人质，孙权用周瑜之计拒绝。
203		建安八年	袁谭、袁尚互相攻击，袁谭兵败，被袁尚围攻而向曹操求援。
			孙权平山越，安定东吴。
204		建安九年	曹操打败袁尚，后袁尚走幽州。
			高幹以并州降曹操。

南郡，曹操只好退回北方，命曹仁、徐晃留在江陵，而乐进则驻守襄阳。

赤壁之战后，曹操站稳北方，刘备往西南发展，孙权则在东南一带立足。汉献帝变成只是天下名义上的共主，三国鼎立的形势已经隐然成形了。

曹操侵夺汉献帝权力：东汉的结局

曹操虽然在"赤壁之战"失败，可是他在北方权势不减反增，汉献帝的处境更加困窘。曹操先击败凉州的韩遂与马超，又在建安十八年（213）自立为魏公，建安十九年（214）再杀害皇后伏寿和二位皇子，并且几乎杀光伏氏家族。

为什么曹操要杀害皇后？在建安五年（200）时，曹操曾强势杀害已怀孕的贵人董氏。伏皇后因此感到恐惧，偷偷写信给父亲伏完，不仅叙述了曹操凶狠的模样，还请伏完设法铲除曹操。伏完看了信却不敢行动。这个一直被隐瞒的秘密，竟然在建安十九年泄露出来。曹操非常生气，逼着汉献帝废伏皇后，还要尚书令华歆、御史大夫郗(chī)虑带兵"闯进"后宫，"捉拿"伏皇后。

伏皇后虽然躲在墙壁夹层中，还是被华歆发现，华歆直接拉着她的手就往外走。当时汉献帝和郗虑坐在外殿，只见披头散发、光着双脚的伏皇后流着眼泪向汉献帝诀别，还问："不能救我，让我活下来吗？"受到惊吓大哭的汉献帝则回答说："我也不知道自己可以活到什么时候！"又回头对郗虑说："郗公！天下哪有这样暴虐残酷的事啊！"当时汉献帝左右的人看到这情景都不禁流下泪来。最后伏皇后还是被关进暴室（囚禁宫女后妃的地方）害死了。

汉献帝连自己的妻子都救不了，凸显出权力已被架空，只拥有一个"皇帝"的空名。

建安二十一年（216），曹操自己将爵位由魏公提升为魏王，建立天子旌旗，出警入跸（出外时可进行道路管制，禁止人车通行）。此时他和真正的皇帝已经没什么两样了。

建安二十五年（220）正月，曹操病逝，儿子曹丕继位为魏王。当年三月改年号为延康元年。虽然曹操在世时没有篡夺汉朝，可是经过这么多年的计划与控制，汉献帝早就只是个傀儡，夺取皇帝宝座不过是时间的问题而已。

延康元年十月，汉献帝终究被迫退位。曹丕成为天子，国号仍为魏，是为魏文帝，定新年号为黄初，都洛阳。至于汉献帝被改封为山阳公，西汉和东汉合计约四百多年的统治，随着汉献帝的退位而结束，也开始了分裂并立的三国时代。

刘备的发展与即位称帝：复兴汉室的希望

赤壁之战的失败对曹操来说是少见的挫折，但对刘备而言却是重大的转机。他渐渐摆脱过去到处流浪或是寄人篱下的日子，开始有比较固定并能壮大的根据地，终于可以独当一面，获得与曹操、孙权平起平坐的地位。

大　事	帝王年号	朝代	公元 单位：年
曹操攻陷南皮，杀袁谭。	建安十年	东汉	205
曹操杀高幹，取并州，冀、青、幽、并四州属曹操，北方统一。	建安十一年		206
袁尚、袁熙兄弟投奔乌桓。			
曹操击乌桓，在白狼山大胜。袁氏兄弟奔辽东，太守公孙康斩袁尚首献曹操。	建安十二年		207
刘备三顾茅庐访诸葛亮。亮陈隆中策，建议取荆、益，结孙权，为刘备所用。			
曹操自任丞相。	建安十三年		208
荆州太守刘表卒，子刘琮继位，曹操征荆州，刘琮投降。			
孙权用鲁肃、周瑜之计，联合刘备；刘备遣诸葛亮见孙权，双方结盟，共同抵抗曹操。			
孙、刘联军在赤壁与曹军展开激战，周瑜使黄盖诈降之计，率船靠近曹军，因风纵火，焚毁曹军船舰与岸上军营，曹军大败，是为"赤壁之战"。曹操退回北方。			

公元 单位：年	朝代	帝王年号	大　事
	东汉		刘备荐刘表长子刘琦为荆州刺史。刘备取荆州之武陵、长沙、桂阳、零陵四郡（今湖南）。
209		建安十四年	刘琦卒，刘备为荆州牧。孙权将妹妹嫁给刘备。
210		建安十五年	曹操建铜雀台。 周瑜卒，鲁肃代领兵，孙权借荆州给刘备。
211		建安十六年	曹操遣将出兵，欲分道攻击汉中张鲁。 曹操击败凉州的韩遂、马超。 益州牧刘璋迎刘备入蜀，欲使取汉中以抵抗曹操。
212		建安十七年	刘备在蜀据涪城，与刘璋发生冲突。
213		建安十八年	曹操为魏公，加九锡。
214		建安十九年	诸葛亮率兵攻益州，刘璋投降。刘备领益州牧，据有巴蜀。 伏皇后曾写信请父伏完计划谋害曹操，事泄露，伏氏家族几乎被杀光。

　　刘备原本推荐原荆州牧刘表的大儿子刘琦为荆州刺史，可是建安十四年（209）刘琦就病死了，于是刘备接受大家的拥戴成为荆州牧。孙权对刘备势力的增加感到有些畏惧，而将妹妹嫁给他，希望两边关系能更巩固。

　　到了建安十六年（211），益州牧刘璋听说曹操打算派兵进攻以汉中为基地的张鲁，心中相当恐惧。刘璋的属下张松建议，可以找刘备帮忙。后来双方正式会面，张松劝刘备乘机袭击刘璋，刘备因不忍心而没有动手。建安十七年（212），张松的哥哥张肃担心自己日后会受到牵连，就将张松的计划向刘璋报告。刘璋于是杀了张松，又下令各关口要塞戒备。刘备大怒，展开攻击，至建安十九年（214）时，终于包围了成都。虽然刘璋可以选择坚守成都，但刘璋认为益州三年的战争都是因他而起，内心相当不安，所以决定开城投降。刘备就这样取得益州，实力更增进不少。

　　建安二十四年（219）五月，刘备又取得汉中，并在七月自称汉中王。可是当刘备回到成都后，孙权利用关羽北伐中原，无法注意后方的机会，去偷袭他，不但杀害关羽，还同时占领荆州土地。失去关羽是刘备这个时期最大的挫折。

　　延康元年（220），当汉献帝被迫让位给魏王曹丕的消息传到成都时，有传闻认为汉献帝已经遭到杀害。刘备于是公开发布讣闻，为汉献帝举办丧事，并追加“孝愍皇帝”的谥号。

　　由于已经没有在位的汉朝皇帝了，所

以偏张军张裔、治中从事黄权、治中从事杨洪、议曹从事杜琼、劝学从事尹默、谯周、太傅许靖、安汉将军糜竺、军师将军诸葛亮等人，纷纷劝进刘备继位为帝，以延续汉朝国祚，完成兴复汉室的事业。

刘备就在第二年（221）四月，在益州成都即位，改年号为章武，是为蜀汉昭烈帝。

三国鼎立的形势：互有往来与征战

相较于蜀汉有兴复汉室的使命、魏国有一统天下的野心，立足于东南半壁的孙权似乎是以现实为优先考量，为寻求自身利益而在两国之间游走着。

蜀汉昭烈帝章武元年（221），昭烈帝因孙权先前袭杀关羽愤恨难消，即位称帝后就调兵遣将，准备东征为关羽报仇。没想到尚未出发，车骑将军张飞竟遭属下杀害。七月，昭烈帝亲率各军伐吴。由于盛怒之下的昭烈帝回绝了孙权的求和，于是孙权也开始准备防御。次年正月至闰六月间，蜀汉和孙权展开多次战斗，蜀汉军不幸被孙权部将陆逊等人击败，昭烈帝只好向后撤退。

另一方面，自魏文帝即位后，孙权就向魏文帝自称为魏国下的诸侯藩国，所以魏文帝就在黄初二年（221），正式授与孙权吴王爵位。孙权虽然向魏国称臣，但其实并非真心诚意。魏国于是希望双方能够缔结正式盟约，并要求孙权派儿子到魏国朝廷任官（做人质），结果遭到孙权婉拒。魏国在黄初三年（222）开始调

大　事	帝王年号	朝代	公元（单位：年）
曹操取汉中，张鲁投降。	建安二十年	东汉	215
刘备已得益州，孙权欲取回荆州诸郡，双方定议以湘水为界，东属孙权，西属刘备。			
孙权攻合肥，被曹将张辽击退。			
曹操进爵为魏王，建立天子旌旗，出警入跸。	建安二十一年		216
刘备进至定军山，大将黄忠斩曹操都护将军夏侯渊。	建安二十四年		219
刘备取汉中，自称汉中王。			
关羽取襄阳，围樊城，破曹将于禁、庞德军。			
曹操用司马懿计，助孙权袭关羽。孙权遣吕蒙破江陵，关羽退保麦城，被擒杀。			
孙权据有荆州全部。			
曹操卒。魏王曹丕篡东汉，改国号为魏，为魏文帝，废献帝为山阳公，东汉亡。三国时代开始。	献帝 建安二十五年 文帝 延康元年 黄初元年	三国时代/魏	220

公元 单位：年	朝代	帝王年号	大 事
221	三国 时代 /魏/ 蜀汉	文帝 　黄初二年 昭烈帝 　章武元年	汉中王刘备即位为帝，国 号维持汉，是为蜀汉昭烈 帝，希望再兴复汉室。 刘备欲为关羽复仇，亲自 领兵攻孙权。大将张飞被 部下所杀。 孙权向魏国称臣，被封为 吴王。
222	三国 时代 /魏/ 蜀汉 /吴	文帝 　黄初三年 昭烈帝 　章武二年 吴王 　黄武元年	吴将陆逊在猇亭败蜀军， 刘备退至白帝城，称"猇 亭（夷陵）之战"。 孙权自称吴王，建黄武年 号，虽尚未称帝，蜀汉、 魏、吴三国鼎立之势已形 成。 魏遣曹休等击吴。 孙权派使者郑泉请和，刘 备遣宗玮回应。
223		文帝 　黄初四年 后主 　建兴元年 吴王 　黄武二年	魏军攻濡须，被吴将朱桓 打败。 蜀汉昭烈帝卒，太子刘禅 即位，是为后主，封丞相 诸葛亮为武乡侯。亮派邓 芝出使吴国，两国修好。
225		黄初六年 　建兴三年 　黄武四年	诸葛亮平定南中之乱，与 孟获作战，七擒七纵，孟 获终于降服。

动兵马准备进攻孙权，孙权认为扬州等地的山越民族尚未平定，内部并非团结一致，所以用谦卑的语气向魏文帝上书，看看有没有转圜的余地。可是魏文帝回信的内容除了表示魏国内部对孙权不信任，还说孙权如果要展现效忠的诚意，就得让长子孙登到魏国来。孙权没有接受，战争一触即发。

魏文帝自许昌出发南攻，多支魏军也同时开拔赶往前线。孙权于是建年号为"黄武"，在接近长江的地方设兵防守魏军。黄武元年（222）十一月至次年三月，双方激烈交战，互有胜负，最后魏军终于退兵。

在这期间，孙权派太中大夫郑泉为使者，前往白帝城面见蜀汉昭烈帝，请求重修旧好。此举获得昭烈帝同意，并以太中大夫宗玮为代表回访孙权。不过孙权和魏文帝间的往来，也没有立刻断绝，直到两年后才终止。

孙权原本向魏文帝称臣，并且接受魏文帝封为吴王。然而当他自己建立黄武年号后，即使没有立刻正式称帝，也已经明显打算自立一方，用外交方式与两国往来。三国鼎立的形势到此完全浮上台面了。

三国时代最后称帝的孙权：与蜀、魏维持既紧张又和平的关系

话说吴王孙权黄武二年（223）三月，吴魏双方战事结束，魏军撤退。接下来，孙权的部属劝他称帝，但被他婉拒。孙权对大家说："之前我因玄德（蜀汉昭烈

帝刘备）往我们西方的边界（荆州）攻来
（为关羽报仇），所以要陆逊部署兵力防
御。当时听说北方（魏文帝曹丕）想要帮
助我们。可是我当时在想，我们有内忧
的潜在威胁（在扬州一带的山越民族），
如果不接受魏国授与的吴王爵位，有可
能让他们感觉受辱，反而促使他们快速
发兵攻击我们。到时蜀汉和魏分别从西
方和北方打来，二面受敌，对我来说压
力真的太大太猛烈了，所以才决定压抑自
己，接受魏国的封爵。这是我放低姿态
不称帝的理由，可是各位看来似乎不是很
了解，所以现在解释给各位听。"在孙
权说完这段话后，劝他称帝的声音才暂
时平息下来。

没过多久，蜀汉昭烈帝在白帝城过世
的消息传来。当年十一月，蜀汉派尚书郎
邓芝为使者到吴，并带着马二百匹、锦布
千端和益州特产为礼物。吴也回送境内名
产作为答礼。从此双方的关系恢复正常。

至于吴与魏之间则陷入长期紧张和冲
突的状态。魏文帝曾数次率军南下，可是
一到长江边就又退兵了。黄武五年（226），
孙权趁魏文帝过世的机会进攻江夏郡，
又命诸葛瑾和张霸围困襄阳，但以失败收
场。两年后吴将陆逊则在石亭大败魏将曹
休。吴魏之间的争斗互有胜负。

在内政方面，孙权接受陆逊的建议，
让军民休息以恢复农业生产，又请诸葛瑾
和陆逊对当时的法令规章提供意见，还
任命全琮为东安太守，企图讨平山越。

到了黄武八年（229）春天，孙权的
部下再度劝他即位，这次他终于答应并在

大　事	帝王年号	朝代	公元
魏文帝卒，子曹叡继位，是为明帝。 孙权攻魏江夏郡，又命诸葛瑾和张霸困襄阳，皆未成功。	黄初七年 建兴四年 黄武五年	三国时代/魏/蜀汉/吴	226
诸葛亮兵屯汉中，上《出师表》请伐中原。	明帝 太和元年 后主 建兴五年 吴王 黄武六年		227
诸葛亮首次北伐，出祁山，天水、南安、安定三郡叛魏响应。 魏将张郃在街亭之战败蜀先锋马谡。诸葛亮退兵，斩马谡。 吴将陆逊在石亭之战大败魏将曹休。 诸葛亮第二次北伐，粮尽而还。	太和二年 建兴六年 黄武七年		228
诸葛亮第三次北伐，取魏二郡。 吴王孙权正式称帝，改年号黄龙，为吴大帝，并迁都至建业。 蜀派陈震使吴，双方订立盟约。	明帝 太和三年 后主 建兴七年 吴大帝 黄龙元年		229

单位：年

公元 单位：年	朝代	帝王年号	大　事
230	三国时代/魏/蜀汉/吴	太和四年 建兴八年 黄龙二年	吴遣卫温航海求夷洲（台湾）。 魏曹真攻蜀，因大雨路绝撤退，为诸葛亮与魏的第四次战争。
231		太和五年 建兴九年 黄龙三年	诸葛亮第四次北伐，用"木牛"（独轮车）运粮。 蜀兵屡胜，终以粮尽退兵。
234		青龙二年 建兴十二年 嘉禾三年	诸葛亮第五次北伐，出祁山，以"流马"运输，屯武功五丈原，司马懿与蜀军对峙。诸葛亮病逝军中。
235		青龙三年 建兴十三年 嘉禾四年	蜀以蒋琬为大将军、费祎为尚书令。
238		景初二年 延熙元年 赤乌元年	魏司马懿攻辽东，杀公孙渊。
239		景初三年 延熙二年 赤乌二年	魏明帝卒，太子齐王曹芳继位，年八岁，司马懿、曹爽辅政。 曹爽用丁谧策，削司马懿实权。

四月正式称帝，改元黄龙，是为吴大帝。蜀汉为求能继续合作消灭魏国，在考量后仍派卫尉陈震使吴"庆贺"，并且订立盟约，约好魏国被灭后可平分天下。同年，吴大帝从武昌迁都建业（今南京）。三国从此刻起成为名副其实的三国了。

诸葛亮"鞠躬尽瘁，死而后已"：兴复汉室希望破灭

蜀汉在昭烈帝刘备征吴失败后，受到相当严重的打击，幸亏有丞相诸葛亮在后方稳住局势，才没有让情况继续恶化。昭烈帝过世前，将儿子刘禅托付给诸葛亮。诸葛亮怎敢辜负昭烈帝"三顾茅庐"的知遇之恩，毅然接受了昭烈帝的托孤请求。

刘禅即位，是为蜀汉后主，改年号为建兴。诸葛亮采取的策略是，先和吴王孙权恢复正常关系，然后出征益州南部，降服当地的少数民族（像对孟获"七擒七纵"）以安定后方，接着才专心北伐魏国。建兴五年（227）诸葛亮兵屯汉中，准备北伐，临行前上书给后主，这就是大家耳熟能详的《出师表》。诸葛亮"六出祁山"希望能击灭魏国，可惜建兴十二年（234）在武功五丈原去世，真的是为蜀汉"鞠躬尽瘁，死而后已"。

《出师表》里有句"亲贤臣、远小人，此先汉所以兴隆也；亲小人、远贤臣，此后汉所以倾颓也"，诸葛亮一语道破西汉为什么兴盛、东汉为什么衰落的原因，当中"人"占了很大的因素，同时也表达他对后主的期待，希望后主能够知人善任。

诸葛亮过世后，接位的蒋琬、费祎也都尽心辅佐后主，蜀汉得以维持稳定发展的局面。

然而在费祎死后，继任的大将军姜维虽然忠于蜀汉，但他连年北伐，也耗损了不少国力。另外后主渐渐宠信宦官黄皓，使黄皓得以影响蜀汉内政。后主终究忘记诸葛亮的叮咛，也给予魏国侵略的机会。

后主景耀六年（263），魏国派邓艾、钟会等将领分路进攻蜀汉；蜀汉则以左右车骑将军张翼、廖化、辅国大将军董厥等，抗拒魏国的军队。稍后改年号为炎兴元年。到了冬天，卫将军诸葛瞻（诸葛亮之子）在绵竹被邓艾击败遇害，后主只好采用光禄大夫谯周的建议向邓艾投降。

第二年，后主全家从成都迁往洛阳，被魏元帝封为安乐公。后主在洛阳的生活还真的是过得很"安乐"，达到"乐不思蜀"的境界，完全忘记亡国之痛。诸葛亮在《出师表》里"兴复汉室，还于旧都"的愿望，到头来终究是无法实现了。

司马炎篡位：司马懿家族有样学样

当蜀汉被魏国灭亡后，照理说魏国应该是意气风发，准备一统天下了。然而，情况却相反，蜀汉亡国不过才两年，魏国也跟着覆灭了。这样惊人的演变和当时魏国国内的司马懿家族大有关系。

魏明帝在景初三年（239）过世前，将太子（齐王）曹芳托付给司马懿和大将军曹爽两人，流着泪的司马懿跪着叩头，答应了魏明帝的要求。

大 事	帝王年号	朝代	公元 单位：年
孙权立三子孙和为太子，封四子孙霸为鲁王。	齐王 正始三年 后主 延熙五年 吴大帝 赤乌五年	三国时代 /魏/ 蜀汉 /吴	242
魏刺史毌丘俭攻高丽，破其都城。	正始七年 延熙九年 赤乌九年		246
司马懿称病不问政事，曹爽独专朝政。	正始九年 延熙十一年 赤乌十一年		248
司马懿发动"高平陵之变"，杀曹爽，司马氏遂专魏国政权。	正始十年 延熙十二年 赤乌十二年		249
孙权废太子为庶人，赐鲁王霸死，立少子孙亮为太子。	嘉平二年 延熙十三年 赤乌十三年		250
司马懿卒，子司马师续掌大权。	嘉平三年 延熙十四年 太元元年		251
吴大帝孙权卒，太子孙亮即位，是为废帝，年十岁，诸葛恪辅政。	齐王 嘉平四年 后主 延熙十五年		252
魏分三路伐吴，吴诸葛恪			

单位：年

公元	朝代	帝王年号	大　事
	三国时代/魏/蜀汉/吴	废帝 建兴元年	率丁奉破魏东路军。
253		嘉平五年 延熙十六年 建兴二年	吴诸葛恪攻魏，围合肥，久攻不下而退兵。孙峻利用民怨，刺杀诸葛恪，专吴国政权。
254		嘉平六年 延熙十七年 五凤元年	司马师杀魏国大臣，废魏帝曹芳，立高贵乡公曹髦为帝。
255		高贵乡公 正元二年 后主 延熙十八年 废帝 五凤二年	魏将毌丘俭起兵，被司马师镇压。司马师卒，司马昭续掌权。 蜀将姜维攻魏，于洮水败魏军，进围狄道，兵败而退。
256		甘露元年 延熙十九年 太平元年	蜀姜维攻魏，与邓艾在段谷交战，大败。
257		甘露二年 延熙二十年 太平二年	魏诸葛诞起兵反司马昭，吴国出兵相助，失败。 姜维出兵攻魏，又遭邓艾所阻。
258		高贵乡公 甘露三年 后主	司马昭平诸葛诞，任相国，被封为晋公。 蜀宦官黄皓专政。

太子即位，是为魏废帝（齐王），改元正始。刚开始曹爽和司马懿还能合作辅政，后来曹爽听信权力不应与他人分享的说法，就疏远了司马懿。司马懿发觉后，原本也回避曹爽以免惹祸上身，可是看到曹爽渐渐沉溺于饮酒作乐，就转而在暗地里计划夺权。

正始十年（249）正月，废帝前往高平陵祭拜魏明帝，曹爽一同随行。司马懿趁着他们都不在京师的机会，发动政变，解除曹爽及其同党的所有权力，独揽朝政，不久再将他们全部杀害。虽然司马懿在两年后去世，由长子司马师接任大将军，但司马师在嘉平六年（254）借太后令废了皇帝，改立魏明帝的侄儿曹髦为帝，是为废帝（高贵乡公）。一样是托孤，对照诸葛亮尽心尽力辅佐蜀汉后主，司马懿的辅政却出现截然不同的结局。

司马师在拥立废帝（高贵乡公）后不久就过世了，弟弟司马昭接位大将军，对魏国朝政的控制越来越紧。甘露三年（258），司马昭任相国且被封为晋公，仿佛当年曹操掌控东汉朝廷时的情景。废帝也因皇帝权威不断被削弱，对司马昭相当愤恨。甘露五年（260），废帝认为"司马昭之心，路人所（皆）知也"，不顾劝阻，坚持率僮仆数百人亲讨司马昭，结果反被杀害。魏国只好再改立魏明帝的堂弟曹奂即位，是为魏元帝。

魏元帝景元五年（264），司马昭的爵位从晋公提升为晋王。咸熙二年（265）司马昭过世，长子司马炎继任晋王。此时曹家早已失去抵抗力量，夺位的时机终于成熟。同年十二月，魏元帝被迫退位，司马炎正式称帝，改元泰始，是为晋武帝。魏国灭亡，原本鼎立的三国时代也即将画下句点。

三国时代落幕：蜀魏吴，争夺天下，西晋渔翁得利

当蜀汉为魏国所灭，魏国又被晋武帝篡夺后，吴国面对的是一个在土地、兵力等各方面都占有优势的新兴政权——晋，情势相当不利。

然而吴国内部一直有不安定的隐忧，使它无法全力面对外敌，这样的状况从吴大帝孙权在位时就已经出现，其中最受到注意的是皇位继承人的问题。由于吴大帝的长子、次子都早亡，所以在赤乌五年（242）立三子孙和为太子，又封四子孙霸为鲁王。可是吴大帝对两人都很宠爱，造成双方为争宠而展开斗争。吴大帝索性在赤乌十三年（250）废了太子，且赐死鲁王，改立最年幼的孙亮为太子。两年后吴大帝去世，太子孙亮即位，改年号为建兴，是为吴废帝。

吴废帝即位的时候只有十岁，以太傅诸葛恪为主从旁辅政。没过多久魏国以诸葛诞等将领兵分三路进攻吴国，被诸葛恪击退。诸葛恪因而轻视魏国的实力，次年率军北攻魏国反被击败。诸葛恪退兵回吴之后，则被武卫将军孙峻安排的伏兵刺杀。魏吴两国在接下来的几年不断交战，孙峻和堂弟孙綝先后成为吴国的主将，而孙綝的个性尤其蛮横不讲理，影响到吴废帝的权威。吴废帝原本计划要诛

大　事	帝王年号	朝代	公元 单位：年
吴国孙綝废孙亮，立琅琊王孙休为帝，是为景帝。孙休与丁奉等杀孙綝，夺回政权。	景耀元年 景帝 永安元年	三国时代/魏/蜀汉/吴	
曹髦欲铲除司马昭。贾充命成济杀曹髦。司马昭以"大逆不道"之罪诛杀成济，灭其族。 司马昭立常道乡公曹奂为元帝。	甘露五年 景耀三年 永安三年		260
蜀姜维攻魏，又为邓艾所败。 后主刘禅宠信黄皓，姜维因曾劝帝杀黄皓，退往沓中避祸。	元帝 景元三年 后主 景耀五年 景帝 永安五年		262
魏遣邓艾、钟会伐蜀。蜀将诸葛瞻与邓艾战于绵竹，败死。邓艾入成都，刘禅投降。蜀汉被魏所灭，是三国中最早灭亡的国家。	景元四年 景耀六年 （炎兴元年） 永安六年		263
魏封司马昭为晋王。 魏封刘禅为安乐公。	元帝 咸熙元年		264

单位：年	公元	朝代	帝王年号	大　事
		三国时代/魏/蜀汉/吴	末帝 　元兴元年	孙休卒，孙皓继位，是为吴末帝。
	265	西晋	武帝 　泰始元年 末帝 　甘露元年	司马昭卒，子司马炎继任晋王。 司马炎篡魏，改国号为晋，是为晋武帝。魏国灭亡。
	280		太康元年 　天纪四年	晋将杜预、王濬等率兵攻吴。 王濬入建业，孙皓投降，吴亡。

杀孙綝，却被孙綝发现而惨遭废黜。

孙綝接着拥立吴大帝的六子琅琊王孙休为帝，是为吴景帝，改元永安（258）。由于孙綝权势很大，态度依然不佳。直到孙綝意图谋反的消息走漏，吴景帝于是趁着当年"腊八"日，百官都要向皇帝朝拜道贺的机会，命令武士逮捕孙綝绳之以法，这才解除危机。

但安稳的日子没有持续多久，永安六年（263）蜀汉被曹魏灭亡；次年吴景帝去世，南方的交阯又有叛乱。吴国面对接踵而来的坏消息感到相当恐惧，希望能有位年长成熟的国君领导他们，于是大臣们改迎原太子孙和的长子乌程侯孙皓为皇帝。

孙皓即位后，很快就露出粗暴骄傲、喜好酒色、任意杀害大臣的真面目，使得人心失望，也给予晋武帝起兵的好机会。吴天纪四年（280），晋将杜预、王濬等率兵攻吴，一路势如破竹，孙皓只好向晋国投降，原本英雄豪杰并起的三国时代于是落幕。

晋朝·五胡十六国

司马氏原本是曹魏的谋臣，后来起而与曹魏宗室争夺政权，由司马炎篡魏成功，建立晋朝，称晋武帝，是为西晋的开始。蜀汉在晋朝成立前便被消灭，晋武帝登基后不久，消灭孙吴统一天下，三国时代宣告瓦解。

从曹魏到司马氏以来，王室、贵族间的骄奢风气弥漫，甚至出现一个"何不食肉糜"的晋惠帝。晋惠帝不谙政事，他的妻子贾后便乘机干预朝政，并和司马氏一族掀起政治屠杀风暴，重创晋朝国力，史称"八王之乱"。北方外族势力借机坐大，纷纷立国称帝，是为"五胡乱华"，更形成"五胡十六国"与晋朝对峙局面，最后发生"永嘉之祸"，导致西晋灭亡。

晋朝既已失守华北地区，晋元帝司马睿便率众南迁建康，是为东晋。由于北方威胁仍在，东晋朝廷必须倚赖世家大族的支持，而有"王与马，共天下"的局面。后来的"淝水之战"，就是世家大族谢安、谢玄率军力抗前秦苻坚，东晋方得以继续偏安江南。然而，淝水战后，朝廷混乱，地方上有"孙恩卢循之乱"，朝廷遣派刘裕平乱。各种乱象接踵而来，刘裕累积不少军功，进而独揽朝政，最后废晋恭帝而自立，建国号宋（南朝宋），东晋至此灭亡。

这是一个世族政治的时代，并通过"九品中正制"的官员选拔方法来维持门阀的既得利益。士大夫不愿卷入黑暗的政治斗争，对名节礼法鄙夷，这时的学术思想由经学转为玄学，清谈成为风尚。"清谈"是指士大夫不谈俗事、不谈民生，可以抛开现实、远离政治、畅谈空无，"竹林七贤"就是其中的代表。在这种环境下，文学体裁发展出"骈体文"，讲究写作技巧、用词华丽、雕琢字句等。

儒学的式微，人心对世道的灰心，让佛教有了盛行的条件；寺院及佛像大量出现，亦带动了更多元的艺术创作；而道教也不遑多让，结合了神仙理论、炼丹理论，葛洪的《抱朴子》就是代表。

晋朝的国祚自公元 265 年至 420 年，起自晋武帝司马炎，终于东晋恭帝。西晋首都为洛阳，东晋首都为建康（即南京）。

公元 单位：年	朝代	帝王年号	大　事
280	西晋	武帝	西晋灭吴，统一天下。
		太康元年	颁布经济、财政制度户——调式。
284		太康五年	尚书左仆射刘毅请废"九品中正制度"，疏有"上品无寒门，下品无士族"，武帝未接受。
			罗马皇帝戴克里先即位。在位期间试图重振皇权，尝试推行四帝共治以维持帝国，并且采取大规模压迫基督徒的措施。
290		太熙元年	武帝卒，皇太子司马衷嗣位，是为惠帝。杨骏（武帝杨皇后之父）辅政。
			以刘渊为匈奴五部大都督。
291		惠帝	皇后贾南风谋害大臣、太后与诸王，揭开"八王之乱"的序幕。
		元康元年	贾后专权，族兄贾模等人参与政事。
296		元康六年	秦雍一带的氐、羌族人叛乱，推举氐人齐万年为帝。晋任命周处为建威将军，前往镇压。
			氐人杨茂搜称王，史称仇池。
298		元康八年	关中连年饥荒，巴氐首领李特率流民入蜀。

"八王之乱"粉墨登场：皇帝领导力不足，皇后忌妒心很重，亲戚诸王争权夺利

对于一个开国没多久的朝代来说，晋朝的活力比想像中的还要虚弱，而且风气败坏。君臣们每次宴会吃饭的时候都只是在闲话家常，彼此还比赛谁比较奢侈浪费。大家都忘记了建设国家、造福后世子孙的理想。

其次，晋武帝在位时大封亲戚为王并且赋予兵权，期望他们能保卫晋朝，当时却没想到，如果有诸侯王对晋朝不忠，反而是一项威胁。

另外，晋武帝因太子司马衷个性懦弱，一直忧虑他的治国能力；当他为太子选媳妇时，竟选了其貌不扬、醋劲却很大的贾南风为太子妃，这也是一大失策。她曾经亲手杀过人，还拿着刀戟丢向已经怀有太子骨肉的妾。妾中了戟，导致流产，手段相当凶残。两人的不般配是天下皆知，但晋武帝最后仍然没有换人。以上的问题都没有解决，为晋朝后来的急速衰落埋下伏笔。

晋武帝过世前想将身后辅佐太子的事交给叔叔汝南王司马亮，可是却被生怕失去权力的岳父杨骏挡了下来。晋武帝在等不到汝南王的情况下过世，太子即位，是为晋惠帝，贾南风成为皇后。

晋惠帝的不聪明与糊涂，在历史上是有名的。当他还是太子的时候，满朝廷已看透他的无能，等到他当上皇帝，依然毫无长进。有一次他在花园里听到虾蟆的

叫声，便问左右随从说："这虾蟆发出叫声，是为公？还是为私？"让人莫名其妙至极。除了愚昧无知，这位皇帝还不知人间疾苦，曾留下了一句"千古名言"。由于当时天下荒乱，许多百姓活活饿死，有官员上奏灾情，惠帝竟然"异想天开"地问说："何不食肉糜？"（老百姓为何不吃肉粥呢？）愚憨无能至此，朝政怎不令人担忧。果然即位没多久就爆发"八王之乱"，时间几乎和晋惠帝的在位年数相当。

八王之乱：每一个王都因其掌权的野心被杀

"八王"之间的关系可见章末附图（第116页），八个灰色方框代表的就是"八王"。

八王之乱的情节相当复杂，大致从贾后密谋要楚王玮、汝南王亮杀害杨骏开始。然后贾后为了要独揽大权，借楚王之刀杀了汝南王，再以擅杀汝南王为名，下旨杀楚王。接着又杀皇太后，再废杀愍怀太子司马遹（yù）。

贾后废杀太子使赵王伦不满，假借惠帝诏杀害贾后及其党羽，但他随后篡位。因此，齐王冏（jiǒng）、成都王颖、河间王颙（yóng）、长沙王乂（yì）起兵攻赵王，迎惠帝复位。齐王冏也乘机揽政，似乎自己就是皇帝。

不久长沙王假借皇帝的命令杀齐王，河间王和成都王又攻想要掌权的长沙王，长沙王被东海王越捉住，最后被活活烧死。河间王和成都王紧接着用兵力威胁惠帝，东海王等带着惠帝亲征失败，惠帝

大　事	帝王年号	朝代	公元 单位：年
江统著《徙戎论》。	元康九年		299
贾后矫旨废杀太子司马遹。	永康元年		300
赵王司马伦发兵入宫杀贾后，灭其亲党。			
赵王司马伦自立为帝，齐王司马冏等起兵讨赵王。	永宁元年		301
齐王冏、成都王颖、河间王颙、长沙王乂起兵攻赵王，迎惠帝复位。			
流民推李特、李流为首起义，攻进成都。			
长沙王乂杀齐王冏。	太安元年		302
李特在蜀打败罗尚兵。			
成都王颖、河间王颙起兵反长沙王乂。	太安二年		303
李特入成都外城自称益州牧，年号建初，后被罗尚所杀，由弟李流带领众人。李流卒，由李特子李雄接替。			
东海王越攻长沙王乂，乂兵败被杀。	惠帝	西晋	304
李雄据成都，称成都王。	永兴元年		
匈奴左贤王刘渊先自称大单于，不久再改称汉王，建国号汉。"五胡乱华"的风暴开始侵袭晋朝。	刘渊 元熙元年	汉	
东海王越起兵讨河间王颙。	永兴二年		305

单位：年

公元	朝代	帝王年号	大　事
306	西晋	惠帝	成都王颖、河间王颙相继被杀。
		永兴三年	
		光熙元年	惠帝卒，弟司马炽即位，是为怀帝。八王之乱结束，共持续十六年。
	成汉	李雄	李雄称帝，改元晏平，国号大成，又改汉，史称成汉。
		晏平元年	*罗马皇帝君士坦丁即位。*
307		怀帝	命琅琊王司马睿为安东将军，都扬州，镇建邺（后改建康）。睿以北方士族王导为谋主，引用江南士族顾荣、贺循等人。
		永嘉元年	
308		永嘉二年	王弥入许昌，逼京师，不久败投刘渊。
			汉王刘渊称帝。
310		永嘉四年	刘渊卒，子刘和继位。刘聪杀兄和自立。
			洛阳城内饥荒。幽、并、司、冀、秦、雍六州发生严重蝗灾。
			东海王越以讨伐石勒为名，从洛阳率大军东进项城。
311	西晋	怀帝	东海王越病死项城。
		永嘉五年	汉刘曜、王弥等人的军队攻陷洛阳，杀官吏、士民三万余人，晋怀帝被掳至平阳，史称"永嘉之祸"。
	汉	刘聪	
		嘉平元年	刘聪降晋怀帝为会稽公。

流亡。最后成都王失败被杀，惠帝在吃饼的时候突然暴毙，也有人说是东海王下的毒手。

惠帝的弟弟司马炽即位，是为晋怀帝；不久河间王也被杀，八王之乱终于落幕，由东海王获得最后"胜利"。因为只有他活了下来掌握大权。然而这只是晋朝另一场苦难的开始……

"五胡乱华"开始：腥风血雨笼罩华北

在晋朝内部忙着争权夺利的时候，匈奴、鲜卑、羯、氐、羌等五族则蠢蠢欲动，准备摆脱晋朝对他们的控制。

其实五胡带给晋朝的潜在威胁早在晋武帝时就显露征兆。大约自泰始六年（270）起，北方和西方边境就不时有五胡族人反叛或劫掠边境，晋朝派军征伐，以及匈奴、鲜卑等外族率部众归附晋朝的记载。

到了晋惠帝元康六年（296），秦雍一带的氐、羌族人发生叛乱。他们推举氐人齐万年称帝并且包围泾阳（在今甘肃省内）。朝廷为了平定乱事，任命当年为家乡"除三害"的周处为建威将军、夏侯骏为安西将军，在梁王司马肜（róng）的指挥之下征讨齐万年，结果周处不幸壮烈牺牲。虽然晋朝后来还是击败齐万年，但外族屡屡骚扰边境，引起有识之士的注意。当时的山阴令江统深感应该要事先防范，以杜绝乱源，所以写了一篇著名文章《徙戎论》。内容说明过去各朝代中夷夏之间形势的演变、为什么外族部众逐渐进入中原、为什么外族时常兴兵叛乱等，还有最重要的主张："徙戎"——将已移入中原的氐、羌等外族迁回他们的原居地，以求彻底解决晋朝与外族的对立冲突。可惜江统提出《徙戎论》后，晋惠帝并没有采用他的意见，实际上当时的朝廷是在贾后的掌控之中。结果《徙戎论》写成不到十年，"五胡乱华"的惨剧竟然真的发生，让众人不得不佩服江统的远见。

一般多将五胡在华北一带建立的许多政权统称为"五胡十六国"，"十六国"一词出自南北朝时北魏史家崔鸿撰写的《十六国春秋》，但实际上建立的政权不只十六国。最早自立建年号的势力是巴氐人李特，他自称益州牧，年号建初，约在晋惠帝太安年间（303）；到他的儿子李雄接位后，先称成都王，后建国号为"成"（或称成汉、前蜀）。不过对当时晋朝朝政影响最大的不是李特父子，而是匈奴左贤王刘渊。他在晋惠帝建武元年（304）正式起兵，自称大单于，随后建国号"汉"，改称汉王。随着刘渊称王并且不断扩张，"五胡乱华"从疑虑化为事实，对百姓和朝廷都造成危害。

永嘉之祸（上）：晋怀帝被俘，中原陷入哀鸿遍野

晋怀帝在"八王之乱"即将结束时即位，改年号为永嘉。他是晋武帝的二十五子，晋惠帝的弟弟，朝政由他的族叔东海王司马越所掌握。至于刘渊则在晋朝陷入八王之乱的危局时乘机坐大，并且在永嘉二年（308）十月于平阳（今山西临汾一带）

大　事	帝王年号	朝代	公元 单位：年
汉主刘聪宴会，命晋怀帝青衣行酒，晋臣见状多哭。	怀帝 永嘉七年	西晋	313
刘聪杀死晋怀帝。	愍帝		
司马邺在长安即位，是为愍帝。	建兴六年		
刘曜入关中，攻长安，败退。	刘聪 嘉平三年	汉	
北方南渡大族祖逖请求出兵北伐，琅琊王司马睿任祖逖为豫州刺史。祖逖率旧部渡江，中流击楫而誓。			
罗马帝国君士坦丁大帝颁布米兰诏书，宣布基督教不再受到迫害，承认其为合法的宗教。			
刘曜等攻长安，不克。	愍帝	西晋	314
张轨称凉州牧，史称前凉。	建兴二年		
	张轨／张寔	前凉	
张轨卒，子张寔继位。	永安元年		
晋以司马睿为丞相。司马睿以王敦为镇东大将军。	建兴三年		315
陶侃攻杜弢数年，杜弢战败而死。			
晋朝西都长安遭刘曜的军队围困，长安无粮，晋愍帝出城投降，旋即被掳至平阳。西晋亡。	愍帝 建兴四年 刘聪 麟嘉元年	西晋 汉	316

公元 单位: 年	朝代	帝王年号	大　事
317		愍帝	汉主刘聪命愍帝执戟前
		建兴五年	导、行酒、洗爵、执盖,
			晋臣多哭。
			刘聪杀死愍帝。
		晋王	琅琊王司马睿在建康称晋
		建武元年	王,企图延续晋朝国祚,
			以王导为丞相,王敦(王
		刘聪	导兄)为大将军。王氏子
		麟嘉二年	弟多任要职,时人有"王
			与马,共天下"之语。
318	东晋	元帝	愍帝死讯传到建康,司马
		大兴元年	睿称帝,为晋元帝。
	汉	刘聪	刘聪卒,子刘粲立,之后
		麟嘉三年	被杀。刘曜继帝位。
319	东晋	元帝	刘曜迁都长安。后改国号
		大兴二年	为赵,史称前赵。
	前赵	刘曜	石勒称王,以赵为国号,
		光初二年	史称后赵。
	后赵	石勒	
		元年	
320		大兴三年	印度笈多王朝开始,印度
			进入黄金时期。此期宗教
			方面,原婆罗门教开始吸
			收佛教教义与仪式等,渐
			渐有所改变,日后转化而
			成印度教。
321		大兴四年	拓跋郁律与晋断绝关系,
			自立为王。
322		永昌元年	王敦第一次反晋,以讨刘
			隗、刁协为名,出兵陷石
			头城(建康西部重镇),

称帝,国号仍为汉。

永嘉四年(310)的夏天,刘渊病死,他的儿子刘和接位,但刘和旋即被他的弟弟刘聪杀害,刘聪夺位称帝并继续向外进攻。到了冬天,京师洛阳出现饥荒,东海王越发出紧急军事文书,希望征召天下兵马救援京师。晋怀帝还交代奉命出发的使者说:"为我带话给镇守在外的诸王将领:现在还有得救,再晚就来不及了。"可惜使者出发了,却没有任何援军抵达洛阳。

于是东海王越以讨伐汉国的石勒为名义,将麾下四万甲士全数带离洛阳。结果洛阳的饥荒状况一天比一天严重,连宫殿内也到处倒卧着已经饿死的人们;治安急速恶化,盗贼横行。

永嘉五年(311)三月,东海王越病死在项城。军队在护送他的灵柩归葬东海的途中,被刘聪所派遣的石勒部队给追上,晋军大败。各级王公与战士死亡者达十多万人。从此洛阳周围再也没有足以相抗衡的军事力量。

刘聪认为这是大好良机,命族子刘曜等人率兵进攻。六月,王弥、石勒、刘曜分率的三路部队逼近洛阳,晋军完全无法抵挡,最后洛阳被攻破。晋怀帝试图逃离却遭俘虏,刘曜等人接着大肆焚毁宫殿、凌辱后宫嫔妃,官吏百姓超过三万人遇害。这就是史上所称的"永嘉之祸(乱)"。在此之前,外族似乎还没有在中原大地上引起过这么大的灾难,更别说是让皇帝变成阶下囚了。

洛阳陷落后,晋怀帝被捉至平阳,被

刘聪降为会稽公。永嘉七年（313）正月，刘聪举办盛大集会，要晋怀帝穿着象征卑贱身分的青衣，为人一一倒酒。当年跟随晋怀帝一起到平阳的侍中庾岷（mín），看到皇帝受到这样大的侮辱，不禁放声大哭，让刘聪感到非常厌恶。不久之后刘聪就杀害晋怀帝，庾岷等随侍大臣也同时遇难。可叹的是，就算已经到了这样的地步，悲剧仍还有下一章……

永嘉之祸（下）：长安继洛阳之后沦陷，晋愍帝"投降"，西晋瓦解

在洛阳被刘曜等人攻破后，秦王司马邺（晋惠帝与晋怀帝的侄儿）被拥立为皇太子。永嘉七年，晋怀帝在平阳遇害，皇太子随即于四月在长安即位，改元建兴，是为晋愍帝。当时他仅十四岁。

刘聪对晋愍帝即位当然不能放心。建兴元年至建兴三年间（313—315），刘聪属下的军队曾多次进犯长安。到了建兴四年（316）八月时，刘曜终于将长安团团包围。两个月后，长安的粮食差不多已经吃光，开始出现人吃人的惨况。看到这般情景，晋愍帝知道大势已去，只能做出不让将士百姓再继续受苦的决定。

十一月，晋愍帝派人带书信给刘曜。他随后脱了上衣，口中衔着玉璧、坐着羊车、载着棺木，就这样出了长安城，正式向刘曜"投降"。看到皇帝委屈自己投降求和，群臣号啕大哭，攀住羊车想要握住晋愍帝的手，晋愍帝也控制不住自己的哀伤。连年不断的战争，招来"国破家亡"的下场，怎能不让人悲愤填膺？

大　事	帝王年号	朝代	公元 （单位：年）
杀周颐、戴渊，自为丞相。之后退武昌，遥制朝政。			
晋元帝忧愤而卒，太子司马绍即位，是为明帝。			
君士坦丁大帝再次统一罗马。	太宁元年	明帝	323
明帝任王导为大都督，与温峤、郗鉴讨王敦。王敦第二次反晋，遣王含、钱凤率兵攻建康。敦病死，含被击败。王敦之乱平息。	太宁二年		324
明帝卒，太子司马衍即位，是为成帝，年五岁。	太宁三年		325
庾太后临朝，以王导、庾亮等辅政，事决于庾亮。罗马帝国君士坦丁大帝召开"大公会议"，以讨论基督宗教教义问题。此即"第一次尼西亚大公会议"，确定圣父、圣子、圣灵"三位一体"，结论成为"尼西亚信经"。			
石勒令王波典定九流，始立秀才、孝廉试经之制。	咸和元年	成帝	326
苏峻、祖约之乱爆发。	咸和二年		327

公元 单位:年	朝代	帝王年号	大　事
328	东晋	成帝 咸和三年	苏峻入建康，温峤、陶侃起兵勤王，苏峻兵败而死，祖约逃后赵。苏峻、祖约之乱平定。
	前赵	刘曜 光初十一年	
	后赵	石勒 太和元年	后赵石勒破前赵军，擒刘曜。
329		咸和四年 光初十二年 太和二年	前赵太子刘熙出兵反攻，失败被俘。前赵亡。
330	东晋	成帝 咸和五年	石勒自称大赵天王，行皇帝事；后称帝，改元建平。
	后赵	石勒 建平元年	面对经济恶化、日耳曼人入侵等危局，君士坦丁大帝择定希腊半岛上的拜占庭为帝国东都，并更名为君士坦丁堡（今土耳其大城伊斯坦堡）。
337	东晋	成帝 咸康三年	慕容皝自称燕王，史称前燕。
	前燕	慕容皝 元年	
338	东晋	成帝 咸康四年	拓跋什翼犍即位代王，始用年号，称建国元年。
	代	拓跋什翼犍 建国元年	
339		咸康五年	辅佐元、明、成三帝的王导卒。
342		咸康八年	晋成帝卒，弟司马岳继位为帝，是为康帝。

刘曜烧掉棺木，收下玉璧，接受晋愍帝的投降。之后晋愍帝被带往平阳，被刘聪降为怀安侯。

建兴五年（317）十一月，刘聪出外狩猎，他要晋愍帝穿着军服，手持戟作为前导。半路上，地方故老当中有认出皇帝的，都忍不住歔欷啜泣，引起刘聪的嫌恶。后来刘聪举办盛大宴会，要晋愍帝倒酒、洗酒杯、协助换衣服，又要晋愍帝手持帝王仪卫用的绸伞。在座的晋臣看到天子竟被使来唤去，做着下人仆役在做的事，受着比晋怀帝还要严重的侮辱，不禁失声哭泣。尚书郎辛宾还上前抱着晋愍帝痛哭，刘聪看到辛宾这样忠于晋愍帝相当愤怒，当场就把他杀了。

十二月，刘聪暗地在晋愍帝的食物里下毒，晋愍帝吃后感到心闷，想要见侍中许肃。许肃迅速赶到，可是晋愍帝已经说不出话来。许肃问皇帝是否还认得他，只见愍帝握着他的手流下眼泪，许肃想要将皇帝抱到床上，然而晋愍帝已经在他的怀中死去，得年不过十八岁。

在长安沦陷、西晋朝廷崩溃，以及晋愍帝遇害后，"五胡乱华"所带来的苦难程度达到顶点。晋朝要如何度过这前所未有的危机？

东晋企图复兴：琅琊王司马睿在建康称帝

当长安的西晋朝廷解体时，原本居于中原的士族纷纷南下避难。另一方面在晋朝的皇室和臣子当中，仍有人试图阻止局面继续恶化下去，最后由琅琊王司马睿成为他们的领导者。

从亲属关系来看，琅琊王司马睿是司马懿的曾孙、晋武帝的堂侄（五等亲）、晋惠帝与晋怀帝的再从兄弟（六等亲）、晋愍帝的族伯（七等亲）。

晋怀帝永嘉元年（307），司马睿被任命为安东将军、都督扬州江南诸军事，以建邺（即三国时代吴国的都城建业，今南京市）为根据地。原本司马睿很喜欢喝酒，一旁的王导跟他说喝酒的坏处，劝他要少喝，于是司马睿要手下倒满酒杯，再亲自倒掉里面的酒，之后就不再喝了。因为他能任用王导等人才，以礼对待地方的贤人与名门士族，也能照顾百姓，所以渐渐获得民心。

永嘉五年（311）六月，晋怀帝被掳至平阳，司空荀藩便号召以司马睿为盟主领袖。司马睿开始在朝廷中占有重要地位。

晋愍帝即位后，将建邺改名为建康，以避免因直呼皇帝名讳（愍帝名司马邺）而触犯禁忌。又任命司马睿为左丞相，建兴三年（315）再升为丞相，希望他能带兵救援。

长安陷落后，建兴五年（317）司马睿换穿丧服，为晋愍帝落入敌手表示哀痛。他所属的幕僚及地方官吏一同请司马睿称帝，但被多次拒绝；官员们又改请以魏晋以来的旧例称晋王，司马睿才同意。于是他在三月于建康改称晋王，其管辖的境内改年号称建武。

司马睿改称晋王后，开始在建康设置百官，建立宗庙（祭祀晋朝祖先的宫殿）、社稷（原指土神与谷神，为帝王所祭拜。

大　事	帝王年号	朝代	公元（单位：年）
晋康帝卒，子司马聃即位，是为穆帝，年二岁，褚太后临朝。	康帝		344
	建元二年		
桓温率军入成都，李势投降，成汉亡。	穆帝	东晋	347
	永和三年		
	李势	成汉	
	嘉宁二年		
冉闵灭石氏，自立为帝，定国号大魏，史称冉魏。晋朝得知中原大乱，命扬州刺史殷浩督五州军，谋北伐。	穆帝	东晋	350
	永和六年		
	冉闵	冉魏	
	永兴元年		
苻健自称大秦天王，国号秦，史称前秦。	穆帝	东晋	351
	永和七年		
	苻健	前秦	
	皇始元年		
殷浩北伐前秦，大败。	穆帝	东晋	353
	永和九年		
	苻健	前秦	
	皇始三年		
桓温以殷浩北伐失败为由，上疏请罢黜殷浩，殷浩被废为庶人。东晋大将桓温第一次北伐，率军讨苻健的前秦政权，于蓝田打败秦军，后因缺粮退兵。	穆帝	东晋	354
	永和十年		
	苻健	前秦	
	皇始四年		

公元 单位：年	朝代	帝王年号	大　事
356		永和十二年	桓温第二次北伐，打败羌族首领姚襄，收复洛阳。建议迁都回洛阳，而东晋偏安东南，桓温退兵南归。
357	东晋 前秦	穆帝 升平元年 苻坚 永兴元年	姚襄为前秦军所杀，弟姚苌投降。 秦王苻坚以王猛为尚书。
361		穆帝 升平五年	晋穆帝崩，成帝子司马丕即位，是为哀帝。
362		哀帝 隆和元年	前燕攻晋洛阳，桓温前往救援防守，又上疏请迁都洛阳。
363		兴宁元年	桓温被任命为大司马、都督中外诸军事、录尚书事。
364		兴宁二年	桓温任宰相，兼荆扬二州刺史。
365		兴宁三年	哀帝卒，弟司马奕即位，是为废帝。
369	东晋 前燕	废帝 太和四年 慕容暐 建熙十年	桓温第三次北伐，讨前燕，燕大都督慕容垂领兵抵抗；前燕与前秦联兵，桓温败归，淮北收复土地复失。

宗庙社稷合称，泛指"国家"），又立长子司马绍为晋王太子，很有在建康重建朝廷的意味。

当年十二月，晋愍帝在平阳遇害；次年即建武二年（318）三月，噩耗传到建康。百官再次请晋王称帝，是为晋元帝，改元大兴。史上所称的东晋自此开始，原本"五胡乱华"的情势，也转成东晋与"五胡十六国"等政权南北对峙的长期分裂局面。

祖逖北伐：发下"中流击楫"的誓言

偏安江左，对于王室或随王室南迁的侨姓世族而言，在情感上总是觉得委屈，能够打回北方、收复失土，一直都是他们的梦想。祖逖是东晋率先北伐的大将，当时琅琊王司马睿虽然不反对北伐，但巩固偏安政权显然更加重要，所以对于北伐的人力物资并没有给予太多的支持，反交由祖逖自行去招兵买马。祖逖怀有壮志，曾经在渡江至中流时，击打船桨发下"中流击楫"的誓言："不能清中原而复济者，有如大江！"

除了自己招募的士兵外，祖逖还收服一些拥兵自立的坞堡势力。靠着这些兵力，祖逖与石虎、石勒发生多次的攻防战，但却迟迟不见捷报。好在祖逖行军很有耐心，将领们多半对他很服从，而且祖逖厚待从石勒那边来归降的人，因此在团结一心下，祖逖终究成功收复黄河以南地区的土地。

石勒见祖逖势力强盛，不敢南侵，还

开始向祖逖表达友好。祖逖亦与石勒修结和好，禁止边将进侵后赵，于是边境暂得和平。但同时祖逖秣马厉兵，积蓄力量，还是准备向北岸推进。事实上，晋元帝司马睿也担心祖逖过大的声望，于是派遣戴渊为征西将军，前去监督祖逖。祖逖自然甚为不快。同时，祖逖忧虑权臣王敦和宠臣刘隗等对立，内乱将会爆发，让北伐难成，因而激愤患病。公元321年，祖逖未竟北伐志业，便病死了。次年东晋爆发"王敦之乱"，石勒乘机进攻，原本已收复的黄河以南的土地，于是又被石勒攻占。

桓温三次北伐：回家的路很遥远

在南方立足越久，即使真的有机会可以回到北方，也不见得人人都会选择这一条路。继祖逖之后的北伐大将就是桓温。桓温的发迹是在镇守荆州时，起兵征伐成汉。当时在大臣们一片不看好的声浪中，桓温亲自率兵直攻成都，大败成汉，成汉因而灭亡，时值永和三年（347）。桓温因这一战而声名大振，也晋升为征西大将军。和祖逖一样的遭遇是，朝廷忌惮桓温功高后不受控制，所以另外拔擢殷浩，以为抗衡。

永和五年（349）后赵的石虎过世，北方陷入夺位的混乱中，桓温上表希望能率兵北伐，却始终没有下文。次年，朝廷竟然委派殷浩进行北伐，桓温自然深感不平。孰料，殷浩在随后的两年内多次发兵，却连战连败，桓温趁机表列殷浩的罪行，逼使朝廷罢黜了殷浩。接着桓温开

大　事	帝王年号	朝代	公元 单位：年
秦王苻坚遣兵灭前燕。	废帝	东晋	370
	太和五年		
	慕容暐	前燕	
	建熙十一年		
	苻坚	前秦	
	建元六年		
桓温废帝，立司马昱为简文帝。	简文帝		371
	咸安元年		
简文帝卒，子司马曜即位，是为孝武帝。	咸安二年		372
日耳曼民族大迁徙。	孝武帝		375
	宁康三年		
前秦苻坚伐前凉，张天锡投降，前凉亡。	孝武帝	东晋	376
	太元元年		
苻坚乘势出击代国，什翼犍逃云中（今内蒙古境内）。前秦趁代国内乱，杀什翼犍儿子寔君，代国亡。	张天锡	前凉	
	太清十四年		
	拓跋什翼犍	代	
	建国三十九年		
前秦统一北方，与东晋以淮水为界，南北对峙。	苻坚	前秦	
	建元十二年		
谢玄被任命为南兖州刺史，筹组新军。刘牢之为参军，率领精锐前锋，人称"北府兵"。	太元二年		377

公元 单位：年	朝代	帝王年号	大　事
379	东晋	孝武帝 太元四年	前秦攻淮南，包围三阿，北府兵救援，一战告捷，秦兵北退。
	前秦	苻坚 建元十五年	
380		太元五年	罗马帝国皇帝狄奥多西一世受洗成为基督宗教教徒，之后下令全国接受基督宗教，且以刑罚威胁异教徒。
381		太元六年	罗马帝国皇帝狄奥多西一世在君士坦丁堡召开第二次大公会议（第一次君士坦丁堡大公会议），修订并确认尼西亚信经内容，成为"尼西亚—君士坦丁堡信经"。从此基督教在罗马帝国中逐渐被提升至国教地位。
382	东晋	孝武帝 太元七年	前秦命吕光西征。
	前秦	苻坚 建元十八年	
383		太元八年 建元十九年	由谢玄、谢石等将领领军的晋朝军队，在淝水击败南下来犯的前秦军队，是为"淝水之战"。

始规划北伐战役，时值永和十年（354）。

永和十年二月，桓温发动第一次北伐，进攻前秦，然而遇到粮食无法及时供给的问题，只好被迫撤兵，撤退时却遭受前秦军队的攻击，东晋士兵死伤上万人。永和十二年（356），桓温从江陵发动第二次北伐，这次成功收复故都洛阳。桓温虽然多次上表，建议朝廷迁都返回洛阳，却都遭拒。

隆和元年（362），前燕进攻洛阳，桓温除布下重兵防守之外，亦再度请求迁都洛阳，也建议南迁的士族一起返乡，但这些侨姓士族早已安于南方的生活，根本不愿意北归。因此，晋朝王室始终没有还都洛阳。兴宁三年（365），晋哀帝过世，桓温原本预计要出兵讨伐前燕之事，只得作罢。与此同时，洛阳却被前燕攻陷了。

太和四年（369），桓温为了自己的威望，决定发动第三次北伐。当时桓温的参军郗超认为，最好的方式是直攻前燕的首都邺城，或者是驻兵在黄河、济水一带，储存足够的粮食物资后，再行进攻。但是桓温不从。没想到，前燕与前秦联手，截断了桓温的粮道，桓温见水战不可行，便烧船弃甲，选择从陆路撤退。不幸还是受到敌人的追击，更在谯郡被前秦狠狠打败。第三次北伐终究还是失败了。

淝水之战：东晋与五胡最关键的一场战役

当晋朝移都建康延续国祚的时候，

北方的政权不断变换，逐渐成为前凉、前燕、代和前秦四强并立的局面，最后由氐族人建立的前秦统一了华北。

前秦皇帝苻坚在统一北方后，向大臣们明确表达想亲率大军攻灭东晋的想法，甚至发下"只要我们的将士都将手上的鞭子丢进长江里，就能阻断长江的水流"这样的豪语。此即成语"投鞭断流"的由来，比喻军队的人数众多，战力坚强。

太元八年（建元十九年〔383〕）八月，苻坚带着号称百万的前秦军队渡过淮河；东晋朝廷派征讨都督谢石、冠军将军谢玄、辅国将军谢琰、西中郎将桓伊等将领，发兵八万人出师抵抗。

十月，苻坚的弟弟苻融攻陷寿春（今安徽省寿县），苻坚随后抵达。谢玄、谢石等人则在淝水（在今安徽省境内，属淮河和巢湖支流）南岸驻军，阻挡秦军去路。苻坚和苻融登上寿春城远眺晋军，发现晋军纪律严整；再望向附近八公山，竟将山上生长的草木误认成晋军。苻坚回头对苻融说："他们也是劲敌，说什么兵力很少呢！"心里开始有点害怕。而这就是成语"草木皆兵"典故的出处。

苻坚派尚书朱序（原本是晋朝官员，因战败而向前秦投降）劝告谢石等人投降，朱序却对谢石说出秦军内部尚未完全到齐，适合速战的状况。于是谢石最后决定要速战。

由于秦军列阵于淝水边，谢石便派遣使者到苻融的军营里，提议秦军稍稍离开淝水边向后退一些，让晋军渡河后再开战。于是苻融就要秦军稍稍后退，让晋

大　事	帝王年号	朝代	公元 单位：年
鲜卑将领慕容垂脱离苻坚，自称燕王，建立燕国，史称后燕。	孝武帝 太元九年	东晋	384
	苻坚	前秦	
前秦北地长史慕容泓打败前秦将军，自称济北王，史称西燕。	慕容垂 燕元元年	后燕	
羌姚苌在渭北起兵，自称万年秦王，史称后秦。	慕容泓 燕兴元年	西燕	
前秦吕光破龟兹，降者三十余国。	姚苌 白雀元年	后秦	
乞伏国仁自称大单于，史称西秦。	孝武帝 太元十年	东晋	385
后秦俘苻坚，苻坚被杀。	乞伏国仁 建义元年	西秦	
拓跋珪称代王，重建代国，改称魏，史称北魏。	孝武帝 太元十一年	东晋	386
吕光自称凉州牧、酒泉公，史称后凉。	拓跋珪 登国元年	北魏	
	吕光 太安元年	后凉	
后燕慕容垂大破西燕军，西燕亡。	孝武帝 太元十九年	东晋	394
罗马狄奥多西一世下令禁止任何非基督教活动，基督教成为罗马帝国国教。	慕容垂 建兴九年	后燕	
	慕容永 中兴九年	西燕	
后燕太子慕容宝攻北魏，相持数月而还。北魏兵尾追，在参合陂突击，后燕大败。	孝武帝 太元二十年	东晋	395
	慕容垂 建兴十年	后燕	

公元 单位：年	朝代	帝王年号	大 事
	北魏	拓跋珪	罗马狄奥多西一世过世
		登国十年	前，遗诏将帝国划成两半，由两个儿子分别继承。帝国从此分裂为二，即东、西罗马帝国，不再统一。
396	东晋	孝武帝	北魏进兵中原。
		太元二十一年	晋孝武帝卒，子德宗即位，是为安帝。
	北魏	道武帝	
		拓跋珪	
		皇始元年	
397	东晋	安帝	秃发乌孤称西平王，史称南凉。
		隆安元年	
	南凉	秃发乌孤	晋朝王恭、殷仲堪作乱。
		太初元年	沮渠蒙逊起兵反后凉，推段业为建康公，史称北凉。
	北凉	段业	
		神玺元年	
398	东晋	安帝	后燕慕容德称燕王，史称南燕。
		隆安二年	
	南燕	慕容德	晋朝王恭、殷仲堪再起兵，殷仲堪以杨佺期、桓玄为前锋响应。王恭部将刘牢之倒戈，王恭被杀。
		燕平元年	拓跋珪迁都平城（山西大同），即帝位，是为北魏道武帝。
399	东晋	安帝	桓玄举兵杀殷仲堪、杨佺期。
		隆安三年	孙恩自海岛起兵，刘牢之指挥北府军打败孙恩，恩逃至海岛。

军渡过淝水，并想借机发动突击。

没想到秦军才刚开始后退，朱序就在队伍里大声喊叫："战败了！"结果秦军一退不可止，晋军则在后追击。晋军在战场上击杀苻融，又射伤苻坚，秦军吓到连风吹鹤鸣都以为是晋军追来了，一刻也不敢停留。"风声鹤唳"的成语因此诞生，形容人们惊慌恐惧的样子。

苻坚狼狈地逃回长安，原本被他征服的其他外族乘机反叛，求取复国建国的机会，北方再度陷入混乱。由于东晋战胜，避免了大江南北全被外族征服的危险，可是东晋因为内部不安定而没有把握机会北伐，使得东晋与五胡间仍然维持着对峙的局面。

刘裕篡东晋，南朝开始：宋齐继，梁陈承；为南朝，都金陵（建康）

自晋惠帝太安年间（303）起，匈奴、鲜卑、羯、氐、羌等五族及汉人，分别先后在中原及益州一带建立政权，这些政权合称"五胡十六国"。十六国依登场次序先后为：（巴氐）成（后改国号汉，史称成汉、蜀或前蜀）、（匈奴）汉（后改国号赵，史称前赵）、（汉）前凉（有时用晋朝年号，有时独立建元）、（羯）后赵、（鲜卑）前燕、后燕、南燕（三燕国有亲戚血缘关系）、（氐）前秦、（羌）后秦、（鲜卑）西秦、（氐）后凉、（鲜卑）南凉、（汉、匈奴）北凉（开国者为汉人段业，后被匈奴人沮渠蒙逊夺位）、（汉）西凉、（匈奴）夏、（汉）北燕。

另外有些政权没有被划入十六国中，

其中著名的包括：（鲜卑）代（南北朝的北魏前身）、（氐）仇池（杨姓，常称武都王或仇池公，有时自立，有时臣属东晋或五胡）、（汉）魏（建国者为冉闵，史称冉魏）、（鲜卑）西燕（与前燕、后燕、南燕有亲戚血缘关系）、（汉）后蜀（建国者谯纵原为东晋叛臣，自称成都王，史称后蜀）等五个政权。

虽然北方五胡有诸多政权且不断更换，可是东晋重建朝廷政府后，即使不乏如"闻鸡起舞"的祖逖、"陶侃运甓（pì）"的陶侃等志士名将，誓师北伐，企图恢复失土，然而一直无法成功。因为东晋内部也不安定，常有权臣和叛乱对朝廷构成威胁。元帝、明帝时有王敦，成帝时有祖约和苏峻；穆帝、哀帝时桓温借北伐培养实力，甚至能废黜废帝，改立简文帝；孝武帝时则有会稽王司马道子。

到了安帝时，先有桓玄造反，后遇孙恩、卢循之乱，最后权力落入武将刘裕手中。刘裕以战功建立声望和对朝政的影响力，后来又弑杀安帝改立恭帝，再于恭帝元熙二年（420）篡夺帝位，改国号为宋，是为南朝宋武帝。

东晋被刘裕篡位后，南北朝的宋、魏都已经出现。由于三国时代的吴国、东晋，加上南朝（宋、齐、梁、陈）都建都于建康，合称"六朝"。至于当时的北方仍有十六国的西秦、北凉、西凉、夏、北燕等国有待整合。历史的长河分成南北两条，依然看不到交会合流的那一端……

大　事	帝王年号	朝代	公元 单位：年
北魏道武帝置五经博士，命郡县搜罗书籍，汇集平城。	道武帝 天兴二年	北魏	
晋朝廷以桓玄都督八州八郡，领二州刺史。桓玄据有长江上游。	安帝 隆安四年	东晋	400
	李暠	西凉	
孙恩再起兵，被刘牢之打败，复逃往海上。	庚子元年		
北凉段业以李暠为敦煌太守，不久李暠自称凉公，史称西凉。			
孙恩沿长江至丹徒（镇江），被刘裕所击败，沿海南走。	隆安五年		401
桓玄举兵南下，杀司马元显，刘牢之先倒戈，又欲反桓玄，之后自杀。	元兴元年		402
孙恩攻临海，败死，妹夫卢循接收其众。			
桓玄废安帝，自称帝，国号楚。	元兴二年		403
南凉与北凉联攻后凉，后凉亡。			
刘裕起兵讨伐桓玄。桓玄挟帝奔走江陵，兵败被杀。安帝复位。	元兴三年		404
卢循占番禺，自称平南将军。			
刘毅击灭桓玄弟桓振余部，迎帝还建康，桓玄之乱平定。	安帝 义熙元年	东晋	405
晋朝参军谯纵率众入成都，称成都王，史称（西）蜀。	谯纵 元年	蜀	

公元	朝代	帝王年号	大事
			晋朝权假卢循为广州刺史。
407	东晋	安帝	匈奴赫连勃勃自称大夏天
		义熙三年	王，夏始于此。
	夏	赫连勃勃	后燕慕容云自称天王，史
		龙升元年	称北燕。后燕亡。
	北燕	慕容云	
		高云正始元年	
409	东晋	安帝	北魏道武帝拓跋珪在政变
		义熙五年	中被杀，子拓跋嗣继位，
	北魏	明元帝	是为明元帝。
		永兴元年	
410	东晋	安帝	刘裕破广固，灭南燕。
		义熙六年	卢循趁刘裕伐南燕，引兵
	南燕	慕容超	北上，进逼建康。刘裕救
		太上六年	援，率兵南下，屡破循
			兵，卢循南走。
			西哥特人在首领阿拉里克
			的率领下进攻罗马城，罗
			马惨遭洗劫。
411		义熙七年	卢循在交州战败而死，孙
			恩、卢循之乱平定。
412	东晋	安帝	西秦乞伏乾归被杀，乞伏
		义熙八年	炽磐自称河南王。
	西秦	乞伏炽磐	
		永康元年	
417	东晋	安帝	刘裕军克长安，灭后秦。
		义熙十三年	刘裕南还。
	后秦	姚泓	
		永和二年	
418		义熙十四年	刘裕受相国、宋公、九锡
			之命。

南北朝的宋、魏两强对峙：北凉灭亡，"五胡十六国"时代结束

当东晋被南朝宋取代的时候，北方仍有六个国家并立，分别是：

（鲜卑）西秦（约在今甘肃南部）；

（匈奴）北凉（约在今甘肃中南部一带）；

（汉）西凉（约在今甘肃与新疆间，以敦煌为都城）；

（匈奴）夏（约在黄河河套一带）；

（汉）北燕（约在东北南部、辽东半岛及部分朝鲜半岛）；

（鲜卑）魏（约在山西、长城一带）。

前面五国均属于"五胡十六国"之一。至于魏国，史称北魏或是后魏，就是南北朝中的北魏。

接下来的十余年间，有四国陆续灭亡，分别是：

西凉（凉州刺史李恂〔xún〕）亡于北凉（太祖沮渠蒙逊）（421）、西秦（王乞伏幕末）亡于夏（帝赫连定）、夏旋即亡于北魏（431）、北燕（昭成帝冯弘）被北魏击败（436。后来冯弘逃入高丽，两年后被高丽所杀）。

北方成为北凉与北魏并立的局面。

此时北凉的国力并不比宋、魏强，因此北凉的国君河西哀王沮渠茂虔一边接受南朝宋授与的官爵，一边娶了北魏太武帝的妹妹武威公主，成为太武帝的妹婿。换句话说，北凉一方面向宋称臣，另一方面与魏和亲，以求取生存。

可是这样的好日子没有过多久。北凉

河西哀王沮渠茂虔永和七年（南朝宋文帝元嘉十六年、北朝魏太武帝太延五年〔439〕），魏太武帝派尚书贺多罗出使北凉，并且观察其内部状况。贺多罗回报，北凉表面上好像符合做臣子的礼节，但实际上不是那么回事。魏太武帝随即命令官员写信责备，条列十二罪状，并且派出军队。

沮渠茂虔完全没料到魏军会来，急忙向另一外族柔然求援。此外又命他的弟弟带兵抵抗，不料却被魏军击败。魏军围困北凉的都城姑臧，沮渠茂虔没有办法，只好率领官员向北魏投降。

随着沮渠茂虔投降，数部史书记载北凉于此年灭亡；也就是说北方在这年由北魏所统一，历史上南北朝各自发展对立的局面才完全形成。

大　事	帝王年号	朝代	公元 单位：年
刘裕废杀安帝，另立恭帝。			
刘裕废恭帝，篡夺帝位，改国号为宋，是为宋武帝。南朝开始。	恭帝 元熙二年 武帝 永初元年	东晋 南朝宋	420
武帝亲策试诸州郡秀才、孝廉。	武帝 永初二年	南朝宋	421
北凉沮渠蒙逊破敦煌，李恂自杀，西凉亡。	沮渠蒙逊 玄始十年 李恂 永建二年	北凉 西凉	
夏赫连定攻西秦，沮渠慕末投降，西秦亡。	文帝 元嘉八年	南朝宋	431
赫连定避北魏西迁，被吐谷浑俘虏，夏亡。	沮渠慕末 永弘四年 赫连定 胜光四年	西秦 夏	
宋文帝忌檀道济威名，将其杀害。	文帝 元嘉十三年	南朝宋	436
北魏伐北燕，北燕冯弘焚龙城宫殿，逃往高丽，北燕亡。	太武帝 太延二年 冯弘 太兴六年	北魏 北燕	
北魏攻北凉，北凉哀王沮渠茂虔（牧犍）向北魏投降。北凉是"五胡十六国"中最后灭亡的国家。北魏统一北方。	文帝 元嘉十六年 太武帝 太延五年 沮渠茂虔 永和七年	南朝宋 北魏 北凉	439
汪达尔人在北非原迎太基一带土地，建立汪达尔王国。			

"八王之乱"中八王与晋朝皇室关系图

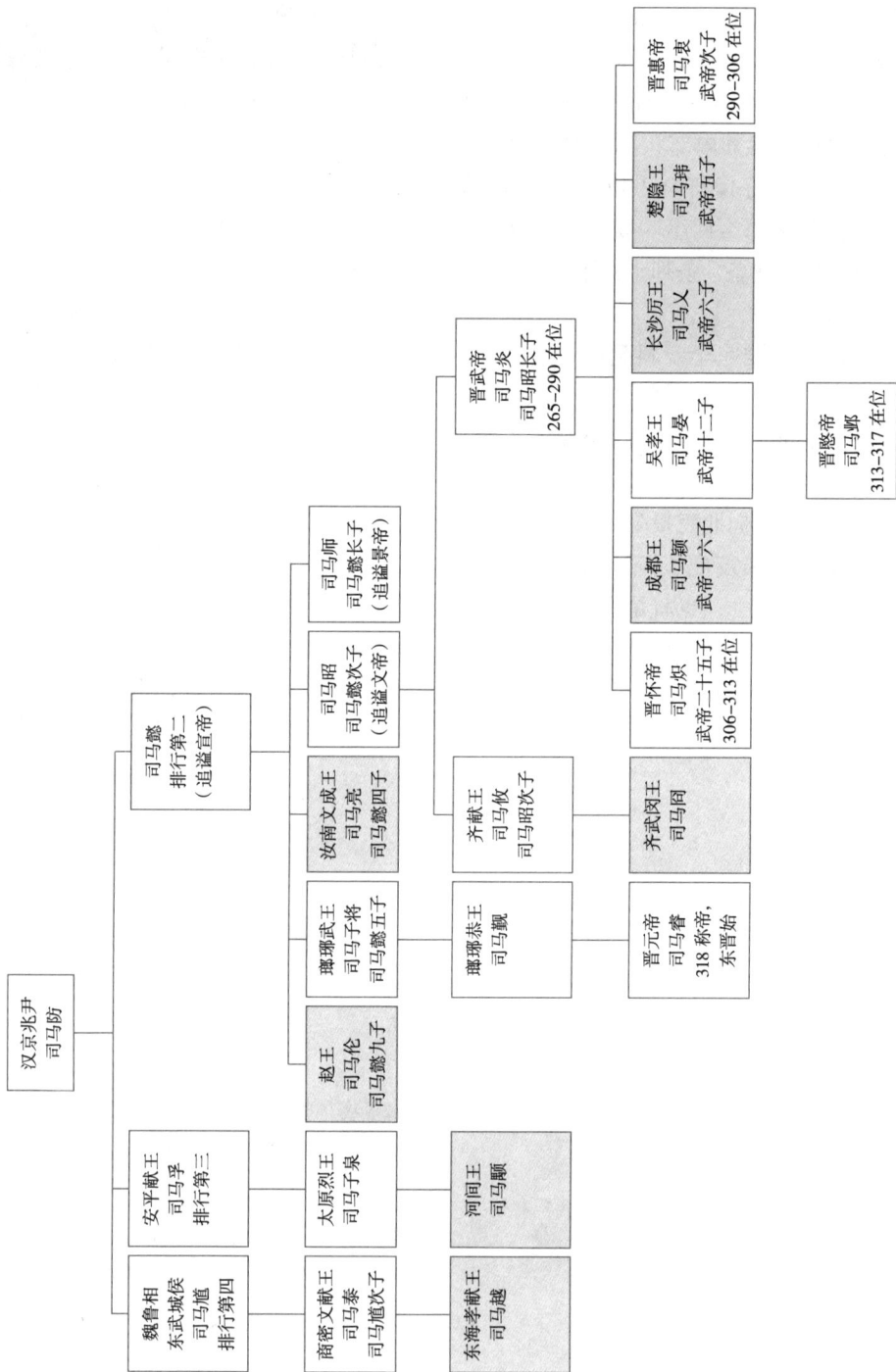

汉京兆尹
司马防

├── 司马懿
│   排行第二
│   （追谥宣帝）
│   ├── 司马师
│   │   司马懿长子
│   │   （追谥景帝）
│   ├── 司马昭
│   │   司马懿次子
│   │   （追谥文帝）
│   │   ├── 晋武帝
│   │   │   司马昭长子
│   │   │   265-290 在位
│   │   │   ├── 晋惠帝
│   │   │   │   司马衷
│   │   │   │   武帝次子
│   │   │   │   290-306 在位
│   │   │   ├── 楚隐王
│   │   │   │   司马玮
│   │   │   │   武帝五子
│   │   │   ├── 长沙厉王
│   │   │   │   司马乂
│   │   │   │   武帝六子
│   │   │   ├── 吴孝王
│   │   │   │   司马晏
│   │   │   │   武帝十二子
│   │   │   │   └── 晋愍帝
│   │   │   │   司马邺
│   │   │   │   313-317 在位
│   │   │   ├── 成都王
│   │   │   │   司马颖
│   │   │   │   武帝十六子
│   │   │   └── 晋怀帝
│   │   │   司马炽
│   │   │   武帝二十五子
│   │   │   306-313 在位
│   │   └── 齐献王
│   │   司马攸
│   │   司马昭次子
│   │   ├── 齐武闵王
│   │   │   司马冏
│   │   └── 晋元帝
│   │   司马睿
│   │   318 称帝，
│   │   东晋始
│   ├── 汝南文成王
│   │   司马亮
│   │   司马懿四子
│   ├── 琅琊武王
│   │   司马伷
│   │   司马懿五子
│   │   └── 琅琊恭王
│   │   司马觐
│   └── 赵王
│   司马伦
│   司马懿九子

├── 安平献王
│   司马孚
│   排行第三
│   ├── 太原烈王
│   │   司马瓌
│   │   └── 河间王
│   │   司马颙
│   └── 南阳文献王
│   司马泰
│   司马馗次子
│   └── 东海孝献王
│   司马越

└── 魏鲁相
    东武城侯
    司马馗
    排行第四

南北朝

刘裕在东晋桓玄之乱时崭露头角，最后篡晋而立，建国号宋，是为宋武帝，东晋宣告灭亡，历史进入史称"南北朝"的阶段；北方当时仍是多头马车，后来才由鲜卑拓跋氏的北魏所统一，南北对峙局面方成形。

南朝政权常发生皇室与宗室间的骨肉相残，野心家多以武力争夺帝位。刘宋政权虽有"元嘉之治"，还是被萧道成的"萧齐"取而代之；萧齐政权虽然有"永明之治"，仍被梁武帝萧衍所取代。梁武帝晚年崇信佛法，朝廷纲纪松散，所以梁朝先遭"侯景之乱"，后有陈霸先专权，陈霸先最后废梁敬帝自立，改国号陈，是为陈武帝。

北方的北魏政权在孝文帝时期，借由汉化运动的推行，使居住洛阳的鲜卑人在文化与生活上都有很大的改善；相较于留守边区、未曾汉化的鲜卑人，两者间的差距越来越大，"六镇之乱"就是个引爆点，北魏也因此分裂为东魏与西魏。

东魏位居黄河以东、淮水以北，原本是由高欢掌握朝政，后由高洋篡位、建国号齐，史称北齐；西魏则在黄河以西、秦岭以北的地区，当时是由宇文泰专权，后由其子宇文觉篡位，是为北周。北周与北齐并存，然北齐国力因为朝政不稳、内耗过多，已经不是北周的对手，后来由北周武帝攻克北齐，北方再度获得统一。北周皇室的外戚杨坚专权，身负战功与军威，轻易地策划篡位，建立隋朝。南陈则在杨坚即位不久后被消灭。

南北朝对社会阶级，世族或寒门，有明确的划分，九品中正制就是当时维护门阀政治的工具。南北朝时期多战乱，自给自足的庄园经济是当时的特色；隋唐沿用的均田制，就是来自北魏孝文帝时的规划。玄学在这个战乱时期十分受到欢迎，而受佛教的影响，还出现神灭论、神不灭论等观点，另外有"志怪小说"的出现，以及描述神仙传说的文学作品。

南朝的国祚自公元 420 年至 589 年，起自刘裕建立宋朝，终于陈朝的陈后主（陈叔宝），包含宋、齐、梁、陈等四朝；北朝的国祚自公元 439 年至 581 年，起自北魏的拓跋珪，终于北周的宇文衍，包含北魏、东魏、西魏、北齐、北周等五朝。南朝皆是定都建康；北魏从平城迁都洛阳，东魏与北齐建都于邺，西魏与北周建都于长安。

公元 单位：年	朝代	帝王年号	大 事
420	东晋	恭帝	东晋被宋王刘裕篡夺，改国号为宋，是为宋武帝。南朝开始。
		元熙二年	
	宋	武帝	
		永初元年	
421	宋	永初二年	宋武帝亲策试诸州郡秀才、孝廉。
	北凉	沮渠蒙逊	北凉沮渠蒙逊破敦煌，李恂自杀，西凉亡。
		玄始十年	
	西凉	李恂	
		永建二年	
422	宋	武帝	宋武帝卒，太子刘义符即位，是为少帝。
		永初三年	
	北魏	明元帝	魏明元帝发兵攻宋，宋命檀道济率兵抵抗。
		泰常七年	
423	宋	少帝	北凉沮渠蒙逊与吐谷浑王阿柴分别遣使至宋入贡。
		景平元年	
	北魏	明元帝	魏明元帝卒，子拓跋焘即位，是为太武帝。
		泰常八年	
	北凉	沮渠蒙逊	魏筑长城，以防备柔然。
		玄始十二年	魏太武帝崇奉道士寇谦之，设天师道场，道教大盛。
424	宋	少帝	宋少帝嬉游无度，司空徐羡之等废杀少帝，迎立刘义隆为文帝。
		景平二年	
		文帝	
		元嘉元年	

北朝魏前期：小皇帝孝文帝登基之前

南北朝中的北朝魏皇室是鲜卑族人，以拓跋为姓。他们的远祖约在汉末三国时就已和中原一带有所接触往来。晋怀帝永嘉年间，平北将军刘琨表荐拓跋猗（yī）卢为代公；晋愍帝建兴年间又提升猗卢爵位为代王（这是北魏前身代国国号的由来），但当时仍向晋朝称臣。

晋元帝大兴四年（321），代王拓跋郁律与晋朝断绝关系自立为王；传到代王拓跋涉翼犍（什翼犍）建国三十九年（376）时，其国被苻坚军队攻破，什翼犍遭到活捉，代国灭亡。

晋孝武帝太元八年（383），晋、秦双方爆发"淝水之战"，苻坚大败。原本被前秦征服的各族纷纷独立建（复）国，什翼犍的孙子拓跋珪也于太元十一年（386）春天即代王王位，建元登国，到夏天时改称魏王，南北朝的北朝开始。不过当时南方仍是东晋，北方的五胡十六国时期也尚未结束。晋安帝隆安二年（魏皇始三年〔398〕），正式确定国号为魏，迁都平城（今山西省大同市）并即位称帝，改元天兴，是为北魏道武帝。

北魏道武帝后是明元帝、太武帝。明元帝泰常五年（420），刘裕篡晋。明元帝时，曾修筑长城以防御居于塞外的民族柔然（蠕蠕、芮芮）；到太武帝在位时，又在长城以北加建六座军事重镇，简称"六镇"。另外，统一北方，下令坑杀佛教僧侣，以及摧毁佛像，都是太武帝时代的大事。

　　由于太武帝长年攻击柔然和南朝宋，以至于损耗国力，所以在他之后的文成帝便改采宽和的政策，让百姓获得休息。文成帝过世后，年仅十二岁的儿子献文帝即位，可是他只做了六年皇帝就不想再当了，打算将帝位传给叔叔京兆王拓跋子推。群臣努力劝阻，让献文帝打消这个想法，转而传位给只有五岁的儿子拓跋宏，自己升为太上皇帝。这位拓跋宏小朋友就是北魏史中最为人熟知的孝文帝。北魏的历史发展即将到达一个重要的转捩点。

南朝宋：夺过皇帝宝座约一甲子就拱手让人

　　刘裕篡晋前是以累积战功的方式，来树立自己的威望。晋安帝在位时遭遇桓玄叛乱、孙恩与卢循造反，刘裕都参与了讨伐。接着出兵攻灭五胡十六国的南燕，还对抗企图东山再起、占据建康的卢循；然后开始铲除其他将领的势力，再击灭五胡十六国的后秦。一时之间洛阳、长安二都均回到晋朝版图，刘裕的权力更是大增。终于他弒杀了安帝，改立恭帝，而下一步就是，让人暗示恭帝禅让帝位给自己，恭帝也只能答应。然而为了斩草除根，刘裕最后派兵将毒药交给恭帝，恭帝不肯喝，士兵便用被子把他闷死。

　　刘裕即位，是为南朝宋武帝。他在位两年多，还来不及有更深远的规划就过世了。长子少帝在位一年多被废杀，三子刘义隆继位，是为宋文帝。文帝在位期间，虽然北伐事业以失败告终，但境内平静、

大　　事	帝王年号	朝代	公元 单位：年
柔然出兵攻打魏，魏反击，大胜而还。	太武帝 始光元年	北魏	
魏大举攻柔然，柔然北逃。	文帝 元嘉二年 太武帝 始光二年		425
宋文帝宣布徐羡之等人废杀少帝之罪，将其诛杀。 魏攻夏，大胜而还。	文帝 元嘉三年 太武帝 始光三年 赫连昌 承光二年	宋 北魏 夏	426
魏攻夏，赫连昌出战大败。	元嘉四年 始光四年 承光三年		427
魏俘虏赫连昌，弟赫连定称帝。	文帝 元嘉五年 太武帝 神䴥元年 赫连定 胜光元年		428

公元	朝代	帝王年号	大　事
单位：年			
429		元嘉六年 神䴥二年	魏大破柔然，可汗西逃。
430	宋 北魏 夏	文帝 元嘉七年 太武帝 神䴥三年 赫连定 胜光三年	宋第一次北伐。遣到彦之等人攻魏。魏采先予后取策略，之后全面出击收复洛阳，宋军败退。 魏破夏军，赫连定走上邽（甘肃天水）。
431	宋 西秦 夏	文帝 元嘉八年 沮渠慕末 永弘四年 赫连定 胜光四年	夏赫连定攻西秦，沮渠慕末投降，西秦亡。 赫连定避北魏西迁，被吐谷浑俘虏，夏亡。
435	宋 北燕	文帝 元嘉十二年 冯弘 太兴五年	北燕向宋称藩奉贡。
436	宋	文帝 元嘉十三年	宋文帝忌檀道济威名，将其杀害。

重视教育，文史发展均有成就。像裴松之注解《三国志》、刘义庆著《世说新语》都是代表，堪称南朝宋的太平时代。

可惜文帝最后被长子刘劭弑杀，之后继位的皇帝们品德不佳，个性残暴。比如文帝的三子孝武帝，曾说自己的爷爷武帝是个乡下人；其子前废帝的母亲病重时，想要看到儿子，前废帝竟说房里有鬼不能去，言语行为不孝。文帝十一子明帝在位时，相当猜忌自己的弟弟们，出兵北伐又失败，反被北魏夺去淮河以北的土地，国土削减；其子后废帝则喜欢凌虐杀害大臣百姓。类似例子不胜枚举，使得人人自危，也促成萧道成的崛起。

萧道成原是南朝宋的武将，明帝以后有数起叛乱，他都曾接受命令出兵讨伐。由于功劳渐多，明帝、后废帝对他不是很放心。萧道成的身材很胖，有一次他在家里露着肚子睡觉被后废帝看到，立刻下令绑起来并在肚子上画靶，准备要用箭射。一旁大臣赶快说："这样好的活靶射一箭就会死，以后就不能再射了，不如改用骨制的箭头吧（可以一射再射）！"后废帝觉得也有道理就改换箭头，一箭正中红心（萧道成的肚脐）。后废帝丢下弓大笑说："这箭射得如何啊？"萧道成真是死里逃生。

后来萧道成策划发动政变，弑杀后废帝，改立顺帝并掌握大权。忠于宋的臣子们试图反攻失败，萧道成于是篡宋称帝，改国号为齐，是为齐高帝，结束了南朝宋约一甲子的寿命。

北魏孝文帝的汉化政策（上）：迁都洛阳、革衣服之制

北魏孝文帝即位时只有五岁，和他最亲近的人除了成为太上皇帝的父亲献文帝之外，另外一位则是从小抚养他的文成帝皇后——文明太后冯氏（她并非献文帝的生母，和孝文帝间其实没有血缘关系，但这似乎没有影响孝文帝对她的孝心）。

五年后，延兴六年（476）时，献文帝突然过世，文明太后升为太皇太后并且临朝听政，孝文帝改元承明，隔年再改为太和。一般认为由于文明太后出身汉人的背景，对孝文帝后来进行汉化行动应该有所影响。

太和十四年（490），文明太皇太后过世，孝文帝终于亲政。在守丧期结束后，太和十七年（493）八月，孝文帝以南伐南朝齐为名，发动步兵骑兵约三十余万人，从都城平城浩浩荡荡地出发。走了一个多月，全军终于抵达洛阳。在经过数天休息后，孝文帝身着军装，骑马执鞭，精神奕奕准备再往南走。此时群臣向孝文帝行将额头触碰到地上的重礼，恳请他停止南伐，获得孝文帝同意。他借由这机会正式将都城迁到洛阳，他想要进行的汉化政策也随之逐步展开。

太和十八年（494）十二月，孝文帝下诏"革衣服之制"——变更衣服的制度规定（让鲜卑人改穿汉人的服饰）。

然而如果要所有的百姓们在几年内，统一原本国内日常生活中穿着的服饰样式，其实是不大容易的，毕竟不同的民族

大　事	帝王年号	朝代	公元 单位：年
北魏伐北燕，北燕冯弘焚龙城宫殿，逃往高丽，北燕亡。	太武帝 太延二年 冯弘 太兴六年	北魏 北燕	
北魏攻北凉，北凉哀王沮渠茂虔（牧犍）向北魏投降。北凉是"五胡十六国"中最后灭亡的国家。北魏统一北方。	文帝 元嘉十六年 太武帝 太延五年 沮渠茂虔	宋 北魏 北凉	439
汪达尔人在北非原迦太基一带土地，建立汪达尔王国。	永和七年		
道士寇谦之向魏太武帝献《神书》，魏因此改元"太平真君"。	文帝 元嘉十七年 太武帝 太延六年	宋 北魏	440
魏禁止私养沙门、师巫于家，违者皆处死。	元嘉二十一年 太平真君五年		444
魏攻吐谷浑，杀其王，占据其地。	元嘉二十二年 太平真君六年		445
因鄯善封闭魏到西域的交通，魏出兵攻打鄯善，其王投降，西域复通。			
魏太武帝禁佛教，焚经像，毁佛寺，坑杀僧人。	元嘉二十三年 太平真君七年		446

公元 单位：年	朝代	帝王年号	大　事
448		元嘉二十五年 太平真君九年	魏出兵攻破焉耆，焉耆王奔龟兹。魏攻龟兹。
449		元嘉二十六年 太平真君十年	魏攻柔然，可汗败走，魏大掠民畜，柔然自此衰弱。
450		元嘉二十七年 太平真君十一年	魏太武帝率大军攻宋，之后退军。
			宋第二次北伐。遣王玄谟大举攻魏，魏军渡河南下，声势浩大，慑退王玄谟，宋军损失惨重。魏军扬言渡江，建康大震。宋文帝登石头城北望，后悔杀檀道济。
			魏发生国史之狱。崔浩因修史直书拓跋氏先世事实，被控"暴扬国恶"，被太武帝诛杀。
451		元嘉二十八年 太平真君十二年	魏兵北退。魏此次攻宋，所到之处皆成赤地，魏军也死伤过半。
			魏将俘虏的宋民置于京畿一带。
			在西方被号称为"上帝之鞭"的匈奴王阿提拉和西罗马帝国、西哥特之联军交战，是为"沙隆之役"（或称卡塔劳尼安平原之役，在今法国境内）。

风俗和生活习惯不是一朝一夕就能改的。

有一次孝文帝在接见王公卿士时，对留守京师的官员加以责备。孝文帝说："昨天看见有妇女身上穿着的服装，仍然是夹领小袖（短袖）的款式。……你们为什么要违反先前颁布的诏令？"孝文帝的弟弟咸阳王拓跋禧（元禧）回答："违背旨意的罪责，的确是要负刑罚的。"孝文帝对官员们说："如果朕有什么话说得不对，各位当场就应该要提出来，怎么可以在朕的面前说顺从旨意，离开后就不照着朕的意思做？"由此可见，当时距离孝文帝冀望达到的目标，还有漫漫长路要走。

北魏孝文帝的汉化政策（下）：改变鲜卑人的语言

继改变服装的政策后，北魏孝文帝开始推行下一步的汉化运动。太和十九年（495）六月，孝文帝下诏"不得以北俗之语言于朝廷"——不能在朝廷里说北方风俗中的语言（禁止在朝廷里说鲜卑语），如果有违反者就要被免职。

有关改变语言的决定经过，大致可以从孝文帝与弟弟咸阳王拓跋禧的对话中，以及他对大臣李冲表达不满的心情窥知一二。

孝文帝在接见官员时问大家："各位希望魏朝能与殷周二代相比美，还是让汉晋独揽美名呢？"咸阳王说："实在希望陛下能超越前代的王者。"

孝文帝："如果是这样的话，要做些什么事才能达到这个目标？是希望修养德行改变风俗？还是维持原来的习惯呢？"

咸阳王回答："应该要改变原有的风俗，以成就日日进步的好名声。"

孝文帝又问："是希望在我们这一代改变就好？还是要传给后代子孙？"咸阳王说："既然要让国家长长久久地维持下去，希望能够传给后世。"孝文帝："如果是这样的话，就必须改革，各位王公官员都应该遵守，不能违背。"

孝文帝对大臣们说："自上古以来各部经书的内容中，哪里有不名实相副而能够完成的礼节仪式呢？今日想要禁止说北语（鲜卑人说的语言），让大家都发正音（说汉人说的语言）。三十岁以上的人，说北语的习惯已经很久了，在这仓猝之间或许无法改变；三十岁以下，现在在朝廷里做官的人，则不可以继续说北语。如果有违反者，就要降低爵位、免除官职。大家都要深深地警惕。如此慢慢重复练习，使用语言的习惯风俗就能焕然一新了。……你们觉得这样对不对呢？"咸阳王说："如同圣旨所说的，应该要有所改变。"

孝文帝："朕曾经与李冲讨论过这件事，李冲说：'各地百姓使用的语言那么多，到底是以谁说的为准？皇帝说的话，就是标准，何必改旧从新呢！'李冲说这话，应该要处死罪。"于是对着李冲说："你实在辜负了国家。"李冲赶快脱帽向皇帝赔罪认错。

北魏的全面性改革

北魏孝文帝的汉化政策，可以说是全面性的政经改革，从土地与租调制度（如

大　事	帝王年号	朝代	公元 单位：年
魏太武帝遭中常侍宗爱杀害，南安王拓跋余继位，宗爱专权乱政。	文帝 元嘉二十九年 文成帝		452
拓跋余谋削夺宗爱权势，反被其杀害。尚书源贺等人杀宗爱，立太武帝孙拓跋濬为文成帝。	兴安元年		
魏恢复佛教。			
阿提拉王向罗马进军途中，遇罗马主教（教宗）良一世（利奥一世）等人劝阻而撤兵。			
宋文帝欲废太子刘劭，刘劭杀文帝而自立。	元嘉三十年 兴安二年		453
宋武陵王刘骏起兵讨伐刘劭，即帝位，是为孝武帝。诸军杀刘劭。			
阿提拉王突然过世，匈奴人对欧洲的威胁大为减弱。			
宋孝武帝下令裁减王侯车服、器用等的规格，以削弱王侯。	孝武帝 孝建二年 文成帝 太安元年		455
宋行土断，将雍州诸侨郡县，三郡并为一郡，流民皆编入户籍。	大明元年 太安三年		457

公元 单位：年	朝代	帝王年号	大　事
458		大明二年 太安四年	宋孝武帝不信任大臣，以戴法兴、巢尚之、戴明宝为心腹。 魏攻宋清口，被击退。
460		大明四年 和平元年	魏开始在平城西武州塞（山西大同西北）凿云冈石窟，太和十八年（494）完成。
464		大明八年 和平五年	宋孝武帝卒，太子刘子业即位，是为前废帝。
465		前废帝 景和元年 文成帝 和平六年	宋前废帝凌辱诸叔父，湘东王刘彧的部下阮佃夫等杀前废帝，立刘彧为明帝。 魏文成帝卒，子拓跋弘即位，是为献文帝。
471		明帝 泰始七年 献文帝 皇兴五年 孝文帝 延兴元年	十八岁的北魏献文帝传位给五岁的儿子拓跋宏，是为北魏孝文帝。
472		明帝 泰豫元年 孝文帝 延兴二年	宋明帝刘彧卒，太子刘昱立，为后废帝，年十岁。 袁粲、褚渊辅政，阮佃夫、王道隆掌权。

均田制）、地方行政组织（如三长制，建立邻、里、党三级）、官制、教育，到籍贯与姓氏的变更，等等，让北魏发生相当大的变化，鲜卑人越来越沾染华风。整个过程也遭遇不少障碍，其中又以迁都洛阳的阻力最大。

孝文帝用南伐南朝齐为名义出兵，心里想的却是借此从平城迁都到洛阳；出发前还在群臣面前公开占卜预测出兵的结果，大家都不敢说话。当时只有他的堂弟任城王拓跋云公开挑战，双方展开激烈辩论，后来孝文帝再召见任城王时，才说出他的想法。原来孝文帝认为北魏兴起塞外，虽然以平城为都而且治理这么大的土地，可是平城的位置靠近北方边境，是以军事为主的都城，难以实施文治。而洛阳的位置和历史都很优越，适合成为并吞南朝、统一天下后的都城。任城王听完后才转而支持孝文帝的主张。

还有一次孝文帝接见大臣元赞、陆叡（ruì）时，表示对于鲜卑人常常说鲜卑人何必要读书这件事感到惆怅。他希望鲜卑后人们能从读书中增广见闻，如果一直住在北方，又遇到不喜欢文化教育的皇帝，恐怕后世子孙就会变成不学无术、没有专长的人了。

孝文帝即使有理想，在面对恋旧的广大人心时还是得接受挑战，其中最严重的就是废太子事件。孝文帝原来的太子拓跋恂（元恂）不喜欢读书写字，体型又较肥大，他也不喜欢待在天气比较热的洛阳，常常想要回到北方平城游乐。他的老师高道悦经常苦言相劝，反而使太子心怀愤恨。太和二十年（496），太子趁孝文帝出外的机会，在某天夜里打算骑马回到平城，并且乘机杀了老师，不过因为宫城防守严密而没有成功。次日尚书陆琇急忙向孝文帝报告，皇帝大惊叹息，但仍完成部分行程后才回到洛阳。孝文帝条列太子的罪状，再和他的弟弟咸阳王元禧亲自杖打太子，打了百余下后再将太子关起来，并与群臣商议后决定废黜太子。次年正月，孝文帝改立次子元恪为太子。

元恪被立为太子不过两年多，太和二十三年（499），孝文帝在指挥抵御南朝齐的北伐过程中去世，享年三十三岁。太子元恪继位，是为宣武帝。北魏的汉化则继续进行着……

南朝齐：立国不过二十三年就寿终正寝

萧道成篡宋称帝，是为齐高帝。在他之后由长子萧赜（zé）继位，是为齐武帝。高帝、武帝在位期间是南朝齐国势较为强盛的时期。由于父子来自地方，比较能注意民间疾苦，让百姓脱离南朝宋末年的战乱以获得喘息。

武帝个性刚强坚毅，施政以富国勤俭为优先。在位期间恢复学校、奖励农业、修订法令，内外局势渐趋平稳。虽然在位只有十一年，但是其间治安良好、都市繁华热闹，百姓生活富足。而且文学盛行，如果要谈论文章，大家都会去武帝次子竟陵王萧子良的王府。其中有八人最负盛名，号称"八友（竟陵八友）"，武帝的远房亲戚萧衍就是其中之一。

大　事	帝王年号	朝代	公元 单位：年
宋桂阳王刘休范起兵，右卫将军萧道成杀之。萧道成任中领军，与袁粲、褚渊等人共执政。	后废帝 元徽二年 孝文帝 延兴四年		474
魏献文帝卒，冯太后临朝称制。	元徽四年 延兴六年		476
西罗马帝国亡于蛮族之手，欧洲历史进入中古时期，像封建制度、庄园经济、基督宗教等特色逐渐成形。	（承明元年）		
宋后废帝忌萧道成，萧道成联合杨玉夫等杀之，立安成王刘准，是为顺帝。	元徽五年 太和元年		477
南朝宋被齐王萧道成篡夺，改国号为齐，是为齐高帝。	顺帝 昇明三年 高帝 建元元年 孝文帝 太和三年	宋 齐 北魏	479
齐高帝萧道成卒，太子萧赜立，是为武帝。	高帝 建元四年 孝文帝 太和六年	齐 北魏	482

公元	朝代	帝王年号	大　事
485	武帝	永明三年 孝文帝 　太和九年	魏采用李安世建议，施行均田制。
490		永明八年 太和十四年	魏冯太后卒，孝文帝亲政。
493		永明十一年 太和十七年	齐武帝卒，太孙萧昭业立，是为郁林王。 魏孝文帝以伐齐为名，率军臣自平城出发，并迁都洛阳。
494	废帝 （郁林王） 　隆昌元年 废帝 （海陵恭王） 　延兴元年 明帝 　建武元年 孝文帝 　太和十八年		齐郁林王即位无道，挥霍无度，被西昌侯萧鸾废杀。萧鸾立新安王萧昭文，之后废其为海陵恭王。萧鸾自立，是为明帝。 魏孝文帝开始推行汉化运动，以改变服装款式为代表政策。 洛阳龙门石窟大约在此年前后开始建凿。
495	明帝 　建武二年 孝文帝 　太和十九年		魏孝文帝开始推行改变语言、籍贯等政策。

齐朝的国势在武帝过世后开始衰落。当初高帝病重时曾告诫武帝："南朝宋要不是骨肉相残，其他人（指齐朝）哪能乘他们衰败的时候取而代之？你要深深警惕。"可是武帝的长子文惠太子长懋早死，武帝过世后，皇太孙废帝（郁林王）即位，由武帝的堂弟萧鸾辅政。萧鸾迅速夺取权力，在公元494年先黜废帝（郁林王）改立其弟废帝（海陵恭王），四个月后再夺位自立，是为齐明帝，改元建武。

明帝在位时对外连年征战北魏，动用很多军费人力。对内顾忌到自己的直（旁）系血亲不多，而高帝、武帝历经四代，子孙众多，因此从还在辅政时就开始大杀诸王，以免他们趁机反扑。由于每次下令杀某王前都要先焚香痛哭，半夜时再派兵包围王府杀人，所以诸王们只要一听到明帝焚香的消息，就怕得要命。

明帝过世后，次子废帝（东昏侯）即位。明帝过世前只交待他："做事不可以落在人后！"所以东昏侯即位后在任用小人、诛杀臣子等方面的事，做得可真是"称心如意"。

在朝不保夕的恐惧之下，终于使得包括萧衍在内的将领起兵反抗，他们拥护东昏侯的弟弟为帝，改元中兴，是为齐和帝。接着从长江中游向建康进攻，约经十个月后终于推翻东昏侯的统治。

因为忠于齐朝的宗室王侯、大臣将领已经死得差不多了，所以在战争中获得民心的萧衍轻松取得权力，进而篡位称帝，改国号为梁，是为南朝梁武帝。

北魏内乱：高欢获得权力

北魏宣武帝在位时，内部已隐隐显露危机。原本孝文帝在治理国家时虽然提倡文治，但仍赏罚分明、重视纲纪，要求奉公守法。宣武帝的态度则较孝文帝宽大，不过孝文帝自己到了太和年间对风纪的要求也慢慢地松弛下来。

另一方面，北魏在道武帝决定立明元帝为太子时订下了"子贵母死"规矩，就是效法汉武帝，在立太子时也要杀害太子的生母，以免母亲成为太后后干涉朝政或是引入娘家势力，对皇帝和朝廷的统治造成威胁。不过宣武帝立儿子元诩为太子后，并没有下令杀死他的生母胡氏。宣武帝过世后，太子即位是为孝明帝；胡氏升格为代替六岁的皇帝处理政事的皇太后，世人称为灵太后。

当初道武帝的担忧竟然成真，胡太后任用的人不能适才适所，赏罚不公，又花大钱在京师兴建许多佛寺、佛塔，耗损国库和民工的力量。而北魏朝廷和北方六镇间的不和也在此时渐渐浮上台面。

北魏原来的都城平城靠近六镇，为防范柔然入侵，对镇守六镇的将领人选和军队成员非常注意，不是贵族亲信子弟还不能担任相关职务，因为该职务的前途无量。可是孝文帝推行汉化和迁都洛阳后，六镇的地位逐渐低落；沾染华风的洛阳鲜卑人，和面对柔然强敌、保存较多鲜卑风俗的六镇鲜卑人之间开始有隔阂，孝文帝尚未顾及到这一层面就去世，后来的皇帝们又没有好好应对，造成六镇百姓陆

大　事	帝王年号	朝代	公元 单位：年
魏孝文帝下诏改变鲜卑姓氏。	建武三年 太和二十年		496
魏太子拓跋恂反对迁都，密谋回平城，因而被废黜。			
西欧墨洛温王朝法兰克王国国王克洛维率三千战士同时受洗，成为基督宗教教徒。从此法兰克王国与罗马教会间之关系渐趋密切。			
魏孝文帝改立次子元恪为太子。	建武四年 太和二十一年		497
魏出兵攻齐。齐遣萧衍等援救。			
齐明帝在位期间，杀尽高帝与武帝子孙。	建武五年 太和二十二年		498
齐明帝卒，太子萧宝卷即位，是为东昏侯。			
魏孝文帝在悬瓠（河南汝南）准备南攻，闻齐明帝死，下诏"礼不伐丧"，引兵而还。			

公元 单位：年	朝代	帝王年号	大事
499		废帝 （东昏侯） 永元元年	魏孝文帝回洛阳，见街上有人穿鲜卑服，便责问官员。
		孝文帝 太和二十三年	魏孝文帝卒，太子元恪继位，是为宣武帝，北魏的汉化趋势仍继续进行。
500		废帝 （东昏侯） 永元二年	齐萧衍因东昏侯暴虐昏庸，在襄阳起兵反。
		宣武帝 景明元年	
501		永元三年 景明二年	齐萧衍在江陵拥南康王萧宝融为帝，是为和帝。
			萧衍进攻建康，围城，城中发生内变，东昏侯被杀。
502	齐	和帝 中兴二年	萧衍大杀齐之宗室。
	梁	武帝 天监元年	南朝齐被梁王萧衍篡夺，改国号为梁，是为梁武帝。
	北魏	宣武帝 景明三年	
505	梁	武帝 天监四年	梁武帝攻魏，以临川王萧宏为帅，屯洛口，军容盛大。
	北魏	宣武帝 正始二年	

续叛乱。北魏的军队刚开始难以抵挡，孝明帝又遭胡太后所害而亡，胡太后改立宗室诸王之子为帝。此时北魏将领尔朱荣拥立孝明帝的叔叔长乐王元子攸为帝，是为孝庄帝；尔朱荣随后杀害胡太后和幼主，再平定六镇之乱，掌握了大权。

由于尔朱荣的态度日益跋扈，孝庄帝难以忍受，趁机杀了尔朱荣；尔朱荣的侄儿尔朱兆等人又弑杀孝庄帝，北魏再陷内乱。接下来的二年多，不同势力先后各自拥立三个皇帝，最后由原尔朱荣的部属高欢胜出，改立孝明帝的堂弟平阳王元脩（元修）为帝，是为孝武帝。高欢成为独揽权力的大丞相。

孝文帝过世仅二十五年，北魏开始陷入战乱；再过了八年，北魏更是走向崩溃的边缘，一切的变化都来得非常迅速但不突然⋯⋯

北魏分裂为二：北元魏，分东西；宇文周，与高齐

北魏孝武帝即位，改元太昌，到年底时再改元永兴、永熙（532）。当时身为大丞相渤海王的高欢，除了拥立孝武帝有功外，大致将注意力集中在攻击尔朱兆及他的亲戚尔朱天光、尔朱度律等人的军队。除了为孝庄帝报仇外，也可以增强自己的实力。

永熙二年（533）正月，高欢终于击败尔朱兆。不过没有多久，孝武帝和高欢的关系开始恶化，这应该与孝武帝身旁的近臣，像斛斯椿等人有关。

斛斯椿先前曾投靠过尔朱荣、尔朱

度律等人的势力，当尔朱度律被高欢击败后，再转向高欢的阵营。当他看到高欢以不忠不信为罪名，杀了前来投奔的原尔朱仲远的部下后，斛斯椿认为自己投奔不同势力的次数比这些人还多，高欢可能迟早会除掉他。所以他开始在孝武帝面前说些要防范高欢之类的话，而孝武帝也被说动了。之后再加上一些细故，双方渐渐对立起来。

永熙三年（534）正月，高欢领军攻讨外族，孝武帝趁此机会进行布局。五月，以南攻南朝梁为名正式集合军队；六月，发密诏给高欢，表示他集合军队除了要对南方展示兵威外，另一方面则是防备西方的另一位将领宇文泰，万一宇文泰叛变时可用以抵抗讨伐。孝武帝以这样的内容测试高欢的反应，可是高欢的回答多为如何部署他的军队。这使孝武帝察觉情势有变，便公布高欢的罪状，准备讨伐，而高欢也带兵往洛阳的方向进发。

七月，两军距离逼近，可是北魏朝廷的内部意见不一，难以团结面对高欢，于是孝武帝和他身边的大臣将领离开洛阳，西向长安而去。高欢率军直追到潼关后，认为追不上，只好在九月回到洛阳。高欢改拥立孝武帝的堂侄骠骑大将军元善见为帝，是为东魏孝静帝，改元天平。北魏一分为二。

至于孝武帝到了长安后则受宇文泰保护，可是年底时却被宇文泰以毒酒弑杀。宇文泰改立孝武帝的堂弟南阳王元宝炬为帝，是为西魏文帝。虽然东魏、西魏仍以鲜卑元氏为皇帝，然而他们的意志已经

大　事	帝王年号	朝代	公元 单位：年
梁魏交战。临川王畏魏军，在洛口不前进，又因风雨夜惊，弃军而逃，梁军溃散。	天监五年 正始三年		506
魏军乘胜追击，围钟离（安徽凤阳），梁守将昌义之率三千人，抵挡魏军。梁遣曹景宗救援。			
梁调韦睿救援昌义之，大破魏军，解钟离之围。	天监六年 正始四年		507
魏宣武帝亲自讲《维摩诘经》。洛阳佛教兴盛，寺庙增多。	天监八年 永平二年		509
魏宣武帝改祖制，不杀太子之母。	天监十一年 延昌元年		512
魏宣武帝卒，太子元诩立，是为孝明帝，年仅六岁，胡太后临朝称制。	天监十四年 延昌四年		515
魏胡太后笃信佛教，令造永宁寺，增建石窟。	武帝 天监十五年 孝明帝 熙平元年		516
梁武帝笃信佛教，郭祖深上书直陈其弊，请减佛事，梁武帝不采纳。	普通三年 正光三年		522

公元 单位：年	朝代	帝王年号	大　事
523		普通四年 正光四年	魏怀荒镇民遭柔然掳掠，请求发粮救济被拒，而杀镇将。沃野镇民聚众反，诸镇响应。六镇之乱由此开始。
524		普通五年 正光五年	梁趁魏发生内乱，派兵伐魏，屡获胜。
527	武帝	大通元年 孝明帝 孝昌三年	东罗马帝国查士丁尼大帝即位（至公元565年）。在位期间的大事有：西征意大利半岛等地，企图恢复罗马帝国时期之疆域；召集学者们编纂《查士丁尼法典》；兴建圣智大教堂等。
528		大通二年 武泰元年	魏孝明帝密召尔朱荣兵，欲除胡太后，被胡太后杀害。胡太后立元钊为帝，年三岁。 尔朱荣起兵讨伐胡太后，立元子攸为帝，是为孝庄帝。尔朱荣溺杀胡太后与元钊，于河阴（洛阳东北）杀害王公大臣，史称"河阴之变"。 魏加授尔朱荣柱国大将军。 魏北海王元颢之前降梁，梁以其为魏王，遣陈庆之护送北还。

不能统治整个朝廷了。

府兵制：西魏改革兵制，建立军队

当北魏分裂为东、西魏时，东魏在土地资源、军队数量、人才素质等方面都优于西魏，西魏必须加以改革让自己强大起来，才能有效抵抗东魏的进攻。其中一项重要措施为改变兵制，这就是后世所称的"府兵制"。

西魏时期的府兵制架构是将鲜卑传统和周朝时天子有六军的概念，加以融合而成。一般而言，府兵制开始实施的时间是以西魏文帝大统八年（542）春三月设置六军这件事为基准，不过这并不代表当时的府兵制已经完整成熟，而是还要经过一段时间的酝酿发展才得以渐渐成形。

西魏府兵制的高级指挥官称为柱国大将军，这个官职的起源是北魏孝庄帝为感谢尔朱荣的拥戴而任命的，等级还在丞相之上，在尔朱荣被杀后废止。直到西魏文帝大统三年（537），文帝将宇文泰的官升到柱国大将军时才又出现。自大统三年到大统十六年（548），西魏共有八人担任这个官职，号称八柱国家。这是将他们比拟为北魏远祖还在塞外发展时的八个鲜卑部落。可是八人之中，宇文泰的地位最高，管理的是官员将领，而广陵王元欣是西魏皇亲国戚，这两人是不直接带军的，所以实际指挥军队的只有六人，则又类似天子六军的制度了。

至于西魏府兵制大致的编制架构约可参见本章末图表（第142页）。

八柱国中，宇文泰掌握西魏实权，他的儿子后来建立北周。李虎是唐高祖李渊的爷爷。独孤信的女儿们一个是北周明帝的皇后，一个是唐高祖李渊的母亲，一个是隋文帝杨坚的皇后。十二大将军里的杨忠是隋文帝杨坚的父亲。可见北周、隋朝、唐朝的皇室与府兵制的关系有多么密切。

西魏将住家分成九个等级，只要在中等以上，家里又有三个男丁者，就选当中身强体壮者为府兵。当时的府兵户籍和一般百姓的户籍是分开的。平常一月中有十五日值勤，担任守卫及日夜巡逻警戒的任务；轮调下来后的另十五日，则专心于战备训练，不需要负担额外的劳役。每位府兵只要自备弓、刀各一具，每月检查一次，至于其他武器装备，则全部由国家提供。

东魏的灭亡：东魏孝静帝与高氏父子的关系

当高欢拥立东魏孝静帝后，北魏一分为二。由于洛阳很靠近两魏边界，高欢就安排将都城从洛阳迁到邺（今河北省临漳县西），又以晋阳（今山西省太原市）为面对西魏的前线军事重镇。

此时的高欢虽然大权在握，但某种程度上他比过去要低调些，似乎很怕人家说他什么。

比如孝静帝天平四年（537）六月，高欢到汾阳（今山西省境内）的天池，他在池边发现一颗石头，上面隐约写着"六王三川"四字。高欢于是找行台郎中阳

			单位：年
大　事	帝王年号	朝代	公元
梁陈庆之送元颢入洛阳。	武帝		529
魏尔朱荣打败陈庆之，元颢逃亡，之后被杀。	中大通元年 孝庄帝		
梁武帝舍身同泰寺，群臣以一亿万钱赎"皇帝菩萨"还俗。	永安二年		
基督教教士圣本笃创立"本笃会"，并且制定"修道规则"，要求修士做到"贞洁、安贫、服从"三誓言。其影响基督教之修行制度直至公元十三世纪。			
魏孝庄帝诛杀尔朱荣。	中大通二年		530
尔朱荣侄儿尔朱兆等人反，立长广王元晔为帝。	永安三年		
尔朱兆入洛阳，杀孝庄帝。			
魏尔朱世隆废元晔，立广陵王元恭为帝，是为节闵帝（前废帝）。	武帝 中大通三年 节闵帝		531
高欢脱离尔朱氏，之后拥立渤海太守元朗为帝，是为后废帝。	普泰元年		
魏高欢废元朗，拥立孝明帝的堂弟平阳王元脩，是为孝武帝。高欢掌握实权，任大丞相等职。	武帝 中大通四年 孝武帝 永熙元年		532

公元 单位：年	朝代	帝王年号	大　事
533		中大通五年 永熙二年	魏高欢击败尔朱兆。
534	梁	武帝 中大通六年	魏孝武帝讨伐高欢不成， 往长安奔投宇文泰。
	北魏	孝武帝 永熙三年	高欢立元善见，是为东魏 孝静帝。
	东魏	孝静帝 天平元年	宇文泰弑杀孝武帝，立南 阳王元宝炬，是为西魏文 帝。 北魏一分为二，东、西魏 的实权分别落入高欢、宇 文泰手中。
535	梁	武帝 大同元年	西魏宇文泰定新制。
	东魏	孝静帝 天平二年	
	西魏	文帝 大统元年	
537		大同三年 天平四年 大统三年	西魏宇文泰在沙苑（陕西 大荔）大败东魏高欢。
542		大同八年 兴和四年 大统八年	西魏设置六军，开始以 "府兵制"建立军队。

休之到他住的帐篷，问他这四个字是什么意思。阳休之用拆字的方式向高欢解说，如果他受天命（称皇帝）的话，就能统有关右（吞并西魏）。高欢回答他："现在社会上有事没事就传言我要造反，现在听你这样说，只怕国内的气氛会更加纷乱，还是谨慎点别乱说话得好。"这样的小心似乎确有成效，高欢在世时对少年天子孝静帝的态度比较恭谨，双方也少有什么不愉快，让高欢得以将注意力放在与西魏的战争上，双方连年战斗，互有胜败。

孝静帝武定五年（547）正月，高欢过世，长子高澄继任大丞相渤海王。没过多久高欢的部下侯景就造反，因为他只对高欢服气，瞧不起高澄。侯景率领所属军队及据有的土地先投靠西魏，不久又转向梁武帝投降，之后就在南朝梁境内引发了"侯景之乱"。

高澄当权后，孝静帝的日子变得很难过；这一年孝静帝二十四岁，高澄二十七岁。孝静帝在文学、气质、体力等方面的表现，会让当时的人们联想到孝文帝及其统治的时代，这使得高澄对孝静帝十分防范而且相当不尊重。高澄不但骂孝静帝"痴人"、"狗脚朕"，还曾让部属殴打孝静帝，君臣分际荡然无存。

孝静帝武定七年（549），高澄被南朝梁俘虏兰京刺杀，他的弟弟高洋迅速控制局面，并掌握朝政，次年见时机成熟，逼孝静帝禅位给他，东魏就这样灭亡了。

西魏的灭亡：改革完成，功成身退

南朝延续晋朝，在政治文化上居于正统地位，而东魏据有的土地富庶，军队成员大部分源于原北魏六镇的勇猛战士。相较之下，西魏在这些方面都居于劣势。因此西魏除了改变兵制，重组军队之外，在朝廷组织、法律等方面也下了番功夫加以改革。

西魏改革取材《周礼》（《周官》）的内容，效法周朝的制度，再加上秦朝、汉朝的部分规范，以及原来的鲜卑传统。西魏的地理位置涵盖周朝的发祥地，又仿效周制，可以提高朝廷上下的自尊心，相信自己的文化水准不输南朝；另一方面又维持鲜卑传统保持尚武精神，足以面对东魏（北齐）的挑战。西魏借由改革提高了内部的向心力，不过由于宇文泰掌握着很大的权力，西魏皇帝没有办法在这些改革措施中，担任最关键的角色。

在礼乐道德方面，有尚书右仆射周惠达和职掌礼仪的官员们订定规范，并得到西魏文帝在朝会奏乐时的称赞；在法律方面，有尚书苏绰、户曹参军柳敏修订各种条例，让百姓都能熟悉内容；而职官制度方面，由尚书右仆射卢辩采古礼制定朝廷礼仪、车马服饰与用具等，一切颇上轨道。

恭帝三年（556）十月，宇文泰过世，三子宇文觉继任太师、大冢宰。宇文泰侄儿宇文护向恭帝施压，宇文觉被封为周公，并于当年除夕篡西魏。次日，也就

大　事	帝王年号	朝代	公元 单位：年
东魏高欢与西魏宇文泰战于邙山（河南洛阳北），各有胜负，之后西魏军败走。	大同九年 武定元年 大统九年		543
东魏高欢卒。	太清元年 武定五年 大统十三年		547
侯景与高欢子高澄有嫌隙，降西魏，之后又降南梁。梁武帝封侯景为河南王。			
东魏以高澄为大丞相，孝静帝不堪其凌辱，密谋杀高澄，事泄露而遭幽禁。			
东魏在彭城打败梁军，俘贞阳侯萧渊明。			
"侯景之乱"爆发。侯景以诛中领军朱异为名，起兵叛梁。临贺王萧正德帮助侯景。侯景逼入建康，围宫城。	太清二年 武定六年 大统十四年		548
侯景攻破建康。梁武帝忧愤而死。太子萧纲即位，是为简文帝。	太清三年 武定七年 大统十五年		549
梁湘东王萧绎起兵讨侯景。			
梁始兴太守陈霸先讨伐侯景。			
东魏高澄被杀，弟高洋代之。			

公元 单位： 年	朝代	帝王年号	大　事
550	梁	简文帝	侯景先为相国，封汉王，加称宇宙大将军。
		大宝元年	
	东魏	孝静帝	北朝东魏被齐王高洋篡夺，改国号为齐（北齐），是为齐文宣帝。
		武定八年	
	北齐	文宣帝	
		天保元年	西魏册封萧詧为梁王。
	西魏	文帝	
		大统十六年	
551	梁	简文帝	侯景先废后杀简文帝，立豫章王萧栋为帝。
		大宝二年	
	北齐	文宣帝	侯景废萧栋，自立为帝，国号汉。
		天保二年	
	西魏	文帝	西魏文帝卒，子元钦立，是为废帝。
		大统十七年	
552		元帝	梁将王僧辩、陈霸先破侯景，侯景东逃，之后被杀。
		承圣元年	
		文宣帝	
		天保三年	梁武陵王萧纪在成都称帝。
		废帝	
		元年	梁湘东王萧绎在江陵即位，是为梁元帝。
			齐伐库莫奚，俘四千人。
554		元帝	西魏宇文泰废元钦，立齐王元廓，是为恭帝。
		承圣三年	
		文宣帝	
		天保五年	西魏宇文泰遣军攻陷江陵，萧詧也率军联合。
		恭帝	
		元年	西魏杀梁元帝萧绎，扶植萧詧为梁主，居江陵东城。

是次年正月初一正式即位，自称天王，改国号为周。西魏在内部改革完成后功成身退，宇文家与高家在北方的争霸局面也随之进入一个新阶段。

侯景之乱：长达三年八个月，梁武帝忧愤而死，南朝衰落

萧衍篡齐称帝，是为梁武帝。他三十九岁即位为帝，八十六岁过世，在位四十八年。在位期间大致国势强盛，文史学术蓬勃发展，如昭明太子萧统编纂《昭明文选》、刘勰的《文心雕龙》、沈约《宋书》、萧子显《南齐书》等都是这时期代表著作。

随着年龄增长，武帝越来越沉迷于佛教之中，常常发愿希望能代替众生承受种种苦难。他不但在同泰寺讲经说法，后来还曾舍身出家，百官捐了一亿万钱才将他赎回朝廷。武帝对佛教的态度已影响到他对政事的判断。

太清二年（548），武帝高龄八十四岁了，而北魏早已分裂成东西二魏。东魏将领侯景向武帝投降，武帝加以接纳并任用他北伐东魏，不过遭到失败。由于武帝侄子贞阳侯萧渊明被俘，东魏的实际掌权者高澄与武帝的谈和过程中，同意送萧渊明回梁朝。这使侯景大为不安，认为可能会以他作为交换条件，因此起兵造反。这就是"侯景之乱"。

侯景在太清三年（549）攻破建康，大肆劫掠，连武帝的食物都受到控制。武帝忧愤成疾，不久过世。太子在侯景的控制下即位，是为简文帝，后来侯景废简

文帝，改立昭明太子的孙子为帝，接着再杀简文帝并且篡位。在这期间，其他宗室诸王忙于内战和观望建康局势，并没有尽力出兵救援。另一方面，西江都护陈霸先击灭倒向侯景的广州刺史元景仲，在反攻的号角之下逐渐崛起。

至于诸王内斗的结果，武帝的七子湘东王萧绎获得胜利，并在公元552年（时简文帝已卒，无皇帝）派江州刺史王僧辩平定侯景之乱，之后在江陵（今湖北省境内）即位为帝，是为梁元帝。他不愿意回到已经残破的建康，这给北方强敌很好的机会。承圣三年（554），昭明太子三子萧詧与西魏军联合攻破江陵，杀害梁元帝；西魏夺走长江中上游一带的土地，只留江陵附近给萧詧，扶植他为帝，是为西梁宣帝。南朝一分为二。

此时已是司空的陈霸先拥立元帝九子晋安王萧方智为帝，是为梁敬帝，且掌握了大权。到太平二年（557）时，陈霸先篡位，改国号为陈，是为陈武帝。梁朝走到尽头，充其量也只剩下小小的西梁（后梁）了。

北齐与北周：北齐先天条件优于北周，但反被北周攻灭

550年，高欢的次子高洋篡夺东魏，建立齐朝（北齐），改元天保，是为北齐文宣帝。

北齐开国初期声势强盛，文宣帝对外遏阻西魏军的攻势，而且征讨库莫奚、山胡、契丹、突厥、柔然等外族都能得胜，还试图影响南朝梁末年的政治局势，

大　事	帝王年号	朝代	公元（单位：年）
萧詧在江陵称帝，为西魏附庸，史称西梁（后梁）。	敬帝　绍泰元年	梁	555
北齐立萧渊明为帝，送其南还。	文宣帝　天保六年	北齐	
萧绎子晋安王萧方智在建康即位，称梁王。王僧辩、陈霸先等人辅政。	恭帝　二年	西魏	
王僧辩迎萧渊明入建康即位，以萧方智为太子。陈霸先举兵袭王僧辩，废萧渊明。			
陈霸先立萧方智为帝，是为敬帝。			
突厥灭柔然，成为西方大国。			
西魏宇文泰卒，三子宇文觉继之。岁末时，宇文护迫恭帝禅位给周公宇文觉。	敬帝　绍泰二年　文宣帝　天保七年　恭帝　三年	梁　北齐　西魏	556

公元 单位：年	朝代	帝王年号	大　事
557	梁	敬帝	南朝梁被陈王陈霸先篡夺，
		太平二年	改国号为陈，是为陈武帝。
	陈	武帝	北朝宇文觉篡夺西魏后，
		永定元年	改国号为周（北周），自
	北齐	文宣帝	称天王，后来追谥为周孝
		天保八年	闵帝。
	北周	孝闵帝	周宇文护废孝闵帝，立宇
		元年	文毓，是为明帝。
559	陈	武帝	陈武帝卒，侄儿陈蒨即
		永定三年	位，是为文帝。
	北齐	文宣帝	齐文宣帝高洋卒，子高殷
		天保十年	继位，是为废帝。
	北周	明帝	
		武成元年	
560		文帝	陈实施土断，让流亡归附
		天嘉元年	陈朝的百姓皆入籍。
		废帝	齐常山王高演废高殷，自
		乾明元年	立为帝，是为孝昭帝。
		明帝	周宇文护毒杀明帝宇文
		武成二年	毓，立毓弟宇文邕，是为
			武帝。
561		文帝	齐孝昭帝高演卒，弟长广
		天嘉二年	王高湛立，是为武成帝。
		孝昭帝	
		皇建二年	
		武帝	
		保定元年	

真的是意气风发。

可是到他在位中期开始，北齐的国势开始减弱。观察其远因，一来朝廷内部从东魏时期以来，政治风气便不佳，虽然曾有整顿，但文武百官当中廉洁不贪污的人很少；二来鲜卑人和汉人之间的胡汉关系，有时候是处于紧张状态的。

再看文宣帝本身，他在志得意满之余开始沾染上酗酒的恶习，行为渐趋狂暴。不仅在朝廷里残杀手足、亲戚与大臣，回到后宫还乱伦兄嫂；在他之后有好几任北齐皇帝都有如此恶行，使得政治难以安宁。

文宣帝在位十年后突然暴毙。太子高殷即位不到两年，他的叔叔常山王高演发动政变，杀害辅佐他的尚书令杨愔等重臣，最后夺位自立。高殷是为废帝，高演则是孝昭帝。孝昭帝在位不到两年就死了，死前杀了废帝，将皇帝大位传给弟弟长广王高湛，是为武成帝。五年之内北齐竟连续换了三任皇帝，宫内情势动荡不安。

武成帝为确保政权能顺利传给自己的儿子，在位仅四年多就传位给太子高纬，是为齐后主，而武成帝又做了两三年的太上皇才过世。武成帝和后主两代宠信和士开、穆提婆、高阿那肱、韩凤等奸臣，国势日衰。南朝陈宣帝趁机派军北伐，连连收复淮河以南的土地。

而此时的北周是宇文泰的四子宇文邕（yōng）在位，是为北周武帝。北周在经年累月的准备下，兵力物资都已充足，加上听闻北齐的内部状况，使得周武帝心生灭齐之心。

北齐后主武平七年（北朝周武帝建德五年〔576〕）冬天，周武帝大举攻齐，一路势如破竹。北齐的军事重镇晋阳失守，后主逃回邺都。次年后主传位给太子高恒，是为幼主，可是北齐朝廷几乎已经溃散。后主、幼主等人向外逃亡，在齐、陈边界被周军捕获，押回邺都。周武帝降后主为温国公，北周顺利统一了北方。

北周兴亡：从开国、制伏权臣、扩张到被外戚杨坚篡夺

西魏恭帝三年（556），宇文泰病重，他认为继承人三子宇文觉只有十五岁，年纪还很轻，所以要自己的侄子宇文护辅佐。宇文泰死后，宇文护就向恭帝施压、迫其退位；宇文觉改国号为周，依《周礼》只称天王而不称帝。

周天王即位后，其他跟着宇文泰打天下的功臣们不满宇文护年纪和功劳在他们之后，但却专制朝政，所以先后两次想要推翻宇文护，可是都被他破获。由于天王宇文觉知道第二次的计划，所以宇文护后来就废黜并弑杀天王，宇文觉仅在位八个多月。

宇文护接着拥立天王的庶长兄宇文毓为新任天王，这位天王在位的第三年（559）正式称帝，改元武成，是为明帝。不过次年就被宇文护毒杀，宇文护再拥立天王宇文觉和明帝的弟弟宇文邕为帝，是为武帝。

武帝是位雄才大略却不多言的皇帝，尤其看到两位兄长都被堂哥杀害后，行为

大　事	帝王年号	朝代	公元 单位：年
齐武成帝高湛传位给太子高纬，自为太上皇，高纬即位，是为齐后主。	文帝　天嘉六年		565
	武成帝　河清四年		
	武帝　保定五年		
陈文帝陈蒨卒，子陈伯宗立，是为临海王（废帝），年十三岁，以安成王陈顼辅政。	文帝　天嘉七年		566
	后主　天统二年		
	武帝　天和元年		
陈安成王陈顼废临海王（废帝）陈伯宗。	废帝　光大二年		568
周隋国公杨忠卒，子杨坚袭爵。	后主　天统四年		
	武帝　天和三年		
陈安成王陈顼即帝位，是为宣帝。	宣帝　太建元年		569
齐和士开等奸臣掌权，时人称"八贵"。	后主　天统五年		
	武帝　天和四年		
一般说法认为，伊斯兰教先知穆罕默德（穆圣）之出生年不早于此年。	太建二年		570
	武平元年		
	天和五年		

	朝代	帝王年号	大　事
公元 单位：年			
572		太建四年 武平三年 天和七年	周武帝诛杀宇文护。
573		太建五年 武平四年 建德二年	陈遣吴明彻等人北伐攻齐。 齐以高阿那肱、穆提婆、韩长鸾共执朝政，号称"三贵"。
574		太建六年 武平五年 建德三年	周武帝诏禁佛、道二教，悉毁经像，并令沙门、道士还俗。
575		太建七年 武平六年 建德四年	陈遣车骑将军吴明彻攻齐，破齐军。 齐宠臣穆提婆与韩长鸾把持朝政，号称"二贵"。
576		太建八年 武平七年 建德五年	周武帝大举伐齐，破晋阳，齐后主逃邺都。
577		宣帝 太建九年 幼主 承光元年 武帝 建德六年	齐太子高恒即位，是为幼主。 周兵入邺都，齐王公以下皆投降。后主、幼主逃至济州，宣布禅位任城王高湝，再逃至青州，被周军追获。 齐任城王高湝被擒，北齐被北周攻灭，北方归于统一。

更是低调。直到天和七年（572），终于找到机会诛杀宇文护，夺回实权。亲政后的武帝积极准备，数年间调兵遣将西征吐谷浑、东灭北齐、南夺南朝陈原本收回的淮南地，使北周的领土大为扩张。可是他在接下来北伐突厥的途中突然过世。北周局势大为变化。

武帝的太子宇文赟（yūn）继位，是为宣帝。宣帝的才能德行都远在武帝之下，继位没多久就传位给长子宇文衍（阐），是为静帝。而宣帝自称天元皇帝，还先后立了五位皇后，生活只注重享乐游戏，很少提及治国大事。宣帝在位两年多后过世，近臣趁机诈称遗诏，让隋国公杨坚担任辅佐静帝的主要大臣，专擅朝政。

忠于北周的将领和宗室诸王察觉到杨坚的举动，企图推翻杨坚，但都被他一一消灭。接着杨坚在静帝大定元年（581）篡位为帝，改国号为隋，是为隋文帝，改元开皇。随着隋朝的开国，南方（东晋及南朝）和北方（五胡十六国及北朝）的长期分裂局面终于要走向尾声。

隋文帝统一天下前的建设：改变官制、修筑长城、增强漕运、开通渠道

隋文帝称帝后采取多项行动，积极治理一手创建的国家。比如即位当天就去除北周仿效《周礼》建立的职官制度，改采汉、魏以来的规范；在开皇元年到七年（581—587）之间，三次派员修筑长城以巩固北方边防。并于开皇二年（582），下诏于龙首山营建新都，年底定新都名为大

兴城（此即后来唐代的长安城），并于第二年迁入。

开皇三年（583），朝廷认为京师粮食的储备量还不足，商议要增加官仓储量，以备万一发生水旱灾时可以使用。隋文帝下诏在近水的十三州（约在今山西省、陕西省、河南省一带）招募运米工人。另外在卫州设置黎阳仓、洛州设置河阳仓、陕州设置常平仓、华州设置广通仓（在黄河、洛水一带），藉由水路传递转送谷物，以供给京师的需要。又派遣仓部侍郎韦瓒向民间招募壮丁，并且开出条件：只要能从洛阳出发运米四十石，越过黄河边的砥柱山，顺利到达常平仓的人，就可以免除为国家出征及防守边疆的任务。

后来由于渭水的淤沙很多，让通过水路运粮的人们苦不堪言。为降低阻碍，开皇四年（584），隋文帝命令宇文恺率领治水的工程师与工人开凿渠道，引入水流贯通渭水与黄河，以方便运粮。这条西起大兴城，东至潼关（黄河转弯处，在今陕西省境内，为军事要地），全长三百余里的运河就是鼎鼎大名的"广通渠"。之后，又在扬州开山阳渎，也是凿通运河的行动之一。

由于隋文帝埋首建设，不但在当时厚植隋朝国力，还能造福后代，"开皇之治"的美称的确是名副其实。

南朝陈：南北朝时代的结束

557年，陈霸先篡梁称帝；此时是南北朝分立以来，南朝处境最不利的一刻。

当南朝梁陷入侯景之乱的危机时，北

大　事	帝王年号	朝代	公元 （单位：年）
陈闻周灭齐，遣吴明彻攻徐州、兖州，欲取黄河以南地。			
周援军至彭城，大败陈军，吴明彻被俘。	宣帝 太建十年	陈	578
周武帝宇文邕卒，子宇文赟立，是为宣帝。	武帝 建德七年	北周	
周宣帝传位太子宇文衍（阐），是为静帝，宣帝自称天元皇帝。	宣帝 太建十一年	陈	579
周取陈徐州，江北、淮南皆成为周地。	宣帝 大成元年	北周	
周天元皇帝宇文赟卒，杨坚辅政。	宣帝 太建十二年	陈	580
尉迟迥、王谦等人先后起兵讨杨坚，皆败死。	静帝 大象二年	北周	
北周被隋王杨坚篡夺，改国号为隋，是为隋文帝。隋除北周六官。	宣帝 太建十三年	陈	581
	静帝 大定元年	北周	
	文帝 开皇元年	隋	
陈宣帝卒，太子陈叔宝即位，是为陈后主。	宣帝 太建十四年	陈	582
隋文帝下诏于龙首山建新都，名大兴城。	文帝 开皇二年	隋	

公元 单位： 年	朝代	帝王年号	大　事
583	后主		隋迁都大兴城。
		至德元年	隋沿河设置黎阳、河阳、常平、广通仓，运粟以供长安。
	文帝	开皇三年	
584		至德二年	隋文帝命令宇文恺开凿广通渠，以方便从水路运输粮食到京师大兴城。
		开皇四年	
585		至德三年	西梁主萧岿卒，太子琮嗣立。
		开皇五年	
586		至德四年	隋遣十五万人于朔方以东险要处，增建数十城。
		开皇六年	
587		祯明元年	隋令诸州岁贡士三人（一般认为此即宣布取消中正官、终止九品官人法之始）。 隋灭西梁，召萧琮入朝，西梁亡。 隋造战舰，准备伐陈。
		开皇七年	
588		祯明二年	隋文帝下诏攻陈。以杨广、杨素等为元帅，分八路，大举伐陈。 隋军将至，陈后主仍歌酒不辍。
		开皇八年	

齐趁机掠夺淮河以南的土地，直接兵临长江。侯景之乱结束后，西魏又攻破江陵，杀害梁元帝，夺走荆襄及蜀地等长江中上游土地。所以南朝陈时的国土面积是南朝当中最小的。陈武帝开国后还要面临原梁朝的地方官吏兴兵对抗的局面，情势相当困难。

陈武帝过世后，因为没有儿子在身边，所以传位给侄儿陈蒨，是为陈文帝。除继续对抗北齐、北周来犯外，对内实施土断，让流亡来陈朝定居的百姓户籍归入新居地；又采取奖励农桑、打击内乱等安定措施。陈文帝过世后，太子即位是为废帝，不久被自己的叔叔、陈文帝的弟弟安成王陈顼夺位，是为陈宣帝。

陈宣帝在位时，最大的事件就是在太建五年（573）派吴明彻北伐北齐，企图夺回失地。太建五年至七年（575）间正是北齐的末年，陈军势如破竹，收复被北齐夺去的淮南地。太建九年（577），北齐被北周所灭，陈宣帝想要再夺回徐州、兖州一带的土地，可是这时面对的已是北周的军队。太建十年（578），吴明彻的北伐军不敌北周而被俘虏；太建十一年（579），周军向淮南地进攻，又将淮南地拿了回去。陈宣帝损兵折将，北伐事业成为泡影，陈朝的国力更加虚弱。

宣帝过世后，太子陈叔宝即位，是为陈后主。陈后主在文学上享有盛名，但喜好女色，不擅治国，使身旁小人有可乘之机。当时北方已是隋朝，后主祯明元年（隋文帝开皇七年〔587〕），隋文帝先废除西梁；祯明二年（588）再派晋王杨广

（后为隋炀帝）、贺若弼、韩擒虎等将领南攻。

祯明三年（589）正月初一，原本是新年的欢庆时刻，隋军就选这天渡过长江，进攻陈朝。正月二十日，陈军全面溃败，陈后主被隋军活捉，陈朝结束。自西晋灭亡以来，南北分裂的对立局面，最后由隋文帝统一。

大　事	帝王年号	朝代	公元 单位：年
南朝陈被隋朝军队攻灭，匿藏于枯井中的陈后主等人被俘虏、遣送长安。南北朝时代结束，由隋朝统一天下。	后主 祯明三年 文帝 开皇九年	陈 隋	589

西魏时期"府兵制"大致编制构图

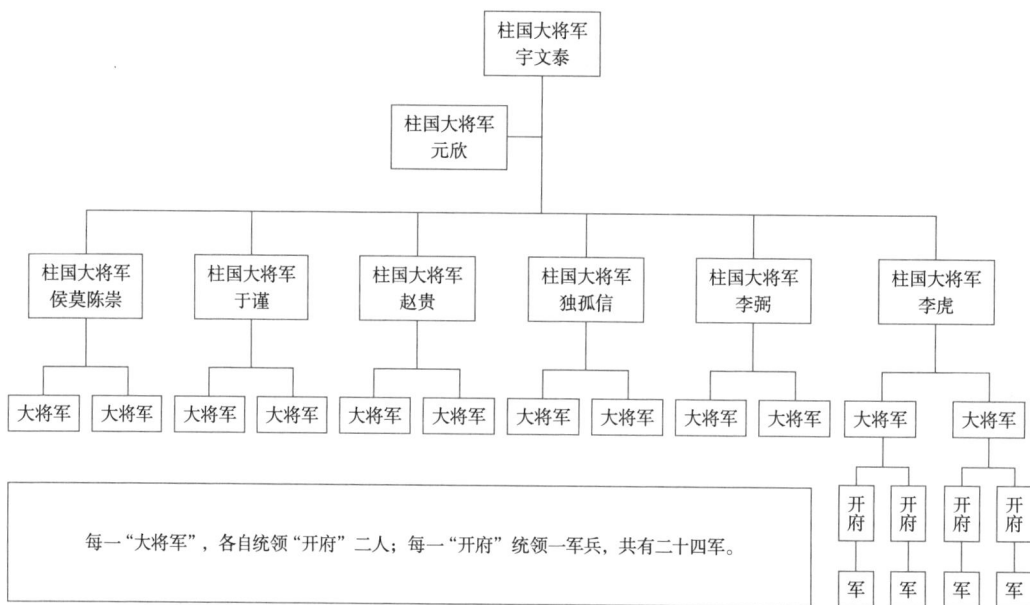

```
                        柱国大将军
                          宇文泰
                   ┌────────┘
            柱国大将军
              元欣
   ┌──────┬──────┬──────┬──────┬──────┬──────┐
柱国大将军 柱国大将军 柱国大将军 柱国大将军 柱国大将军 柱国大将军
侯莫陈崇   于谨     赵贵    独孤信    李弼     李虎
┌──┴──┐ ┌──┴──┐ ┌──┴──┐ ┌──┴──┐ ┌──┴──┐ ┌──┴──┐
大将军 大将军 大将军 大将军 大将军 大将军 大将军 大将军 大将军 大将军 大将军 大将军
                                              ┌─┴─┐   ┌─┴─┐
                                              开府 开府 开府 开府
                                               │   │   │   │
                                               军   军   军   军
```

每一"大将军",各自统领"开府"二人;每一"开府"统领一军兵,共有二十四军。

隋朝

杨坚在北周时期以外戚的身分，掌握了当时纷乱的朝政，后来逼迫北周静帝"禅位"，建立了隋朝，是为隋文帝。隋朝的成立，宣告中国自东晋十六国以来近三百年的分裂局面，复归一统。为了改变过去倚赖世家大族的政权基础，隋文帝废除九品中正制，设立科举制度以选拔人才，让平民百姓有出仕的机会。文帝也一改过去天下的乱象，劝课农桑，提倡节俭，使得隋朝初期的经济飞快复苏；另外，开辟漕运，修建广通渠，加速南北之间的贸易交流。种种得宜的举措，造就了隋初的"开皇之治"。

隋炀帝即位后，急功近利，荒淫奢侈。他修筑长城、经营东都洛阳、修驰大运河等，虽有利于社会经济，但这些工程也需要庞大的财力、物力，反而加重老百姓的负担。另外，隋炀帝喜欢四处征讨，特别是对高丽就出兵三次，死伤数百万人，这亦成为民变四起的关键因素，当时甚至连朝廷将领也率众起义，李渊就是其中之一，他也是终结隋朝寿命的真命天子。

隋朝为了提升农力，采取均田制，成年男丁拥有永业田与口分田，永业田不用归还，口分田则死后归还官府；另外，在边境实施屯田制度，由士兵在无战事时进行耕种，以维持军队开支。隋文帝还下令设置官仓与义仓，义仓是百姓使用的粮仓，如果当地有灾害，就可直接开仓赈灾。隋朝的文学特色是出现许多地方志，记载当地沿革与风俗物产；其中裴矩的《西域图记》，首创地图与地方志结合的体例，记录了西域各国的地理风情、人文风貌。

隋朝的国祚自公元 581 年至 619 年，起自隋文帝杨坚，终于隋恭帝。隋朝立都大兴（长安），并另立东都（洛阳）。

	朝代	帝王年号	大　事
单位：年 公元			
581	隋	文帝 开皇元年	北周被隋王杨坚篡夺，改国号为隋，是为隋文帝。隋除北周六官。
	陈	宣帝 太建十三年	
	北周	静帝 大定元年	
582	隋	文帝 开皇二年	陈宣帝卒，太子陈叔宝即位，是为陈后主。隋文帝下诏于龙首山建新都，名大兴城。
	陈	宣帝 太建十四年	
583		文帝 开皇三年	隋迁都大兴城。隋沿河设置黎阳、河阳、常平、广通仓，运粟以供长安。
		后主 至德元年	
584		开皇四年 至德二年	隋文帝命令宇文恺开凿广通渠，以方便从水路运输粮食到京师大兴城。
585		开皇五年 至德三年	西梁主萧岿卒，太子琮嗣立。

隋炀帝建立东京（东都）洛阳：东方的京城、国都

隋文帝虽然创造开皇之治的盛世，却也同时埋下衰落的伏笔。文帝是个勤俭的人，勤俭到已经有些吝啬；而他的皇后独孤氏重视家教，自己的亲戚犯了国法也不会干预，不过她绝不能容忍文帝接近别的嫔妃。

文帝原来的太子是长子杨勇，可是他在勤俭和妻妾这两件事上不得父母欢心，而他的弟弟晋王杨广则努力隐藏自己的个性，加以迎合。在杨广用计和部分臣子的离间下，文帝终于废黜杨勇，改立杨广为太子。而杨广的弟弟蜀王秀也因作风不合文帝的意而被废，只剩最小的弟弟汉王杨谅镇守北方边界，皇室元气大伤。

仁寿二年（602），独孤皇后过世，文帝开始亲近其他的嫔妃。仁寿四年（604），文帝病重，嫔妃宣华夫人和太子杨广一起照顾文帝。杨广趁着宣华夫人出外换衣服时骚扰她，宣华夫人挣脱后向文帝告状，文帝此时才发现杨广的真面目，但是已经来不及了。没过多久文帝突然过世，一般相信是杨广派人弑杀；杨广继位为帝，是为隋炀帝。

炀帝即位没多久，汉王杨谅随即举兵造反。虽然乱事很快就被平定，但炀帝仍以京师距离东方遥远，难以应对突发状况为理由，于当年十一月宣布要营建东京（东方的京城、国都，即洛阳城）。大业元年（605）三月，炀帝命令将作大匠（职掌为营建各项与朝廷有关的土木工程）

宇文恺等人营建东京。隋代的东京不是直接建立在汉魏时期的洛阳城原址，而是在它的附近建筑新城。炀帝为了要让东京看起来显现出繁荣富庶的气派模样，还要求全天下数万家富商从原居地搬到东京。

大业二年（606）春正月，新的东京终于建成，炀帝在东京处理政事的时间也增加了。比如他在大业三年（607）三月，派羽骑尉朱宽到流求，流求是指今天的台湾；四月下令改州为郡，也就是将文帝时期采取的地方州县二级制改成郡县二级制；等等，都是在东京下的决定。大业五年（609）春正月，炀帝将东京改名为东都，无论它的名字是什么，隋代后期洛阳城的政治地位与重要性，确是在逐渐提高的。

隋炀帝开凿通济渠、邗沟：为了帝王一己的享乐

隋炀帝任命尚书令杨素、纳言杨达、将作大匠宇文恺等人营建东京（洛阳）后没几天，大业元年（605）三月二十一日，炀帝发动黄河以南各郡县境内，超过一百万的男女百姓开凿通济渠。从东京附近的西苑引谷水、洛水到黄河，再从板渚（今河南省一带）引黄河水到淮河，这样黄河与淮河就能相通了。

不同于隋文帝开凿广通渠是为了运输粮食的实际需要，隋炀帝开凿通济渠只是为了自己的享乐。炀帝既然已经是皇帝了，没有必要继续隐藏压抑自己的个性；文帝勤俭治国所累积的大量财富，正好可以留给他过着穷奢极欲的生活。他在发动民力

大　事	帝王年号	朝代	公元
隋遣十五万人于朔方以东险要处，增建数十城。	开皇六年 至德四年		586
隋令诸州岁贡士三人（一般认为此即宣布取消中正官、终止九品官人法之始）。	开皇七年 祯明元年		587
隋灭西梁，召萧琮入朝，西梁亡。			
隋造战舰，准备伐陈。			
隋文帝下诏攻陈。以杨广、杨素等为元帅，分八路，大举伐陈。	开皇八年 祯明二年		588
隋军将至，陈后主仍歌酒不辍。			
南朝陈被隋朝军队攻灭。南北朝时代结束，由隋朝统一天下。	文帝 后主 开皇九年 祯明三年	隋 陈	589
陈旧地多起事，杨素派兵平定。	文帝 开皇十年	隋	590

（单位：年）

单位：年 公元	朝代	帝王年号	大　事
	隋		
592		开皇十二年	以杨素为尚书右仆射，与高颎专掌朝政。
593		开皇十三年	诏建仁寿官，使杨素监修，三年建成，丁夫死者以万计。 允许突厥突利可汗娶隋朝公主，以分化突利与都蓝。 敕废像遗经悉令雕撰。

挖掘运河的同时，还派人到江南选取木材，建造包括龙舟、黄龙、赤舰、楼船等在内的数万艘船。

损耗了百万人的力量，终于在半年内凿通通济渠，也造好了大船。炀帝随即在八月搭上龙舟到江都（扬州，今江苏省内）游玩。炀帝的龙舟仿佛水上宫殿，而陪同的文武百官在五品以上的乘坐楼船（多层还绘有纹饰的大船），九品以上的则乘坐另一种称为黄蔑的船。数万艘船下水航行，全长绵延二百多里，所到之处还要准备粮食，吃不完的只好就地掩埋，非常浪费。

炀帝在江都过完冬天，直到次年三月才启程北上，想要看看新落成的东京。炀帝回程不坐船了，改从陆路出发。当时正是春季，为了要让前导的仪仗队伍看起来更壮盛，展现帝王的气派，炀帝的属下何稠和云定兴要求地方郡县提供鸟兽羽毛。这些新采的鸟羽、兽毛被装点在各式旗帜、大伞等器物上，的确让它们看起来更美丽。可是为了炀帝一人的欲望，百姓到处捕捉动物，只要是可用的全部一网打尽，使得原本应该是生气蓬勃的江南大地，变成一片死寂。炀帝的旅程一路风风光光，付出的代价却是自然生态受到严重破坏。

除了通济渠外，炀帝还发动淮南的军队十多万人开凿邗沟，贯通淮河与长江。邗沟全长三百多里，宽四十步（这里的里和步是古代长度单位，不是指现代的公里和一脚步的长度），也是炀帝南游经过的路线之一。

隋炀帝设进士科：改变为国选拔人才的方式

两汉任用官吏采取选举制（乡举里选），由皇帝诏举贤良、地方察举孝廉，以德行作为选择人才的标准。到曹丕篡汉前夕，尚书陈群加以改变，制定九品官人（九品中正）法，将评定人才等级的权力置于中正官之手，成为三国两晋南北朝时期任用官吏的主要方式。

九品官人法实施之后并非没有批评的声音。如晋武帝时，尚书左仆射刘毅认为其中有八项缺失，所以向皇帝建议罢除中正官，废九品官人法。这些缺点大致指向中正官的权力过大，可是约束的力量却不够，让不肖的中正官得以擅自操纵人才品级的评定，继而影响朝政。在众多对于九品官人法的批评中，最为人熟知的"上品无寒门，下品无势族"就出于刘毅的笔下。

一般观点认为，取消中正官、终止九品官人法应该是在隋文帝开皇年间（581—600）发生的。唐代中叶史家杜佑所撰写，专门记载礼乐法令等典章制度的史书《通典》里就有相关的内容。

至于科举制度，尤其是设置进士科，以考试作为选拔人才主要方式的时间，应该是在隋炀帝大业年间（605—618）开始的。比如唐代宗宝应二年（763）礼部侍郎杨绾向皇帝上奏疏，报告当时选拔制度的弊端缺点及改进建议时，就提到设置进士科是从隋炀帝开始的。然而唐朝和五代时期的史书与笔记小说，甚至宋代史家司马光的《资治通鉴》，都没有记载

大　事	帝王年号	朝代	公元 单位：年
突厥突利可汗迎娶隋公主，突厥都蓝可汗不前来朝贡。	开皇十七年	隋	597
吐谷浑大乱，可汗世伏被杀，另立其弟伏允。			
高丽遣使入隋。			
高丽王高汤卒，儿子高元继立。			
高丽王侵扰辽西。文帝命汉王杨谅等人率军攻高丽，因粮运不继，又遇大风、疾疫，被迫撤退而还。	开皇十八年		598
都蓝与达头可汗破突利可汗。突利南入长安。隋高颎等人破都蓝，杨素等人破达头。	开皇十九年		599
隋立突利可汗为意利珍豆启民可汗。			
达头自立为步迦可汗（西突厥）。			
杨素、史万岁等分别领兵出塞，击败西突厥步迦可汗。	开皇二十年		600
杨广与宇文述、杨素等人勾结，得到孤独后欢心，构陷太子杨勇。文帝听信谗言，废太子杨勇。			
立杨广为太子。			

公元 单位：年	朝代	帝王年号	大　事
	隋		
601		仁寿元年	杨素等大破步迦可汗，漠南自此不受突厥攻掠。
602		仁寿二年	独孤皇后卒。
603		仁寿三年	突厥步迦可汗部大乱，十余部叛，归附启民可汗。步迦可汗逃往吐谷浑。
604		仁寿四年	隋文帝在仁寿宫遭太子杨广杀害。太子杨广即位，是为隋炀帝。 炀帝杀故太子杨勇。 杨谅在晋阳起兵，被杨素所败，遭幽禁而死。 炀帝夺取帝位后，开始进行营建东京（东都）洛阳的计划。

隋炀帝究竟是在哪一年创设进士科的。

现在认为隋炀帝于大业二年（606）设置进士科的说法，应该是来自于南宋大儒朱熹所著的《资治通鉴纲目》。朱熹将这件事列于大业二年六月，可是朱熹增补此事时没有列举相关史料来源，大家都不清楚他列在六月的依据到底是什么。因此后来清圣祖爱新觉罗·玄烨于《御批历代通鉴辑览》里，就对这件事提出质疑，并将建立进士科这件事改列在大业二年之末，作为附记补充的事件。

虽然现存史料的内容相当有限，但是罢中正官、停止九品官人法发生于隋文帝开皇年间，以及进士科是在隋炀帝大业年间开始的说法，已经为多数人所熟悉了。

永济渠的军事用途：窥见与朝鲜的关系

隋炀帝大业四年（608）春正月初一日，炀帝下诏发动黄河以北各郡县的百余万男女百姓开凿永济渠。永济渠引沁水（沁河，今山西省境内）的水流，向南可到黄河，向北能通到涿郡（约今北京市一带），贯通了黄河与海河水系（大部分在今河北省境内）。

隋炀帝开凿永济渠的目的应与军事用途有关，提到军事就得说说当时隋朝与高丽之间的关系。

今天在朝鲜半岛境内流传着檀君开国的神话故事（韩国曾将相关内容改编成电视剧《太王四神记》），至于我国史书的记载显示，中原与朝鲜半岛间的关系，目前可追溯到商末周初：商朝灭亡后，周武王封纣的叔叔箕子于朝鲜。一来表示最晚到周初时中原就已经知道朝鲜地区的存在；二来朝鲜位置遥远，表示武王面对箕子时不使用君对臣的礼节，也就是不将箕子视为周朝的臣子。这是对贤人箕子相当大的尊重。至于箕子朝鲜和檀君朝鲜的关系，则还需要继续探讨。

西汉初年，燕人卫满在朝鲜自立为王，称卫氏朝鲜；传到他的孙子卫右渠时被汉武帝所灭，武帝在半岛北部建立乐浪、临屯、玄菟、真番四郡。至于国境之外则有夫余、辰等国家与部族。大约在西汉末年，高句骊（高句丽、高丽）建国于朝鲜半岛北部，它的开国国王的确是改编成韩国电视剧的主角"朱蒙"，以高为姓氏。随着东汉以后中原长期陷入混乱，南北朝时的北朝东方边界已经退到辽东半岛以西，而此时的高丽则相当强盛。

隋文帝建国后，双方关系刚开始很密切，高丽王高汤常常派遣使者到隋朝。但当隋朝统一天下后，高汤心生畏惧，开始练兵存粮，做好防守的准备。开皇十七年（597）高汤去世，儿子高元继立，次年率一万多骑兵进犯隋朝边界。隋文帝大怒，派汉王杨谅东征，但因军中发生传染病疫情而退兵。

隋炀帝大业三年（607），炀帝要高元亲自来觐见他，行臣子的礼节，可是高元没有来。隋炀帝在次年兴筑永济渠，加强北方的水陆运输，以便为后来东征高丽时，后方能够顺利地运兵运粮。

公元 单位：年	朝代	帝王年号	大　事
605	隋	炀帝 大业元年	炀帝命宇文恺营建东都洛阳，搜罗南北奇材异石，运至洛阳。又迁徙数万富商至东京。
			炀帝为方便游览江南，发动民力开凿通济渠（黄河与淮河之间运河）、邗沟（淮河与长江之间运河）。
			炀帝坐龙船至江都，船队长达二百余里。
			建离宫四十余所；派人到江南造龙舟等数万艘。
			在东京建造西苑，极其华丽。
606		大业二年	东京洛阳城建造完成。
			炀帝自江都北还；陈法驾，千乘万骑入东京。
			建造洛口仓与回洛仓。
			炀帝在位期间设立进士科，科举制度逐渐成为隋朝以后各代选拔人才、任用官吏的主要方式。
607		大业三年	派遣朱宽入海求访异俗，到流求（今台湾）而返。
			改州为郡。
			征发河北丁男凿太行山，以通驰道。
			炀帝北巡至榆林，宴突厥启民可汗及其部落。此巡

公元 单位：年	朝代	帝王年号	大　事
	隋		费时半年。 征发丁男筑长城，西起榆林，东到紫河（浑河）。 炀帝欲高丽王高元亲来朝见，高元未来。
608		大业四年	炀帝下令开凿隐含军事用途的永济渠；引沁水，南到黄河，北到涿郡。 日本遣使到隋。炀帝命裴世清陪送日使返国。 炀帝出塞巡长城。 吐谷浑被铁勒所破，降隋不成而西走。隋取其地。
609		大业五年	改东京为东都。 诏天下均田。 炀帝西巡到浩亹川（大通河），出兵攻吐谷浑，可汗伏允逃遁。 炀帝西巡至燕支山（位于今甘肃张掖），高昌王等来朝见。

江南河：隋炀帝最后下令开凿的运河

隋炀帝大业六年（610），炀帝想要到会稽（今浙江省绍兴县境内）而下令挖凿江南河。江南河起自京口（今江苏省镇江市），终至余杭（今浙江省杭州市附近）；全长八百多里，宽十多丈，河上可航行龙舟。长江水系和钱塘江水系也因江南河的开凿而贯通了。

隋炀帝三征高丽：隋朝元气大伤

隋炀帝大业七年（611）二月，炀帝已经在江都待了快一年，终于决定北上。他坐上他的龙舟经过邗沟、通济渠到达黄河。可是他这次的目的地不是东都洛阳，更不是京师大兴（长安），而是再进入永济渠转往涿郡，准备将东征高丽的念头化成事实。他花了几乎一整年的时间召集兵马、储备军粮。到了年底时，道路上都是战士和后方运输人员的热闹嘈杂声，从早到晚都没有安静下来过。

大业八年（612）春正月初一日，隋军终于全数集结完毕，全军竟高达一百一十三万三千八百人，对外号称二百万人，后方的补给人员总数还是前方军队的一倍多。初三日隋军开拔，分左右二军，以十二路出击。从首批部队出发到全数离开涿郡竟花了四十天，隋军的规模庞大可见一斑。

可是隋军从三月打到九月，前进速度却相当缓慢，因为前线的将领们要怎么打，竟然得先回报给炀帝决定后才能进行，一来一往之间耽误许多战机。可是炀帝非但不了解还责备将领们不会打仗。最后隋军终于大败，全军撤退回到东都。

大业九年（613）正月，炀帝又征集现役军队，还招募平民百姓，要他们往涿郡会合。此时地方上已经出现到处劫掠的盗贼，炀帝依然在二月再度东征高丽，直到后方的礼部尚书杨玄感在六月起兵造反，并逼近东都，兵部侍郎斛斯政又叛逃高丽时，才只好班师撤退。

大业十年（614）二月，炀帝再次召集群臣开会商讨三征高丽的事，有好几天没人敢发表意见。二月二十三日，下诏三征高丽。隋军两次东征虽不成功，但已给高丽相当压力。七月二十八日，高丽派使者向隋朝投降，还将叛逃的斛斯政押还隋朝。炀帝相当高兴，终于在八月班师回朝。

隋炀帝三次大动干戈东征高丽，只是想要高丽王高元来朝见他，行臣子的礼节。可是最后高元终究没有到隋朝，而隋朝在炀帝只求满足自己欲望不顾国家百姓的情况下，早已将开皇之治时累积的财富损耗殆尽。百姓们为求生存纷纷造反，隋朝的末日渐渐逼近了。

隋朝即将瓦解：群雄角逐天下，李渊直捣京师

南北方统一后，神州大地好不容易获得近二十年的和平，可惜到隋炀帝大业晚年时战乱再起，几乎弥漫全国。

大约从大业六年（610）之后，隋朝开始有零星盗贼出现；大业七年（611）炀

大　事	帝王年号	朝代	公元 单位：年
张镇周、陈稜率兵自义安（广东潮州）出海至流求，以万余人回。	大业六年	隋	610
炀帝再次游江都。			
炀帝想要东巡会稽，下令开凿江南河，自京口至余杭，通长江与钱塘江水系。			
炀帝集结兵力至涿郡，准备东征高丽。	大业七年		611
水旱灾荒，天下骚动，百姓困顿，山东、河北、河南各地有民变。			
隋军自涿郡出发攻高丽，二十四军，号称两百万。	大业八年		612
炀帝渡辽水（辽河），围辽东城（辽宁辽阳）。			
宇文述等渡鸭绿江，近平壤，不利而返。之后宇文述等至辽东城下，损兵三十多万。炀帝下诏退兵。			
大旱，暴发疫情，太行山以东尤其严重。			

公元	朝代	帝王年号	大　事
单位：年	隋		
613		大业九年	炀帝再集结兵力至涿郡，并募民为"骁果"。
			炀帝再渡辽水击高丽，诸将攻辽东城，宇文述进平壤。
			礼部尚书杨玄感（杨素之子）起兵反隋，进攻东都，不克。炀帝闻讯，罢征高丽，退兵而还。
			杨玄感解洛阳围，攻弘农不克，败死。反隋义师续起。
614		大业十年	第三次征兵攻打高丽。
			炀帝前往涿郡，沿路士兵多逃亡，无法禁止。将军来护儿从登（山东蓬莱）、莱（山东掖县）渡海至卑沙城（大连东北），破高丽兵。高丽王高元遣使求和，隋炀帝借机罢兵。
			扶风唐弼称王，以李弘芝为帝。
			延安刘迦论自称皇王。
			离石胡刘苗王自称天子。

帝首次东征高丽前夕，征召大军和运输人员，这些人当中有些受不了的，就偷偷逃走变成强盗，炀帝下令追捕而且可以当场斩杀。

大业八年（612）东征高丽失败，而后方又发生大旱灾，流行性传染病盛行；太行山以东一带的灾情尤其严重，许多百姓死亡。可是炀帝却在这年秘密下诏江淮以南的地方郡县，每年都要寻找资质端庄、美丽的未成年少女送入后宫。身陷苦难的老百姓和穷奢极欲的炀帝个人，形成强烈的对比。

大业九年（613），当炀帝满脑子只想着东征高丽的时候，百姓们为求生存只好沦落成盗匪或者起兵造反，叛乱风潮一发不可收拾。礼部尚书杨玄感的反叛虽然很快就被平定，但他是炀帝亲信杨素之子，又是朝廷官员，连朝廷命官都带头造反，对隋朝的震撼不可谓不大。原本一些地方叛乱者多为乌合之众、盗匪，可是经过数年发展后，称王称帝的人越来越多。群雄并起、各据一方的情况逐渐成形。

大业十一年（615），炀帝前往北方边界巡视，遭突厥始毕可汗亲率数十万大军突袭；炀帝匆匆躲到雁门（今山西省境内），突厥军包围雁门约一个月后才离去。脱险后的炀帝不再回到京师，而是先去东都洛阳，次年再往江都，从此留在当地不再北返。

大业十三年（617）五月，太原留守李渊起兵，并在十一月攻入京师。几天后，李渊拥立炀帝的孙子代王杨侑(yòu)为帝，是为隋恭帝，改元义宁。恭帝（代王）遥尊他的祖父炀帝为太上皇，至于李渊则成为大丞相、唐王，掌握实际权力。隋朝朝廷一分为二。

当隋末群雄极力扩大地盘，甚至相互争夺的时候，李渊则从太原起兵，以京师为目标、根据地，显露出他想取代隋朝的念头。

隋朝走向末路：隋炀帝在江都被弑杀

隋炀帝大业十二年（616）七月，炀帝从东都启程前往江都，并命令越王杨侗、太府卿元文都等人留守。有个担任奉信郎的小官崔民象认为盗贼充斥各地，所以在建国门向炀帝报告，此时不适合前往外地。炀帝听到大为震怒，下令砍了他的头，再继续前进。过了几天，一行人到了汜水（今河南省境内，黄河支流之一），又有一个奉信郎王爱仁以盗贼的声势越来越大为由，劝请炀帝回到京师（大兴），炀帝十分生气，也把他的头给砍掉，再继续南下的行程。

从炀帝启程前往江都开始，大约一年半的时间里，就有林士弘、杜伏威、窦建德、徐圆朗、梁师都、刘武周、李密、翟让、薛举、李轨、元宝藏、李文相、杨世洛、萧铣、董景珍、甄宝车等数十人兴兵作乱或背叛隋朝。这还不包括三四年前已经反叛隋朝的势力，以及从太原起兵的李渊。他们各据一方，有的只是打家劫舍，有的则想吞并天下。隋朝朝廷的号令已经无法有效地通行全国，而隋军和这

大　事	帝王年号	朝代	公元 单位：年
		隋	
上谷王须拔自称"漫天王"；魏刀儿自称"历山飞"，各自有众十余万人。 隋任李渊为山西、河东抚慰大使，镇压反隋起义军。 炀帝北巡，到雁门（山西代县），遭突厥始毕可汗所围。援军抵达后，始毕可汗解围而去。 炀帝诏江南再造龙舟，且较之前更加壮丽。	大业十一年		615
炀帝在毗陵（江苏常州）建造宫苑，较东都西苑更为奇丽。 炀帝再次前往江都，命子越王侗留守东都。 隋以李渊为太原留守。 林士弘自称皇帝，国号楚。	大业十二年		616

公元 单位：年	朝代	帝王年号	大 事
617	隋	**炀帝** 大业十三年 恭帝（代王） 义宁元年	杜伏威败隋陈稜军，自称总管。 窦建德称长乐王。 徐圆朗据琅邪（山东临沂）以西，北至东平（山东郓城）。 梁师都称梁帝。 刘武周自称天子，国号定扬。 瓦岗军李密、翟让攻陷兴洛仓，开仓济民。翟让推李密为首，称魏公。 郭子和称永乐王。 薛举称秦帝。 李轨称河西大凉王。 萧铣称梁王。 太原留守李渊与子李世民等人起兵反隋，并求助于突厥，引兵西进。 李渊攻入京师，与民约法十二条，废除隋朝苛禁，并拥立代王杨侑，是为恭帝，遥尊炀帝为太上皇。 李渊成为大丞相、唐王，掌握朝政。

些势力作战互有胜败，也不再具有压制的力量与优势。

大业十三年（617）九月，炀帝寻求江都当地百姓的女儿和寡妇，将她们许配给远离家庭、与炀帝一起到江都的将士们；到了十一月，又下令在丹阳郡（约今南京市一带）建筑宫殿，似乎显示炀帝已有长留江都，不想北返的打算。

大业十四年（恭帝〔代王〕义宁二年〔618〕）三月，炀帝身边的右屯卫将军宇文化及、武贲郎将司马德戡、监门直阁裴虔通、将作少监宇文智及等众多文武官员也背叛了炀帝。他们带着军队进犯后宫，炀帝在温室遭到弑杀，时年五十岁。萧皇后命令宫女除去床上的竹席后当成棺材草草埋葬，后来宇文化及又将棺木挖出来；右御卫将军陈稜将它放置在成象殿，重新举行葬礼。之后炀帝被葬于吴公台，唐朝平定江南后再改葬到雷塘（均在江都附近）。

隋炀帝的一生落幕了，隋朝的国运也随他之死而成为风中残烛，即将到达熄灭的时刻。

李渊建立唐朝与隋朝的最后挣扎：唐高祖，起义师；除隋乱，创国基

宇文化及等人弑杀隋炀帝后，改立他的侄儿秦王杨浩为帝。接着他们离开江都想要回到北方。由于宇文化及的行事作风和炀帝相差不多，原本和他一起推翻炀帝的司马德戡等人想要再次发动政变，这次宇文化及可不能又让他们得逞，立刻将

他们全部杀害。

　　至于京师方面，在隋炀帝被杀十二天后，掌握京师朝政的唐王李渊，逐渐加速他的篡位过程。隋恭帝（代王）义宁二年（618）三月，李渊的地位被提升到在诸侯王之上；五月，李渊的车马服饰再被提升到和天子相当的等级；约半个月后，恭帝下诏退位。李渊正式称帝，改国号为唐，改年号为武德，是为唐高祖。隋恭帝（代王）的朝廷完全瓦解。

　　接着再看东都。当时炀帝的另一位孙子越王杨侗和金紫光禄大夫段达、太府卿元文都等人，一起留守东都。随着炀帝遇害、恭帝退位，元文都等人认为越王与炀帝的亲缘关系最近，因此他们共同拥立越王称帝，是为隋恭帝（越王），改元皇泰。

　　当时恭帝（越王）朝廷里有段达、王世充、元文都、卢楚、皇甫无逸、郭文懿、赵长文等七人分居要职，可说是朝廷里的重臣，洛阳人称他们为"七贵"。

　　过没多久，宇文化及一行人已经到了彭城（约今江苏省徐州市一带）。恭帝感到害怕，派遣使者招抚拉拢另外一个以李密为首的割据势力。李密得到消息后向恭帝投降，恭帝非常高兴，随即任命李密为太尉、尚书令、魏国公，要他抵抗继续北上的宇文化及等人。

　　向东出兵的李密成功地打击了宇文化及的军队，使其实力日益衰弱。宇文化及知道自己终将失败，干脆就在魏县（约今河南省北部）毒杀了杨浩，过了做皇帝的干瘾。大约在四个多月后，就被隋末群雄

朝代	帝王年号	大　事	公元 单位：年
隋	炀帝 大业十四年 恭帝（代王） 义宁二年 恭帝（越王） 皇泰元年	炀帝见中原大乱，无心北返，因部属宇文化及等人作乱而被弑杀于江都。宇文化及改立炀帝侄儿秦王杨浩为帝，之后再行毒杀，篡位称帝，国号许。	618
唐	高祖 武德元年	隋恭帝（代王）退位；唐王李渊称帝，改国号为唐。立世子建成为皇太子，赵公世民为秦王，齐公元吉为齐王。	
		多位隋东都（洛阳）留守官共同拥立越王杨侗为帝，是为隋恭帝（越王）。沈法兴自称江南道大总管。	
		梁萧铣即皇帝位。	
		唐封李轨为凉王，之后李轨即皇帝位。	
		隋恭帝（越王）封杜伏威为楚王。	
		朱粲自称楚帝。	
		窦建德改国号夏。	
		高开道自称燕王。	

公元 单位：年	朝代	帝王年号	大　事
619	隋 唐	恭帝（越王） 皇泰二年 高祖 武德二年	隋恭帝（越王）命王世充为相国，进爵郑王，加九锡。 王世充在洛阳称帝，国号郑。 隋恭帝（越王）遭王世充逼迫退位，隋亡。 唐封徐圆朗为鲁国公。 沈法兴称梁王。 李子通即皇帝位，国号吴。

之一的窦建德所杀。

此时隋朝的朝廷在东都苟延残喘，唐朝虽已开国，但也只能算是众多逐鹿中原、争夺天下的群雄之一，形势依然混沌不明……

隋朝灭亡：群雄并起竞逐天下

隋恭帝（越王）虽然靠着李密的阻挡，没让宇文化及往东都的方向逼近，可是外患易解，内忧难防。"七贵"之间的关系相当不合，有偷偷想要打倒对方的打算。不久元文都、卢楚、郭文懿、赵长文四人被王世充所杀，皇甫无逸逃到长安，段达则选择投向王世充的阵营。从此王世充的声势逐渐增长，而恭帝的权力则相对趋于衰弱。

后来王世充与李密相争获胜，越来越多人转而拥护他，于是他立自己为郑王以独揽朝政，恭帝也没有办法制止。接着大臣段达、云定兴等十人晋见恭帝，嘴上说请恭帝效法尧、舜禅让的故事，将帝位传给王世充，这等于逼恭帝退位，因此恭帝非常生气。他指责这些人在隋朝朝廷做官，怎么会突然说出这种话？

只是恭帝气愤之余，脸上却也流露出恐惧的表情，身旁的侍卫在这样的气氛下，没有一个不紧张到流汗的。后来恭帝退朝看到母亲刘太后，只能对着她哭泣，一点反制的办法也没有。王世充再换人向恭帝传话，表示当今四海之内并不太平，需要有年长的君主领导（恭帝当时只有十多岁），等到天下安定后，一定拥护恭帝恢复帝位。恭帝迫不得已，只得在皇泰二年（619）四月下诏退位，隋朝至此灭亡。

　　隋朝虽然亡了，可是群雄割据的局面依然存在。除了唐（高祖）李渊（年号武德）外，还有（楚、吴）李子通（年号明政）、（楚）朱粲（年号昌达）、（楚）林士弘（年号太平）、长乐王窦建德（年号五凤）、（梁）梁师都（年号永隆）、（定扬）刘武周（年号天兴）、（凉）李轨（年号安乐）、（梁）萧铣（年号凤鸣）、（郑）王世充（年号开明）、梁王沈法兴（年号延康）自立称帝称王，以及像孟海公、王薄、杜伏威、徐圆朗、燕王高开道等许多较小的势力各据一方。虽然这段时间豪杰争霸的故事成为后来小说戏曲、诗词歌赋的材料来源，让不少人津津乐道，但当时造成生灵涂炭、百姓流离失所的状况也是事实。想要再次恢复和平富庶、人民安居乐业的繁荣景象，还有一段漫漫长路要走。

公元	朝代	帝王年号	大 事
单位：年

唐朝

李渊其实深受隋朝重用，若不是隋炀帝过于奢华无度、败坏朝纲，李渊不见得会起兵造反。李渊称帝建国号唐，封长子建成为太子。然而，次子世民南征北讨，为大唐扫荡群雄，军功斐然，撼动了建成的太子地位。一场"玄武门之变"，李世民杀了自己的兄弟，登上帝位，是为唐太宗。

李世民是个懂得用人、励精图治且从谏如流的好皇帝，开创出"贞观之治"，贞观年间社会有序，经济稳定发展。唐高宗继位后，皇后武则天干政，最后直接改国号为"周"，成为中国历史上唯一的女皇帝。武则天的统治成果，史家咸认为有延续"贞观之治"的成果，甚至更为辉煌。众臣在武则天晚年趁机迎回李唐政权，才有唐玄宗李隆基的治功，唐朝进入全盛时期，史称"开元盛世"。然而，唐玄宗改元天宝之后，好景不再，长达八年的内战"安史之乱"，是唐朝由盛转衰的分水岭；朝廷有宦官专权、牛李党争，地方则有藩镇割据，两者都是大唐挥之不去的梦魇。

唐代宦官掌权到有能力拥立皇帝，特别是唐代宗的"甘露之变"，原本打算要伏杀宦官，结果不仅无法铲平宦官的势力，还使得宦官们更加团结。后继者唐懿宗、唐僖宗时，社会问题更加严重，但皇帝仍然耽溺游乐，使政局更加恶化，终于爆发遍及半壁江山的"黄巢之乱"，导致唐朝国力严重衰退。宦官与藩镇之间也爆发激烈的斗争，最后由在黄巢之乱屡得战功的朱全忠，获得最后胜利，但是他几乎杀死全部的宦官，篡夺唐哀帝的帝位，大唐王朝就此结束。

大唐盛世的基础在于耕种工具的改良，以及对农田水利的重视，特别在淮河以南的开发，粮食产量不仅大幅增加，淮南地区还成为当时很重要的粮食区。农业发展也带动商品经济，加诸海道的畅通，唐代的海外贸易相当兴盛，官府还特别设置"市舶司"来管理。唐朝文学成就以诗歌最为发达，另有古典小说形式的"传奇"、说唱形式的"变文"，并且兴起古文运动，以韩愈、柳宗元为首，主张"文以载道"。

唐朝的国祚自公元 618 年至 907 年，起自唐高祖李渊，终于唐哀帝李柷。唐高祖定都长安，武则天时期曾一度迁至洛阳，唐中宗复辟后还都长安。

公元	朝代	帝王年号	大　事
618	隋	炀帝 大业十四年 恭帝（代王） 义宁二年 恭帝（越王） 皇泰元年	炀帝见中原大乱，无心北返，因部属宇文化及等人作乱而被弑杀于江都。宇文化及改立炀帝侄儿秦王杨浩为帝，之后再行毒杀，篡位称帝，国号许。
	唐	高祖 武德元年	隋恭帝（代王）退位；唐王李渊称帝，改国号为唐。立世子建成为皇太子，赵公世民为秦王，齐公元吉为齐王。 多位隋东都（洛阳）留守官共同拥立越王杨侗为帝，是为隋恭帝（越王）。 沈法兴自称江南道大总管。 梁萧铣即皇帝位。 唐封李轨为凉王，之后李轨即皇帝位。 隋恭帝（越王）封杜伏威为楚王。 朱粲自称楚帝。 窦建德改国号夏。 高开道自称燕王。

唐朝统一天下：在隋末群雄的竞争中脱颖而出

唐朝在各地群雄相互竞逐的局面中先定都长安、立足关中，再开始向外争霸，希望实现一统全国的目标。

唐高祖武德二年（619），当隋朝遭王世充灭亡后没多久，据有河西一带的凉帝李轨被部属活捉并向唐朝投降，唐朝取得约相当于现在甘肃省一带的土地。而此时正是东方的定扬帝刘武周进攻并州（大约今山西省境内）的时候，武周连连击败唐军；当时身为并州总管的唐高祖四子齐王元吉，却因为武周的军队进逼感到害怕，弃城逃回长安。

唐高祖见齐王等人无法抵抗，改派次子秦王世民出击。经过数个月的战斗，秦王终于在武德三年（620）击败刘武周，武周逃往突厥。武周任命的并州总管尉迟敬德投降，后来为秦王所重用。

没过多久，高祖又要秦王讨伐郑帝王世充。武德四年（621），王世充渐渐抵挡不住秦王的攻击，请夏王窦建德派兵救援。没想到秦王大破窦建德的军队还生擒建德，王世充见大势已去也随后投降；唐朝取得东都洛阳以及黄河南北一带的土地，基础更加稳固。

随后原窦建德的部将刘黑闼再起兵，北方情势又告急，但南方却传来好消息，宗室赵郡王李孝恭平定荆州，俘获梁帝萧铣。唐朝开始向南方拓展。

为了迎击刘黑闼，高祖命令秦王和齐王出兵。武德五年（622），刘黑闼自称汉东王，不久被秦王击败逃到突厥。原本以为战事已经结束，可是黑闼又带着突厥的军队进攻唐朝，高祖先后派齐王、太子出征，才终于斩杀黑闼，平定了太行山以东的地区。

武德六年（623），辅公祏(shí)在东南一带反叛，自称宋王；高祖派赵郡王和永康县公李靖出兵征讨，在次年擒获辅公祏。隋末群雄到此只剩下梁帝梁师都倚靠突厥为后援，与唐朝对峙。随着突厥政局不稳，到了唐太宗时，派遣使者要梁师都投降，师都不肯；之后唐太宗改采反间计削弱师都的力量，再于贞观二年（628）出兵征讨。梁师都的亲戚梁洛仁见情势不利就杀了梁师都，向唐朝投降。

经过高祖、太宗两代的努力后，唐朝终于取得最后的胜利，进入"贞观之治"的盛世。

玄武门之变（上）：谁能或够资格继承皇位

唐高祖在位期间，对内逐步建设国家，对外派兵与隋末群雄力战，逐渐取得掌握天下的优势。然而唐高祖却也要面对他的隐忧，就是诸子之间的斗争。

唐高祖有二十二个儿子，其中元配正妻窦氏生四个儿子，分别是长子建成、次子世民、三子玄霸、四子元吉，其中玄霸在唐朝还没建国前就死了。唐朝开国后高祖封建成为皇太子、世民为秦王、元吉为齐王。

武德年间，秦王接连击败刘武周、窦建德、王世充等强敌，使唐朝疆域不

大事	帝王年号	朝代	公元（单位：年）
隋恭帝（越王）命王世充为相国，进爵郑王，加九锡。	恭帝（越王）皇泰二年	隋	619
王世充在洛阳称帝，国号郑。	高祖 武德二年	唐	
隋恭帝（越王）遭王世充逼迫退位，隋亡。			
唐高祖下令国子学立周公、孔子庙，依照四时节令祭祀，并广求其后人。			
凉安兴贵捉住李轨向唐投降；唐杀李轨。			
刘武周派宋金刚攻唐并州，屡败唐军。			
秦王世民渡河屯兵，与宋金刚相持。			
唐封徐圆朗为鲁国公。			
沈法兴称梁王。			
李子通即皇帝位，国号吴。			

朝代	帝王年号	大　事
唐		
	武德三年	被长乐王窦建德所俘虏的左武侯大将军李世勣（徐世勣、李勣）脱逃归国。窦建德改称自己为夏王（五凤三年）。 秦王李世民在介州大破定扬帝刘武周手下大将宋金刚，刘武周（天兴四年）和宋金刚逃往突厥，唐朝收复并州。 唐高祖命秦王率军讨伐郑帝王世充（开明二年），又派皇太子李建成镇守蒲州，以防备突厥。不久传来刘武周被突厥所杀的消息。 自称燕王的高开道派使者向唐朝投降；唐高祖授予蔚州总管的职务，封他为北平郡王，还赐姓李氏。 颉利可汗继位统治东突厥。

（公元 单位：年　620）

断扩大。相较之下，太子和齐王是在击败刘黑闼和防备突厥上有所贡献，战功明显少于秦王。这让他们觉得受到威胁，于是和后宫嫔妃联合起来对抗秦王。双方私下争斗不断。

到了武德九年（626年），突厥再度侵犯边境，高祖下诏由齐王率兵抵抗。大军交由齐王指挥，太子建议要秦王府内猛将秦叔宝、尉迟敬德（尉迟恭）等人与秦王的部分军队同行出征。另外还用计想让秦王的部属房玄龄、杜如晦离开秦王，又试图结交庐江王李瑗、尉迟敬德、段志玄等文武大臣。这些都是企图削弱秦王，增强太子方面实力的举动。

在长孙无忌、房玄龄、杜如晦、尉迟敬德、侯君集等人的不断劝说下，秦王终于决定要先发制人。包括上述五人在内，秦王再召集刘师立、高士廉等人，一同秘密筹划攻击太子与齐王的计划。秦王在行动前，曾请算命师算算此次非常作为能否成功。刚好王府幕僚张公谨走进屋内，看到这般景象，立刻将占卜用的龟甲丢到地上；劝说秦王不需要怀疑犹豫，没有占卜的必要。秦王听完觉得很有道理。

六月初三日，秦王向高祖密奏太子和齐王淫乱后宫之事，还说自己丝毫没有辜负兄弟之情，他们今天想要行凶，像是要为王世充、窦建德报仇似的。自己冤枉而死的话，不但是与君亲（指父皇高祖）永别，魂魄到了地下时，也耻于见到先前击败的诸贼（指王世充、窦建德等人）。高祖得知后感到吃惊，他告诉秦王："明天应该要好好审问一番，你也应当早点来参见。"

情势走到这里，紧张万分；兄弟多年争斗，摊牌在即……

玄武门之变（下）：高祖之子建成、世民、元吉激战，决定了唐朝继位的领导者

唐高祖武德九年六月初四日，高祖宣召裴寂、萧瑀、陈叔达、封伦、宇文士及、窦诞、颜师古等大臣入宫，准备对秦王密奏皇太子与齐王淫乱后宫一事的真实性加以追究。

此时秦王以皇太子与齐王已计划谋害他，得要设法保护自己为理由，率领长孙无忌、尉迟敬德、房玄龄、杜如晦、高士廉、侯君集、程知节（程咬金）、秦叔宝（秦琼）、段志玄等文武兵将，抵达长安城太极宫玄武门。另一方面，太子和齐王到了临湖殿，发现情况有变，立刻掉转马头想要回到东宫。秦王发现了，立刻呼叫他们。齐王在马上拉满了弓连射三箭，都没射中秦王；秦王向太子射了一箭，太子随即应声落马身亡。尉迟敬德率领七十骑兵很快跟上，齐王骑着马向东逃跑，被骑兵发出的箭射中，坠下马来。齐王负伤逃走，想要进入武德殿，结果被赶上来的尉迟敬德射杀。

不久东宫与齐王王府的精兵共二千人进攻玄武门，但因守门部队抵抗而被拒于门外；随着交战时间越来越长，皇宫也被流窜的飞箭波及。直到秦王王府的数百骑兵赶到才打破僵局，在尉迟敬德向太子和齐王的兵马展示他们主子的人头后，

公元 单位：年	朝代	帝王年号	大　事
621	唐	武德四年	夏王窦建德（五凤四年）率兵救援郑帝王世充（开明三年），攻陷管州。
			秦王李世民在武牢大破窦建德军，窦建德被俘，唐朝平定黄河以北。在东都洛阳的郑帝王世充见大势已去，随即投降，黄河以南也被平定。
			唐朝废五铢钱，改行开元通宝钱。
			唐朝斩杀窦建德，流放王世充，王世充于雍州被仇人所杀。原窦建德部将刘黑闼再起兵。
			兖州总管徐圆朗举兵造反，以响应刘黑闼，自称鲁王。
			唐赵郡王李孝恭等攻萧铣，至江陵，萧铣败降，后被杀。
			秦王李世民被加号天策上将、陕东道大行台，地位在王公之上。
			吴帝李子通（明政七年）向唐朝投降。
			唐高祖命令秦王与齐王李元吉出兵讨伐刘黑闼。
			秦王世民网罗文学之士如杜如晦、房玄龄、虞世南、孔颖达等人，称"十八学士"。

朝代	帝王年号	大　事
唐		
	武德五年	刘黑闼自称汉东王（天造元年）。 秦王李世民在洺水击败刘黑闼，刘黑闼逃往突厥。 北平郡王高开道背叛唐朝。 刘黑闼引突厥军来犯。 东突厥颉利可汗接连侵犯雁门、朔州一带，唐高祖派遣皇太子李建成与秦王迎敌，击败颉利可汗。 唐高祖先后派齐王李元吉和皇太子讨伐刘黑闼。 皇太子于魏州大破刘黑闼军，刘黑闼被斩杀。 （西亚：阿拉伯半岛）穆罕默德与支持者为回避敌对贵族之加害，离开麦加前往麦地那。这次迁徙后来被伊斯兰教徒称为"圣迁"，并以公元622年7月16日为回历元年元旦。

单位：年　公元　622

东宫和齐王王府的兵马终于败退溃散。这就是历史上所称的"玄武门之变"，以太子建成与齐王元吉被杀，秦王世民获胜收场。

变乱结束后，高祖在武力威胁下，改立秦王为皇太子，将国家政务交给他处理，同时下诏大赦（赦免或减刑）天下罪犯。

之后高祖将帝位传给太子，自己成为太上皇；太子即位，就是后人耳熟能详的唐太宗。

唐太宗虽然是历史上的一代明君，发动玄武门之变不仅为了自保，还让自己登上事业的巅峰。可是因为他的帝位终究是在残杀手足兄弟后所得来的，不但使他的人生蒙上污点，也为后世打开恶例。唐代有些皇子当上太子后却不见得可以成为皇帝，恐怕都与玄武门之变打破皇位继承的制度与稳定性有关。这次政变对唐朝的影响算得上是很深远的。

贞观之治：唐朝的第一个太平盛世

唐太宗在位期间，隋末以来天下动荡的局面终于稳定下来，百姓们又恢复较安定的生活，因此有"贞观之治"之名。（有史家质疑为美化之举，因当时人口数远不及隋朝，唐太宗又多次发动对外战争，也给人民带来痛苦。）

要说贞观之治就不能不提唐太宗的个性与处理政事的方式，毕竟他是贞观之治的缔造者，他的意志与决定可以影响整个国家的运作。

王莽货币

王莽废除了汉武帝时代开始使用的五铢钱，以及他先前下令铸造的错刀、契刀，而改用称为"宝货"的金、银、龟、贝、钱、布等六种货币。因为"刘"字拆开就是"卯、金、刀"，新朝已经建立了，怎能留下汉朝刘姓的象征呢？

候风地动仪

候风地动仪是以质地相当好的铜金属铸成，直径有八尺，外形像一座尊（酒器），还有篆文、山龟、鸟兽的装饰纹路。所有精密的机械零件和装置奥秘都隐藏在尊里，外表是看不出来的。我们只能看到候风地动仪的主体有八条口中含着铜丸的龙分别面对八方，底下有八只张开嘴的蟾蜍准备承接铜丸。如果发生地震，尊会受到震动，龙口的铜丸便掉下来落入蟾蜍的嘴里，发出激昂高亢的振动声，于是知道发生了地震。虽然其中一条龙受到震动掉下铜丸，但其他七座龙首不受影响，从铜丸自何座龙首掉下就能得知发生地震的方向。

"亲晋胡王"铜印

北方外族势力借机坐大，纷纷立国称帝，是为"五胡乱华"，
更形成"五胡十六国"与晋朝对峙局面，最后发生"永嘉之
祸"，导致西晋灭亡。

唐　孙位绘《高逸图》（局部）。左为王戎，右为山涛，为"竹林七贤"中人

这是一个世族政治的时代，并通过"九品中正制"的官员选拔方法来维持门阀的既得利益。士大夫不愿卷入黑暗的政治斗争，对名节礼法鄙夷，这时的学术思想由经学转为玄学，清谈成为风尚。"清谈"是指士大夫不谈俗事、不谈民生，可以抛开现实、远离政治、畅谈空无，"竹林七贤"就是其中的代表。

云冈石窟佛像。位于北魏前期都城平城（今山西大同）

大明四年（460），魏开始在平城西武州塞凿云冈石窟，太和十八年（494）完成。

南京鸡鸣寺（即梁朝时同泰寺）

随着年龄增长，梁武帝越来越沉迷于佛教之中，常常发愿希望能代替众生承受种种苦难。他不但在同泰寺讲经说法，后来还曾舍身出家，百官捐了一亿万钱才将他赎回朝廷。武帝对佛教的态度已影响到他对政事的判断。

隋文帝像

由于隋文帝埋首建设，不但在当时厚植隋朝国力，还能造福后代，"开皇之治"的美称的确是名副其实。

隋炀帝游幸江都图

炀帝的龙舟仿佛水上宫殿，而陪同的文武百官在五品以上的乘坐楼船（多层还绘有纹饰的大船），九品以上的则乘坐另一种称为黄蔑的船。数万艘船下水航行，全长绵延二百多里，所到之处还要准备粮食，吃不完的只好就地掩埋，非常浪费。

《大秦景教流行中国碑》（拓片）

景教碑记载：唐太宗贞观九年（635），来自大秦国的上德阿罗本带着经典抵达长安，太宗派宰臣（尚书左仆射）房玄龄在长安城外西郊迎接。阿罗本到了皇宫，除翻译经典外，对于太宗询问相关宗教问题也一一回答。太宗觉得景教信仰不是什么旁门左道，于是在贞观十二年（638）秋七月下诏，在京城义宁坊建造大秦寺。景教开始在唐朝境内传播。

唐　张萱绘《虢国夫人游春图》（摹本）

天宝四载（745），唐玄宗终于册立杨玉环为贵妃。之后杨贵妃的亲属也靠着这层裙带关系，逐渐在朝廷内外取得权势；像贵妃的姊姊分别被封为韩国、虢国和秦国夫人，外戚杨钊得以在朝任官，还被玄宗赐名为杨国忠。

后周世宗像

后周世宗是五代难得一见的贤明皇帝，他努力拓展疆土，留心政事，赏罚分明，可惜英年早逝，心中怀抱的远大志向无法实现。由于继位的恭帝年仅七岁，后周的命运也迅速地走到关键的转捩点……

五代　顾闳中绘　明人摹《韩熙载夜宴图》（局部）。此图真实描绘了南唐中书侍郎韩熙载夜宴宾客的情景

十国当中，最为大家熟知的应该是南唐，而南唐的立国脱胎于它的前身——吴国。吴王杨渭的称帝（吴惠帝）其实是受到权臣徐温的影响。徐温在后唐明宗天成二年（吴王杨溥顺义七年〔927〕）过世，权力由养子徐知诰继承。他在后晋高祖天福二年（吴睿帝杨溥天祚三年〔937〕）逼迫杨溥退位，改国号为齐。次年恢复本名为李昪，再改国号为唐。南唐就这样诞生了。

太宗是位能够体恤百姓的皇帝。话说贞观元年（627）夏天，太行山以东各地发生旱灾，太宗下令当地官员要救济抚恤百姓，至于当年应该要缴交的税和田租则全部免除。可是到了秋天，相当于今天河南省、山东省、甘肃省一带又发生霜害，使农作物受到损伤。在谷物歉收的状况下，关中（约今陕西省境内）地区发生饥荒，严重到部分家庭必须卖掉小孩才能生存的地步。太宗于贞观二年（628）拿出皇宫御藏的金银财宝，将被卖掉的小孩赎回来，还给他们的父母重建家庭；又下诏地方官员要埋葬曝尸荒野的骸骨，各地州县都要设置义仓（储备粮食的公有仓库）以备日后不时之需。

太宗是位重视历史教训的皇帝。太宗出生于隋文帝开皇十八年（599），所以隋朝的盛衰都看在太宗的眼里，也成为他施政时的借镜。此外太宗在位期间下令修撰南朝梁、陈、北朝齐、周及隋朝的历史，之后又重修晋朝的历史，这些史书都被列入现今正史之列。

太宗是位有雅量接纳建言并修正自身行为的皇帝。说到敢冒犯太宗的大臣，当然首推魏徵。魏徵劝谏太宗的故事很多，可是对太宗、对后世有什么样的影响和启示？这在魏徵过世后，太宗对朝臣发表的感想里能得到最简洁有力的答案。太宗说："夫以铜为镜，可以正衣冠；以古为镜，可以知兴替；以人为镜，可以明得失。"站在镜子前才能调整自身衣着，让穿戴更整洁；看着历史的记载才能知道历朝历代的治乱兴衰，以记取其中教训；

大　事	帝王年号	朝代	公元 单位：年
东突厥颉利可汗侵犯朔州，唐高祖派遣皇太子李建成与秦王李世民率军驻守并州防备。	武德六年	唐	623
东南道行台仆射辅公祏在丹阳造反，自称宋王（天明元年）；唐高祖派遣赵郡王李孝恭及永康县公李靖出兵讨伐。			
东突厥退兵，皇太子班师回朝。高开道引突厥军进犯幽州。			
唐高祖封高丽王高武为辽东郡王、百济王扶余璋为带方郡王、新罗王金真平为乐浪郡王。	武德七年		624
高开道被部下张金树所杀，张金树向唐朝投降。			
唐高祖亲自到国子学释奠（祭孔）。			
赵郡王李孝恭擒获宋王辅公祏（天明二年），平定丹阳。			
唐高祖颁行新律令，开始施行租庸调法。			
李世勣讨平徐圆朗。			
突厥进犯并州，京师一度戒严。			
唐高祖前往终南山，亲临老子庙。			

公元 单位：年	朝代	帝王年号	大　事
625	唐	武德八年	突厥进犯定州。 唐高祖命皇太子李建成前往幽州、秦王李世民前往并州，分别率军防备突厥。
626		武德九年	唐高祖次子秦王李世民发动"玄武门之变"，之后继位为帝，是为唐太宗。 立妃长孙氏为皇后。 东突厥颉利可汗来犯，派手下执失思力观察唐朝虚实，被太宗囚禁。太宗随后出玄武门至渭水，责备颉利可汗违背誓约；唐军随后列阵，颉利可汗向唐太宗请和。 唐太宗亲自于显德殿练兵。 立中山王李承乾为皇太子。
627		太宗 贞观元年	唐太宗改年号为贞观，后世对他在位时期赋予"贞观之治"的美名。 太行山以东大旱，太宗下令地方官员救济百姓。 玄奘法师西行求经（另一说在贞观三年）。

在与人相处的过程中才能知道自己的行为适不适当，更了解自身性格上的优缺点并且加以改善。

唐太宗具备这些领导国家的特质，加上房玄龄、杜如晦、长孙无忌、魏徵等贤臣辅佐，终能创造贞观之治的富强局面。

捉东突厥颉利可汗到长安：唐朝声威扩大至疆域之外

突厥是南北朝后期、隋朝以至唐朝前期所面对的北方强大外族。突厥原本是为柔然打铁的工人，大约是在北朝分裂的时代兴起，逐渐取代了柔然的地位。

在北朝齐、周长年对峙的情况下，双方都希望能与突厥结盟，以免再增加另一个边患。突厥深知齐、周两朝不能忽视他们的这项弱点，于是摇摆在两国之间，趁机获取财物、婚姻等方面的利益。

随着北周灭北齐、隋篡北周，突厥尝到的甜头变少，与隋朝时和时战。隋文帝又施以离间计，使突厥大约在开皇三年（583）时一分为二。之后双方关系渐趋平稳，直到隋炀帝大业十一年（615），炀帝遭到始毕可汗突袭，之后脱险才中断彼此往来。

隋末乱起，包括薛举、窦建德、王世充、刘武周、梁师都、高开道等群雄虽然自立称帝，却也向东突厥称臣交好。连李渊刚起兵时也曾请东突厥出兵响应。

唐高祖武德三年（620），颉利可汗继位统治东突厥，之后几乎年年出兵进犯。唐太宗即位后颉利又来攻，太宗先率少数随从抵达渭水边指责颉利入侵，稍后再让唐军列阵。颉利见唐朝军容壮盛，于是退兵请和。

贞观三年（629），太宗得知东突厥内部不和，天灾不断，于是以双方订有和约，东突厥却帮梁师都对抗唐朝为理由，命令李世勣和李靖进兵东突厥。

贞观四年（630）春正月，李靖大破东突厥，还发现移居到突厥境内的隋炀帝皇后萧氏及炀帝的孙子杨正道，就将他们送回京师。李靖又在阴山再破东突厥；颉利可汗被唐将张宝相擒获。

之后，太宗亲临顺天门，将士们把颉利可汗当做战利品献给皇帝。从此西北各国的国君们，一起尊称唐朝皇帝为"天可汗"，而唐朝皇帝发玺书册封新的各国国君时，也会同时使用"大唐皇帝"与"天可汗"的名称。"唐"这个字开始威播海外，慢慢地与"华夏"、"汉"等字词齐名，成为外国称呼中国与中国人的代名词。

景教在唐朝：唐太宗允许，开始传布

唐太宗即位后，对内先统一天下，对外再建立国威，与各国间的交通往来慢慢恢复，文化交流亦渐渐频繁起来。其中有一种来自域外的宗教大约也在这个时候传入，它被称为"景教"。

景教是基督宗教中的聂斯托留派（Nestorian），由于后代史书中几乎很少提及景教，因此人们对于景教的认识大多是从著名史料"大秦景教流行中国碑"的内容中着手的。

景教碑记载着：唐太宗贞观九年

大　事	帝王年号	朝代	公元 单位：年
因关中饥荒，民多卖子，太宗出御府金银财宝赎回，还其父母。 隋末群雄中最后一支由梁师都领导的势力被唐朝所灭，唐朝统一天下。	贞观二年	唐	628
地方各州设置医学。 唐太宗以并州都督李世勣为通汉道行军总管、兵部尚书李靖为定襄道行军总管，出兵攻打东突厥。	贞观三年		629
唐军擒获东突厥颉利可汗，西北各国君长得知后，齐上唐朝皇帝尊号为"天可汗"。 唐太宗于此年下诏地方州、县学都要建立孔子庙。 （西亚：阿拉伯半岛）麦加方面向穆罕默德投降（回历九年）。伊斯兰教逐渐向阿拉伯半岛各地扩展。	贞观四年		630
唐太宗派遣使者破坏当年高丽战胜隋朝后，将战死的隋军士兵遗体聚集起来所堆成的"京观"（高冢），并且将战死的士兵骸骨带回中原，加以祭拜安葬。	贞观五年		631

公元 单位：年	朝代	帝王年号	大　事
632	唐	贞观六年	初次设置律学。
			唐太宗亲自审问囚犯，让被判处死刑的三百余名罪犯回到家中，约定明年秋末时回来行刑。没想到期限到时，没有囚犯逃跑，太宗下诏赦免他们全部人的死刑。
			（西亚：阿拉伯半岛）伊斯兰教先知穆罕默德去世（回历十一年）。他在世时宣扬伊斯兰教，信奉唯一真主安拉（阿拉）。伊斯兰教以《古兰经》（《可兰经》）为经典，教徒又称为穆斯林（意指归顺者）。他过世后，伊斯兰教及当地政治进入"正统哈里发时代"。
633		贞观七年	唐太宗将直太史、将仕郎李淳风铸造之浑天黄道仪，放置于凝晖阁。
			唐太宗颁布新校定之五经。
634		贞观八年	唐太宗命特进李靖、兵部尚书侯君集、刑部尚书任城王李道宗、凉州都督李大亮等人为大总管，分别率军征讨吐谷浑。

（635），来自大秦国的上德阿罗本带着经典抵达长安，太宗派宰臣（尚书左仆射）房玄龄在长安城外西郊迎接。阿罗本到了皇宫，除翻译经典外，对于太宗询问相关宗教问题也一一回答。太宗觉得景教信仰不是什么旁门左道，于是在贞观十二年（638）秋七月下诏，在京城义宁坊建造大秦寺。景教开始在唐朝境内传播。

虽然景教在唐朝曾经盛行过一阵子，可是为什么后来却显得默默无闻，好像没有发生过？关于景教没落的原因，一般相信是和唐武宗的灭佛运动（开始于会昌五年〔845〕）有关。

历史上曾经有三次灭佛运动，分别发生于北朝魏太武帝、北朝周武帝、唐武宗在位的时候；由于三位皇帝过世后的谥号或庙号尊称都有"武"字，所以被称为"三武之祸"。如果再加上日后五代十国时期后周世宗的灭佛，则被称为"三武一宗之祸"。由于唐武宗的年号是会昌，所以这时的灭佛运动又称为"会昌法难"。武宗下令裁并寺院、僧侣还俗，而且波及祆（xiān）教、摩尼教等其他外国宗教。对于渊源来自国外，当时又采用佛教用语以让百姓们了解，进而加入信仰的景教与教徒来说，想要置身事外是相当困难的。虽然武宗之后的宣宗停止灭佛运动，但景教已经趋向衰落，不复唐朝前期、中期时的盛况。

虽然从唐朝人的角度看来，景教的传入或许不是一件很特别的事，但在现代人的眼光中，除非有更早的文献史料出现，不然这是目前已知中华文化与基督教间最早的接触纪录。至于中华文化再次与基督教有所来往的时间是在元朝，而这又是另外一个故事了。

玄奘法师的西行取经壮举：佛教在中国的传布再开新页

相信每个人小时候都听过《西游记》的故事，西行取经的唐僧师徒四人一路上遭遇许多困难；几乎每个妖怪都想吃唐三藏的肉来增强自己的法力，但唐僧师徒四人还是一一克服各种艰险。虽然《西游记》是虚构的故事，但唐僧则确有其人，他就是唐代初年的玄奘法师。

玄奘法师俗名陈祎。他在隋炀帝大业末年出家，对佛教的经论有广泛的涉猎；他认为当时流传的佛经里有很多翻译错误的地方，所以想要前往西域寻找佛经中的不同版本参照检验一番。于是法师在唐太宗贞观初年，跟随商人的队伍往西域出发。玄奘法师的辩才无碍，所到之处必定要与当地人辩论佛理，无论是哪一国的人士都对玄奘法师的学识为人感到佩服。

唐太宗贞观十年（636），玄奘法师抵达（中）天竺国（汉朝时称身毒，即今天之印度，佛教的发源地）。玄奘法师游历西域长达十七年，之后将这段时间对于各国山川形势、风土民情等所见所闻记录下来，这就是十二卷《大唐西域记》的成书由来。

后来玄奘法师携带梵文本的佛教经论六百五十七部启程回国，贞观十九年（645）正月回到京师长安。唐太宗亲自

大　事	帝王年号	朝代	公元 单位：年
景教（基督教之聂斯托留派）教士阿罗本抵达长安。	贞观九年	唐	635
尚书左仆射房玄龄、侍中魏徵将已写成之梁、陈、齐、周、隋五代史（即姚察与姚思廉父子之《梁书》和《陈书》、李德林与李百药父子之《北齐书》、令狐德棻之《周书》、魏徵等人合著之《隋书》等五部正史）进呈给唐太宗，太宗下诏典藏于秘阁。皇后长孙氏在立政殿过世。	贞观十年		636
唐太宗颁布新律令。对房玄龄等人呈献所撰写之五礼，下诏相关官员采用施行。	贞观十一年		637
吏部尚书高士廉等人呈献《氏族志》一百三十卷给唐太宗。唐太宗下诏在京城义宁坊建造大秦寺。	贞观十二年		638

	朝代	帝王年号	大　事
公元639	唐	贞观十三年	唐太宗以吏部尚书、陈国公侯君集为交河道行军大总管，率领唐军西伐高昌。 唐太宗下诏于洛、相、幽、徐、齐、并、秦、蒲等州都要设置常平仓以储备粮食。
640		贞观十四年	交河道行军大总管侯君集征服高昌，建置西州，并于九月时于西州设置安西都护府。 吐蕃派遣使者献上黄金器物千斤作为礼物，向唐朝求婚。
641		贞观十五年	吐蕃派遣其国相禄东赞前来迎接唐朝公主前往该国，由江夏王李道宗护送文成公主远嫁吐蕃。
642		贞观十六年	唐太宗下诏改封哥哥前故皇太子李建成为隐太子、弟弟前故海陵剌王李元吉为巢剌王。 高丽渊盖苏文杀其王高建武，立其侄高藏为王，自为莫离支，专国政。

单位：年

召见，还安排他在弘福寺进行译经工作，又要右仆射房玄龄、太子左庶子许敬宗广为召集精通佛理的僧侣五十余人，帮助其整理文献。

当唐高宗李治还是皇太子的时候，为了要替已过世的母亲文德皇后长孙氏祈福，而建造慈恩寺及翻经院，并送法师与其他高僧入住。即位之后，又于显庆元年（656）命令左仆射于志宁、侍中许敬宗等人，一起修饰法师翻译的佛经文句；国子博士范义硕、弘文馆学士高若思等人，则协助翻译。总共完成七十五部经典，并且将成果进献给高宗。

后来因为京城人士竞相前往慈恩寺拜访谒见玄奘法师，使得法师只好请高宗同意让他迁往比较安静的地方翻译佛经，高宗于是下诏让法师前往宜君山故玉华宫继续工作。显庆六年（661）玄奘法师过世，享年五十六岁。

玄奘法师携带佛经梵文原本载誉回国，让中国对佛理原意有了更多的认识，佛教在中国的传播也展开了新的篇章。

唐太宗亲征高丽：依然未竟全功

自从隋炀帝三征高丽失败，隋朝陷入大乱后，中原与高丽之间的交往随之减少。直到唐朝建国后，双边关系才渐渐恢复。

当年高丽在战胜隋朝后，将战死的隋军士兵遗体聚集起来堆成一座高冢，以纪念当时战争的胜利、夸耀高丽的战功。这类的高冢通常被称为"京观"。唐太宗于贞观五年（631）秋天派长孙师破坏高丽建造的京观，将这些战死沙场的士兵骸骨带回中原，好好地祭拜安葬。此举却让当时的高丽王高建武感到畏惧，以为唐朝要发兵攻伐，于是筑起长城以为防御。

贞观十六年（642），高建武被其大臣渊盖苏文杀害；渊盖苏文改立高建武的侄儿高藏为王，并自立为莫离支（相当于兵部尚书兼中书令），专擅高丽国政。次年，因高丽和百济联合攻击新罗，企图阻断新罗与唐朝之间的往来，太宗便派司农丞相里玄奖前往高丽劝阻，但渊盖苏文不愿意罢手。太宗就以这两件事为由决定御驾亲征。

太宗于贞观十九年（645）春天率军出发，从四月起开始进攻高丽。不久，唐将李勣攻破盖牟城；接着五月，太宗亲自领军和李勣一起围攻辽东城。因为当时风大，唐军先对辽东城射出火箭，烧掉城上的木造屋楼后再强行登城进攻，终于夺下辽东城。

六月时，唐军抵达安市城。紧接着高丽以十五万兵马救援安市城，李勣率兵迎战；太宗也亲领部队在高山上接战，结果高丽战败。因此唐朝就将太宗当时所在的山命名为驻跸山，并且刻石纪功。只是接下来李勣攻打安市城长达数月都拿不下来，太宗认为后备的粮食物资已经不足，天气又逐渐变冷，只好在九月班师回朝。

无论隋炀帝还是唐太宗都没有办法击灭高丽，唐高宗即位后与高丽之间又发生过多次战争，直到总章元年（668）九月，李勣终于攻入高丽国都平壤城，擒获

大　事	帝王年号	朝代	公元 单位：年
唐太宗以皇太子李承乾有罪为由，废为庶人（平民），弟弟汉王李元昌和吏部尚书侯君集受到连坐处分，被诛杀。太宗改立晋王李治为皇太子。 此年，拂菻国（大秦，即东罗马帝国）派遣使者东来唐朝。	贞观十七年	唐	643
安西都护郭孝恪率军灭焉耆国，活捉国王突骑支。 唐太宗任命英国公李勣为辽东道行军总管、郧国公张亮为平壤道行军总管，分别率军采陆路、水路方式，往平壤方向进发，准备征伐高丽。	贞观十八年		644
西行取经的玄奘法师归国。二月，唐太宗亲征高丽但未能攻下，至九月班师回朝。 （东亚：日本）孝德天皇即位，建元大化，展开"大化革新"。	贞观十九年		645
固安公崔敦礼和英国公李勣率军击败北方薛延陀部落，之后铁勒等北方部族派遣使者向唐朝表示归顺之意。	贞观二十年		646

公元 单位：年	朝代	帝王年号	大　事
647	唐	贞观二十一年	以左骁卫大将军阿史那社尔、右骁卫大将军契苾何力、安西都护郭孝恪、司农卿杨弘礼为昆山道行军大总管，西伐龟兹。
648		贞观二十二年	右卫率长史王玄策出使"帝那伏帝"国（中天竺国）。当时国王尸罗逸多死，大臣阿罗那顺篡位，抗拒王玄策。王玄策发动吐蕃、泥婆罗国联军大破中天竺，副使蒋师仁活捉阿罗那顺及王妃、王子等人。王玄策将一万二千名俘虏和牛马二万多头献给唐太宗。
649		贞观二十三年	唐太宗卒，皇太子李治即位，是为唐高宗。
650	高宗		立妃王氏为皇后。
		永徽元年	瑶池都督、沙钵罗叶护阿史那贺鲁叛变，自称可汗（西突厥），掌控西域。
651		永徽二年	阿史那贺鲁（西突厥）攻陷金岭城、蒲类县，唐高宗派遣武侯大将军梁建方、右骁卫大将军契苾何力为弓月道总管加以讨伐。

高丽王高藏及其多位大臣。唐朝将高丽改为安东都护府，双方多年的战争到此终于画上了句点。

武媚的影响力兴起：唐高宗废立皇后

每当人们提到唐朝的知名人物与故事时，一定会提到武则天这位历史上唯一的女皇帝，尤其在当代多位知名女演员的相继饰演之下，武则天的事迹几乎已是无人不知、无人不晓。再加上连续剧的主题曲脍炙人口，不禁让人以为武则天的形象与那歌词里的意境相仿佛。史书里的武则天究竟是什么样的人呢？

我们常说的武则天是当今世人对她的通称。武氏出生于唐高祖武德六年（623），父亲武士彟（yuē）曾跟随高祖起兵，担任过工部尚书、利州都督、荆州都督等官职。唐太宗贞观十年（636）六月，长孙皇后过世；同年武氏十四岁，太宗听说她的仪容举止很美，就宣召入后宫立为才人，并且赐她一个名字：武媚。这是目前所知武氏最早的名字。那么电视剧里为什么都称她为武媚娘呢？

其实"武媚娘"原来不是名字，而是一首歌曲，最晚可能在隋文帝开皇年间编成；到武氏称帝前，社会上又开始流行起这首曲子。不晓得是否因为太宗赐号武媚，社会上又流传着《武媚娘》这首歌的缘故，而让后人以为武媚娘就是武氏的真名。像明末清初人褚人获所写的章回小说《隋唐演义》里的内容即是一例。

贞观二十三年（649）太宗过世，太

子李治即位，是为唐高宗。武才人则与其他太宗嫔妃离开宫中，到感业寺落发为尼。次年唐高宗改元永徽，立正妻王氏为皇后。

永徽年间王皇后和淑妃萧氏争宠，王皇后听闻高宗与武媚有旧，故想要拉拢武氏打击萧淑妃，所以不断游说高宗。高宗到感业寺见到武氏后即召回宫中立为昭仪，地位仅在皇后、淑妃之下。

只是王皇后万万没想到武昭仪渐渐得宠，也加入竞争行列，三人在高宗面前不断地讲彼此的坏话。高宗的立场越来越偏向昭仪，皇后感到相当不安，和母亲柳氏求助巫祝的力量想要改变情势，加上武昭仪诬指王皇后扼杀其女，高宗得知后相当愤怒，虽有长孙无忌、褚遂良劝谏，高宗仍然在永徽六年（655）冬十月，将王皇后和萧淑妃废为庶人，改立武昭仪为皇后。这次废立皇后竟对唐朝产生重大的影响。

武后取李唐天下：一步步迈向皇帝之路

话说王皇后和萧淑妃之后还被关了起来，她们两人破口大骂："希望阿武（武后）是老鼠，我们作猫，生生世世都要她的命！"武后听到震怒不已，从此皇宫里就不养猫了。后来高宗想起了她们，走到囚禁处门外，看到只留一个可以递送饭菜食物的洞，其他地方都被堵住了，觉得相当悲伤。高宗问她们过得如何，两人隔着门对高宗哭泣，表示希望能重见天日。高宗回答会有处置。武后听到消息，竟派人

大　事	帝王年号	朝代	公元 单位：年
大食国（正统哈里发时代）首次派遣使者东来。		唐	
唐高宗立陈王李忠为皇太子。	永徽三年		652
唐高宗颁布孔颖达《五经正义》，并且下令作为每年明经科考试之依据。 唐高宗将《新律疏》（《唐律疏议》）颁行天下。	永徽四年		653
皇子李贤（唐高宗与昭仪武氏之子，后来被追谥为章怀太子）出生。	永徽五年		654
唐高宗废皇后王氏为庶人（平民百姓），改立昭仪武氏为皇后。	永徽六年		655
皇太子李忠被废为梁王，改立代王李弘（唐高宗与武皇后之子）为皇太子。改年号为显庆。 太尉长孙无忌进献史官撰写之梁、陈、齐、周、隋五代史志三十卷（分礼仪志、音乐志、律历志、天文志、五行志、食货志、刑法志、百官志、地理志、经籍志，后附入隋书之中）给唐高宗。	永徽七年 显庆元年		656

公元 单位：年	朝代	帝王年号	大　事
	唐		设置算学。
657		显庆二年	唐高宗命令右屯卫将军苏定方等四将军为伊丽道将军，率领军队征伐阿史那贺鲁（西突厥）。
658		显庆三年	苏定方攻破西突厥沙钵罗可汗阿史那贺鲁及咥运、阙啜。贺鲁逃往石国，被副将萧嗣业擒获。先后获得人畜四十多万。因西域已经平定，设置濛池、昆陵二都护府；又在龟兹国设安西都护府，以高昌故地为西州。 废书学、算学、律学。
659		显庆四年	唐高宗亲自策试举人。在九百名考生中，惟有张九龄（后为唐玄宗开元年间名相）、郭待封等五人的成绩等级最为优异。
660		显庆五年	邢国公苏定方等将领讨平百济，活捉其王扶余义慈。

杖打她们各一百下，再砍断手脚丢到酒瓮里，还说："让这两个女人醉到骨子里去吧！"没过几天两人就死了。武后凶狠的一面让人心惊。

武后得位一段时间后，慢慢显露出作威作福的个性；而高宗的个性又有些懦弱，心中渐有不平。高宗原本想找机会废黜武后，还要西台侍郎上官仪写草诏，武后知道后赶快向高宗认错，而高宗推说是上官仪教他的。武后于是设法杀了上官仪。此后，武后开始在上朝时坐在高宗身后参与政事，与群臣间只隔着一道帘子。她精明干练，辅助国政多年，其威势与皇帝几乎没有什么两样。

高宗过世后，太子李显即位，是为唐中宗；武太后临朝称制，代替中宗处理政事。中宗在位一个多月就被武太后废为庐陵王，改立幼子豫王李轮（旦）为帝，是为唐睿宗，自己继续控制朝政。不久李勣的孙子徐敬业（李勣本姓徐，唐高祖赐姓李）以拥护中宗复位为名义，兴兵对抗太后，且由文学史上有"初唐四杰"美名之一的骆宾王撰写通告天下宣示太后罪状的檄文。其中"一抔之土未干，六尺之孤安在"（唐高宗尸骨未寒，承继父位的皇帝到哪儿去了呢？）更是其中名句，连太后读到时都为朝廷没有网罗到他感到遗憾。

徐敬业的行动很快就失败了。太后开始追崇自己的祖先，接受百姓投书以了解人间善恶事；将地方上出现的一些异象视为祥瑞的征兆，又任用周兴、来俊臣等酷吏以严刑峻法压制反对势力，一步步往称帝之路迈进。终于在载初元年（690）九月改国号为周，改元天授，称为圣神皇帝。武氏成为史上唯一的女皇帝，可说是前无古人、后无来者啊！

从周圣神皇帝武曌，到唐中宗、唐睿宗在位时的政治局势

武太后称帝前夕创造十多个新字，而且采用"曌"字作为自己的名字。"曌"字音同"照"，字形分日、月、空三部分，象征"日月凌空"（太阳和月亮跃上天空）之意。

武曌在位期间能够礼敬正人君子，让他们为国建言；又重视科举，首创武举，以求为国举才。虽然改国号为周，但国运大致仍能维持唐朝时的声威。

到了神龙元年（705）春天，大臣张柬之、桓彦范等人发动政变，杀掉皇帝的男宠张易之、张昌宗兄弟，拥护当时已恢复太子地位的唐中宗。此时的武曌已是八十三岁高龄，既老且病，只得让太子监国代理政事；过几天正式让唐中宗复位，中宗尊称她为则天大圣皇帝。武则天的称呼就是这样来的，而则天的意思是以天为法则。当年冬天则天皇帝病重，下令去除帝号改称皇后。不久过世，结束了她传奇的一生。

唐中宗复位后国势反而有下滑趋势。中宗没有趁母亲过世的机会去除武家人的势力，反而让他们继续影响朝廷；他的皇后韦氏和幼女安乐公主想要像武则天一样得到权势，却又使用卖官的手段引进私人势力，使得朝政逐渐败坏。景龙四年

公元 单位：年	朝代	帝王年号	大　事
661	唐	显庆六年	改元龙朔。
		龙朔元年	唐高宗命令左骁卫大将军、凉国公契苾何力为辽东道大总管，左武卫大将军、邢国公苏定方为平壤道大总管，兵部尚书、同中书门下三品、乐安县公任雅相为浿江道大总管，出兵征伐高丽。 （横跨亚、非、欧三洲）"正统哈里发"时代结束，白衣大食（倭马亚王朝阿拉伯帝国）建国，立都大马士革。
662		龙朔二年	唐高宗命令道士、女冠（女道士）、僧、尼等，在拜见父母时要极尽礼仪。
663		龙朔三年	带方州刺史刘仁轨在白江之口，与百济、倭国（日本）水军展开激烈海战。结果四战全胜，焚毁敌方水军四百艘，百余王扶余丰脱身逃走。
664		麟德元年	杀西台侍郎上官仪。
665		麟德二年	将秘阁郎中李淳风所造之历法命名为《麟德历》，颁行天下。

公元 单位：年	朝代	帝王年号	大　事
666	唐	麟德三年 乾封元年	改元乾封。 唐高宗途经亳州时，亲临老君庙，追尊为太上玄元皇帝，还创造祠堂及设置官吏。 唐朝改铸乾封泉宝钱。 唐高宗命令英国公李勣为辽东道行军大总管，率军征伐高丽。
667		乾封二年	停止流通乾封钱，恢复使用开元通宝钱。
668		乾封三年 总章元年	唐高宗以右相刘仁轨为辽东道副大总管。 改元总章。 英国公李勣击败高丽，攻破其国都平壤城，擒获国王高藏及大臣渊男建并带回长安。唐朝以高丽故地设置安东都护府。
669		总章二年	改瀚海都护府为安北都护府。
670		总章三年 咸亨元年	改元咸亨。 此年天下有四十多州发生旱灾、霜灾和虫灾，造成饥荒，关中一带的状况尤其严重。唐高宗下诏灾民们可以任意到其他各州寻

（710）两人索性毒死中宗，先立温王李重茂为帝（少帝、殇帝），改元唐隆；韦后成为太后，仿效武则天临朝称制。

韦太后的如意算盘没打几天，安国相王（唐睿宗）三子临淄郡王李隆基在与姑姑镇国太平公主商议后，联合她的儿子薛崇简与数位武将举兵攻入皇宫，诛杀韦太后及其同党。接着少帝退位，睿宗复位。

睿宗从母亲当年临朝称制开始，见证过多次政争，常常采取低调退让的方式回避获取权位的机会，反而能够存活下来。他在复位后封有功于皇室的临淄郡王为平王；又因为获得儿子们和群臣的共识，进一步册立平王为太子以确定继承人。

接着睿宗在延和元年（712）八月传位给太子，自称太上皇帝。太子即位，是为唐玄宗。由于玄宗过世后的谥号是"至道大圣大明孝皇帝"，所以后人取其"明"字又称他为唐明皇。唐玄宗继位为帝，另一个太平盛世也将随之展开。

开元之治：唐朝的第二个太平盛世，以及对外扩张发展的极限"怛逻斯之役"

唐玄宗即位时年仅二十九岁，他的姑姑镇国太平公主对年纪轻轻却已立下大功的皇帝侄儿感到相当不放心，认为会影响到自己的权位，因此想要发动政变。玄宗先下手为强，诛杀了公主同党再迫使公主自尽，朝廷内部的多年动荡完全结束。玄宗随后改先天二年为开元元年（713）。唐朝的又一盛世宣告展开。

开元时期，玄宗任用姚崇、宋璟、张

九龄等贤臣辅佐，重视吏治政风。奖励节约、反对厚葬；还发行质量精纯的钱币取代劣币，以稳定经济。对于国家长期和平而府兵制逐渐不行的状况，改用招募"矿骑"的方式代替。在许多政治经济措施并行下，开元时期的唐朝达到百姓富庶、治安良好的境界。

不料进入天宝年间后，随着年岁增长，玄宗逐渐倦勤而趋于奢华，改用"口蜜腹剑"的李林甫辅助处理朝政。唐朝内部开始腐化，对外关系也出现挫折。

西域原有一个立场亲唐的国家称为石。可是天宝九载（750）时，安西节度使高仙芝向朝廷检举石国违反作为外国臣子的礼节，请求出兵讨伐。

原本石国国王已向高仙芝约定投降，可是高仙芝却将他送至京师当成战俘献给玄宗，再将其斩首。此举使西域各国心生埋怨，石国王子转而向大食求援。

此时的西亚已由黑衣大食（阿拔斯王朝阿拉伯帝国）统治。天宝十载（751）七月，高仙芝与黑衣大食在怛逻斯城（怛罗斯城，约今中亚哈萨克或吉尔吉斯共和国一带）交战，这就是"怛逻斯（怛罗斯）之役"。结果唐军战败。

相传由于黑衣大食在此役中俘获唐朝的造纸工人，造纸术随之西传进而扩展到全世界。这是关于造纸术传播过程中一种广为流传的说法。从当时的国际关系看来，分别位于东亚和西亚的唐朝与大食，在向西、东扩张的过程中，终于在中亚一带正式对垒。虽然这场战役对双方并无太大的损伤，但这时黑衣大食逐步走

大　事	帝王年号	朝代	公元 单位：年
找食物，还将从江南转来的租米拿来赈济灾民。		唐	
朝廷寻找对礼乐有透彻认识之人。	咸亨二年		671
冬天，左监门大将军高侃在横水大败新罗军。	咸亨三年		672
为皇太子李弘纳妃及建造新宫。	咸亨四年		673
派遣太子左庶子、同中书门下三品刘仁轨为鸡林道大总管，卫尉卿李弼、右领大将军李谨行为副将，出兵讨伐新罗。	咸亨五年 上元元年		674
皇帝称天皇，皇后称天后，将咸亨五年改为上元元年。			
鸡林道行军大总管刘仁轨于七重城大破新罗军。新罗派遣使者朝见唐高宗，进献当地产物，承认新罗犯下的错误。高宗予以赦免，恢复新罗王金法敏之官爵。	上元二年		675
唐高宗罹患风疹无法处理政事，一切都由天后武氏决定。			

公元 单位：年	朝代	帝王年号	大　事
	唐		皇太子李弘死亡。
			故皇太子李弘被追谥为孝敬皇帝。
			唐高宗以雍王李贤为皇太子。
676		上元三年	唐朝将安东都护府移至辽东。
		仪凤元年	改元仪凤。
			皇太子李贤注释《后汉书》完成，将成果献给唐高宗。
677		仪凤二年	将安东都护府移往新城。
678		仪凤三年	唐高宗下诏提升《道德经》的地位，贡举人除学习五经外，也必须明白《道德经》的道理。
			唐高宗以吐蕃成为唐朝边患，询问侍臣中书舍人郭正一等人之意见，群臣皆认为防备边境而不派军深入征讨为上策。
679		仪凤四年	改元调露。
		调露元年	吏部侍郎裴行俭征讨西突厥，擒获十姓可汗阿史那都支及别帅李遮匐。
			单于大都护府突厥阿史德温德及奉职二部相率反

向巅峰，而唐朝却已达到其发展和影响力的极限。不久之后一场严重的内乱爆发，唐朝国势走向下坡，再也无力恢复在西域的地位，也影响到中亚、西亚、南亚一带的历史走向。

安史之乱（上）：渔阳鼙鼓动地来，惊破霓裳羽衣曲

开元晚期，唐玄宗即将步入六十耳顺之年，长年天下无事，对于处理政事的态度逐渐懈怠下来。加上开元二十五年（737），玄宗一直很宠爱的武惠妃过世，使他的生活变得孤寂，直到遇见另一位美人杨玉环（就是成语"环肥燕瘦"里的环肥）后才又开朗起来。天宝四载（745），玄宗终于册立她为贵妃。之后杨贵妃的亲属也靠着这层裙带关系，逐渐在朝廷内外取得权势；像贵妃的姐姐分别被封为韩国、虢（guó）国和秦国夫人，外戚杨钊得以在朝任官，还被玄宗赐名为杨国忠。

不过此时正是李林甫辅政的时候，他的德行不及开元初期的贤臣，暗中陷害大臣、提拔小人，使得朝政风纪蒙上阴影。

这段时期的唐朝对华夷之防较为淡薄，无论原本来自哪里都有机会在朝廷任职，像怛逻斯之役的主将高仙芝就是高丽人。胡人安禄山也趁机崭露头角，到天宝七载（748）时已身兼平卢和范阳节度使（约今河北省和辽宁省一带）；非但受到玄宗的信任，获得可以免除死刑的铁券，还在天宝九载（750）受封东平郡王，次年再兼云中太守和河东节度使（约今山

西省境内）。以节度使身分受封为王者，安禄山是第一人；一人又身兼三地节度使，等于唐朝东北的边防都交给他处理。对于一个臣子来说，这已经是相当大的恩惠了。

天宝十一载（752），李林甫过世，玄宗竟让杨国忠接替李林甫原来的职务。杨国忠接任后政治风气更糟，而且他与安禄山不合，时不时就说安禄山要造反，这也为日后的变乱埋下导火线。

天宝十三载（754）正月，安禄山到华清宫向玄宗哭诉，说杨国忠一直想要杀他之类的话。玄宗封他为尚书左仆射作为安抚，此时玄宗仍相信安禄山，认为他不会真的反叛唐朝。

天宝十四载（755）十一月，安禄山终于以诛除杨国忠为名义，带着胡汉兵马十多万人在幽州造反。自太宗统一全国后得来的百余年和平日子，随着"安史之乱"爆发而告终，中原再次陷入战乱。

安史之乱（下）：唐朝无法再创盛世

安禄山真的造反了！这个消息带给唐朝朝廷与玄宗相当大的震撼。由于中原一带已经有许多年都没发生过战争，对于习武之事感到生疏，因此乱事发生之初，各地官员与唐军都抵挡不住叛军。玄宗派哥舒翰坚守军事要冲潼关，阻挡叛军向京师长安推进。

天宝十五载（756），安禄山在洛阳称帝。虽然哥舒翰把守住潼关，可是杨国忠以为哥舒翰另有目的，所以不断施压，催

大　事	帝王年号	朝代	公元 单位：年
叛，立阿史那泥熟匐为可汗，二十四州首领皆叛变。		唐	
废皇太子李贤，改以英王李哲为皇太子。改元永隆。	调露二年 永隆元年		680
永淳二年改为弘道元年。唐高宗随即过世，皇太子李哲继位，是为唐中宗。武太后临朝称制，代替中宗处理政事。	永淳二年 弘道元年		683
中宗被武太后废为庐陵王；豫王李轮（旦）继位为帝，是为唐睿宗，改元文明。	中宗 嗣圣元年 睿宗 文明元年		684
武太后称帝，改国号为周，是史上唯一的女皇帝。	睿宗 载初元年 圣神皇帝（武曌） 天授元年		690
皇帝（武曌）病重，张柬之、桓彦范等人杀张易之、张昌宗。皇帝（武曌）传位给皇太子（唐中宗），唐朝恢复。	中宗 神龙元年		705

公元 单位：年	朝代	帝王年号	大　事
710	唐	中宗 景龙四年 少帝（殇帝） 唐隆元年 睿宗 景云元年	中宗遭皇后韦氏及女儿安乐公主毒杀，韦氏立温王李重茂为帝（少帝、殇帝）；安国相王（睿宗）子临淄郡王李隆基发动政变诛杀韦氏，睿宗复位。
712		睿宗 延和元年 玄宗 先天元年	唐睿宗传位给太子李隆基，自任太上皇帝；李隆基即位，是为唐玄宗（唐明皇）。
713		先天二年 开元元年	镇国太平公主阴谋废玄宗。玄宗与宰相郭元振、将军王毛仲、内给事高力士等，诛杀公主同党再迫公主自尽。 十二月，改元开元。
714		开元二年	以周庆立为市舶使；市舶使始出现于史籍。
718		开元六年	禁止恶钱，重二铢四分得流通。
723		开元十一年	以京兆、蒲、同、岐、华等州的府兵与壮丁，再加上潞州长从兵，共十二万，称为"长从宿卫"。

促他出兵。哥舒翰不得已只好出关，结果被叛军击败，潼关失守，人心溃散。

眼看叛军已经逼近京师，玄宗只得带着杨贵妃、杨国忠、太子、亲王等多人在半夜离开京师向西逃亡。一行人抵达马嵬（wéi）驿后，护卫的军队不愿意再前进，长期以来人们对杨国忠不满的情绪终于宣泄出来。兵士们看到杨国忠与吐蕃使者说话，就指控他要谋反，立刻捉来斩首；接着又要求除去杨贵妃，因为杨家人能得势的原因都在杨贵妃。玄宗只得命贵妃自尽，贵妃的姐姐们也同时被杀。之后玄宗启程前往蜀地避难，但在百姓恳求下，太子李亨留下来号召各地兵民筹划抗敌。

七月，太子在灵武即位，是为唐肃宗，并改元至德，八月玄宗退位改称太上皇。至德二载（757）正月，安禄山被其子安庆绪所杀。九月、十月，广平王李俶（chù）（豫）、郭子仪相继收复长安、洛阳两京；十二月，玄宗、肃宗终于一起回到长安。

乾元二年（759）叛军声势再起。史思明自立年号，又杀安庆绪取而代之，接着在九月再度夺下洛阳，战事陷入胶着状态。上元二年（761）史思明也被其子史朝义所杀；上元三年（762）玄宗过世，同年肃宗也过世。太子李豫即位，是为唐代宗。双方内部局势都发生相当程度的变化。

唐军集结各地兵力，又获得外族回纥（回鹘）兵相助，积极展开反攻，终于在宝应元年（762）年底、宝应二年（763）年初时击溃史朝义的部队，其部下杀害朝义，拿着他的首级向唐朝投降。历时八年的安史之乱终于落幕，可是唐朝经此一乱元气大伤，再也无力创造如贞观之治、开元之治一般的盛景了。

宦官乱政、藩镇割据、牛李党争：诸多问题一步步侵蚀唐朝国力

安史之乱虽然被平定，可是战争带来宦官乱政、藩镇割据等后遗症一直难以让唐朝恢复元气。

人们会注意到宦官跃上唐代的历史舞台，大概都是从高力士开始的吧！早在玄宗诛除镇国太平公主的党羽时，高力士就已参与其中。直到另一宦官李辅国离间玄宗肃宗父子感情，高力士遭到波及而流放，才离开玄宗身边。肃宗时，李辅国和宦官程元振、鱼朝恩等人已在朝任职。到德宗时又让宦官担任左右护军中尉监、中护军监等握有兵权的职务，宦官实力更为增强。

离开皇宫，扫视一下地方。手握重兵的"节度使"，其职责是作为抵御外族入侵的"屏障"、"屏藩"，"镇守"住国家边境，所以称为"藩镇"。安史之乱期间，肃宗命山南东道、河南、淮南、江南等地都设置节度使，也就是整个大江南北都有节度使。代宗时，有些节度使被其属下杀害或驱逐以取而代之，朝廷却无法制裁这些人；而肃宗、代宗两朝又常宽容安史之乱中的降将，让他们也能担任节度使。国家对地方的统治力减弱，逐渐形成藩镇割据的局面。

大　事	帝王年号	朝代	公元 单位：年
设置丽正院修书学士，也在光顺门外建立书院。		唐	
"长从宿卫"更名为"圹骑"。东都明福门外设置丽正书院。	开元十二年		724
将丽正修书院改为集贤殿书院。	开元十三年		725
东罗马帝国皇帝利奥三世下令破坏教堂内之画像与造像，展开"破坏圣像运动"。	开元十四年		726
《开元新礼》（大唐开元礼）一百五十卷编成，由中书令萧嵩等人献给玄宗，玄宗下令相关官员采用施行。	开元二十年		732
（西欧）墨洛温王朝（梅罗文王朝）法兰克王国宫相"铁槌查理"率军力阻白衣大食（倭马亚雅王朝阿拉伯帝国）从伊比利亚半岛向欧洲扩张。			
李林甫与张九龄等同任宰相。	开元二十二年		734
以李林甫为中书令。	开元二十四年		736

公元 单位：年	朝代	帝王年号	大　事
737	唐	开元二十五年	玄宗宠妃武惠妃卒。 张九龄因李林甫谮，被贬为荆州长史。
741		开元二十九年	唐玄宗决定长安、洛阳两京和地方各州，设置玄元皇帝庙及崇玄学；崇玄学招收生徒（学生），学习《老子》、《庄子》、《列子》、《文子》，每年还要比照明经科相关规定举行考试。
742		天宝元年	以安禄山为平卢节度使，治营州。
743		天宝二年	追尊玄元皇帝为大圣祖玄元皇帝，又将两京的崇玄学改为崇玄馆，博士称为学士。
744		天宝三载	改"年"为"载"。 以安禄山兼范阳节度使。
745		天宝四载	册封杨玉环为贵妃。
748		天宝七载	赐安禄山可以免除死刑的铁券。 封杨贵妃姊姊分别为韩国夫人、虢国夫人、秦国夫人，三人势倾天下。

另外，唐代前期采用的均田制和租庸调法，在安史之乱后遭到破坏，德宗建中元年（780）采用杨炎的建议改用两税法。只是施行没有多久，在朝廷需要军费以对付藩镇的现实状况下，变得越来越难以维持。

面对宦官和藩镇的威胁，朝廷已是焦头烂额，没想到这时连官员也分裂成山东世族与庶民进士两种不同出身背景的阵营，让朝政更加混乱。

坦白说，隋朝虽然终止九品官人法，设立进士科，但经由科举考试入仕的名额仍少，故已兴盛数百年的世族势力不可能立刻去除。经过近二百年的重视与培养，庶民出身的进士人数逐渐增多后，这股新势力才慢慢能够与世族子弟相抗衡。

唐德宗过世后，身患中风的太子李诵即位，是为顺宗；他在位仅约八个月再传位给太子李纯，是为宪宗。进士与世族势力终于在宪宗在位期间展开冲突，进士以牛僧孺、李宗闵为首；世族则由李德裕为代表，称为"牛李党争"。这种朋党之争大约长达四十年，历经宪宗、穆宗、敬宗、文宗、武宗五位皇帝，到宣宗时才结束。而唐朝也越来越衰弱了。

从"牛李党争"到"王仙芝之乱"：宪宗到懿宗年间的政局

"牛李党争"在唐宪宗在位期间（805—820）开始。宪宗原本想要效法太宗、玄宗再开新局；他一改祖父德宗对藩镇过于姑息所造成的乱象，对不服的藩镇接连发兵征讨，展现企图振兴唐朝的气魄。可惜在位后期食用具有金属成分的丹药，造成性情大变、喜怒无常，结果遭宦官乘机弑杀。

穆宗时（820—824），朝廷以为藩镇已经归顺，降低防范戒心而大举裁军，结果幽州（约今河北省一带）兵趁机作乱，其他地方随后跟进，唐朝又失去对远方藩镇的掌控。穆宗和他的长子敬宗在位期间（824—826），喜好饮酒作乐，社会弥漫着奢侈风气。敬宗最后也遭宦官弑杀。宪宗、敬宗祖孙遇害，凸显出唐代宦官之祸的特点：宦官连每天侍奉的皇帝主子也敢废杀。

穆宗次子文宗继位（826—840年在位），极力提倡节俭，希望矫正父兄在位时的社会风俗。可是他却无法扫除宦官的势力。太和九年（835），宰相李训、郑注密谋杀宦官，借口出现甘露（甘美的雨露，被认为是天下太平的征兆），邀请文宗出宫欣赏。不料先遣查看地点的宦官发现情况不对，赶紧通报，宦官们立刻挟天子转向回宫；大臣们率兵士上前抢皇帝，可是却抢不过。接着宦官仇士良率禁兵杀害宰相大臣和他们的家属，使长安陷入动乱之中，史称"甘露之变"。

文宗之后他的弟弟武宗（840—846）继位，接着是敬宗、文宗和武宗的叔叔光王李忱，是为宣宗（846—859）。之后是宣宗的长子懿宗（859—873）。此时地方出现相当程度的变乱，虽然唐军仍能取胜，而战争带来百姓流离失所、田地荒废、税赋减少、贫富差距等问题，为已经长期面对内忧外患的唐朝带来更重的

大　事	帝王年号	朝代	公元 单位：年
赐安禄山爵东平郡王。 赐杨钊名国忠。 高先芝伪与石国约和，俘虏其王。 （横跨亚、非、欧三洲）白衣大食发生政变，穆罕默德叔父辈之后裔建立黑衣大食（阿拔斯王朝阿拉伯帝国），白衣大食迁往伊比利亚半岛，阿拉伯帝国分裂。	天宝九载	唐	750
安禄山兼云中太守和河东节度使。 安西四镇节度使高仙芝与黑衣大食战于怛逻斯城（怛罗斯城），战败。是为"怛逻（罗）斯之役"。"怛逻（罗）斯之役"被俘唐兵中有造纸工匠，造纸术因而西传。 （西欧）墨洛温王朝（梅罗文王朝）法兰克王国宫相丕平推翻原来的国王取而代之，建立加洛林王朝（或称卡洛林王朝）。	天宝十载		751
李林甫、杨国忠相仇，玄宗疏李林甫。 李林甫卒，为相十九年，有"口蜜腹剑"之称。	天宝十一载		752

公元	朝代	帝王年号	大　事
单位：年	唐		以杨国忠为右相，兼文部尚书。
754		天宝十三载	杨国忠等屡言安禄山将造反，玄宗召安禄山，安禄山应命而至，更受信任。
755		天宝十四载	平卢、范阳、河东节度使安禄山兴兵造反，是为"安史之乱"。
756	玄宗 天宝十五载 肃宗 至德元载		安禄山在洛阳称帝，国号燕。 哥舒翰被迫出潼关进攻叛军，在灵宝中埋伏大败，潼关失守。 玄宗与杨国忠、贵妃、太子、亲王等，仓皇西奔。到马嵬驿，将士杀杨国忠等，逼玄宗缢杀杨贵妃。太子李亨留讨安禄山，玄宗入蜀避难。 皇太子李亨在灵武即位，是为肃宗，尊玄宗为太上皇。 （西欧）加洛林王朝（卡洛林王朝）法兰克王国国王丕平将罗马城和意大利半岛部分土地交给罗马教宗，称为"丕平献土"。 罗马教皇与教会开始有

压力。

懿宗过世后，太子李儇（xuān）即位，是为僖宗。乾符二年（875）五月，贩盐商人王仙芝聚众叛乱，社会上长期累积的压力终于爆发，同时也揭开唐末以至于后来整个五代十国时期，天下大乱分裂的序幕。

"王仙芝之乱"：揭开唐末和五代十国大乱的序幕

王仙芝于唐僖宗乾符二年（875）五月，在河南道（在黄河南岸，相当于今天山东、河南省的一部分）一带聚集三千人起兵造反，所到之处无不抢劫一空；到乾符三年（876）七月时，已经劫掠河南道十五州的城池土地，叛军也扩大到数万人的规模。由于王仙芝军声势强盛，当时关东（即河南道）各地州府的唐军根本无法展开攻势，只能被动地防守各地城池。

僖宗在乾符四年（877）三月下诏，表示只要王仙芝和叛军愿意投降，朝廷会给予优厚待遇；可是如果坚不投降，各地军队统帅就会出击讨伐，而且还订下奖赏的规则，鼓励唐军和百姓向贼寇进攻。

青州节度使宋威向僖宗表达主动上阵杀敌的意愿，僖宗相当嘉许；再加上兵部尚书卢携的推荐，授与宋威诸道招讨草贼使的职务并给予物资，另外还要河南的各个方镇配合宋威的指挥。

当时王仙芝与主要的手下尚君长在安州，宋威和副使曹全晸（zhěng）从青州出发进军，连战皆捷；可是同时另一个原来也是以卖盐为业的商人黄巢聚众万人，攻破郓州。五月，黄巢军攻陷沂州；七月再从沂州、海州出发时已扩张至数万人，他们往颍州、蔡州的方向前进，进入查牙山，与王仙芝的军队会合。

八月，王仙芝军攻陷随州，其势力已跨越河南道，进入山南道（相当于今天湖北、湖南等省的一部分）。

十一月，王仙芝军渡过汉水，向江陵府（今湖北省江陵县一带）进攻，到十二月时江陵的外城就失守了。节度使杨知温没有办法，只好向襄阳方面求援；山南东道节度使李福率领旗下部队，和当时驻扎在襄阳的五百名沙陀族骑兵前来救援，击败了王仙芝军。

乾符五年（878）二月，王仙芝军转战江西境内，接连被招讨使宋威击败；王仙芝有意投降归顺，派手下大将与宋威接触，却被宋威所杀。王仙芝大怒，急攻洪州（今江西省南昌市一带），夺下外城；宋威援救洪州，终于击杀王仙芝，砍了他的头送往京师。

虽然"王仙芝之乱"被平定，可是他遗留下来的势力全部并入黄巢的军队中，为唐朝带来更大的威胁。

"黄巢之乱"（上）：唐朝境内几乎都陷入战乱

黄巢军从唐僖宗乾符五年（878）三月开始再攻江西各地，接着肆虐福建。次年五月打下广州，连岭南道（今两广、福建等省和越南的一部分）也惨遭劫掠。到下半年时，越过大庾岭向北移动。

广明元年（880）二月，黄巢军从衡州、

大　事	帝王年号	朝代	公元　单位：年
自己治理的土地，"教皇（宗）国"之成立应可回溯至此年。		唐	
安禄山被其子安庆绪所杀。	至德二载		757
回纥出兵助战，郭子仪收复长安、洛阳两京。			
史思明杀安庆绪，自称大燕皇帝，建立年号，继续叛乱。	乾元二年		759
史朝义杀其父史思明，称帝。	上元二年		761
玄宗、肃宗相继过世。太子李豫即位，是为代宗。	上元三年	代宗	762
	宝应元年		
叛军首领史朝义死，"安史之乱"结束。	宝应二年广德元年		763
吐蕃进犯，被河东副元帅郭子仪击退。	广德二年		764
（西欧）加洛林王朝（卡洛林王朝）法兰克王国国王查理曼继位。	大历三年		768

公元 单位：年	朝代	帝王年号	大　事
779	唐	大历十四年	代宗卒，太子李适即位，是为德宗。
780		德宗 建中元年	开始实施两税法，以取代原来之租庸调法。
782		建中三年	朱滔、王武俊、田悦、李纳、李希烈等藩镇于此年陆续叛乱。 九月，开始对竹、木、茶、漆课税。
800		贞元十六年	（西欧）法兰克王国国王查理曼于圣诞夜，在罗马城被教皇利奥三世加冕为"罗马人的皇帝"。此后他在位期间（至814年），其国家又被称为"查理曼帝国"，他则是查理大帝，又被称为查理曼。
801		贞元十七年	淮南节度使杜佑将写成之著作《通典》献给唐德宗，全书共分九门，共二百卷。
805		顺宗 永贞元年	德宗卒，太子李诵即位，是为顺宗。八个月后，顺宗退位，称太上皇，太子李纯即位，是为宪宗。

永州（在江南道境内，属湘江水系）北上。都统王铎的前锋都将李系以五万兵力防卫潭州（今湖南省长沙市），没想到只守一天就被夺下。王铎听到消息便弃守江陵逃奔到襄阳。

三月，黄巢军想要侵犯襄阳，江西招讨使曹全晟和襄阳节度使刘巨容在森林设下埋伏，再用骑兵引诱黄巢军中计，果然杀得他们溃不成军仓皇逃走。曹全晟的部队毫不放松，一路追到江陵；黄巢带着残军越过长江，转战鄂州和江西各地。

朝廷认为王铎领导无方，改用高骈为诸道兵马行营都统，高骈命令大将张璘渡江讨伐黄巢，屡战屡胜；再加上那时刚好是晚春时节，在信州的黄巢军内部爆发严重的流行疾病，使黄巢军的士气受到打击。

黄巢原本向高骈表达投降的意愿，而这时北方有数万兵马南下淮南，高骈想独占功劳，所以向僖宗报告黄巢军即将被消灭，于是这些部队又回到北方。黄巢知道各路兵马已经退师，便与高骈绝交。高骈大怒，要张璘整顿兵马攻击黄巢军，结果高骈兵败战死。

八月，黄巢军乘胜渡过长江，朝廷听到后相当震恐，下诏河南诸道军队屯驻溵水。没想到唐军竟然发生内哄而纷纷散去，黄巢军在十月轻松渡过淮河。

此时黄巢自称率土大将军，物资也丰富充足，所以到了淮河以北之后整队而行，只抓走壮丁逼迫为兵，而不再到处抢劫百姓。

十一月十九日，黄巢军攻陷东都洛

阳，然后继续向西挺进。十二月五日（881年初），僖宗带着诸王和妃子及数百骑兵离开皇宫往山南道方向逃亡，而文武百官根本不知道皇帝已经跑了。傍晚，黄巢军进入京城。

十三日，黄巢自称皇帝，改唐国号为"大齐"，年号称"金统"。"黄巢之乱"在这个时候达到了最高峰。

"黄巢之乱"（下）：唐朝走向分崩离析的局面

唐僖宗匆匆忙忙地逃出京师长安后重整旗鼓，准备反攻。中和二年（882）年初，唐军曾一度收复京师。后来黄巢军再次夺下长安城，黄巢对于百姓们看到唐军时欢呼鼓舞的样子感到愤怒，下令杀戮城内的少壮男子，市区街道沾满了平民百姓的鲜血。

当年八月，黄巢任命的同州防御使朱温（五代后梁的开国者）向朝廷投降，随后被任命为华州刺史、潼关防御、镇国军等使，这是朱温发迹成名的开始。

中和三年（883），雁门节度使李克用（沙陀人，五代后唐先祖）派军加入征讨黄巢的行列。在沙陀、忠武、义成、义武等军队联手之下，终于在四月十一日收复京城。

黄巢撤出长安后，经蓝田关逃走，改派前锋将孟楷攻打蔡州；节度使秦宗权抵挡不住，结果向孟楷投降。黄巢与秦宗权联合之后，放纵手下到处劫掠摧残。当时民间仍闹着饥荒，百姓无法积聚储存粮食，黄巢军竟直接捉人来吃，场面十分惊

大　事	帝王年号	朝代	公元 单位：年
朝廷官员分成庶民进士与山东世族两股阵营，彼此之间排挤争斗，是为"牛李党争"。	宪宗 元和三年	唐	808
唐宪宗遭宦官陈弘志弑杀。 太子李恒即位，是为穆宗。	元和十五年		820
穆宗卒，太子李湛立，是为敬宗。	穆宗 长庆四年		824
唐敬宗遭宦官刘克明等人弑杀。 立江王李涵（穆宗子），改名昂，是为文宗。	敬宗 宝历二年		826
"甘露之变"，宦官大胜朝臣。	文宗 大和九年		835
文宗卒，仇士良等劝皇太弟李瀍（炎）杀陈王成美等，即皇帝位，是为武宗。	开成五年		840

公元 单位：年	朝代	帝王年号	大　事
843	唐	武宗 会昌三年	（欧洲）查理曼大帝的三个孙子在凡尔登（在今法国东北）签订条约，分割加洛林王朝法兰克王国。随着《凡尔登条约》的签订，今天法国、德国、意大利之疆界轮廓渐渐浮现。
845		会昌五年	唐武宗下诏合并天下佛寺、拆毁佛像、僧尼还俗，是佛教史上"三武之祸"的第三祸，又称为"会昌法难"。
846		会昌六年	武宗服金丹久病而卒，皇太叔光王李忱即位，是为宣宗。
859		宣宗 大中十三年	宣宗服长生药致死，宦官王宗实等拥郓王李漼即位，是为懿宗。
873		懿宗 咸通十四年	懿宗卒，宦官左军中尉刘行深、右军中尉韩文约立少子普王李儇，是为僖宗。

悚恐怖。

李克用在中和四年（884）初再度发兵，与黄巢军展开多次战斗。五月初，两军在汴河（今河南省境内，属淮河支流）边大战，黄巢军大败，死伤投降的人非常多。黄巢带着最后的残兵渡河后再向东逃跑，唐军则改由徐州将李师悦、陈景思带万人兵接替李克用追击。

一路逃亡的黄巢到达泰山狼虎谷（虎狼谷）襄王村时，身旁已经没有多少人了。黄巢的手下林言害怕被唐军追上后会送掉性命，于是在七月十五日先杀了黄巢和他的弟弟黄揆、黄秉，然后投降，"黄巢之乱"终于结束。

然而秦宗权却继续在地方上作乱。文德元年（888）三月，僖宗过世；弟弟寿王李杰（晔）即位，是为昭宗。同年十二月，秦宗权被蔡州副将申丛捉住；申丛打断秦宗权的腿，向朝廷投降。龙纪元年（889）二月，秦宗权被送到京师斩首。自"王仙芝之乱"开始，历经十多年的地方乱事至此平定。可是经过这一连串的打击，唐朝距离覆亡的日子也越来越近了。

唐朝迁都洛阳：数百年历史的帝都长安城繁华落尽

朱温投向唐朝后，逐渐在朝中据有一席之地。唐僖宗中和三年（883）五月，朝廷在奖励收复京师的功臣时，即任命朱温兼任汴州刺史，并赐名为朱全忠。秦宗权之乱发生时，包括李克用、朱全忠等人在内的藩镇或叛军，也拥有自己的军队和税收；彼此间互相攻击并吞，朝廷没有办法约束阻止他们。秦宗权的部将秦贤对汴州和郑州发动攻势，朝廷再封朱全忠为沛郡王加以对抗。由于地方割据情况严重，江南的税收和物资无法及时供应朝廷所需，朝廷能够直接统治的地方也变少了。

昭宗即位后不久，秦宗权之乱被平定，但朱全忠的势力不断坐大，东方州县几乎都被朱全忠控制。昭宗虽有心再兴唐朝，可是天下混乱的情势已难以扭转。藩镇时常威胁京师，昭宗数次离开长安流亡，权力逐渐减弱，甚至一度被宦官废黜。

昭宗天复四年（904）正月二十一日，昭宗受朱全忠逼迫离开京师长安，迁往东都洛阳。由于之后的各朝代均不再选择建都于关中地区，长安城从此卸下国都的崇高地位，不再成为政治决策的中心。

所谓的关中地区，大约是指今陕西省境内渭水流域附近一带的区域；由于地域大致位于东到函谷关、西至散关、南抵武关、北达萧关的四关之中，因此称为关中，形势易守难攻。

历朝在关中地区建都的历史，以周朝（西周）定都镐京为开始，接着是秦朝的咸阳城，它们都离后来的长安城位置不远。至于定都长安的朝代和国家包括汉朝（西汉）、新朝、西晋（晋愍帝在位期间）、十六国的部分国家（前赵、前秦、后秦）、南北朝之北朝西魏与北周、隋朝，以及唐朝。

自从唐昭宗迁出长安后，接下来的五代除后唐都于洛阳外，后梁、后晋、后汉、后周均以汴京（汴梁、开封，今河南

大　　事	帝王年号	朝代	公元 单位：年
贩盐商人王仙芝聚众作乱，是为"王仙芝之乱"。黄巢起兵响应。	僖宗 乾符二年	唐	875
王仙芝败死，"黄巢之乱"继之而起，天下大乱。	乾符五年		878
京师长安被黄巢攻陷，黄巢自称皇帝，以"齐"为国号。	广明元年		880
朱温叛黄巢，以同州降唐。	中和二年		882
沙陀人李克用派军加入征讨黄巢的行列。 黄巢军前锋孟楷攻蔡州，节度使秦宗权投降。	中和三年		883
黄巢败死，但仍有"秦宗权之乱"继续危害地方。	中和四年		884
僖宗卒，弟寿王李杰即位，改名晔，是为昭宗。	文德元年		888

公元 单位：年	朝代	帝王年号	大事
	唐		秦宗权被蔡州副将申丛捉住，降唐。
889		昭宗 龙纪元年	秦宗权于京师被斩首。
903		天复三年	梁王朱全忠杀尽宦官七百人，唐朝的宦官之祸终于结束。
904		天复四年 天祐元年	唐昭宗受朱全忠逼迫离开长安，迁往洛阳。 朱全忠使蒋玄晖等杀昭宗，立辉王李祚，改名柷，是为哀帝（昭宣帝）。
907		哀帝 （昭宣帝） 天祐四年	唐朝被梁王朱全忠篡夺，改国号为梁，是为（五代后）梁太祖。 蜀王王建称帝，建国号为蜀，是为（十国前）蜀高祖。
	五代/ 后梁	太祖 开平元年	
	（契丹）	（太祖） （元年）	

省开封市）为都；北宋有四京但以汴京为主、南宋都于临安（今浙江省杭州市）、金朝有五京、元朝都于大都（即明清两朝之北京）、明朝都于南京和北京、清朝都于北京，都不再选择在关中地区建都。这或许有政治、军事等方面的考量，却也显示主要经济区域的移动与发展趋势。

近三百年的唐朝灭亡：二十传，三百载；梁灭之，国乃改

唐昭宗光化四年（901）二月，朱全忠被封为梁王。大约这时宦官韩全诲与东川节度使李茂贞相友好，宰相崔胤则和朱全忠结交，形成宦官与藩镇、朝臣与藩镇分别联手对抗的局面。朱全忠想迁都洛阳，李茂贞希望让皇帝到凤翔（今陕西省凤翔县）；两人都想挟天子以令诸侯，最后终于爆发冲突。天复三年（903），朱全忠获胜，七百多名宦官被杀。唐朝的宦官之祸终于结束，可是唐朝却也奄奄一息。

天祐元年（904）八月，朱全忠让左右龙武统军朱友恭（李彦威）、氏叔琮，以及枢密使蒋玄晖等人进后宫弑杀昭宗。得手之后，蒋玄晖宣读假造的皇帝遗诏，以昭宗的第九子——十三岁的辉王李祚（柷）为帝，是为哀帝（昭宣帝），年号则不改，仍使用天祐年号。当时蒋玄晖等人对外发布的消息说：皇帝晚上先和昭仪李渐荣玩赌博游戏，后来皇帝醉了，遭到李昭仪杀害。虽然蒋玄晖想要将过错推给后宫嫔妃，以掩盖他们弑君的罪行，可是皇宫里的军官们早就将李昭仪和河东夫人裴贞一死前说的话传出去，所以洛阳市民

们都知道事情的真相。

　　当哀帝即位一段日子，昭宗的后事也已经处理之后，自然得要杀人灭口。于是朱友恭和氏叔琮先后被贬官并遭杀害。天祐二年（905）十一月，朱全忠被任命为相国。此时无论是名义上或是实质上，朱全忠都已牢牢掌握朝廷实权。不久之后他再杀了蒋玄晖，并假造蒋玄晖和皇太后何氏有不正常的往来关系，又派枢密王殷害死了皇太后。朱全忠想要篡位称帝的野心已经越来越明显。

　　只是朱全忠对内得意，对外反而不是那么顺利。对他而言，西方的李茂贞、蜀地的王建（十国前蜀的开国者）、北方的李克用、东北幽州的刘仁恭等人都是威胁，因此他连年用兵，想要减低外在的阻力。经过数年，朱全忠眼见时机成熟，终于在天祐四年（907）四月夺位称帝，建国号为梁，是为五代的后梁太祖，改年号为开平。唐朝二百九十年的国祚宣告结束，历史上的五代十国时期随之开始，天下再次陷入群雄并立的局面。

公元	朝代	帝王年号	大　事

五代十国

五代包括后梁、后唐、后晋、后汉与后周；十国则是吴、南唐、吴越、楚、闽、南汉、前蜀、后蜀、荆南、北汉等十个政权。五代十国本质上是唐朝末期藩镇割据的延续，就地理位置而言，五代所在区域为北方，十国中除了北汉之外，均为南方割据势力。

五代十国的政权建立，多来自有实力的将领发动兵变、篡位为王，这样建立的政权偏重武功，欠缺文化内涵，因此在内政上常有杀戮争权、荒淫无道之事，国祚无法长久，往往只是昙花一现。此时期也没有出现一个绝对的强权势力，因此割据政权间的你争我夺，始终未能平息。直到后周的殿前都点检赵匡胤利用后周幼主即位，陈桥兵变，黄袍加身，终于成就出大一统的局面，建立宋朝，时值公元 960 年。

这时期的北方外族政权，也带给宋朝一个难以解决的问题。五代中有三个沙陀人所建立的政权，即后唐、后晋、后汉，特别是后晋的石敬瑭引入契丹势力来左右中原政局，并割让燕云十六州，使得中原政权的北方门户洞开，造成日后宋朝必须与北方的辽国、金国长期对峙与抗衡的局面。

十国的政权相对于五代来说，比较稳定一些。北方的战乱让许多人选择迁徙到南方生活，丰富的知识与文化素养也随之南迁，有利于中国南方的发展。由于南方政局较为稳固，贵族士大夫的生活也较为安逸。这时期的词风堪称为"花间派"，多半描写贵族宫廷生活，南唐李后主可说是代表人物。后蜀设立翰林图画院，网罗不少绘画名家，是为中国正式的官方画院，对于绘画艺术的发展有非常积极的影响。

五代十国起自朱全忠成立后梁，终于宋太宗消灭北汉，时间历经公元 907 年至 979 年。五代当中只有后唐定都洛阳，其余都在开封；十国中的前蜀、后蜀是立国于成都，北汉在太原，其余则散落南方地区。

公元 单位：年	朝代	帝王年号	大　事
907	唐	哀帝（昭宣帝）天祐四年	唐朝被梁王朱全忠篡夺，改国号为梁，是为（五代后）梁太祖。
			幽州卢龙军节度使刘仁恭被其子刘守光囚禁。
	后梁	太祖 开平元年	后梁太祖先后封武安军节度使马殷为楚王（十国之楚武穆王）、两浙节度使钱镠为吴越王（十国之吴越武肃王）。
			蜀王王建自立称帝，建国号为蜀，是为（十国前）蜀高祖。
			此年，后梁太祖下令禁止地方军人百姓割股疗亲，因为这有逃避为朝廷服劳役之嫌疑。
908	后梁	太祖 开平二年	唐昭宗所封之晋王李克用卒，长子李存勖继位，仍与后梁维持对抗态势。
	吴越	王（钱镠）天宝元年	后梁太祖封幽州卢龙军节度使为河间郡王。
	前蜀	高祖（王建）武成元年	

契丹：出现在历史上的时间与耶律阿保机的建国

"契丹"族出现在历史上的时间比突厥还早，大约可以追溯到东晋与五胡十六国并立时期，只是其声势一直不如五胡、柔然、突厥，以及后来的高丽、回纥、吐蕃，显得不很起眼。

五胡十六国晚期的后燕和北燕都留下与契丹往来的记载。南北朝时期，契丹时常派遣使者朝见北魏皇帝，并且进献特产。北朝分裂后，契丹曾在北齐文宣帝天保四年（553）秋天侵犯北齐边界，文宣帝亲自率军反击获胜。

到了隋朝时，隋朝拉拢契丹以对抗突厥，还有族人率众归附。后来契丹的人口逐渐增加，于是迁徙到辽西一带，并将部众分为十部，过着随季节移动、逐水草而居的生活。

唐朝建立后，契丹刚开始还很顺服，但从圣神皇帝武曌在位开始，逐渐变得叛服无常。唐玄宗在位时，除宗室诸王外，连安禄山等人都曾领兵与契丹作战过，直到唐朝中期，双方关系才趋于和缓。

唐懿宗在位时，契丹渐渐强盛。唐僖宗光启年间，契丹趁着黄巢之乱刚结束，中原与北方边境还没恢复平静的机会，控制了奚、室韦等其他外族，开始骚扰幽州、蓟州一带。当时的将领刘仁恭为对付契丹，每年焚烧草原，让契丹的马匹缺乏牧草大量死亡，契丹只好求和。后来契丹毁约再度进攻，刘仁恭的儿子刘守光假装谈和，趁机活捉契丹主将舍利王子。

在契丹王钦德拿出大笔赎金后，双方终于得以立下和平誓约。之后的十年间，契丹人都不敢再靠近唐朝边界。

晚年的契丹王钦德权力逐渐削弱，在他之下八个部落的大人们，以每隔三年轮流执政的方式处理政事，直到耶律阿保机兴起，不肯让出权力并取代了原来称王的大贺氏。此时大约相当于朱全忠篡夺唐朝的时候。

接下来的九年多，耶律阿保机对外忙于征讨邻近的其他外族国家，对内平定弟弟们的谋反叛乱，还与五代后梁、与后梁对抗的晋王李克用及其子李存勖（约以今山西省一带为根据地）等人往来，开始影响中原的政治局势。到五代后梁末帝贞明二年（916）时，阿保机终于称帝，年号神册，是为契丹太祖。契丹与五代、北宋间长达二百多年的对峙局面逐渐成形。

五代十国与后梁的兴亡：梁唐晋，及汉周；称五代，皆有由

唐朝灭亡后，华北中原一带先后出现五个朝代，合称"五代"。为了与先前南朝梁武帝萧衍建立的梁朝、唐高祖李渊建立的唐朝、晋武帝司马炎建立的晋朝、汉高祖刘邦建立的汉朝、周武王建立的周朝有所区别，后来的人们在五代各朝前加上"后"字，称为后梁、后唐、后晋、后汉、后周。

五代之外，还有十国，分别是前蜀、吴、闽、楚、荆南（南平）、后蜀、南汉、南唐、吴越、北汉。另外，五代初期还有三股势力，其中之一就是与后梁对立的晋

大　事	帝王年号	朝代	公元 单位：年
后梁太祖先后封福建节度使王审知为闽王（十国之闽国）、河间郡王刘守光为燕王。 （北非）伊斯兰教先知穆罕默德之女法蒂玛与女婿阿里的后裔，建立绿衣大食（法蒂玛王朝阿拉伯帝国，至公元1171年）。	太祖 开平三年	后梁	909
燕王刘守光自称大燕皇帝，建年号为应天（五代十国以外之势力）。	太祖 开平五年 乾化元年 帝（刘守光） 应天元年	后梁 燕	911
后梁太祖遭三子郢王朱友珪弑杀，朱友珪自立称帝。	太祖 乾化二年		912
后梁帝朱友珪改元凤历，后梁太祖四子均王朱友贞起兵反抗朱友珪，得胜。朱友珪被杀，均王继位，是为后梁末帝，仍使用乾化年号。 刘仁恭、刘守光父子先后被晋王李存勖军队擒获。	帝（郢王朱友珪） 凤历元年 末帝 乾化三年		913

公元 单位：年	朝代	帝王年号	大　事
916	后梁 （契丹）	末帝 贞明二年 （太祖） 神册元年	契丹（辽）太祖耶律阿保机建立神册年号。
917	后梁 越	末帝 贞明三年 高祖（刘䶮） 乾亨元年	梁南海王刘䶮自立称帝，建国号为越，以乾亨为年号。
918	后梁 南汉	末帝 贞明四年 高祖（刘岩） 乾亨二年	契丹太祖下诏建立孔子庙、佛寺、道观。 越帝刘䶮改国号为汉，是为十国之南汉，刘䶮改名刘岩。 王建（与十国前蜀高祖同名）建立高丽国，是为王氏高丽，王建为高丽太祖。
919	后梁 吴	末帝 贞明五年 王（杨隆演） 武义元年	吴杨隆演称吴王。
920	后梁 契丹	末帝 贞明六年 太祖 神册五年	契丹制作自己的文字：契丹大字。

王李克用与李存勖父子。而后梁的历史有一大半可说是朱、李两家的对抗史。

为什么这么说呢？回到唐僖宗中和三年（883）四月，唐军收复被黄巢占据的京师长安；五月，朝廷在奖励功臣时，任命朱温兼任汴州刺史，并赐名为朱全忠。一年后，李克用的沙陀军尾随追击黄巢军时曾在汴州暂时驻扎。因为李克用是率领部分骑兵急追黄巢，主力部队没有跟上，朱全忠看他兵力不足而心生并吞的企图。于是先设晚宴款待李克用，再趁他酒醉之际派兵纵火焚烧其住宿的驿馆，结果李克用翻墙逃跑才保住一命，而且由于遭此陷害无法再追赶黄巢只好回到太原。黄巢之乱平定后，李克用向僖宗告状，希望能攻打汴州讨回公道，不过僖宗只发诏书希望双方和解。从此两家结仇，展开近四十年的争斗。

朱全忠篡位后改年号为开平，是为后梁太祖。次年李克用过世，长子李存勖继承晋王位。太祖在位六年仍无法击败晋王，病重时向身旁的近臣感叹着："我的儿子们都不是李存勖的对手，我要死无葬身之地了！"没多久，太祖的三子郢王朱友珪弑杀太祖篡位，他的弟弟均王朱友贞又杀了朱友珪继位，是为末帝。

末帝即位后，太祖的担忧果然言中，后梁军根本无法抵挡晋王的军队；不过三四年，黄河以北各州就落入晋王手中（贞明二年〔916〕）。龙德三年（923）晋王正式称帝，建国号为唐，年号同光，是为后唐庄宗。十月，后唐军兵临东都开封。末帝在城陷前夕，为了不让自己落入后唐之手，而要属下皇甫麟刺杀他，后梁灭亡。

从后唐到后晋：石敬瑭的兴起

五代后唐自认是"中兴"唐朝，不过事实上后唐的先祖是沙陀人，本姓朱耶（朱邪），后来才被唐朝赐予国姓李氏，纳为皇室成员。事实上他们和唐朝皇室没有血缘关系。而且由于他们的沙陀血统，使得后唐成为历史上第一个由外族建立的正统朝代。

后唐庄宗从继位晋王开始到过世（后梁太祖开平二年〔908〕到后唐庄宗同光四年〔926〕）近二十年的时间，一战并吞强邻幽州节度使刘仁恭和刘守光（后自称大燕皇帝）父子；再战灭后梁以报朱全忠企图谋害父亲李克用之仇；三战亡十国前蜀而获得西南土地；君临华北，好不威风！可是在他灭亡后梁之后，开始志得意满，竟然重蹈唐朝覆辙宠信宦官。而且因为他擅长音乐，所以对伶官（乐官）也备加信任，使他们得以趁机抓取权力。到在位后期，对军队的奖赏也不尽公平，终于招致叛乱爆发，庄宗遇害。

接替庄宗帝位的是后唐明宗李嗣源（李克用养子）。明宗的个性仁厚，即位后立即裁减皇宫内宦官、伶官等编制的人数，施政也尽量不扰民，让百姓休养生息。在位期间（天成元年〔926〕至长兴四年〔933〕）可说是后唐的小康时代，有"后唐明宗之治"的美称。

明宗过世后，三子宋王李从厚继位，是为闵帝。闵帝在位仅约半年，就被他的

大 事	帝王年号	朝代	公元（单位：年）
契丹太祖任命次子尧骨（耶律德光）为天下兵马大元帅。	末帝	后梁	922
	龙德二年		
	太祖	契丹	
	天赞元年		
晋王李存勖称帝，建元同光，是为（五代后）唐庄宗。	末帝	后梁	923
	龙德三年		
	庄宗	后唐	
后梁东都开封被后唐庄宗率军攻破，后梁亡。	同光元年		
后唐庄宗寻求原本在唐朝朝廷里任职的宦官。	庄宗	后唐	924
（五代十国外之势力）凤翔节度使、秦王李茂贞（宋文通）病死。	同光二年		
后唐庄宗以魏王李继岌为西川四面行营都统、郭崇韬为招讨使，率军伐十国前蜀；前蜀后主王衍投降，前蜀亡。	庄宗	后唐	925
	同光三年		
	后主（王衍）	前蜀	
	咸康元年		
契丹太祖亲征渤海国。	太祖	契丹	
	天赞四年		

公元 单位：年	朝代	帝王年号	大　事
926	后唐	庄宗	后唐成德军节度使李嗣源叛变，攻入汴州。后唐庄宗遭从马直指挥使郭从谦的部队弑杀；李嗣源入洛阳继位为帝，是为后唐明宗。
		同光四年	
		明宗	
		天成元年	
	契丹	太祖	
		天赞五年	契丹灭渤海国。
		天显元年	契丹太祖改元天显，将渤海国改为东丹国，立长子耶律倍为东丹人皇王加以统治。
			契丹太祖过世，皇后述律平代为处理政事。
927		明宗	契丹太祖次子耶律德光继位称帝，是为契丹太宗。
		天成二年	
		太宗	
		天显二年	
930		天成五年	东丹国人皇王耶律倍（突欲）投奔到后唐。
		天显五年	
932	后唐	明宗	在后唐明宗同意之下，后唐开始依石经文字制作九经雕版（此处石经应指唐文宗开成年间所刻之石经，而九经则应指《易》、《书》、《诗》、《周礼》、《仪礼》、《礼记》、《左传》、《公羊传》、《穀梁传》）。
		长兴三年	

兄长潞王李从珂〔其实是明宗养子，所以两人不是亲兄弟〕赶下台。潞王即位，是为废帝（末帝）。随着废帝得位，石敬瑭的势力也逐渐兴起。

石敬瑭何许人也？他是后唐明宗的女婿，明宗称帝后逐渐在朝廷里担任要职。当闵帝被潞王逼迫离开洛阳时，曾经投靠石敬瑭，但石敬瑭反而倒向潞王阵营，闵帝随即被杀。废帝即位后，契丹不断出兵骚扰边界，身为河东节度使的石敬瑭要求增兵增粮，引起废帝疑心，想要削弱其权力。石敬瑭于是在清泰三年（936）五月造反。为了能够一举扳倒废帝，石敬瑭寻求契丹支持，并被立为皇帝，以晋为国号，改元天福，是为后晋高祖，双方并且约定为父子之国。

废帝面对后晋军的攻势一筹莫展，结果在当年十一月于洛阳自焚殉国，后唐灭亡。

十国与南唐的立国

五代十国中的"十国"是：

前蜀：开国者为王建，传至王衍时，亡于五代后唐。

吴：奠基者为弘农郡王杨行密、吴王杨渥，开国者为汤渭，传至汤溥时，被权臣徐知诰（李昪〔biàn〕）所夺。

闽：奠基者为王审知、王延翰，名义上臣属于五代后梁和后唐，受封闽王，实际独立。开国者为王延钧，历王昶、王延羲、王延政，最后亡于南唐。其中王延钧、王昶在位时仍向后唐和后晋称臣。

楚：名义上臣属于五代后梁至后汉，

受封湖南节度使、楚王，实际独立。历马殷、马希声、马希范、马希广等四人，最后降于南唐。

荆南（南平）：名义上臣属于五代和北宋，受封荆南节度使、南平王，实际独立。历高季兴、高从诲、高保融、高保勖、高继冲五人，最后降于北宋。

后蜀：开国者为孟知祥（时间在五代后唐闵帝应顺元年〔934〕），传至孟昶时，亡于北宋。

南汉：开国者为刘陟（岩、龚、龑〔yǎn〕），历刘玢、刘晟、刘铱（chǎng），最后亡于北宋。

南唐：开国者为李昪，历李璟（景）、李煜，最后亡于北宋。

吴越：名义上臣属于五代和北宋，受封吴越国王，实质独立。历钱镠（liú）、钱元瓘（guàn）、钱弘佐、钱弘倧、钱弘俶等五人，最后主动献地给北宋。

北汉：开国者为刘崇（旻），为五代后汉皇室成员，以太原为根据地（约今山西省之一部分）与五代后周对抗，并和辽朝结交。历刘承钧、刘继恩、刘继元，最后亡于北宋。

除了最后建立的北汉外，其余九国均立国在华中、华南一带。十国国内局势多比五代安定，国祚也比五代各朝长；但无论是五代还是十国，都是唐朝藩镇割据局势的产物。

十国当中，最为大家熟知的应该是南唐，而南唐的立国脱胎于它的前身——吴国。吴王杨渭的称帝（吴惠帝）其实是受到权臣徐温的影响。徐温在后唐明宗天成

大　事	帝王年号	朝代	公元 单位：年
后唐明宗过世，三子宋王李从厚继位，是为后唐闵帝。	长兴四年		933
后唐闵帝遭潞王李从珂叛变夺位，不久遇害。李从珂是为后唐废帝（末帝）。	闵帝 应顺元年 废帝（末帝） 清泰元年	后唐	934
后唐蜀王孟知祥自立称帝，建国号为蜀，是为十国后蜀。	高祖（孟知祥）	后蜀	
十国之后蜀高祖孟知祥病死，三子孟昶继位，是为后蜀后主。	后主（孟昶） 明德元年		
后唐河东节度使石敬瑭获契丹支持，被立为皇帝，是为（五代后）晋高祖。	废帝（末帝） 清泰三年 高祖	后唐 后晋	936
后唐不敌后晋军攻势，废帝自焚殉国，后唐亡。	天福元年		
（中欧）东法兰克王国国王奥托一世继位为王，后来成为神圣罗马帝国的开国者。			
十国之吴国遭权臣徐知诰（李昪）篡夺，改国号为齐。隔年又改国号，即为南唐。	高祖 天福二年 睿帝（杨溥） 天祚三年 （帝　徐知诰 升元元年）	后晋 吴 （齐）	937

公元 单位：年	朝代	帝王年号	大　事
938	后晋	高祖 天福三年	后晋以赵莹为使者，交出十六州土地图籍给契丹。
	契丹	太宗 天显十三年 会同元年	
942		天福七年 会同五年	后晋高祖过世后，由侄儿齐王石重贵继位，是为后晋出帝。
			后晋使节传递给契丹的国书中，自称"孙"而不称"臣"；契丹太宗不满，心生南攻后晋的念头。
946		出帝（少帝） 开运三年	契丹太宗亲自率军攻击后晋。
		太宗 会同九年	后晋京师开封被契丹军攻破，后晋出帝被俘。
947	后晋	出帝（少帝） 开运四年	后晋灭亡后，契丹改国号为辽。
	后汉	高祖 天福十二年	辽太宗撤出中原，后晋北平王、河东节度使刘知远乘机称帝，但采用后晋高祖天福年号。
	契丹 （辽）	太宗 大同元年	
		世宗 天禄元年	皇帝刘知远建国号为汉，是为（五代后）汉高祖。
			辽太宗在回到北方的途中过世，侄儿永康王耶律阮（兀欲）即位，是为辽世宗。

二年（吴王杨溥顺义七年〔927〕）过世，权力由养子徐知诰继承。他在后晋高祖天福二年（吴睿帝杨溥天祚三年〔937〕）逼迫杨溥退位，改国号为齐。次年恢复本名为李昇，再改国号为唐。南唐就这样诞生了。

从后晋到后汉：被契丹操纵命运的后晋

五代后唐废帝清泰三年（936）十一月，当石敬瑭获契丹太宗耶律德光支持，并且被册立为皇帝时，双方约定为父子之国。当然，契丹是父亲，后晋是儿子。可是石敬瑭大约比契丹太宗还要大上十岁，实在很难想像他可能得称契丹太宗一声"父皇"的情景！

石敬瑭为了要向契丹献殷勤，竟然还割让雁门以北及幽州的土地（包括幽、涿、蓟、檀、顺、瀛、莫、蔚、朔、云、应、新、妫〔guī〕、儒、武、寰等十六州，大约是横跨今山西省和河北省北方，经过长城一带的土地），后来通称"燕云十六州"，每年再输出三十万的帛给契丹。结果原本防御外族入侵的长城屏障，反倒成了保护外族的利器，从此契丹有长驱直入华北中原的机会，五代后期和北宋倍感威胁与此有关，后晋的国势也因此被契丹所掌控。

后晋开国后，后晋高祖在讨契丹欢心这件事上似乎是乐此不疲，常常派使者送礼物到契丹，生怕契丹方面不高兴。有些将领看不过去想要和契丹战斗还被高祖阻止，这情景简直是匪夷所思。

高祖死后，侄儿石重贵即位，是为出帝（少帝）。由于出帝的即位没有经过契丹同意，契丹太宗大表不满。后晋的大臣景延广还对契丹使者说："高祖是契丹所拥立的，现在的皇上是我国自立继承的；向契丹称自己是孙子（高祖是儿子，出帝就是孙子）是可以的，可是要自称是契丹的臣子就不行。我国已经备有十万口横磨剑（表示有十万精锐部队随时备战），要战的话就来吧！"当然契丹太宗听到后，就亲自领兵来攻后晋了。

双方一开战，后晋发现无法有效抵挡契丹军，但是已经来不及了。开运三年（946）年底，京城开封就被契丹军攻破。次年，契丹将出帝和后晋皇族的主要成员全部送往北方，后晋灭亡。

契丹太宗原本想要留下来入主中原，还在二月时将国号改为"辽"，不过由于水土不服，加上军队纪律和习惯与中原不合而失去人心，辽太宗决定回到北方。此时刘知远乘机称帝，而辽太宗也在途中过世，侄儿耶律阮继位，是为辽世宗。五代和辽的内部情势到此又是一变。

历史上最短命的朝代——后汉：随着后周、北汉建国，五代十国的分裂局面进入最后阶段

五代后晋遭契丹（辽）太宗灭亡，可是契丹却因无法征服中原而离境北归；中原群龙无首，北平王、河东节度使刘知远乘机取而代之，于后晋出帝开运四年（947）二月即位称帝。可是刘知远当时没有定国号和选择新年号，却使用后晋高

大　事	帝王年号	朝代	公元 单位：年
后汉高祖改年号为乾祐，不久之后过世；次子周王刘承祐继位，是为后汉隐帝。	高祖 天福十三年 隐帝 乾祐元年	后汉	948
后汉枢密使郭威叛变。 后汉隐帝遭亲信郭允明弑杀。郭威进入京师，控制朝政。	隐帝 乾祐三年		950
五代后汉被郭威篡夺，改国号为周，是为（五代后）周太祖。不服后周改朝换代的后汉皇族，以刘崇为首在太原立国，国号仍为汉，是为十国之北汉。 辽世宗在率军南攻后周途中，遭泰宁王耶律察割弑杀；辽太宗长子寿安王耶律璟继位，是为辽穆宗，改元应历。	太祖 广顺元年 世祖（刘崇） 乾祐四年 世宗 天禄五年 穆宗 应历元年	后周 北汉 契丹 （辽）	951

公元 单位：年	朝代	帝王年号	大　事
953	后周	太祖 广顺三年	九经雕版完成。
954	后周 北汉 辽	世宗 显德元年 世祖（刘崇） 乾祐七年 穆宗 应历四年	后周太祖过世，养子（内侄）晋王柴荣继位，是为后周世宗。北汉趁机进攻后周，后周世宗亲征，击败北汉与辽之联军，再处理太祖丧事。
955	后周 后蜀 南唐	世宗 显德二年 后主（孟昶） 广政十八年 元宗（李璟） 保大十三年	后周世宗派宣徽南院使向训、凤翔节度使王景，出兵南征后蜀。 后周世宗展开灭佛运动。 后周世宗以李谷为淮南道行营都部署，出兵南征南唐。

祖的天福年号，称天福十二年，原因费解，直到六月才改国号为汉，是为后汉高祖。为了要与汉朝有所区别，因此史书称之为（五代）后汉。虽然刘知远"也"被称为"汉高祖"，但事实上他和后唐的皇室一样是沙陀人，与汉高祖刘邦可是"没有直接血缘关系"。

天福十三年（948）春正月初五日当天，后汉高祖改为乾祐元年；二十七日就过世，在位刚满一个阳历年而已。次子刘承祐即位，是为隐帝，年号不改。

高祖和隐帝在位时，对武将郭威相当信任。隐帝即位后，后汉接连面临护国军节度使李守贞造反、辽朝入侵的内忧外患，朝廷都派郭威出征接战，在朝中具有相当影响力。乾祐三年（950）十一月，隐帝以有预谋叛乱的罪名，先后诛杀多位大臣及其家族，这股大杀臣子的风潮很快就吹到郭威身上。郭威决定反击，他激怒属下将领，以清除皇帝身旁奸臣为名起兵，一路向京城方向推进。当郭威兵临城下之际，隐帝在城内遇害。

郭威入京城后，请太后临朝暂代国政，又表示拥护高祖的侄儿徐州节度使刘赟为皇帝。到年底时，边境传来辽朝入侵的消息，郭威再领军队北征。半途上部队发生政变，将军队里的黄旗撕下来暂时当成黄袍披到郭威身上，他就这样当了皇帝。历经后唐、后晋、后汉均由外族建立朝代的时代后，皇位再度回到汉人手中，而后汉也创下了从开国到亡国只有四年的最短历史纪录。

次年（951）正月，郭威即位，改国号

为周，改年号为广顺，是为后周太祖。至
于不服郭威改朝换代的后汉皇室成员，以
后汉高祖刘知远的弟弟刘崇（旻）为首，
在太原称帝，史称北汉。北汉与辽朝合
作，展开与后周之间的持久对抗。五代十
国的分裂局面随之进入最后的阶段。

后周世宗的积极作为：为宋朝的统一奠定基础

　　五代时期，中原多数时间陷于纷扰动
乱，大概只有前期讲求与民休息的后唐明
宗，和后期力图振作进取的后周世宗在位
时，才难得处于平静。后唐明宗维持了中
原朝廷的小康局面，而后周世宗的积极作
为不仅影响当时，也为日后宋朝的统一奠
定基础。

　　后周世宗的名字是柴荣，是后周太祖
郭威的养子。其实柴荣是郭威的内侄，原
本得喊郭威一声姑丈，可是因为柴荣小时
就被养在郭家，很得到郭威的疼爱，最后
收养了他。

　　柴荣在后汉建国后开始出任官职，当
郭威举兵进攻京城时他留守后方。其间郭
威的亲生儿子都被后汉朝廷所杀。后周
开国后，柴荣转任澶州节度使，广顺三年
（953）担任开封尹并被封为晋王。显德元
年（954）太祖病逝，晋王柴荣即位，是为
后周世宗，年号不改。

　　世宗即位不久，北汉就趁国丧之际
来攻。世宗亲自率军迎敌，击败北汉与辽
之联军。世宗在处理完太祖丧事后，便反
守为攻，主动攻击北汉，直逼太原城下。

　　显德二年（955），世宗要大臣们对

大　事	帝王年号	朝代	公元 单位：年
后周连续南征南唐，攻克淮南十四州，双方改以长江为界。	世宗 显德五年	后周	958
后周世宗于阅览唐同州刺史元稹所著《长庆集》后，依内容制成均田图，颁赐给各地方节度使与刺史。世宗借此举表明他想要实施均田制，并且让地方官吏先行了解、学习。	元宗（李璟） 中兴元年	南唐	
后周世宗率军北征，至五月时因病班师回朝，不久过世；儿子梁王柴宗训继位，是为后周恭帝。	世宗（恭帝） 显德六年	后周	959

公元 单位：年	朝代	帝王年号	大　事
960	后周 宋	恭帝 　显德七年 太祖 　建德元年	赵匡胤发动陈桥兵变，后周恭帝被迫退位，后周亡。

于朝廷施政有意见时，必须直言无讳地劝谏皇帝才算尽忠，此外还展开继"三武之祸"后又一波的灭佛运动。对外派宣徽南院使向训、凤翔节度使王景伐后蜀，连续攻下秦州、凤州等地；再以李谷为淮南道行营都部署南伐南唐，自此连续三年三征南唐。到显德五年（958）三月时，已经攻克淮南十四州，与南唐间改以长江为界。

世宗除南征外，还于显德六年（959）率军北征，想要夺回先前后晋割让给契丹（辽）的土地。接下来两个月内，乾宁军、益津关、瓦桥关等地守将纷纷向周军投降。可是当世宗打算进攻幽州时却突然生病，只好班师回朝。不久便在万岁殿过世，享年仅有三十九岁。其子梁王柴宗训即位，是为恭帝。

后周世宗是五代难得一见的贤明皇帝，他努力拓展疆土，留心政事，赏罚分明，可惜英年早逝，心中怀抱的远大志向无法实现。由于继位的恭帝年仅七岁，后周的命运也迅速地走到关键的转捩点……

宋朝

赵匡胤原本是后周的殿前都点检，在"陈桥兵变"时被部下黄袍加身、拥戴为皇帝，建立宋朝，是为宋太祖。面对南北分裂的残局，宋太祖很快决定了"先南后北"的统一政策，然而统一大业却是在宋太宗手上完成的，只有燕云十六州并未收回。再者，宋朝的治国方向就是"强干弱枝"，"重文轻武"是其政治特色，这也使宋朝陷入两大难题。

第一是受外患侵扰时，地方上没有足够的兵源可以对抗敌人，因此即使宋真宗亲征，逼和了辽国，还是得签下《澶渊之盟》，每年给辽国数量可观的岁贡。还不仅于此，对敌人的认识不清，让宋徽宗以为签下"海上之盟"，便可以"联金灭辽"，顺便收回燕云十六州，却没想到被金兵反咬一口，最后导致徽宗、钦宗两帝被俘虏，史称"靖康之难"，北宋灭亡。宋朝宗室推举赵构（宋高宗）即位，定都临安，即为南宋。宋高宗被金人追到无处可逃，只好向金称臣、纳贡。这不仅造成南宋的财政负担，更造成终南宋一朝，都无法脱离受北边政权威胁的局面。

第二个问题是，宋朝难以解决文人政治延伸出的朋党之争，致使政策的决断与执行受到极大的阻碍。如宋仁宗时期的"庆历新政"，受到"庆历党议"的影响，很快宣告停止；宋神宗时期任用王安石推行"熙宁变法"，也因为知识分子间的意气之争，受到阻碍，甚而延续到宋哲宗时期的"元祐党争"。意见太多，让宋朝皇帝的国家治理无法产生绩效，也无法一致对外，所以当蒙古人跨越长江时，宋朝皇室只能一路逃跑，宋帝昺跳海自尽，结束宋朝的命运。

宋朝的儒学受到佛教与道教的影响，产生所谓的"理学"；司马光主编出有系统的编年体史书《资治通鉴》；能与"唐诗"并称的就是"宋词"，各家都有丰富的表现手法；"说话"在宋朝很流行，特别喜欢讲唱历史故事。沈括的《梦溪笔谈》汇编整理了宋朝当时的科技成就；宋朝重视书画艺术，《清明上河图》就是此时的作品。

宋朝的国祚自公元960年至1279年，起自宋太祖赵匡胤，终于宋帝昺。北宋定都汴梁（即开封），南宋定都临安（即杭州）。

单位:年 公元	朝代	帝王年号	大　事
960	北宋	太祖 建隆元年	赵匡胤发动陈桥兵变,后周恭帝被迫退位。定都汴京,建国号宋,是为太祖。 昭义节度使李筠、淮南节度使李重进先后起兵叛变,太祖亲自率军平定,李筠、李重进皆自杀身亡。 太祖废除皇帝与宰相坐对议事之礼。
961		建隆二年	太祖以柔性方式解除石守信等将领的兵权,史称"杯酒释兵权"。 女真入贡。 突厥人在西方建国。
962		建隆三年	奥托一世受教宗加冕为帝,神圣罗马帝国建立。
963		建隆四年 乾德元年	以文臣管理各州事务。 应周保权请求出兵湖南,遂向南平高继冲借道,趁势灭南平、收湖南。 设置诸州通判。
964		乾德二年	任赵普为相。

陈桥兵变,黄袍加身(上):取天下于孤儿寡母之手

后周显德七年(960)正月初一,距后周世宗柴荣过世仅半年,在位的是他的七岁稚子恭帝,忽然,后周朝廷接到从河北边区传来的急报,契丹与北汉的大军已经南下,请求中央即刻派兵支援,于是大臣们商议由殿前都点检赵匡胤率军北上御敌。

正月初三,大军出了开封城,当晚扎营于陈桥驿。深夜时分,一群与赵匡胤很亲近的军官开始鼓噪,并煽动说,恭帝年幼无知,此次出战,纵使拼死杀敌,也得不到谁来顾念他们的功劳,不如先拥立点检为天子,然后再出兵!赵匡胤弟弟赵光义和亲信赵普马上出面劝阻,但压制不住将士沸腾的情绪。最后,众人聚集在赵匡胤处,由赵光义叫醒了还在酒醉的赵匡胤,将黄袍披在他身上,于是将士们纷纷跪下磕头,并高呼万岁,请他回京即位。赵匡胤见此,便要求众人必须听从他的命令,否则就不愿意当他们的天子,全军官兵自然异口同声答应。

回到开封后,除了大臣韩通因试图抵抗而被杀死外,其他人在武力胁迫下都顺从地跪下磕头。随后赵匡胤带领拥护者来到崇元殿接受恭帝的禅位,翰林学士陶谷适时拿出禅位诏书,登基仪式顺利完成。次日发布诏书,建国号为宋,因为赵匡胤曾统领宋州,故名之。

陈桥兵变，黄袍加身（下）：自导自演

这起"黄袍加身"的事件，史称"陈桥兵变"。表面看来，赵匡胤是因深受将士爱戴而被拥上天子大位，其实整件事从头到尾都是他一手策划、自编自导自演的。

为何如此说？先说一开始契丹与北汉大军南下的消息，那根本是假的，因为在《辽史》中并见不到当时辽国曾有出兵南下的记载，这是为了替统领禁军的赵匡胤制造一个出征的机会。所以在陈桥兵变后，赵匡胤可以立刻率领大军回开封，全然不必理会辽汉联军的威胁。一般认为赵匡胤应该是参考了当年郭威率军北征，发动兵变篡了后汉的先例而拟定的策略，因为在行军途中发生兵变，可将责任推给官兵，说是怕误了作战任务，如唐玄宗逃难时，将士们在马嵬驿兵变，逼得玄宗挥泪赐死杨贵妃，大军才肯继续前进。如果在京城内，就没有适当理由，赵匡胤虽是禁军统领，但要召集大军"逼宫"也非易事，还有什么是比出兵作战更好的时机的？

当官兵开始起哄，赵光义、赵普等人假装劝阻，其实已经派人通知留守开封的宿卫将军石守信、王审琦，准备到时打开城门让赵匡胤率军入宫，里应外合。而且，若没有赵光义等人事先准备好道具，荒郊野外，如何"黄袍"加身？当他们回朝见到宰相范质等人，赵匡胤哭哭啼啼显得非常伤心，表示这并非他本意，是被将

大　事	帝王年号	朝代	公元 单位：年
遣王全斌率兵入蜀，后主孟昶出降，后蜀亡。	乾德三年	北宋	965
王全斌等放纵士兵掳掠，降兵因不堪虐待起而反抗，首领为全师雄，称兴蜀大王。			
设置诸路转运使。			
全师雄卒，蜀境民变平定。	乾德四年		966
《旧五代史》完成。	乾德五年		967
征伐北汉，辽国出兵救之。	乾德六年 开宝元年		968
郭无为弑北汉帝刘继恩，刘继元为帝。			
安南丁部领统一全国，建国号瞿越。			
太祖领兵伐北汉，围太原。	开宝二年		969
北汉帝杀郭无为。			
辽穆宗遭刺杀，耶律贤即位，是为景宗，出兵救援北汉。			
派遣潘美伐南汉。	开宝三年		970
潘美克广州，南汉亡，立国五十五年。	开宝四年		971

公元 单位：年	朝代	帝王年号	大　事
	北宋		初置市舶司于广州。 南唐李煜自去国号，改称江南。
972		开宝五年	黄河于大名府决堤，发生大饥荒。
973		开宝六年	开始实行由皇帝亲试考生的殿试。 封丁琏为交阯郡王。 太祖封弟赵光义为晋王。
974		开宝七年	派遣宋将曹彬伐江南。
975		开宝八年	曹彬大败江南兵于秦淮，进围金陵，江南主李煜降，南唐亡，立国三十九年。
976	太祖 太宗	开宝九年 太平兴国元年	吴越王钱俶来朝。 遣军伐北汉，败北汉兵，辽出兵相救。 太祖猝死，弟赵光义即位，是为宋太宗。 十二月改元太平兴国。
977		太平兴国二年	宋大增科举考试录取名额。

士们逼迫的，这大概也是在演戏。等到他收服群臣后，便入宫请小皇帝让位，陶谷可以从容不迫地立刻拿出文绉绉的禅位诏书，也可显见是早有准备的。更耐人寻味的是，事后赵匡胤的母亲杜太后曾说："吾儿素有大志，今果然。"或许赵匡胤曾在言谈之中透露出他想当天子的企图，或许其母曾见过赵匡胤与其党羽私下谋划的一面，不管如何，此语多少印证了"陈桥兵变"并非偶然。

赵匡胤因后周世宗的提拔而升至殿前都点检，掌管禁军，世宗死后，留下了一对可欺的孤儿寡母，此时军权操纵在赵匡胤手中，也就让他萌生篡夺帝位的野心。但赵匡胤又不愿背上忘恩负义的千古骂名，当年在后周太祖郭威策划的兵变中，赵匡胤也是起哄官兵的一员，郭威怎样篡汉建周，赵匡胤便也依样画葫芦篡周建宋。不过，或许因为他是武人出身，心思不够缜密，因而在整个过程中出现了不少漏洞，才让后人有机会找到破绽。

杯酒释兵权：卧榻之侧岂容他人酣睡

陈桥兵变后，赵匡胤顺利登基，是为宋太祖。石守信等有功将领得到宋太祖的重用，分别掌握部分禁军的指挥权。但城府深沉的太祖，却开始担心禁军将领会不会也以自己为榜样演出"兵变"，为此他又精心策划了一场绝妙好戏。

建隆二年（961）七月，赵匡胤召集石守信、高怀德等将领前来饮宴，酒过三巡，大家都有了几分醉意，太祖却表现出一副闷闷不乐的样子，爱将们遂问他有何心事。太祖命侍从人员退去后，便说："没有你们的帮忙，我哪有今天？可是我自从当了皇帝后，晚上常常睡不安宁，还不如以前当节度使时来得快活。"石守信等人听得一头雾水，忙问原因为何。太祖说："答案再清楚不过了，天子之位，谁不想要？"众人听出太祖的弦外之音，连忙回答："如今天命已定，谁还敢有异心？"太祖感叹说："相信你们是没有，但是你们的部下就难说了，哪天他们因为贪图富贵而把黄袍披在你们身上，那也由不得你们了。"听到这一番话，大家都吓出了冷汗，因为太祖分明是怀疑他们有篡位的野心，一时间百口莫辩，只好急忙跪下请求太祖指点一条明路。太祖便道："生命短暂，如白驹过隙，不过是想多累积一些财富，让自己尽情享乐，使子孙免于贫困罢了。你们何不放下兵权，买些田地留给子孙，也可买些歌伎舞女，饮酒作乐，颐养天年。如此一来，我们君臣之间也不会互相猜疑，不是很好吗？"众人听了，这才松了口气，纷纷叩头谢恩。

第二天，石守信等人便上表说因有病在身，恳求准予解除他们的兵权。太祖自然答应了，不但赐予金银财宝，后来还与他们结为儿女亲家。就这样，宋太祖四两拨千斤轻松地掌握了禁军。

八年后，开宝二年（969），宋太祖又来了一次"杯酒释兵权"，上次是对付中央的禁军将领，这次则把矛头指向掌握地方军权的节度使。不过这次仅有一个以前的老上司王彦超识相，自愿解甲归田，

大　事	帝王年号	朝代	公元 单位：年
立崇文院，藏书八万卷。	太平兴国三年	北宋	978
平海军节度使陈洪进献上漳、泉二州。			
吴越王钱俶归降，吴越亡，立国七十二年，为最后一个归顺的南方政权。			
南唐后主李煜卒。			
太宗亲征北汉，围太原，刘继元出降，北汉亡，立国二十九年。	太平兴国四年		979
中国统一，五代十国时代结束，共七十三年。			
太宗欲乘势收复燕云十六州，率军攻辽，直至幽州，败于高梁河之役，太宗负伤而归。			
党项李继筠卒，弟李继捧嗣位。			
安南黎氏篡位，丁朝亡。	太平兴国五年		980
宋将杨业于雁门关大败辽军。			
辽军侵宋，耶律休哥于瓦桥关一战大败宋军。			
宋于易州破辽兵。	太平兴国六年		981

公元 单位：年	朝代	帝王年号	大　事
982	北宋	太平兴国七年	李继捧率党项族人入朝归顺，太宗封其为彰德军节度使；弟李继迁则另率族人叛宋。 辽景宗卒，子隆绪立，是为圣宗，再次更改国号为契丹。
983		太平兴国八年	李昉等完成《太平御览》之编纂。
984		太平兴国九年 雍熙元年	宋将尹宪、曹光实领兵大破李继迁，逼其退往黄羊平（今陕西定边县东南）。
985		雍熙二年	李继迁诱杀曹光实，攻占银州。
986		雍熙三年	宋军分三路攻辽，曹彬败于岐沟关，潘美败于飞狐，杨业败于陈家谷，且遭俘，绝食而亡，史称岐沟关之役。
987		雍熙四年	派遣官员于诸州募兵，将大举伐辽。
988		端拱元年	任李继捧为定难军节度使，并赐其姓名为赵保忠。

其余几个仍口沫横飞地回忆当年勇，意思就是自己还能再打几年的仗。太祖听了只是冷冷地表示："这都是前朝的事情，有什么好提的？"第二天，便一一罢免了他们，解除其兵权。

有鉴于唐末五代禁军与藩镇的跋扈，宋太祖收回兵权，削弱地方军事力量，之后又实行"更戍法"，经常调换将帅与驻防，使"将不专兵，兵不专将"，虽然杜绝了藩镇割据与兵变之弊，却也大大地削弱宋军的战斗力，造成在日后与辽、西夏的战争中，北宋屡尝败绩，只能一直陷于积弱不振的局面中而无法自拔。此外，北宋自太祖起，皆实施"强干弱枝"的基本国策，将之贯彻于军事、政治、财政、司法等各层面，这固然可以防止地方专权，但也严重地削弱了地方力量，导致一旦边防崩溃，则全面崩溃，因为地方无力阻绝外患之入侵，这也是靖康之祸时为何金兵可以长驱直入汴京的重要原因。

烛影斧声：从太祖到太宗

开宝九年（976）十月十九日，一个大雪纷飞的夜晚，宋太祖找弟弟赵光义入宫，并斥退所有人，只留下他们兄弟俩把酒言欢。忽然间，在远处候命的宫女和宦官们在烛影摇晃中望见赵光义离开席位，不时地退让、闪避，还听到太祖以玉斧击地的声音，并大声对赵光义说："好为之，好为之。"后来赵光义告辞回府，太祖则解衣就寝。不料，天还没亮，便传出太祖驾崩的消息。

由于太祖猝死，没留下遗命或遗诏，

所以皇后很紧张，急忙让太监王继恩召皇子赵德芳入宫，不料王继恩没去找赵德芳，反而通知了晋王赵光义，并带他和其亲信医官入宫。

一到宫中，皇后便问王太监："德芳来了吗？"他领赵光义现身并答："晋王到了。"皇后一看这情势，知道大事不妙，便哭着对晋王说："我们母子的性命都托付于官家了。"官家是宋朝对皇帝的俗称，此语一出，表示在皇帝死后，拥有决定皇位继承最大发言权的皇后，已经臣服于赵光义了。不过赵光义仍安慰她说："共保富贵，不用担心。"隔天，赵光义顺利即位，是为太宗。

可是问题来了，自商朝后期以下，中国历代都采取"父死子继"的皇位继承制，宋太祖明明有德昭、德芳两个二十五岁与十七岁的儿子，皆可独当一面，怎么轮得到弟弟赵光义呢？加上太祖死因可疑，武人出身的他身强力壮，死时才五十岁，为何会突然暴毙？而且宋太宗的态度举止都很不寻常，难免让当时的人议论纷纷，认为太祖是被太宗毒死的。疑点有二：

一是当王继恩去开封府找赵光义时，在府外遇到医官程德玄，程说是赵光义在半夜找人召见他，但是出门后又没见到人，他担心赵光义是否病了，正打算去府内探视。似乎赵光义知道太祖有些状况，才会在半夜召唤亲信的医官，后来并带他入宫，可能是想确认太祖生死，或是动些手脚掩人耳目，否则何必于此一关键时刻带医官入宫？

二是通常继位的皇帝为了表示对前帝

大　事	帝王年号	朝代	公元 单位：年
辽兵攻陷易州。	端拱二年	北宋	989
辽封李继迁为夏国王。	淳化元年		990
李继迁请降于宋，被任命为银州观察使，赐名赵保吉。赵保忠叛宋降辽。	淳化二年		991
宋开始于科举考试实行糊名之制。	淳化三年		992
交州黎桓入贡，被封为交阯郡王。四川发生王小波、李顺起义，王小波于年底战死。	淳化四年		993
李顺于成都建立大蜀政权，兵力达数十万之众。宋将李继隆攻夏州，掳李继捧。寇准参政。	淳化五年		994
宋军破成都，李顺战死。	至道元年		995
因李继迁不受诏，遣李继隆讨之，无功而还。	至道二年		996

公元	朝代	帝王年号	大　事
997	北宋	至道三年	分天下州军为十五路。
			太宗卒，李皇后与宦官王继恩本欲立废太子元佐为帝，赖宰相吕端之力，始能使太子赵恒顺利即位，是为真宗。
			李继迁降，恢复姓名，封定难军节度使。
998		真宗	辽耶律休哥卒。
		咸平元年	
999		咸平二年	初置翰林侍读学士，令邢昺、孙奭等校注诸经义。
			辽兵侵扰边境，帝亲自率将御之。
1000		咸平三年	欧洲各地盛传世界末日即将来临，人心惶惶。
1001		咸平四年	李继迁叛宋。
1002		咸平五年	李继迁攻陷灵州，改名西平府。
1003		咸平六年	李继迁与西蕃战，败死，子德明立。
1004		景德元年	辽圣宗、萧太后亲率辽军二十万南侵。真宗御驾亲征，双方签订澶渊之盟。

的尊重，当年仍沿用旧年号，第二年才改元用新年号，除非是像太祖篡后周，建立新朝代，才会当年改元。太宗在十月二十一日即位，竟然连一个多月都等不及，立即改元，似乎隐含着建立新政权的意图。此外据《辽史》记载，太宗是"自立"为帝，可见当时应有许多人认为这个皇位不是太祖传给他，而是他自己抢来的。

金匮之盟：宋史中的一段疑云

宋太宗即位后，为了安抚人心，便让太祖的心腹宰相赵普出示"金匮之盟"来证明其皇位的正当性。何谓金匮之盟？赵普宣称当年杜太后临终时，将他召进宫中听记遗命，她问太祖说："你知道为什么你能取得江山吗？"太祖答道："都是靠祖宗及母亲您的福德庇荫。"杜太后说："错！要不是周世宗把帝位传给了年幼的恭帝，你能得到天下吗？"接着太后指示太祖，为了防止日后赵家江山也被人抢去，要他死后必须传位给赵光义，再传给小弟赵光美，最后才传给太祖之子赵德昭、赵德芳。太祖于是恭恭敬敬地答应了，为了监督太祖等人遵守她的遗命，杜太后请赵普记录下来，并签名为据，将此誓书秘藏于金匮之中。

如果真的依据"金匮之盟"接力传位，太宗的继位也称得上名正言顺（不过弑兄的嫌疑仍无法洗刷），但是接下来事态的发展就离奇了：赵光美后来被告发图谋叛变，流放房州，后来死于此地，死后太宗还说这个小弟不是杜太后亲生的（因杜太后已死，无人可驳其说法）；赵德昭后来自杀身亡；赵德芳二十三岁时竟也莫名其妙地死去。如此一来，前三顺位人选皆死，只好由太宗的儿子继承帝位。

虽然太宗的继位与传位皆疑云重重，处处透露着诡谲，但由于并没有直接证据足以证明这一切都是他的阴谋，"烛影斧声"与"金匮之盟"便成了宋史中的一段千古之谜。

宋辽关系：中国 VS 中国

公元 907 年，也就是唐朝灭亡那一年，耶律阿保机即位为八部大人，成为契丹各部的最高领袖，从此将契丹带上了历史的舞台。公元 947 年，其子耶律德光称帝建国，是为辽，他趁着中原乱局而协助石敬瑭建立后晋，并取得战略地位极为重要的燕云十六州。

宋太祖建国后，顾忌到辽国强大的军事实力，而采取"先南后北"的统一步骤，因此有辽国当后台的北汉直至宋太宗时才被攻下。太平兴国四年（979）灭北汉后，太宗乘胜追击，想一举收复燕云十六州，无奈却在"高梁河（北京西直门外）之役"中为辽军击溃，太宗忍着箭伤狼狈逃回。数年后，辽国幼主即位，承天皇后摄政，太宗瞧不起这个女人家和小孩子，雍熙三年（986）再度北伐，没料到这位皇后堪称女中豪杰，她指挥若定，最后于岐沟关（河北涿县）大败宋军，宋军只好再度退兵（著名的杨家将中的杨业即死于此役）。自此而后，宋朝不敢再轻易北伐。

澶渊之盟后，双方维持了一百多年

大　事	帝王年号	朝代	公元 单位：年
宋遣使恭贺辽太后生辰，自此两国互遣生辰使。	景德二年	北宋	1005
赵德明进表称臣，宋朝命其为定难军节度使。	景德三年		1006
宋宜州发生叛乱，拥判官卢成均为南平王，逾三月始平定。	景德四年		1007
王钦若奉命假造天书，真宗率群臣迎于承天门，封禅泰山，改元大中祥符。	大中祥符元年		1008
辽承天太后卒，宋遣使吊慰，从此两国遇皇帝、太后死丧，互遣使者吊慰成为常例。	大中祥符二年		1009
安南黎氏为李氏所篡。高丽将领康肇弑高丽王。辽伐高丽。	大中祥符三年		1010
真宗前往汾阴祭祀后土。	大中祥符四年		1011
真宗遣使至福建取占城稻，于江淮、两浙种植之。	大中祥符五年		1012

公元 单位：年	朝代	帝王年号	大　事
1013	北宋	大中祥符六年	王钦若等编纂《君臣事迹》成书，赐名为《册府元龟》。
1014		大中祥符七年	高丽遣使贡于宋朝。
1015		大中祥符八年	辽出兵高丽。
1016		大中祥符九年	宋朝各地久旱不雨，蝗灾四处可见。
1017		天禧元年	宋朝各地饥荒情形严重。
1018		天禧二年	辽再出兵高丽，遭高丽击败。
1019		天禧三年	再度起用寇准为相。 高丽请和于辽。
1020		天禧四年	寇准遭罢相。
1021		天禧五年	大食向辽请婚。
1022		乾兴元年	真宗病死，子赵祯即位，是为仁宗，因年仅十三岁，由刘太后垂帘听政。
1023	仁宗 	天圣元年	四川的交子改由政府发行。
1024		天圣二年	《真宗实录》修成。

的和平，在这段时间，辽国有两次颇有南征之意，不过最后都在宋朝使臣的外交手腕及给予一些金钱、土地的手段下，顺利化解了危机，直至北宋末年才又重启战事。

辽国虽然自始至终都无法入主中原，但他们在中亚及西方拥有很高的声望，"契丹"甚至成为中国的代名词。在俄语等部分西方语言中，用来指称中国的Kitai 或 Cathay 其实是源于"契丹"一词。

澶渊之盟：龙战于野，宋真宗御驾亲征

宋真宗景德元年（1004），辽国的女中豪杰萧太后和辽圣宗亲率二十万大军南下攻宋，一路上虽然称不上势如破竹，但来势汹汹，倒也颇为吓人。宋朝面对这样的情势，有些比较胆小的大臣，居然主张迁都到南京或成都以避兵锋，但宰相寇准力排众议，请求真宗御驾亲征，以壮前方士气。怯懦的真宗原本犹豫不前，但在寇准的激励下，终于整军出发。如此一来，双方的皇帝都亲冒矢石、上阵督战，实是史上罕见之奇景。

此刻宋辽正决战于澶州（河南濮阳），当真宗渡过黄河抵达澶州北城时，宋朝将士看到城楼上飘扬的黄龙旗，顿时士气大振，群起欢呼，声震八方。辽军原本十分威猛，不料不久之前，主将萧挞凛意外遭宋军击毙，士气为之一挫；加上南下时遇到几批宋军的顽强抵抗，未能将沿途诸城一一攻下，由于腹背受敌的压力实在沉重，萧太后便派人向宋军求和。真

宗原本就有以战逼和的打算，双方一拍即合，遂展开谈判。

起初，辽国使者要求宋朝归还后周世宗时所收复的关南地，真宗当然不愿意，因为宋朝略占上风，但真宗不想再战，便派曹利用去辽营，告知宋朝愿意给付一些银绢以换取和平。最后，双方签订了盟约，史称"澶渊之盟"，主要内容是：相约以白沟河为界，互不侵扰；宋朝每年赠与辽国岁币银十万两、绢二十万疋；宋辽约为兄弟之国，以南朝、北朝来称呼对方，因此地位是平等的。

宋朝以每年三十万的银绢换取了一百多年的和平，若和动辄上千万的军费相比，其实是划算的，因此一般都认为这是个成功的盟约。不过，在和议谈成之前，杨延昭（即杨家将的杨六郎）曾分析战局，他说："契丹军队来到澶渊，离他们本国有千里之遥，长途跋涉，人马俱疲，数量虽多，但其实是不堪一击的。"因此他愿意率军阻绝辽军退兵的要道，将之一举歼灭，甚至可以乘机收复燕云十六州。根据后来出使辽国的富弼所言，当时不少将领都主张围歼契丹大军，这并非不可能的事，因为此时的宋军尚能征战，若肯积极调动军队，断其后路，打它一个孤立无援，说不定还能逮住辽国皇帝及太后，作为赎回燕云十六州的筹码，然而生性怯懦的真宗，一心想谈和，就这样错过了一个千载难逢的机会。

宋辽夏关系：三国大乱斗

西夏其先世为唐朝的节度使，受唐朝

大　事	帝王年号	朝代	公元　单位：年
宋朝环、原二州边境遭羌民侵扰。	天圣三年	北宋	1025
辽出兵甘州回鹘，无功而返。	天圣四年		1026
由针灸名医王惟一所设计的两具铜人模型铸成，后仁宗令其分置于医官院及大相国寺。	天圣五年		1027
夏王赵德明遣子元昊攻回鹘。	天圣六年		1028
设立武举考试。辽东京发生叛变，渤海人大延琳建国号兴辽。	天圣七年		1029
辽破东京，擒大延琳。	天圣八年		1030
辽圣宗卒，子兴宗立。	天圣九年		1031
夏王赵德明卒，子元昊袭官爵，有反宋之意。	天圣十年明道元年		1032
刘太后卒，仁宗亲政。范仲淹、孔道辅等谏官因劝阻仁宗废后遭惩处。	明道二年		1033
夏王赵（李）元昊攻略宋境，掳环庆路督监。	景祐元年		1034

公元 单位：年	朝代	帝王年号	大　事
1035	北宋	景祐二年	范仲淹兴建苏州府学。
1036		景祐三年	范仲淹、欧阳修等人遭贬。
1037		景祐四年	河东发生地震，忻州死者近两万。
1038		宝元元年	夏王赵元昊自称大夏帝，建国号夏，史称西夏。
1039		宝元二年	西夏入寇，狄青击败之。
1040		宝元三年 康定元年	赵元昊率兵入侵延州，大破宋兵而返。
1041		康定二年 庆历元年	宋夏大战于好水川，宋军败。 分陕西为四路，以韩琦、范仲淹等任经略。
1042		庆历二年	宋辽缔结关南誓书，再次确立宋辽之间的和平关系。
1043		庆历三年	西夏请和。 西夏赵元昊请契丹联合攻宋，被拒。 仁宗任命范仲淹等人担任要职研拟改革方案。

赐姓为李。北宋初年时，因处于辽、宋两大国间，对之分别称臣。传至李元昊时，霸气惊人的他不甘心俯首称臣，便于公元 1038 年称帝，建国号大夏，史称西夏。李元昊随即开始拓展版图，自然也侵犯到宋朝的领土。

宋朝为了对付西夏的入侵，便陆续派韩琦、范仲淹等人前往边境御敌。韩琦主张集中兵力，一举歼灭敌人；范仲淹则衡量宋军实力不足，认为应该先巩固边防，等待敌军日久生劳，再图谋攻之。宋仁宗康定二年（1041）的好水川（今甘肃隆德县东）一战，宋军遭西夏击溃，从此便开始采取守势，倾向于议和，韩琦也放弃速战速决策略，与范仲淹合作从事防御工作，两人军令严明，边境渐趋安定。（但主要仍与辽的牵制与西夏国力不足以长期从事战争有关。）

由于西夏与辽国关系不错，类似大哥与小弟的关系，宋朝便花钱请求辽国帮忙，迫使西夏称臣于宋。在辽国的压力下，西夏向宋朝请和，但并无称臣之意，反而在 1043 年要求辽国与之合攻宋朝。辽国拒绝李元昊的请求后，西夏亦感不快，便挑衅侵扰契丹边境。此举可惹恼了辽国，加上李元昊还将妻子契丹公主虐待至死，旧恨添上新仇，辽国便于 1044 年出动大军讨伐。李元昊得到辽国即将出兵的消息也紧张了起来，一面派人向宋朝表示愿意称臣，以免腹背受敌；一面向辽国请罪求和。但辽国不予理会，照旧出兵，不料却吃了败仗，但西夏也无力再战，双方仍以谈和收场。数年后，辽国为了雪耻，趁李元昊去世再度出兵，却还是无功而返，最后仍以西夏称臣作为结局。

西夏虽然向宋朝称臣，但只是形式而已，宋朝每年还赐给西夏许多财物，如银、绢、茶等。直至北宋灭亡为止，双方大小战事不断，互有胜负。到了南宋，因为失掉大片北方国土，与西夏仅剩一小块的国界接连，也就很少有战事发生了。

庆历新政：范仲淹"先天下之忧而忧"

在仁宗在位时期，宋辽之间的战争虽然已经告一段落，但西北方又冒出了个西夏，边患接踵而现，加上财政负担日重，内忧外患不断。庆历三年（1043），宋仁宗任命范仲淹、韩琦、富弼、欧阳修等人担任要职，要他们着手研拟改革方案，以谋求一解决之道。范仲淹与富弼联名向皇帝提出《答手诏条陈十事》（即《十事疏》），从整顿官僚制度开始，进行十项改革。这些改革意见一一为宋仁宗所采纳，并将之颁行全国，此即著名的"庆历新政"。可想而知，若要改革官僚政治的弊端，必会妨碍官僚权贵的既得利益，所以实施没多久，反对声浪便铺天盖地而来。对手猛烈攻击，诬蔑范仲淹等人结为"朋党"，独揽政权。尽管范仲淹上奏疏，欧阳修也写《朋党论》反击，陈述"朋党"自古以来就有，但君子是为了国家前途而结为朋党，与小人为了个人私利结为朋党，是截然不同的，然而宋仁宗还是在反对派的强大压力下屈服了。

大　事	帝王年号	朝代	公元 单位：年
范仲淹等人提出《答手诏条陈十事》，建议十点改革主张，仁宗下诏实行，是为庆历新政。		北宋	
辽兴宗亲征西夏，被西夏击败。	庆历四年		1044
宋夏签订和议，夏取消帝号，向宋称臣，换取岁赐银、绢、茶，史称庆历和议。			
封元昊为夏国主。			
范仲淹因"朋党"被罢，富弼、韩琦、欧阳修等人被牵连。	庆历五年		1045
高丽朝贡于辽。	庆历六年		1046
宋朝王则于贝州起事，自称东平郡王，国号安阳。	庆历七年		1047
宋军破贝州，王则败死。庆历年间毕昇发明活字印刷术。	庆历八年		1048
西夏赵元昊辛，子毅宗立，受封为夏国王。			
广西土豪侬智高称王，建南天国。	皇祐元年		1049
辽伐西夏，失败。			

公元 单位：年	朝代	帝王年号	大　事
1050	北宋	皇祐二年	西夏向辽请和，依旧称臣。
1051		皇祐三年	吐蕃朝贡于辽。
1052		皇祐四年	包拯任龙图阁直学士。
1053		皇祐五年	狄青平定侬智高之乱。
1054		皇祐六年 至和元年	基督教第一次大分裂，成为西方的罗马公教（罗马天主教）与东方的希腊正教（东正教）。
1055		至和二年	封孔子后裔为衍圣公。 辽兴宗卒，子道宗立。 塞尔柱土耳其崛起，成为西亚的统治者。
1056		至和三年 嘉祐元年	以包拯任开封府尹。
1057		嘉祐二年	西夏于断道坞击败宋军。
1058		嘉祐三年	任韩琦为相，以包拯为御史中丞。 王安石向仁宗上万言书请求变法。
1059		嘉祐四年	召河南处士邵雍，不至。

　　庆历五年（1045），改革派相继遭到贬谪，一年零几个月的庆历新政就此夭折。次年，被贬至邓州的范仲淹接受好友滕子京的邀请，写下《岳阳楼记》这篇美文，记述修葺一新的岳阳楼。文末，"不以物喜，不以己悲，居庙堂之高，则忧其民；处江湖之远，则忧其君。是进亦忧，退亦忧；然则何时而乐耶？其必曰，先天下之忧而忧，后天下之乐而乐欤！"其中所流露的政治关怀，道出了千年来忧国忧民的士人心声。

王安石变法（上）：君臣达成共识

　　宋朝到了神宗年间，因开国以来的军、政制度失当，积弊日深，财政也出现左支右绌的窘况。原因为何？

　　一是冗兵。虽然澶渊之盟让宋朝得以用岁币来打发辽国这只北国苍狼，但是西北边原本心悦诚服的西夏，至仁宗年间，却出了个不甘俯首称臣的李元昊，他建国大夏，像只饿虎般紧咬不放，宋朝吃了几场败仗后，便采取守势，最后比照辽国模式，每年靠赐银、赐绢、赐茶来换取和平，也付出了不少代价。经过这一番折腾，宋朝的荷包大为缩水，因为战争是最花钱的；重文轻武的政策又导致一般人不愿当兵（"好男不当兵、好铁不打钉"一语即始于宋朝），士兵普遍素质不佳，只好多招募一些兵，以量取胜；加上其他种种费用，使得军费暴增，在英宗年间竟已占到总支出的八成。

　　二是冗官。宋太祖立国以来，为了扫除唐末五代的尚武风气，而大力提倡科举制，并礼遇文人，希望借此改变社会风气，只要你肯念书就不怕没官做，而且待遇优渥、地位崇高，如此一来，官员人数不断增加，政府的赤字也不断攀高。

就在此时，出了一个倡言改革的王安石，他曾向仁宗上过万言书，虽然未被采纳，但已引起朝野的热烈反响，称得上名动天下。锐意改革的神宗在当太子时，对这篇万言书的见解也是赞赏不已，所以当他即位后不久，便命王安石入京任翰林学士兼侍讲，随即于宫中召见之。这对相见恨晚的君臣互述己见，因理念相符，自然顺利取得了改革的共识。熙宁二年（1069），神宗以王安石为参知政事（相当于副宰相），将整顿财政、变法图强的重责大任托付给这个不世出的奇人。

王安石变法（下）：天变不足畏，祖宗不足法，人言不足恤

王安石与吕惠卿、曾布等人陆续推动了农田水利、青苗、免役、均输、保甲、保马、市易、方田均税等新法，涵盖了各个层面，影响之大，只有千年前王莽的改革足堪比拟。新法推行后，的确收到了不错的效果，政府收入增加了，军队的战斗力有所提升，但是棘手的问题也陆续出现了。

由于法规、制度都不可能是完美的，在实行时必然会产生一些弊端，新法也不例外。如某些本意良善的便民措施最后竟成了聚敛扰民的嗜人恶法，空有理想却不切实际，未必能符合当时社会的需要或期待，更何况改革不免会侵害到一些权贵

大　事	帝王年号	朝代	公元 单位：年
王安石任三司度支判官。 辽于中京设置国子监。	嘉祐五年	北宋	1060
以司马光掌理谏院。	嘉祐六年		1061
西夏向宋进献马匹以求取九经等书。	嘉祐七年		1062
仁宗卒，无子，以真宗弟商王之孙赵曙继位，是为英宗。	嘉祐八年		1063
英宗病，曹太后垂帘听政。			
曹太后还政于英宗。	英宗 治平元年		1064
宋廷因讨论英宗生父濮安懿王的称号，大起争议。 濮议之争开始。	治平二年		1065
濮议之争结束。 契丹改国号为辽。	治平三年		1066
法国诺曼底公爵入主英格兰，开启诺曼王朝，英国建国。			
英宗卒，太子赵顼即位，是为神宗，次年改元熙宁。	治平四年		1067
西夏毅宗卒，子惠宗立。			

公元 单位：年	朝代	帝王年号	大　事
1068	北宋	神宗 熙宁元年	以王安石为翰林学士兼侍讲。
1069		熙宁二年	以王安石为参知政事，开始改革，史称熙宁变法。 创置三司条例司，行均输法及青苗法。
1070		熙宁三年	行保甲法及募役法。 司马光等上书攻击新法，均被贬为地方官。 任王安石为相。
1071		熙宁四年	定科举法，以经义策论取士。 贬苏轼等反对新法者为地方官。
1072		熙宁五年	颁行市易法、保马法及方田均税法。
1073		熙宁六年	宋朝设置军器监。
1074		熙宁七年	久旱，安上监门郑侠上流民图，请废除新法。 王安石免相，贬为江宁知府。 吕惠卿为参知政事，遵行新法。
1075		熙宁八年	王安石复相。 割河东地与辽。

豪强的利益，因此在实施后，即引起强烈的批评。

然而王安石这人个性很硬，听不进半点反对的声音，或许他有政治天赋，也有文学天分，不免恃才傲物，但他不懂谋事必须人和的道理，若有人批评新法，他就骂他们不读书，甚至翻脸不认人。而反对者中不乏才德兼备的大臣名士，对自己的才学见识亦颇为自负，双方不免你来我往，最后王安石变得孤立无援，身边只剩下为谋取私利的小人之流。他们未必了解新法的精神或实施的成效，最在乎的是自己的官位利禄，只要求账面的数字好看，却不管这数字背后隐藏着多少人民的血泪呼号。如此之新法，如何能行？再加上王安石担任宰相期间发生了大旱灾，无数流民涌入京城，自然惹来四面八方的攻击不断，神宗对王安石的信心不免产生动摇，最后王安石只好黯然挂冠求去。

虽然新法在神宗的支持下仍持续实行，但数年后神宗去世，反对新法的代表人物司马光上台主政，便陆续废除了各项新法。总计整个"熙宁变法"前后的实行时间约有十五年之久。

新旧党争：从意见到意气

宋代的"新旧党争"始于神宗时由王安石主持的熙宁变法。起初由于许多朝臣反对新法而不愿与之合作，迫使王安石只有引用新人来推动新法，此后便分为两派，凡是反对新法的就称为旧党，赞成新法的就是新党。旧党的成员多为当时颇负名望的士大夫，如司马光、富弼、欧阳修、苏轼、韩琦、李常、吕公著等；新党除王安石外，还有吕惠卿、曾布、章惇、陈升之、韩绛、蔡确等，这些人水准不一，甚至还有些品格卑劣之徒，因此有人便以为旧党多君子，新党多小人。但这样的区分意义不大，因为新旧党之间的争论从一开始见解观念的不同，演变到后来已流于意气之争，往往只问党派，不论是非了。而旧党中亦分派别，史家依主要人物的籍贯将之归纳为洛、蜀、朔三派，彼此间亦因意见不同而互相攻击；新党则以利益为依归，例如王安石罢相之后，吕惠卿等继续执政，他们并不感念王安石的提拔之恩，反而在神宗面前讲他的坏话，以防其再起而抢了他们的位子，小人姿态，可见一斑。

　　神宗在位时，为新党的全盛时期；神宗死后，年仅十岁的哲宗即位，由反对新法的高太后垂帘听政，她重用旧党领袖司马光，除了废除新法外，并大举贬斥新党，史称"元祐更化"，其手段严酷，连一些被归为旧党的人士也哀叹连连，看不下去。因为旧党中除了最极端的司马光等少数人反对一切新法外，多数人只反对部分新法，新旧党之间并非泾渭分明，若能撇开成见，其实是有不小的合作空间的。

　　高太后死后，哲宗亲政，或许他在祖母听政的八年间累积了不少被冷落的怨气，因此召回已遭罢斥的新党中人，用章惇为相，并大肆打击旧党那批老臣。六年后，哲宗死，由弟弟徽宗继位，他原本有意调和新旧党而秉持着中立的态度。但没

大　　事	帝王年号	朝代	公元 <small>单位：年</small>
遣郭逵为安南招讨使，率兵征伐交趾，交趾王李乾德请和，遂退兵。 王安石辞去相位，变法宣告失败。	熙宁九年	北宋	1076
黄河于澶州决口。	熙宁十年		1077
苏轼遭弹劾下狱，随即贬至黄州。	元丰二年		1079
高丽、于阗向宋朝称贡。	元丰三年		1080
于大名至瀛洲一带兴筑河堤。	元丰四年		1081
宋军于永乐城遭西夏军击溃，伐夏战争失败。	元丰五年		1082
西夏攻兰州，败退复来修好。	元丰六年		1083
司马光编纂《资治通鉴》完成。	元丰七年		1084
神宗卒，太子赵煦即位，是为哲宗，太皇太后高氏垂帘听政，引旧党，逐新党，罢保甲、市易、方田、保马等新法。	元丰八年		1085

公元 单位：年	朝代	帝王年号	大　事
1086	北宋	哲宗 元祐元年	司马光出任宰相，废除新法，史称元祐更化。 以苏轼为翰林学士。 西夏惠宗卒，子崇宗立。 王安石、司马光卒。
1087		元祐二年	宋朝于泉州增设市舶司。
1088		元祐三年	辽册封李乾顺为夏国王。
1089		元祐四年	西夏向宋朝贡。
1090		元祐五年	西夏送还遭俘宋人，宋归还所侵占西夏地。 朝臣倾轧日益激烈。
1092		元祐七年	诏中大夫以上允许占永业田。
1093		元祐八年	太皇太后高氏卒，哲宗亲政。
1094		元祐九年 绍圣元年	哲宗起用新党章惇等人，打击旧党势力，恢复新法。
1095		绍圣二年	教宗乌尔班二世号召基督徒组成十字军收复圣地。
1096		绍圣三年	西夏侵扰宋朝边境。 第一次十字军东征。

多久，新党大将蔡京得到徽宗的宠信，在他的鼓吹怂恿之下，徽宗支持他打击旧党的立场，于是旧党一派又被大肆贬逐。甚至还由徽宗以其著名的"瘦金体"书法亲笔旧党中人的姓名，立了"元祐党人碑"于宫门，并命令各州县皆需立碑。"元祐"是哲宗的年号，因为旧党在高太后听政的元祐年间颇为得势，故又称"元祐党人"。这块碑等于是一张诏告天下的黑名单，凡是姓名在碑上的人及其后代子孙是不得为官或与皇室通婚的，碑上有司马光、苏轼、黄庭坚、程颐等知名学者文人之名，其著作也被销毁不少，实是学术文化的一大浩劫。

无谓的党争反复不已，耗损国力，导致朝政败坏，等到金兵铁骑南下，宋朝已无力抵御强敌了。

联金灭辽（上）：海上之盟

天祚帝是辽国最后一位皇帝，他在位时，辽国开始走下坡路，很大的原因是天祚帝本人荒淫无道、无心于政事。此时宋朝正值徽宗在位，在宦官童贯的怂恿下，图谋攻辽，以收复燕云十六州。政和元年（1111），童贯受命出使辽国以窥探虚实，途中他认识了辽国的失意政客马植，这人向童贯献上灭辽之计，内容详情不得而知，大致上就是趁辽国腐败不堪之际，发兵北上而灭之。此一计谋深得童贯之激赏，而命令他继续待在辽国，见机行事。数年后，北方原本臣属于辽国的女真，在完颜阿骨打的率领下，正式起兵叛辽，马植眼见机不可失，便潜往宋朝，并得到徽宗的亲自召见。他鼓起三寸不烂之舌慷慨陈词，请宋朝派人联合女真，南北夹击，必可一举歼灭辽国，收复宋朝君臣念兹在兹的燕云十六州。徽宗听了不禁怦然心动，为了嘉其忠义，赐以国姓，于是马植改名为赵良嗣。

重和元年（1118），宋朝派遣马政从山东半岛的登州渡海前往金国，开始商议结盟之事。两年后，即宣和二年（1120），更派了赵良嗣这个始作俑者前往，经过一番讨论后，正式达成"海上之盟"的协议。双方约定南北夹击辽国，由金国攻辽的中京，宋攻辽的燕京及西京。伐辽成功后，宋朝可收回燕云十六州，但将原来付给辽国的岁币转赠金国以为酬谢。

联金灭辽（下）：与虎谋皮

海上之盟约定后，恰巧在江浙一带发生了方腊起义，而延迟了宋朝出兵夹击的时间，直到两年后的宣和四年（1122）才命童贯率军出征，但在这段时间里，金国大军早已攻下了中京（今内蒙古自治区宁城县），辽天祚帝也逃往今内蒙古一带。不过另一说法是徽宗得到辽国已经知道宋朝联金灭辽的计划，担心辽国报复，因而迟迟不履约，还扣押金朝使者，等到辽国兵败如山倒后，才急忙出兵燕京，想捡个便宜。没想到烂船也有三斤钉，辽将耶律大石还是接连两次打败了宋军。没办法，童贯只好低声下气派人去请金国出兵，或许是金兵名气太大，大军甫开到燕京城下，辽国便开城投降，完颜阿骨打轻松拿下燕京，西京也在不久后为金国所攻下。

大　事	帝王年号	朝代	公元 单位：年
宋败西夏于长波川等地。	绍圣四年	北宋	1097
宋大破夏兵，并俘获其将。	绍圣五年 元符元年		1098
辽人为夏求和，宋许之。 十字军进取耶路撒冷，建耶路撒冷王国，第一次十字军东征结束。	元符二年		1099
哲宗卒，弟赵佶继位，是为徽宗。向太后垂帘听政，新党又遭罢斥。	元符三年		1100
向太后卒，徽宗亲政。 次年改元崇宁，有崇尚熙宁之意。 辽道宗卒，天祚帝延禧立。	徽宗 建中靖国元年		1101
徽宗以蔡京为相，旧党又遭罢斥。 蔡京立元祐党人碑，司马光、苏轼等人被列为奸党，追贬官四十多人。	崇宁元年		1102
建元祐党人碑于各州县。 女真各部统一，奠定立国基础。	崇宁二年		1103
设置书学、画学、算学。	崇宁三年		1104

公元 单位：年	朝代	帝王年号	大　事
1105	北宋	崇宁四年	徽宗于苏州设立应奉局，负责花石纲事务。
1106		崇宁五年	毁党人碑，恢复党人之仕籍。
1107		大观元年	宋以黎人地设置庭、孚二州。
1108		大观二年	辽封高丽王为三韩国公。
1109		大观三年	宋订立海商越界法。
1110		大观四年	西夏朝贡于宋。
1111		政和元年	童贯奉命出使辽国，马植献灭辽之策。
1112		政和二年	辽闻知女真阿骨打起兵并吞邻族，以为平常之事。
1113		政和三年	女真首领完颜阿骨打自称都勃极烈。
1114		政和四年	女真起兵反辽，大破辽军。
1115		政和五年	完颜阿骨打称帝，建国号金，是为金太祖。女真攻陷辽国黄龙府。

大功告成后，便是坐地分赃了。因为几乎所有工作都是金国完成的，所以阿骨打在面见宋朝使者赵良嗣时，态度高傲并且质疑宋军为何毫无功绩，坚持不肯把完整的燕云十六州还给宋朝，只愿意交出燕京与附近六州之地，而且每年还要向宋朝收一笔一百万贯的"代税钱"。最后并在燕京大肆搜括财物，掳掠人口，只留给宋朝一座残破不堪的空城。

颜面无光的宋朝，虽然往后还要缴纳更多的保护费，但燕京一带总算回到宋朝的版图，徽宗自以为立下不世奇功，宣布大赦天下，并犒赏群臣，人人沉醉于收复故土的欢乐中。没料到这是个看似甜蜜却可怕无比的"死亡之吻"，一场世纪灾难即将到来。

靖康之难（上）：前门拒狼，后门迎虎

宋朝没有如愿取得全部的燕云十六州，对金国不免心生不满，所以没有如期交付代税钱；而双方在盟约中有一条"不得容纳叛亡"，即不能收留对方叛逃之人，但宋却违反约定，为了取得平州，竟然收容了叛辽的平州官员张觉，引发金人的不满；再加上宋军在攻辽行动中的不堪一击，也刺激了金国攻宋的意图，于是金国决定出兵惩治这个不守信诺的宋朝。

宋徽宗宣和七年（1125），金国大军分两路南下攻宋，西路的粘罕攻打太原，东路的斡离不长驱直入而下，向汴京进军。徽宗实在是个没有担当的皇帝，竟然吓得要把皇位传给儿子钦宗。钦宗也

知道徽宗是要拿自己当挡箭牌，而拒绝即位，他拼命挣扎，死不就范，甚至几次昏倒在地，徽宗找了皇后前来劝说也没用，遂威吓他若不即位将冠以不孝的罪名，最后钦宗在心不甘情不愿的情况下被强行架往福宁殿即位。

不久，金军开到汴京，朝廷中主和派与主战派还在议论纷纷，唐恪等人主张南走襄阳或西走关中，号召天下群雄，集兵再战；李纲则主张踞城坚守，等待勤王义军之援助。最后钦宗并没逃走，虽然在李纲的坚持与领导下，硬是挡下了金兵数次的猛攻，但钦宗还是不顾李纲的劝阻，与金军订立了城下之盟，割地又赔款，才送走这群恶狠狠的金兵。

六个月后，靖康元年（1126）八月，金国再次派大军南下，原因是钦宗反悔了。他在金兵退去后不久，盼到了引颈期望已久的勤王军队，此一生力军表现不俗，收复了一些失地，钦宗像是吞了颗定心丸，因而拒绝割地；加上宋朝煽动辽国降将反金的计划又曝了光，金国一气之下遂再度发兵。

这一次较第一次更加危急，因为虽然金兵两次都是分东西两路南下，但第一次西路军的攻打太原并不顺利，故只能以东路军独攻汴京；第二次则西路军顺利拿下太原后，接着于十一月与东路军合围汴京。此时，李纲因与钦宗意见不合被赶出汴京，城中已无人可以应付此一危局。不过在"强干弱枝"的国策下，宋朝的禁军还是有一定的战斗能力，再加上各地的勤王军队，还是勉强守住了汴京城。

大　事	帝王年号	朝代	公元 单位：年
辽将渤海人高永昌占据东京，建国号元。	政和六年	北宋	1116
徽宗信奉道教，道箓院上表封其为教主道君皇帝。	政和七年		1117
派遣马政渡海至金国谋求结盟。	政和八年 重和元年		1118
宋江于河北起事。 宋崇道教，排佛教。 金创制女真文字。	重和二年 宣和元年		1119
派赵良嗣前往金国缔结海上之盟，南北夹击辽国。 赵良嗣与金约定：伐辽成功后，宋可收回燕云十六州，原付辽岁币转致金。 歙人方腊于浙江起事，东南地区震动。	宣和二年		1120
方腊、宋江起义接连失败。 民间称蔡京、童贯、李彦、朱勔、王黼、梁师成为六贼。 金太祖命完颜果（阿骨打弟）渡辽河西进攻辽。 封九子赵构为康王。	宣和三年		1121

公元 单位：年	朝代	帝王年号	大　事
1122	北宋	宣和四年	金兵攻下辽之中京、西京与燕京，辽帝出逃。童贯率领的宋军则屡遭辽军击败。
1123		宣和五年	金将燕、涿、易、檀、顺、景、蓟等州归宋。 金太祖卒，弟吴乞买继位，是为金太宗。
1124		宣和六年	西夏向金称臣。 河北、山东盗起。
1125		宣和七年	辽天祚帝遭金人所俘，辽亡。 辽宗室耶律大石称帝于中亚的起尔曼，是为西辽。 金兵分东西两路南下攻宋，徽宗传位予子赵桓，是为钦宗。次年改元靖康。
1126		钦宗 靖康元年	李纲率军展开汴京保卫战，钦宗与金将完颜宗望订城下之盟，允诺割地、赔款，并尊金帝为伯父。 金兵再次南下，宗翰、宗望两军先后渡河到京师城下。 钦宗任康王赵构为河北兵马大元帅。

却没料到荒谬无比的事情发生了。病急乱投医的钦宗，竟然听信一个叫郭京的江湖术士，他声称会"六甲法"，只要找到七千七百七十七个在甲子、甲寅、甲辰、甲午、甲申、甲戌生的壮丁，在他做法之下，便可将他们变成无敌的六甲神兵，一举歼灭金兵。于是朝廷紧急胡乱凑集了几千人，在郭京带领下，大开城门，迎战金兵，结局自然是如斩瓜切菜地被任意宰杀，金兵也趁势攻陷了外城。

靖康之难（下）：北宋王朝覆灭

此时金军将领知道已掌控了局面，便派使者进宫，"请"徽宗前去金营，钦宗知道徽宗必不肯去，只好骗说太上皇已病倒，可由他代替前往金营议和。钦宗与几个大臣在金营中任其颐指气使，又跪又拜地俯首称臣，最后才被释放回城。

这次和谈的条件更为苛刻，不但要割地，还漫天开价要求黄金一千万锭、白银两千万锭以及布帛一千万匹。宋朝为了赶快送走这批瘟神，命人在开封城大肆搜括财物，但一时间哪能凑得齐这巨额赎款？于是，钦宗又被迫前往金营，并遭囚禁，要等到赎款付清才肯放人。最后，赎款还是没凑足，金人便废了徽、钦二帝，立张邦昌为帝，国号大楚。

其实金国人数不多，凭着优异的战力却能在短短几年内接连灭辽破宋，占领广大的土地，连他们自己都颇感惊讶，而光是治理辽国的土地就须耗费一番工夫，因此他们对于宋朝黄河以南的领土并无太大兴趣。金兵在开封城烧杀掳掠后，便于靖康二年（1127）四月，挟持徽、钦宗父子与后妃、皇族、朝官等三千多人以及大量金银器物北去，史称"靖康之难"。金人深知这次与宋朝已结下深仇大恨，故将所有皇族都掳往北方，以免宋朝再立新君以图报复，在宋群龙无首的情况下，他们就可以高枕无忧地慢慢来消化北方新得的这一大片土地。为了羞辱宋朝，金国还封徽、钦二帝为昏德公与重昏侯，其余人等则充当奴婢，供金人使唤，受尽屈辱。北宋王朝至此而亡。

南宋建立：背海立国的半壁江山

就在金人以为尽掳宋朝宗室而去之际，却没料到尚有一尾漏网之鱼，即钦宗之弟赵构。因为当金兵第二次包围开封时，他正被派往金国求和，却在河北被宗泽等人拦下，请其率众抗金。赵构因有在金国当人质的不快经验，心想此去恐怕凶多吉少，于是留了下来。之后他被钦宗任命为河北兵马大元帅，不过他并没有积极指挥军队前往汴京支援，而是一直观望逗留。反倒是宗泽率领孤军勤王，并打了几场漂亮的胜仗，但挺进至与汴京只有一河之隔的黄河岸边时，靖康之难已经发生，皇族都被掳走，于是赵构成了赵宋最后幸存的血脉。就在众望所归下，这个"赵氏孤儿"于南京（归德府，今河南商丘）登基为帝，史称高宗，也是南宋的第一任皇帝，后建都临安。

老店新开，倒有几分新气象，高宗任命积极有作为的主战派李纲为相，并让宗泽去整顿残破不堪的汴京城。不过，

大　　事	帝王年号	朝代	公元
			单位：年
金兵破京师，钦宗前往金营求和，留两日。		北宋	
钦宗再次进入金营。	靖康二年		1127
金人立张邦昌为帝，国号大楚，史称伪楚。			
金人掳徽、钦二帝及后妃等三千多人北上，史称靖康之难，北宋亡。			
钦宗弟赵构于河南即位，改元建炎，是为高宗，史称南宋。	高宗 建炎元年	南宋	
召李纲入相，以宗泽为汴京留守。后罢李纲。			
金人北上后，张邦昌即自去帝号，后遭高宗赐死。			
高宗南迁至扬州。			
金兀术围攻汴京，屡次遭宗泽击败。宗泽二十四次请高宗回汴京皆遭拒，忧愤而死。	建炎二年		1128
金封宋徽宗、钦宗为昏德公、重昏侯。			
以刘豫掌理济南府。			
刘豫叛变，降金。			
金兵南下，高宗渡长江南逃至杭州。	建炎三年		1129

公元 单位：年	朝代	帝王年号	大事
	南宋		宋将苗傅、刘正彦发动政变，逼迫高宗退位，遭韩世忠等勤王军队平定。
			高宗到建康，致书宗翰表示愿俯首称臣，后暂驻越州。
			金以兀术为师，南下攻宋，渡长江，陷建康、临安，帝航海走定海，金兵追帝不及而返。
1130		建炎四年	韩世忠阻截金兀术军队，后金兵突围而出，史称黄天荡之役。
			岳飞败金兵于静安。
			金人于河北立刘豫为帝，国号大齐，史称伪齐。
			秦桧自金返回。
1131		绍兴元年	任秦桧为相。
			吴玠败金军于和尚原。
1132		绍兴二年	高宗回临安。
			岳飞破曹成群盗。
			秦桧力主和议，免相。
1133		绍兴三年	岳飞讨平江广群盗。
			宋与刘齐划长江为界。

消息灵通的金国得知高宗登基，便再度发兵南下，打算斩草除根，彻底摧毁赵宋政权。

在汴京，宗泽屡次击退来犯的金兵，连悍勇无比的女真人都对他惧怕三分，私下称之为"宗爷爷"；而原本混乱不堪的汴京在他的整顿下，也逐渐步上轨道，并培养出一批英勇善战的年轻将领，如大名鼎鼎的岳飞、杨再兴都是在此时发迹的。

李纲眼见局面日渐稳定，便请求高宗还都汴京，但高宗和他哥哥钦宗一样，总是游移于和战之间，眼见金兵又来，就打算脚底抹油，准备逃往扬州，而不理会李纲的建议。心灰意冷的李纲，看到高宗和钦宗一样不成器，只好黯然求去。年近七十的老将宗泽却不死心，在不到一年的时间，连上了二十四封"乞回銮疏"，请高宗回驾已焕然一新的汴京。然而此时，高宗已逃至扬州，不但不予以理会，反而命他退兵，以免妨碍与金和谈的计划。听闻此命，宗泽不禁深感痛心，不久便郁郁而终。死前，他没有交代后事，而是用尽力气猛喊："过河！过河！过河！"为世人留下了一幕足堪动容的忠义形象。

宋金和战（上）：斩草不除根，春风吹又生

金太宗在知道高宗登基后，便下了"绝命追杀令"，并派出左、中、右三路大军南下强攻。宋朝无法抵敌，除了"宗爷爷"所固守的汴京一带外，几乎全线崩溃，处处沦陷，高宗也被吓得不敢再提北伐了。他一路南逃，金国猛将完颜宗

弼（即岳飞的死对头金兀术）则紧追不舍，高宗甚至派人向金国乞求饶命，愿意放弃帝位，俯首称臣，但金国丝毫不理会。最后高宗被逼逃到浙江外海，金兵也像背后幽灵般追踪而至，搭船入海，追了三百里后才放弃。被吓得魂不附体的高宗在海上躲了四十天，知道自己脱险后，才返回陆地。

横扫千军的金兵在率兵北返时，找了刘豫来当傀儡皇帝，建国号大齐，统领华北、华中一带土地，让这个"儿皇帝"在宋金之间做一个缓冲。他们师法中国"以夷制夷"之故智，也来个"以汉制汉"，不过金人并没有就此鸣金收兵，一些主战派将领如金兀术仍持续不断地四处攻城略地。这个史称"伪齐"的傀儡政权从建炎四年（1130）开始，一直到绍兴七年（1137）结束的几年间，刘豫虽然也努力配合金兵攻打南宋，但老打败仗，还不时要求救于金，金国眼见其作用不大，反而成为双方和谈的障碍，干脆就废了他。

此时的情势也渐渐起了微妙变化，曾经不可一世的金兵接连吃了韩世忠、岳飞、吴玠、吴璘等宋军将领好几个败仗，知道宋军已非吴下阿蒙，不可轻视，也渐渐有了谈和的打算。的确，这几年间，宋军因为不断与金、齐交兵，战斗经验日渐丰富，也熟悉了金国的战技与战法；加上长江流域水道纵横，十分不利于金国骑兵驰骋，因此局面已逐渐开始扭转，平心而论，此时宋军的实力是不输给金兵的。

大　事	帝王年号	朝代	公元 单位：年
吴玠败金齐联军于仙人关。岳飞攻刘齐，收复邓州、随州、襄阳等。韩世忠败金人于大仪。	绍兴四年	南宋	1134
徽宗卒于五国城。金太宗卒，侄熙宗立。	绍兴五年		1135
岳飞败刘豫。	绍兴六年		1136
刘豫遭金人废为蜀王，伪齐亡。	绍兴七年		1137
南宋以临安为国都。高宗再度起用秦桧为相，以利于与金和谈。金开始颁行官制。	绍兴八年		1138
西夏崇宗卒，仁宗立。	绍兴九年		1139
刘锜于顺昌大破金军。岳飞于郾城、朱仙镇大破金兀术兵。高宗诏令岳飞班师回朝，一日下十二道金牌。	绍兴十年		1140
封韩世忠、张俊为枢密使，罢岳飞兵权。岳飞遭诬告下狱，后被杀害。	绍兴十一年		1141

公元 单位：年	朝代	帝王年号	大　事
	南宋		宋金签订绍兴和议，宋向金称臣纳贡。
1142		绍兴十二年	高宗生母韦氏自金归。
1143		绍兴十三年	金人派遣使者来宋。 西辽德宗耶律大石卒，感天后称制。
1144		绍兴十四年	金宋互相遣使恭贺正旦（农历正月初一日），自此成为常例。
1145		绍兴十五年	宋人谭友谅作乱于宋越边境，宋发兵平定之。
1146		绍兴十六年	金请和于蒙古，遭拒。
1147		绍兴十七年	金与蒙古和约成。 蒙古酋长自称祖元皇叔，建元天兴。 第二次十字军东征开始。
1148		绍兴十八年	金以完颜亮为相。
1149		绍兴十九年	金丞相完颜亮弑金熙宗，即帝位，是为海陵帝。 第二次十字军东征结束。
1150		绍兴二十年	金主亮大杀其宗室。

宋金和战（中）：岳飞之死

既然双方皆有谈和的打算，则还要有个中间人来扮演联络沟通的角色，此人就是已成为奸臣代名词的秦桧。秦桧在靖康之难时被金人抓到北方，后来被主和派领袖挞懒放回，目的就是让他在宋朝推动议和。但是因为宋、金的主战派一直都占了上风，因此和谈虽然陆续进行，却始终没有个眉目。

如今金国终于愿和，最高兴的莫过于高宗了，他老早就想谈和，但是不断遭到金国主战派金兀术等人的阻挠，所以只好静观其变。其实大臣们知道高宗有意于谈和，大多抱持反对意见，好不容易等到这个收复故土的机会，岂能自毁长城？但高宗借口是要迎回他在北方受苦的亲生母亲韦太后才不得不这么做的，甚至还说如果金国不归还韦太后的话，他不惜一战！大臣们眼见他抬出"孝道"这顶大帽子，也只好闭嘴了。当然还是有些人死命反对，但最后这些绊脚石都被秦桧一一挪开。

岳飞虽然打到汴京附近的朱仙镇，还是被以十二道金牌火速召回，甚至还被高宗、秦桧害死，就是因为他是主战派的代表，而且不大听话；加上岳家军骁勇善战，岳飞又极得人心，让曾于建炎年间遭身边将领兵变的高宗难免会有些戒心。所以便在进行和谈时，先罢了韩世忠、岳飞等拥兵大将的军权，并把岳飞抓进监牢，以免发生变故。等到"绍兴和议"完成后，便以"莫须有"的罪名杀了他，以绝后患

（也可能是金国因害怕岳飞再起的议和条件），同时也给那些拥兵自重的武将一个最严厉的警告。

宋金和战（下）："绍兴和议"的签订

绍兴十一年（1141）所签订的这个和议相当屈辱，因为宋朝必须向金国称臣，并岁贡银二十五万两、绢二十五万匹，不过也如愿地迎回了韦太后和已去世徽宗的灵柩。必然有人好奇：那钦宗怎么没回来呢？虽然没有史料证明，但一般认为宋朝开出的条件就是——永远不要让钦宗回宋。的确，站在高宗的立场，这个皇帝哥哥如果回来，那他不就要退位让贤了？虽然钦宗当年是被老爸逼得接受帝位的，但是如今气象一新，不必担心受怕，想必他是非常愿意重登大宝。但高宗可是历经千辛万苦才熬出这么一片天的，岂能拱手让人？孔融让梨的美事他是做不出来的。

据说韦太后要南归时，钦宗跑到她车前哭着说："您老人家回去后，请跟九哥（高宗排行第九）与丞相（即秦桧）说，只要让我当个小小的闲官就够了，其余不敢奢求。"韦太后答应他一定把话带到。但回到宋朝后，发现大家都不希望钦宗回来，也就不敢提了，钦宗一人只好孤零零地待在黑龙江的苦寒之地，痴痴地等了十五年后才凄凉地死去。

高宗与秦桧的主和、杀岳飞，其实给后世留下了一个很坏的榜样。因为和谈虽然有点丢脸，但在必要情况下，偶尔为之也无伤大雅。当年汉高祖刘邦被匈奴打

大　事	帝王年号	朝代	公元 单位：年
金设置国子监。	绍兴二十一年	南宋	1151
腓特烈一世（外号红胡子）继任为德意志国王。	绍兴二十二年		1152
金主亮自上京迁都燕京，改为中都，并定五京之号。	绍兴二十三年		1153
金开始行钱钞。	绍兴二十四年		1154
秦桧卒。	绍兴二十五年		1155
宋钦宗卒于金。	绍兴二十六年		1156
宋令国子监生及进士习诗赋者兼习经义。	绍兴二十七年		1157
宋知金有意南侵，令地方防备。	绍兴二十八年		1158
金造战船、武器并调民马以为南侵之用。	绍兴二十九年		1159
山东、河北、太行山等地人民不堪金之暴虐而起事。			
金发兵镇压河北等地之起事民众。	绍兴三十年		1160
金国迁都汴京。	绍兴三十一年		1161

公元 单位：年	朝代	帝王年号	大事
	南宋		海陵帝率六十万大军南侵。
			海陵帝堂弟完颜褒于辽阳自立为帝，是为金世宗。
			宋高宗欲航海避金兵，因宰相陈康伯力劝而打消念头。
			虞允文于采石大破金兵，海陵王败走，后遭部将杀害，金人遣使与宋议和。
1162		绍兴三十二年	高宗传位于太祖后人赵眘，是为孝宗，高宗自称太上皇，次年改元隆兴。
			孝宗昭雪岳飞冤，追复原官。
			蒙古铁木真（成吉思汗）生于此年。
1163		孝宗 隆兴元年	孝宗起用主战派大臣张浚督军北伐。宋军渡过淮河，起初战事顺利，不久却发生内哄。
			金军于符离之战中大破宋军，孝宗被迫与金国展开和谈。
			西辽仁宗卒，承天后听政。
1164		隆兴二年	张浚罢相，数月后卒。
			金以女真文字译经史。

得只好送女和亲，但到了汉武帝时便大破匈奴，一雪前耻。和谈本来是可以灵活运用的一种手段，但高宗、秦桧这对君臣为和谈增添了非常负面的意义，此后只要谁提和谈就是汉奸、走狗、卖国贼。因此，明末袁崇焕这位千古冤臣就因为擅自与后金议和而惹来了众人的猜疑，也招来了最后被凌迟处死的命运。

采石之战：书生能敌百万兵

金朝的完颜亮对汉文化颇为倾心，他本来是金熙宗的丞相，后来发动政变，登基为帝，史称海陵帝或海陵王。即位后，逐渐显露出其统一天下的野心，于是他积极布局，储粮备马，迁都燕京，并打算再迁往更南的汴京，这种种举措都是为了南下侵宋所做的准备。绍兴三十一年（1161），他不顾群臣反对，亲率大军南下，看来南宋这次似乎在劫难逃。

其实宋朝早已接收到金兵可能会入侵的情报，但高宗及宰相皆认为双方关系不错，金人应不至于背盟毁约，所以没有积极备战。等到听闻狼真的来了，而且声势浩大，没多久即推进至长江岸边，高宗不禁慌了，早年被金兀术追杀的记忆又被勾起，于是他打算再次渡海避难。但当时的宰相陈康伯力劝他不可示弱，一走则人心尽失，甚至请他效法当年真宗的御驾亲征。或许是这番话起了作用，为了顾全大局，高宗怀着忐忑不安的心情勉强留了下来。

野心勃勃的完颜亮，原本打算以雷霆万钧的攻势一举灭宋，却没料到后方已经生变。一些平日对他跋扈暴虐的行径早已心生不满的王公贵族，于大军南下后，在辽阳拥立了新主——金世宗。而宋朝也出了个虞允文，一介书生的他，抓住金兵的轻敌心理及不善水战的弱点，早已列阵以待。因为金兵打算于采石（在今安徽当涂）渡江，此地口岸窄小，只能分批渡江，所以就在数十万大军陆续渡江之际，宋军以瓮中捉鳖的方式，将上岸的金兵一一宰杀，并以优势水师击沉了不少金国船只，被打得措手不及的金兵只好退回长江北岸。

此役宋军仅一万八千人，却成功逼退了二十五万金国大军，史称"采石之捷"。虽然金兵伤亡不过数千，但在心理层面上却产生了不小的影响：一方面使金兵吓破了胆，对于在南方打水战心生畏惧，也不敢轻视宋军的水师实力；另一方面则大大提振宋军士气，使其自信借着优势水师及长江天险，尚足以保住半壁江山。

完颜亮在退兵后，便得悉后方已然生变，原本打算北上平乱，后来因为害怕腹背受敌而决定再次渡江，待灭宋后再挟着胜利的光环凯旋，必可使军民归附，一举而平定内乱。于是他转从扬州渡江，但宋朝早已于对岸的京口集结了二十万水陆大军。曾经吃过苦头的金兵望见声势逼人的宋朝战船，心都凉了一截，但完颜亮不知哪来的自信，还笑道："纸船耳！何足惧？"并且下令大军三日渡江，违者斩首。于是一些怕死的士兵便偷偷落跑了，完颜亮气得下令，再有逃跑者，便要连带处罚，杀其长官。这下子搞得人心惶惶，

大　事	帝王年号	朝代	公元 单位：年
宋金达成和谈，双方由君臣关系改成叔侄关系，史称隆兴和议。 辛弃疾上书反对议和。	乾道元年	南宋	1165
宋罢两浙路市舶司。	乾道二年		1166
宋整顿会子。	乾道三年		1167
宋行社仓法。	乾道四年		1168
宋收换两淮铜钱，下令以铁钱及会子行使。	乾道五年		1169
夏国相任得敬因乱政遭杀。	乾道六年		1170
宋吴拱修复山河堰。	乾道七年		1171
宋订立宗室铨试法。	乾道八年		1172
金禁女真人用汉姓。	乾道九年		1173
宋以交趾李天祚为安南国王。	淳熙元年		1174
任汤邦彦为金国申议使。 宋长期财政短缺状况，因增收盐税而稍可应付。	淳熙二年		1175

公元 单位：年	朝代	帝王年号	大　事
1176	南宋	淳熙三年	朱熹掌理南康军，上奏请修复白鹿洞书院。
1177		淳熙四年	高丽进贡于金。
1178		淳熙五年	西辽承天皇后被杀，仁宗子直鲁古继位。
1179		淳熙六年	宋人李接聚众起事，破郁林，围化州，十月败死。
1180		淳熙七年	宋收京西民间铜钱，行使铁钱与会子。
1181		淳熙八年	宋人沈师攻打汀、漳二州，十二月败死。
1182		淳熙九年	宋禁蕃舶买卖金银。
1183		淳熙十年	监察御史陈贾请禁道学。
1184		淳熙十一年	宋改定刺配法。
1185		淳熙十二年	宋禁胡服。
1186		淳熙十三年	宋改汀州盐法。
1187		淳熙十四年	太上皇高宗卒。 金禁女真人学汉人衣饰。
1188		淳熙十五年	蒙古铁木真任大汗。

小兵跑了，长官要被杀头；渡江对战，大概也只有任人宰割的份儿，既然怎样都是死，于是一群将领便率兵袭杀了完颜亮，并遣使与宋朝议和，为这次的侵宋战争画下了休止符。

高宗传位孝宗：从太宗到太祖

经历了完颜亮雷声大雨点小的侵宋战争，最后虽因金兵的内乱而化险为夷，但高宗已是身心俱疲。从年轻到年老，一直为金兵的阴影所笼罩着；即使签了和约，每年缴纳岁币、奉表称臣，金人还是照样开战。五十五岁的他，已经过了二十年的安逸日子，可能比当年更怕死，似乎是体内遗传自徽宗的胆小基因作祟，高宗决定效法徽宗当年令人不齿的"内禅"之举。次年，他便传位给孝宗，退位为太上皇。如此一来，一旦金军再度南下，他也可以像徽宗当年一样逃之夭夭（徽宗曾逃至镇江，待情势好转才随李纲回汴京），同时以太上皇身分插手国事，谅那皇帝儿子也不敢不听话。

孝宗既然谥号为"孝"，的确对高宗恭顺有加，一方面或许是天性使然，一方面或许是出于感恩之心。因为高宗一生无子（据说在扬州时，正在后宫享受鱼水之欢，听到金兵逼近，急忙下床逃跑，经此一吓，从此失去生育能力），而赵宋宗室在靖康之难时已被金人悉数掳走，于是只好扩大范围，选择太祖一系的子孙，孝宗因此得以自一千多人中脱颖而出，从一介平民跃为九五至尊，这样的转变使得孝宗终其一生都十分感激高宗的提拔之恩。

或许是天理循环，当年太宗抢了侄儿的位，使得皇位继承转到太宗一系，自此而后再转回太祖一系。算一算，这对一起开国打天下的兄弟，其后代子孙各分有八人做皇帝，说来也算公平。

孝宗的北伐与隆兴和议：犬父有虎子

生性仁厚的孝宗其个性与胆小自私的高宗截然不同，去年还是太子的他，在高宗打算逃跑之际，曾请求带兵出征，其主战态度可见一斑。因此在他即位不久后，便为岳飞平反，并罢斥秦桧的余党，次年并起用主战派大将张浚为枢密使，先将军务整顿一番，以为北伐大业做好准备。

没想到宋朝还没动手，金人便开始挑衅，且态度傲慢，摆出一副随时要开战的姿态。张浚眼见如此，便建议孝宗先发制人，主动出击。隆兴元年（1163）四月，早有收复中原之志的孝宗，便命张浚督军北伐。五月，宋军渡过淮河，并连败金兵，战事颇为顺利，甚至攻下了淮北重镇宿州。但没多久便发生将领失和的内哄，金兵乘机展开反攻，逼得宋军只好撤出刚得到的宿州。战意全失的宋军在逃到符离时，被金国大军追上，结局自然是大败亏输、伤亡惨重，史称"符离之败"。

消息传到临安，主战派人物像斗败的公鸡，首领张浚黯然离去，且忧愤地死于半途；主和派的太上皇高宗也不断对孝宗施压；加上次年（1164）宋军又连吃败仗，心灰意冷的孝宗只好答应与金议和，

大　事	帝王年号	朝代	公元 单位：年
孝宗传位予太子赵惇，是为光宗，孝宗自称太上皇，次年改元绍熙。 金世宗卒，太孙璟立。 第三次十字军东征开始。	淳熙十六年	南宋	1189
金设置常平仓。	光宗 绍熙元年		1190
宋命两淮行义仓法。	绍熙二年		1191
第三次十字军东征结束。	绍熙三年		1192
西夏仁宗卒，子桓宗立。	绍熙四年		1193
太上皇孝宗卒。 韩侂胄、赵汝愚发动政变，光宗被迫传位予太子赵扩，是为宁宗，光宗为太上皇，次年改元庆元。	绍熙五年		1194
赵汝愚遭罢相，韩侂胄自此掌握大权。	宁宗 庆元元年		1195
宋禁道学，称之为伪学。	庆元二年		1196
韩侂胄等人制"伪学逆党籍"，包括赵汝愚、朱熹等五十九人，史称庆元党禁。	庆元三年		1197

公元 单位：年	朝代	帝王年号	大　事
1198	南宋	庆元四年	宋严厉申明伪学之禁。
			英诺森三世继任罗马教皇，其在位期间教皇权势达于巅峰，凌驾各国君主。
1199		庆元五年	金令州县设立普济院，以粥食救济贫民。
1200		庆元六年	太上皇光宗卒。
1201		嘉泰元年	宋临安大火，焚五万三千余家。
1202		嘉泰二年	解禁伪学。
			第四次十字军东征。
1204		嘉泰四年	韩侂胄定伐金之议。
			追封岳飞为鄂王。
			第四次十字军攻陷君士坦丁堡。
1205		开禧元年	宋任韩侂胄为平章军国重事。
1206		开禧二年	在韩侂胄的主持下，宋军开始北伐，但除毕再遇所率东路军取得胜利外，其余屡遭金军击败。
			西夏李安全弑桓宗自立，是为襄宗。

史称"隆兴和议"。与绍兴和议不同的是，双方由君臣关系改为较平等的叔侄关系，岁币也减了十万，打了败仗的宋朝，反而得到更多好处。这主要是因为孝宗的姿态也不像当年的高宗卑屈求和，而是可战可和，若金国不接受孝宗所开出的条件，则不惜再战。金国有鉴于几年前完颜亮的战败，也无意再战，加上宋朝所提出的和谈条件并不过分，因此双方顺利停战，结束了自绍兴三十一年（1161）以来的第三次宋金战争。

开禧北伐：宰相有头能和议

淳熙十四年（1187），高宗去世，这对于孝顺的孝宗来说实在是个沉重的打击。除了坚持为高宗守孝三年外，已无心于政事的他，还仿效高宗之例将皇位传给儿子光宗，退位为太上皇。

光宗因为有精神上的疾病（似乎是一般所说的妄想症），所以在绍熙二年（1191）发病后，就无法理性地处理政事；加上其李皇后个性泼辣，御夫甚严，因此光宗对于她干涉朝政、无法无天的行径，也只能放任不管。这一对活宝简直把南宋的国事搞得一团糟，还好此时尚有太上皇，勉强可以约束其荒唐行径。但绍熙五年（1194），孝宗去世，已无人可以制得住这对帝后。随着局势日渐恶化，临安城中人心惶惶，大臣们眼看国将不国无法再坐视不管，宗室赵汝愚及外戚韩侂（tuō）胄遂请求高宗的皇后也就是吴太后强逼光宗退位，将皇位传给了儿子宁宗。

韩侂胄因拥立宁宗有功，加上外戚的

身分，很快便得到宁宗的信任，掌握了朝政大权。由于此时的金朝发生内乱，其北方又遭到新兴的蒙古攻击，遂有金国即将崩溃的谣言传出。韩侂胄认为机不可失，便于开禧二年（1206）发动了北伐。但此时的宋朝实在没有几个优秀的将领可用，久未征战的士兵也缺乏作战经验；同时金国的局势并不如传言中那般混乱，一定程度的战力还是有的，所以除了号称能战的毕再遇所率领的东路军取得胜利外，其余都连吃败仗。韩侂胄见情势不妙，便派人与金国谈和，没想到金国提出的一个条件竟是要韩侂胄的项上人头。此举未免欺人太甚，故韩侂胄得知后勃然大怒，打算整军再战。但宋朝的主和派势力早已对他心生不满，史弥远因而联合杨皇后暗杀了韩侂胄，将其人头送往金国。双方顺利达成和议，结束了这次贸然出击的北伐行动。

蒙宋灭金：唇亡齿寒

开禧北伐（1206）这一年，在北方的蒙古草原上发生一件影响人类历史甚为深远的大事，即蒙古帝国的开创者铁木真统一了蒙古诸部落，并因此被尊为成吉思汗。此后这群北方苍狼不断南侵，其战斗力之强，就算金国的老祖宗完颜阿骨打再世，恐怕也要俯首称臣。因此金国在黄河以北的领土逐渐沦陷，被逼得只好迁都汴京。宋朝眼见世仇金国遭到蒙古的欺凌，不免幸灾乐祸，索性不缴纳岁币了。此时金国正需要用钱，却又被宋朝这样落井下石，不禁大怒；且为了弥补北方

大　事	帝王年号	朝代	公元 单位：年
铁木真统一蒙古诸部落，于斡难河即位，被尊为成吉思汗，是为元太祖，大蒙古国建立。		南宋	
史弥远与杨皇后合谋政变，杀韩侂胄，将其人头送至金朝，以展开和谈。	开禧三年		1207
宋金达成和议，双方由叔侄关系改成伯侄关系。	嘉定元年		1208
西夏降于蒙古。 **英格兰国王约翰被罗马教会逐出。**	嘉定二年		1209
蒙古侵金西北边。	嘉定三年		1210
西夏襄宗卒，侄神宗立。蒙古取金西京，金西北诸州尽失；后败金兵于会河。	嘉定四年		1211
安南王李龙翰卒。 蒙古伐金。	嘉定五年		1212
辽人耶律留哥自立为辽王。 金元帅胡沙虎弑主，立宣宗。 蒙古围金燕京。	嘉定六年		1213

公元 单位：年	朝代	帝王年号	大　事
1214	南宋	嘉定七年	金迁都于汴京。 蒙古复围燕京。
1215		嘉定八年	蒙古入燕京。 **英格兰地方男爵约翰王签署《大宪章》。**
1216		嘉定九年	蒙古克金潼关。
1217		嘉定十年	金军南下侵宋，双方战事再起。 蒙古伐西夏，西夏帝奔西凉。
1218		嘉定十一年	蒙古将领哲别率军灭西辽。
1219		嘉定十二年	金攻宋，遣李全击退之。 成吉思汗攻打中亚的花剌子模，为蒙古第一次西征。
1220		嘉定十三年	蒙古军陷济南，金属黄河以北地，皆为蒙古所有。
1221		嘉定十四年	宋与蒙古互相遣使通好。 蒙古军重重包围札兰丁，札兰丁脱困。
1222		嘉定十五年	蒙古主铁木真平定西域，灭回回诸国，直逼印度。
1223		嘉定十六年	金宣宗卒，子哀宗立。

领土的损失，便有了挖东墙补西墙的打算，于是金兵开始南下侵宋。这实在是个不智的决定，因为北方有蒙古，西方有西夏，现在还要跟南宋开战，以一打三，力分则弱，结果则是与实力略逊一等的南宋战成了个旗鼓相当、互有胜负，自然也得不到什么好处，反而是北方领土一直在丢失。

就在此四国大乱斗之际，有人提议联合蒙古南北夹击金国，但有鉴于当年联金灭辽导致靖康之难的惨痛教训，南宋并不敢贸然行动。不过，蒙古似乎比南宋更急，嘉定十七年（1224）遣使南下要求联合灭金，宋朝一直没有答应，直到宋理宗绍定五年（1232），才决定放手一搏，与蒙古订立了魔鬼协议。这一年，蒙古正展开围攻汴京的军事行动，金哀宗眼见情势危急，只好率领一支军队突围而出，最后逃到了河南的蔡州。

绍定六年（1233），汴京守将因为无法再苦撑而开城出降。同年，蒙古军与宋军联合围攻蔡州，金哀宗与军民死守了数个月，知道终究难逃城破的命运，遂于绍定七年（1234）传位给金末帝，希望他能突围脱困，以延续国祚，然后哀宗便自缢身亡。不过，金末帝最后也没能逃出，而是死于乱军之中。

其实金哀宗在位时颇有一番作为，不该是个亡国之君，但蒙古实在太强，再加上个实力不弱的宋朝，使金国不得不亡。但如果宋朝肯答应金国的垂死求救，与其合力对付蒙古的话，则局面又有一番不同，只是宋朝因为靖康之难而恨金入骨，自然不可能答应。

"黄祸"（上）：蒙古的第一次西征

　　蒙古帝国曾发动三次大规模的西征行动，铁蹄踏遍之处，不但让欧洲各国闻风丧胆，也将火药、印刷术传了过去，对于西方文明影响之大，自不待说。

　　第一次西征是在成吉思汗时。当时的中亚有个大国花剌子模，他们也曾听闻东方有个新兴的蒙古国，似乎很强，但因中间隔着一个西辽，所以不是太清楚，也不是太在意。宁宗嘉定十一年（1218），成吉思汗灭了西辽，双方国境相接，关系就变得紧张起来。一开始成吉思汗也不敢小看这个中亚霸主，而有示好之意，但花剌子模国王摩诃末自恃兵强马壮，并不大理会。后来在一次摩擦冲突中，还杀了蒙古使者，并剃掉两名副使的胡须再放回。这种侮辱分明就是要挑衅，成吉思汗哪里忍得下这口气，便于嘉定十二年（1219）倾全力发动西征。

　　蒙古大军展开火一般的攻势，把曾经纵横中亚的花剌子模军队打得溃不成军，摩诃末也被蒙古军的强悍吓破了胆，一心只想逃跑。不过他倒是有个英勇过人的儿子札兰丁，当初他曾劝摩诃末不要轻启战衅，无奈老父不听，如今事情发展至这步田地，但他也不退缩，请求摩诃末让他留下来领兵抗敌。

　　摩诃末不愿儿子涉险，而带着他辗转逃到里海的一个小岛上，后来死在那里。札兰丁则率领残兵继续与蒙古军作战，无奈独木难支大厦，面对成吉思汗这

大　事	帝王年号	朝代	公元 单位：年
西夏神宗传位于子献宗。 蒙古将领速不台大破俄罗斯联军，平定钦察部。因接到成吉思汗诏书而东返，结束第一次西征。		南宋	
宋宁宗卒，史弥远与杨皇后发动政变，不拥立太子赵竑即位，另立太祖后人赵贵诚为帝，是为理宗，次年改元宝庆。 察合台建察合台汗国。 蒙古派遣使者至宋，请求联合灭金。	嘉定十七年		1224
蒙古伐西夏。	理宗 宝庆元年		1225
西夏献宗卒，弟末帝立。	宝庆二年		1226
宋理宗赞扬朱熹与所撰《四书集注》，封徽国公。 蒙古灭西夏，西夏亡。 成吉思汗卒，指定三子窝阔台继位，但仍由四子拖雷监国。 蒙古兵入侵长安，金兵力守潼关。	宝庆三年		1227
第五次十字军东征开始。	绍定元年		1228

公元 单位：年	朝代	帝王年号	大　事
1229	南宋	绍定二年	蒙古贵族拥立窝阔台继承汗位，是为元太宗。 蒙古围金庆阳（在今甘肃）。 第五次十字军东征结束。
1230		绍定三年	蒙古设十路课税所。 蒙古军侵入陕西。
1231		绍定四年	蒙古任耶律楚材为相。
1232		绍定五年	蒙古拖雷卒。 蒙古与宋达成联合灭金的协议。
1233		绍定六年	蒙古伐金，汴京守将撑不住，开城出降。蒙古取洛阳。 金哀宗从汴京突围至蔡州，与军民死守数月。 蒙古塔察儿率兵至蔡州。 宋孟珙、江海领兵至蔡州，与蒙古军会师。
1234		端平元年	宋军与蒙古军合破蔡州，金哀宗传位与完颜承麟后自杀，末帝承麟亦死于乱军中，金亡。 蒙古遣使来责备宋之毁约。
1235		端平二年	蒙古都和林。 拔都率军西征，为蒙古第二次西征。

个不世出的军事天才，以及战斗指数破表的蒙古军，他只有不断逃跑的份儿。在嘉定十四年（1221）的一场战役中，札兰丁被蒙古军重重包围，成吉思汗因打算生擒他而下令不得放箭。但浑身是胆的札兰丁不愿被俘受辱，竟从两丈高的山崖上跃入波涛汹涌的印度河中，随即用双臂拨开巨浪，迅速游出弓箭的射程之外。成吉思汗看了也深感佩服，回头向他的儿子们说："我从未见过这等英雄好汉，每个父亲都希望有这样的儿子啊！"随后渡河搜寻一番，没找到人，便撤兵北返了。

花剌子模屈服后，成吉思汗因为听说西夏有些状况，便于嘉定十五年（1222）率领这支主力部队东返，并于宋理宗宝庆三年（1227）灭了西夏。（成吉思汗在攻打西夏时病死。）不过，另一支由哲别、速不台率领负责扫荡西北地区的军队，则继续往西推进，与钦察部发生冲突。钦察部打不过蒙古军，只好向邻近的俄罗斯求援。虽然讨来了救兵，但遇到这些"东方魔鬼"，谁来都没用。嘉定十六年（1223）蒙古军大破俄罗斯联军，嘉定十七年（1224），才因接到成吉思汗的诏书而东返，结束了这次西征行动。

"黄祸"（中）：蒙古的第二次西征

理宗端平二年（1235），窝阔台在位时，他认为西方的广大土地尚未完全征服，尤其是钦察诸部，似乎仍蠢蠢欲动，因此决定再发动一次西征。这一支大军由其长兄术赤之子拔都担任总指挥，所以史称"拔都西征"；也因为其余诸王诸将都派出长子从征，故又称"长子西征"。

端平三年（1236），诸军会师于中亚一带，随即展开这场让欧洲几百年都不敢抬头仰视东方的血腥大屠杀。因为花刺子模已灭，所以这一次是往偏西北的方向而去，主要目标是打击当年速不台与哲别曾经扫荡的钦察诸部。此次西征担任先锋的速不台仍宝刀未老，和当年一样，战果辉煌，俄罗斯诸公国无一能敌，莫斯科、基辅各城接连沦陷。拔都随即兵分三路往西推进：北攻波兰，中击匈牙利，南打罗马尼亚，像秋风扫落叶般，连破波兰与日耳曼联军、匈牙利军，最后打到了亚得里亚海岸，水都威尼斯已相去不远，正要进入欧洲的核心地区。此时蒙古大军蹂躏东欧的消息已传遍全欧，各国为之震动，人心惶惶，仿佛世界末日即将到来。人们只能不断地向上帝祈祷，连罗马教皇也急忙请求各国王公合力阻挡这批从地狱跑出来的"撒旦魔鬼"。

或许真有上帝，理宗淳祐二年（1242），窝阔台大汗的死讯传来。依照惯例，跟随西征的这许多王公贵族都必须回到和林（今蒙古国哈尔和林）参加"库里尔泰"（即部族大会），以选出新任大汗。于是拔都下令全军班师东返，也使欧洲各国得以逃过这场世纪浩劫。

这支西征大军沿路上奸淫掳掠、杀人焚城，每个士兵仿佛都成为魔鬼化身的"人肉屠夫"，所过之处，尽成废墟，若是打到意大利、法国等地，恐怕欧洲的文物古迹要毁掉大半，世界历史也得全面改写。后来在这一次征伐得到的大片土地

大 事	帝王年号	朝代	公元 单位：年
蒙古西征诸军会师于中亚一带。 襄阳叛降于蒙古。 宋收复成都。	端平三年	南宋	1236
蒙古灭钦察诸部，陷莫斯科城。	嘉熙元年		1237
蒙古军攻占波兰、匈牙利。	嘉熙二年		1238
孟珙克复襄阳。	嘉熙三年		1239
蒙古军陷基辅，基辅公国亡。俄罗斯全境皆纳入蒙古帝国版图。	嘉熙四年		1240
蒙古大汗窝阔台死，暂由皇后乃马真摄政。 蒙古军大败欧洲诸国联军，称"黄祸"。	淳祐元年		1241
拔都进军至亚得里亚海东岸，全欧震惊，因窝阔台死讯传来而东返，结束第二次西征。拔都建钦察汗国。	淳祐二年		1242
吐蕃八思巴的叔父萨迦班智达会见蒙古阔瑞，表示接受管辖。	淳祐五年		1245

公元 单位：年	朝代	帝王年号	大　事
1246	南宋	淳祐六年	蒙古贵族选出窝阔台子贵由为大汗，是为元定宗。
1247		淳祐七年	蒙古伐高丽。
1248		淳祐八年	贵由死，暂由皇后海迷失摄政。 第六次十字军东征开始。
1249		淳祐九年	法医学家宋慈死，所撰《洗冤集录》为世界上最早的法医专书。
1251		淳祐十一年	蒙古贵族选出拖雷子蒙哥为大汗，是为元宪宗。 忽必烈统治漠南。
1252		淳祐十二年	蒙哥汗迁窝阔台子孙往各边，赐皇后海迷失死。 蒙古海都于金山南北，建窝阔台汗国。 忽必烈奉命征大理。
1253		宝祐元年	蒙古旭烈兀率军征伐中东诸国，是为蒙古第三次西征。 蒙古灭大理，降吐蕃。
1254		宝祐二年	第六次十字军东征结束。
1255		宝祐三年	蒙古出兵西南夷。

上成立了钦察汗国，由拔都兄弟及其子孙继续统治着钦察诸部及俄罗斯各国达数百年之久。

"黄祸"（下）：蒙古的第三次西征

第三次西征是由拖雷之子蒙哥大汗发动的。在波斯一带有个叫木剌夷的伊斯兰教派，他们称得上是"恐怖主义"的开山鼻祖（刺客的英文 assassin 即源自于此），因为该派教徒在领袖"山中老人"的指使下，到处搞暗杀，各国首领及其他教派人物饱受惊吓，肃杀的气氛在西亚一带四处弥漫着。理宗宝祐元年（1253），蒙哥派遣其弟旭烈兀率军前往剿灭，沿途上受到西域各国的欢迎，纷纷出兵相助。

不管他们是否身怀《倚天屠龙记》所说的圣火令神功，或是暗杀手段如何了得，面对蒙古大军的强弩、铁骑、攻城炮，这些鬼蜮伎俩全然无用。宝祐五年（1257），木剌夷大大小小数百座城堡或破或降，所有的俘虏，不分男女老幼，都被一一宰杀。

随后，旭烈兀遣使劝降被中国史籍称为黑衣大食的阿拔斯王朝，还语带威胁地说，若不肯降，就要让他们尝尝蒙古大军的霹雳手段。建都于报达（今巴格达）的阿拔斯立国已五百年，所辖领土不下于宋、金，其哈里发（国王）哪肯如此示弱，不但回信拒绝，语气还颇为傲慢。可想而知的结果依序是：被惹恼的旭烈兀率领蒙古军大举入侵两河流域、围攻报达、哈里发出城投降。蒙古军并依惯例对报达的八十万居民展开血腥的屠城之举，阿拔斯王朝就此灭亡。

接着大军进攻天方（即阿拉伯）、叙利亚，所过城市，一一陷落，地中海沿岸诸国为之震动。旭烈兀本来打算再往非洲的埃及进军，没想到剧情重演，理宗景定元年（1260），大汗死讯传来，他只好留下部分蒙古军看守，急忙率军东返。在这次征伐所得到的土地上则建立了伊儿汗国，由旭烈兀及其后代子孙继续统治着西亚一带。

蒙哥大汗之死：钓鱼城屠龙记

宋理宗宝祐六年（1258），此时的蒙古帝国经历三次西征，纵横欧亚大陆，确实是打遍天下无敌手，亚洲大陆的重要国家仅剩南宋还在苦苦撑着。这一年，蒙古大汗蒙哥亲率大军分三路南下侵宋，决定分进合击，最后会师齐攻南宋首都临安，完成统一天下的霸业。

身为主帅的蒙哥率领主力部队攻打四川，一路上所向披靡，四川诸城一一被攻陷，唯独合州（今合川，属重庆）的钓鱼城在王坚的领导下，屡攻不下。这堪称是蒙古大军踢到的一块铁板，主要不是宋军战斗力强，而是这座钓鱼城仰赖着山水天险，宛若一层隐形保护壁阻绝了蒙古军一次又一次的强攻。蒙古军的攻城经验堪称举世无双，攻城器械也极为精良，但就是打不下这座铁桶山城。

最后，只好用千古不变的老方法——围城。可是钓鱼城内水源丰富，有鱼可吃，还有田可种，饿不死人，因此收效不大。宋军甚至用嘲笑的方式将两条三十斤

大 事	帝王年号	朝代	公元 单位：年
宋任贾似道为参知政事。	宝祐四年	南宋	1256
蒙古军破木剌夷。 蒙古军自云南攻安南，安南王败走海上。	宝祐五年		1257
旭烈兀灭黑衣大食。旭烈兀于里海南岸建伊儿汗国。 蒙哥汗领大军分三路南下侵宋。	宝祐六年		1258
蒙哥围合州钓鱼城，宋将王坚力战，蒙哥死于钓鱼城大战。 忽必烈围鄂州，贾似道乞和，忽必烈为北上争取汗位而同意退兵，鄂州围解。兀良合台进兵至潭州城外。	开庆元年		1259
忽必烈称大汗于开平，并建元中统，定官制，是为元世祖，为元朝有年号之始。 忽必烈弟阿里不哥称大汗于和林，随即遭忽必烈讨伐，内战遂起。 旭烈兀得知蒙哥汗死讯而率军东返，结束第三次西征。	景定元年		1260

公元 单位：年	朝代	帝王年号	大　事
	南宋		蒙古印制发行中统宝钞。
1261		景定二年	忽必烈败阿里不哥。
1262		景定三年	旭烈兀拟进攻埃及为怯的不花复仇，金帐汗别里哥遣兵袭其后，旭烈兀大败，从此二大汗国交攻不休。
1263		景定四年	宋置官田所，括买公田。
1264		景定五年	宋理宗卒，以侄子赵禥为帝，是为度宗。 阿里不哥投降。 忽必烈建都燕京（今北京），改称中都，改元至元。
1265	度宗 	咸淳元年	英国创立国会，为世界有国会之起源。
1266		咸淳二年	蒙古派遣使者前往日本。
1267		咸淳三年	宋任贾似道为平章国重事。 蒙古都元帅阿术侵扰襄阳，军还后，又在襄、樊之间击败宋师。 宋降将刘整表示，攻宋应先取襄阳，元世祖命阿术

重的大鱼、数百个蒸饼，投赠蒙古军，并放话说："你们可以享用鲜鱼与蒸饼，但再围个十年，也破不了城。"

理宗开庆元年（1259）六月，进入炎夏季节，各种传染病开始在陈兵于钓鱼山下的蒙古军中流行。据《元史》记载，蒙哥大汗因此感染重病，七月，蒙古军开始撤兵，但走没多远蒙哥就病死了。不过，根据当地的一些记载，蒙哥是被宋军打死的，所以金庸小说《神雕侠侣》中塑造出大侠杨过以石击毙蒙哥的场景，虽然稍嫌夸张，但也是带有几分真实性的。

南宋之亡（上）：襄阳困守

蒙古军从大草原出征开始，就不断向对手学习运用新的战争武器（如霹雳炮、震天雷、回回炮等），再经掳掠来的工匠的一再改良，如此冷兵器（刀枪箭弩之类）的一流高手，加上热兵器的辅助，论起陆战能力，几乎已是天下无敌。但湖海江河之水战却一直是他们的死穴罩门，故南宋得以凭借着南方的水路纵横及优异的水师实力与蒙古拼死缠斗达数十年之久，但在襄阳之战后，情势便起了关键性的变化。

湖北的襄阳自古即兵家必争之地，度宗咸淳四年（1268），忽必烈听从南宋降将刘整的建议，展开围攻襄阳的作战计划。他们一先一步地在襄阳周围建筑城堡与围墙，切断襄阳的对外联系；然后，针对元军水战的弱点加以补强，并由刘整负责打造战船、训练水军。在宋人的协助下，元军水战实力急速蹿升。

从咸淳四年起的四年间，宋军不论

从襄阳城往外，或由外围往内，都无法突破蒙古军的封锁线。咸淳八年（1272），蒙古军开始对襄阳的邻城樊城发动总攻击，并顺利攻下樊城的外城。宋朝知道情势危急，便派张顺等人率领三千多人由水路强攻入城，经过一番浴血死战，终于抵达襄阳，振奋鼓舞了困守城内的军民们的斗志。不过，蒙古军随即展开了新攻势，先烧了襄阳与樊城之间的桥梁，让他们无法互相支援。此一绝招果然奏效，没多久便拿下了樊城，并依照蒙古军破城的惯例展开屠杀，还残忍地将死人骨头堆成高山来威吓襄阳军民。孤立无援的襄阳，始终盼不到救兵，次年二月，知府吕文焕为了避免襄阳落得血洗的命运，只好开城投降。此一战役，宋军挡住蒙古军雷霆霹雳的攻势长达六年，直到最后弹尽援绝，史称"襄樊之战"。

元军拿下襄阳，不但摧毁了宋都临安的门户，也验证了元军的水战实力，或许仍不及宋军，但已相去不远。失去了水战优势的宋朝，只能静待死亡。

南宋之亡（中）：直捣临安

失去了襄阳这座军事要塞，南宋的国都临安顿时陷入唇亡齿寒之境，因为元军可从襄阳水陆两路顺流而下，位于下游的宋军便处于绝对挨打的不利态势。果然，次年即咸淳十年（1274），忽必烈命伯颜为元帅，统领东西两路二十万大军直捣临安。沿途上所遇到的宋军，有的是拼命力战而死；有的是自知不敌而降；有的则是吕文焕的昔日部属，受其影响而投

大　事	帝王年号	朝代	公元（单位：年）
与刘整经略襄阳。		南宋	
宋以吕文焕掌理襄阳府。			
蒙古围攻襄阳。	咸淳四年		1268
宋襄阳守军攻击诸寨，皆败退。			
窝阔台孙海都起兵与忽必烈争汗位。			
蒙古实行八思巴制作的新字。	咸淳五年		1269
襄阳危急。			
宋命李庭芝、范文虎援襄樊。	咸淳六年		1270
诏许贾似道十日一朝。			
第七次十字军东征。			
宋范文虎以水军援救襄樊，兵败。	咸淳七年		1271
蒙古取《易经》中"大哉乾元"之意，改国号为大元。			
马可波罗自欧洲启程来华。			

公元 单位：年	朝代	帝王年号	大　事
1272	南宋	咸淳八年	宋李庭芝命张顺、张贵溯汉水援襄阳，张顺战死；张贵进入襄阳，还郢迎援军的途中被俘而死。 改中都为大都。
1273		咸淳九年	元军攻陷樊城，用回回人所造巨炮攻襄阳，襄阳守将吕文焕开城出降。
1274		咸淳十年	宋度宗卒，子赵㬎即位，是为恭帝，太皇太后谢氏垂帘听政；封兄昰吉王，弟昺信王。 忽必烈命伯颜为元帅，大举侵宋。元军攻下汉阳、鄂州。 宋以贾似道督各路军马。 元军首次渡海征伐日本，遇强风大浪，沉船无数，遂班师回国。
1275		恭帝 德祐元年	贾似道率军抵达前线，宋军兵败，贾似道奔扬州。 宋罢贾似道，后发循州安置，途中被押送官所杀。 文天祥起兵勤王。

降的（吕文焕担任西路先锋）。

当军事重镇鄂州（湖北武昌）沦陷时，南宋朝野纷纷请求宰相贾似道领兵出征（贾似道的姐姐是理宗的宠妃，他是靠着裙带关系得到相位的）。由于当年他曾在鄂州击退忽必烈的大军，此刻被视为宋朝的救世主。殊不知，那其实是一场大骗局，事情的真相是：忽必烈奉蒙哥之命攻打鄂州，贾似道知道敌不过，便偷偷遣使向蒙古军求和。忽必烈则因为听到了蒙哥的死讯，以及弟弟阿里不哥摩拳擦掌要登上大汗之位的消息，已无心恋战，便答应退兵，赶忙北上争夺帝位去了。

当时，贾似道见蒙古大军已去，便撒下弥天大谎，一边吹嘘他击败了蒙古军，向理宗邀功；一边又将忽必烈派来索取岁币的使者扣留了十几年，想就此瞒天过海。没料到大家还真相信他的话，逼着他这时只好硬着头皮调兵遣将，准备迎击横扫欧亚的蒙古铁骑。不过，他最怕的还不是蒙古兵，而是降将刘整的军队，因为刘整是因受到上司迫害才愤而投降蒙古的。贾似道深知其骁勇及对宋朝满腔的愤恨，所以他迟迟不敢出兵。不料，刘整突然死去，贾似道得知后，不禁大呼："吾得天助也！"随即向恭帝请求出征。

恭帝德祐元年（1275）初，贾似道率领十几万军队抵达前线，等待他的是元军总帅——伯颜。元军分水陆两路猛攻，宋军被打得一败涂地。贾似道等将领见大势已去，急忙逃跑到了扬州。

元军挟着锐不可当的气势，沿着长江一路扫荡。德祐二年（1276），元军抵达临安城外，太皇太后出城投降，随后与六岁的小皇帝及未逃走的官员们被掳往大都（今北京）。

南宋之亡（下）：宋末三杰撑残局

悲剧的惟幕尚未落下，张世杰等人已先一步带着恭帝的哥哥赵昰（shì）、弟弟赵昺（bǐng）往南逃跑，最后来到了福建，这群孤臣孽子于福州拥立赵昰为帝，是为端宗。此时的小朝廷虽然还辖有福建及两广地区，拥兵数十万，但论战力则远不能与元军相比，因此尽管文天祥、张世杰等人仍与元军继续对战，但终究是败多胜少。众人带着端宗从福建一路逃到了广东，为了躲避元军的追杀，不时还逃到海上（跟当年的高宗差不多），颠沛流离了两年。年幼的端宗，就在一次海上惊险中，因受到台风及元军的夹击而吓出病来，最后病死于广东的硇州一带，年仅十一岁。

端宗死后，原本群臣打算就此鸟兽散，但丞相陆秀夫慷慨激昂的一席话激励了大家，决定再拥立端宗的弟弟赵昺为帝，并移往广东新会一带的厓山，一面命人建造宫室，一面派文天祥驻守潮阳，抵御元兵。

祥兴元年（1278）底，元将张弘范率军进攻潮阳，俘虏了文天祥。随即挟着胜利之势于祥兴二年（1279）二月进攻厓山，张并要文天祥写信招降宋廷，被正气冲霄的文天祥断然拒绝，只留下了传颂千古的《过零丁洋》诗来作为他的答复（"人生自古谁无死，留取丹心照汗青"即出自

大　事	帝王年号	朝代	公元 单位：年
张世杰率水军与元军战于焦山，大败。宋军已无战斗力。		南宋	
马可波罗抵达上都，后到大都。			
伯颜率元军至临安城外。宋太皇太后请降，后与恭帝等人遭元军押往大都。	德祐二年		1276
陆秀夫等人拥立恭帝兄赵昰于福州即位，是为端宗，改元景炎；封弟赵昺为卫王。	端宗 景炎元年		
元兵入福建。张世杰奉帝走潮州。			
文天祥收复江西数州县，后败走循州。	景炎二年		1277
端宗到香山，后迁往井澳、谢女峡等地。			
端宗病死于硇州，陆秀夫等人再拥立端宗弟赵昺为帝，改元祥兴，迁新会之厓山。	端宗 景炎三年 卫王（帝昺） 祥兴元年		1278

公元 单位：年	朝代	帝王年号	大　事
	南宋		元张弘范率兵入闽广，海南州县皆沦陷。 文天祥兵败被俘。
1279		卫王（帝昺） 　祥兴二年 元世祖 　至元十六年	厓山一战，宋军大败，陆秀夫背帝昺投海而死，南宋灭亡。

此诗）。

　　在这场宋朝最后一战中，宋军虽拥有二十万的兵力，但最后竟遭仅数万的元军击败，张世杰率领十几艘战舰突围而去，但帝昺的御船仍与其他船舰被元军围困。张世杰见状，便派小船秘密前往接人，但因风雨太大，陆秀夫等人看不清小船上的人影，生怕是元军假冒，而拒绝让帝昺上船，错过了逃命的机会。在元军的重重包围下，陆秀夫知道大势已去，先让妻儿投海自尽，然后对八岁的帝昺说道："国事已到这步田地，陛下应当为国捐躯，德祐皇帝（恭帝）受尽屈辱，陛下不可再受辱了。"然后他背起了小皇帝，跳海而死，南宋至此灭亡。

　　带着太后突围而出的张世杰得知帝昺已死，原本想以太后的名义再立宋朝宗室为帝，不料又遇到台风，船只翻覆，最后溺毙于大海中。世人称陆秀夫、张世杰、文天祥为"宋末三杰"。

元朝

蒙古的崛起是从成吉思汗铁木真统一各部族开始的，而后忽必烈通过部族内的争夺，终于登上帝位，是为元世祖。世祖迁都燕京（即北京），然后展开歼灭南宋的行动，方正式入主中原。

元朝是中国历史上第一个由少数民族建立的中原王朝，元世祖很清楚必须实施以汉治汉的政策。只是，汉化始终不深，也无法彻底，元世祖晚期还是对汉人实施隔阂政策，加上元朝社会有等级区分，真正具备影响力的汉族官员不多。另外，元朝皇室只要面临帝位继承问题，都免不了一场争夺战，政治危机层出不穷。即位的皇帝缺乏政治素养，往往把草原民族掠夺的习性，转变为政治掠夺，贪污腐败的风气盛行。这就是"马上得天下"且"马上治天下"的结果。

元朝后期政局不稳定，天灾不断，特别是黄河水患，让民生经济受到很大的影响。而元朝可以说是世界上最早完全使用纸币的国家，但因为不断加印新钞，导致物价上涨，百姓不堪其扰。由于元朝对宗教信仰采取比较开放的态度，所以有心者便依附宗教起而叛乱，例如"白莲教乱"。

白莲教首领韩山童率众起义，以红巾为标识，各路群雄亦从各地窜起，高喊着复兴汉族的口号。最后成功者是朱元璋，他把元顺帝赶回了北方，元朝对中国的统治告一段落。

蒙古部族的草原经济是商品交换，元朝很少抑制商业活动，不仅陆路上可以与西域、中亚、西亚等国互相往来，海运方面也十分畅通。威尼斯人马可波罗便是在忽必烈时期来到中国的，回到欧洲之后，口述《马可波罗游记》一书，记述元朝的繁华景象。阿拉伯数字亦在此时传入中国。

元顺帝在位时，由脱脱主持修撰《辽史》、《金史》、《宋史》。元代的文学成就在于戏曲，关汉卿、王实甫、马致远都是名家。郭守敬重新修订历法，花了四年的功夫，编修出《授时历》，这是当时最进步的历法，一直使用到明朝。

元朝的国祚自公元1206年至1368年，起自元太祖成吉思汗，终于元顺帝。元朝定都大都，即北京。

	朝代	帝王年号	大 事
单位： 公元 年			
1280	元	世祖	元将张弘范卒。
		至元十七年	开始实行授时历。
1281		至元十八年	世祖命阿剌罕、范文虎等率领十余万大军渡海攻打日本，遇台风大败而返。 焚道书。
1282		至元十九年	派兵进攻缅甸。 千户王著杀中书平章政事阿合马。 文天祥从容赴义。 开始实行海路运输粮食。
1283		至元二十年	攻破缅甸，西南夷的十二部皆降。
1284		至元二十一年	将宋朝宗室及官员移往内地。 派遣脱欢出兵占城、安南，未克。
1285		至元二十二年	脱欢败陈日烜兵，陷安南都城，入城而还。
1286		至元二十三年	元世祖下诏停止征伐日本。 封陈益稷为安南国王。 禁汉人持有兵器。 访求江南人才。

忽必烈的大元王朝：夺位建元

宋理宗开庆元年（1259），蒙哥大汗死于钓鱼城大战中，忽必烈得讯后率军北上，回到自己的王府开平（今内蒙古自治区多伦县西北）。随即召集支持他的王公贵族，宣布即大汗位，并且用中国各朝纪元的方式，以这年（1260）为中统元年，是为元世祖。留守和林的阿里不哥得知四哥忽必烈已抢先了一步，也急忙召开大会，宣布即位。

尽管阿里不哥是根据蒙古传统而即位的，具有正当性，但军事实力则弱了一截。得位不正的忽必烈率军打到和林，阿里不哥被打得落荒而逃，后来他又不死心地与忽必烈交手了几次，但都吃了败仗，身边的将领也开始看不起他，纷纷向忽必烈投降。于是，众叛亲离的阿里不哥只好于至元元年（1264）向忽必烈请罪，结束了这场骨肉相残的战争。

忽必烈击垮阿里不哥后，便将政治中心逐渐转往中原，因为他本来就是"汉法派"的代表人物（阿里不哥则是蒙古传统的代表），后来又将都城从内蒙古的开平迁到了大都（今北京）。至元八年（1271），再将国号由"大蒙古国"改为"大元"，此名出自《易经》的"大哉乾元"，借由此一国号更拉近了与中原的关系。从成吉思汗以来，历经数十年的战斗，至元十六年（1279），终于灭掉了他们立国以来所遇到最顽强的敌手——南宋，至此完成中国的统一。

虽然窝阔台在位时便在耶律楚材的建

议下逐步引进了不少中原的制度与文化，使粗鄙无文的蒙古帝国逐渐转型，不过真正将之塑造成一个以中国为本位的国家则要归功于忽必烈。他重用汉人，并在刘秉忠等人的指导下，"以汉法治汉地"，消除了许多汉人对于异族君主的不信任，因此忽必烈在位期间是元朝最上轨道的一段时期。但就像当年北魏孝文帝的汉化激起鲜卑人的反弹一般，如此的汉化政策也引来许多蒙古本位主义派的不满；而其不守旧制、自立为汗的行径，更令贵族们不服，所以从阿里不哥到海都，接连起兵抗争，一打数十年，为元帝国带来了不小的困扰。

第一次元军征日：海将军救援

从至元三年（1266）起，忽必烈便陆续派遣使者出使日本，要求这尚未被蒙古铁骑蹂躏的日出之国遣使来华以通友好（即朝贡），且暗示如果不从的话，就要出兵讨伐。只是，此时掌权的镰仓幕府不买账，有人解释是因为当时国内情势紧张，他们不愿在日本人民面前示弱，以免大伤威信；也有人说他们是受到逃往日本的南宋僧侣影响，对蒙古人印象恶劣，不愿与之打交道，才敢几近挑衅地拒绝忽必烈的"善意"。只是蒙古军队之强，他们也是略有耳闻的，因此天皇与幕府一方面不断祈求神明的保佑，一方面也做好了作战的准备。

对于称霸欧亚大陆的蒙古帝国来说，这是令其无法容忍的傲慢回应。因此至元十一年（1274），忽必烈以蒙古、汉、

大　事	帝王年号	朝代	公元 单位：年
脱欢攻打越南陈朝，元军于次年败退。	至元二十四年	元	1287
设江南各路儒学提举司。 发行至元宝钞。			
在南宋皇城旧址上兴建佛寺。	至元二十五年		1288
元世祖下令开凿会通河。	至元二十六年		1289
北方大地震，人民死伤数十万。	至元二十七年		1290
元世祖遣福建兵攻打爪哇。	至元二十九年		1292
安南入贡。			
攻爪哇军，击败葛郎国，后遭突袭而败走回国。	至元三十年		1293
元世祖卒，孙铁木耳即位，是为成宗。	至元三十一年		1294
马可波罗返抵威尼斯。	成宗 元贞元年		1295
征民间马牛羊，一百取一。	元贞二年		1296
禁诸王、驸马夺占民田。	元贞三年 大德元年		1297

公元 单位：年	朝代	帝王年号	大　事
1298	元	大德二年	召高丽王入朝。
1299		大德三年	**奥斯曼土耳其帝国建立。**
1300		大德四年	遣云南左丞刘深击八百媳妇（泰国景迈）。
1301		大德五年	撤销征东行省的建置。窝阔台汗国的海都大举入犯，成宗侄子海山率军打败海都军队。
1302		大德六年	西南夷反叛，遣兵讨平。**法王腓力四世召开三级会议。**
1303		大德七年	遣使巡察天下。
1304		大德八年	立海山为怀宁王。
1305		大德九年	免道士赋税。
1306		大德十年	遣高丽王还国。复置征东行省。
1307		大德十一年	成宗卒，成宗弟与侄儿海山争位，后由海山夺得帝位，是为武宗，明年改元至大。

高丽三族的官兵组成三万多人的联军，搭乘高丽国赶工建造的九百艘战船，东渡征伐这个桀骜不驯的岛国。

平心而论，日本武士虽有视死如归的殉道精神，但偏好单打独斗，比武单挑尚可，若是上阵杀敌的话，很难抵挡得住元军所擅长的组织战。总体看来，就武器、战术及作战经验而言，日军皆无法与元军相提并论。不过，就像俄国有"冬将军"（横扫欧洲的拿破仑、纳粹德国皆败于俄国酷寒的冬季，俄人戏称有冬将军助阵），日本也有"海将军"鼓动浪涛为之助拳。因为就一般的登陆战来说，如果双方战力在伯仲之间，攻方需拥有数倍于守方的兵力始有胜算，而蒙古军擅长的是陆战、攻城战，海战、登陆战正好是他们的弱点，经验少得可怜，因此日军虽然数量不多（约万名），但胜负其实难料。

果不其然，至元十一年十月，双方在九州博多一带发生激战，元军虽取得上风，逼退了日军，但因将领负伤，再加上天色已晚而暂时休兵。当晚举行军事会议时，高丽将领主张以破釜沉舟的决心背水一战，应可击溃日军；但元军统帅忻都却被打起仗来仿佛不要命的日军给震慑住了，加上后勤补给不足，因而下令众将士先上船再说，似已有退兵的打算。不料当天晚上，竟遇上狂风暴雨（不确定是否为台风，因农历十月，已近冬天），打得船舰翻覆无数，死伤惨重的元军，别无选择，只有班师回朝一途，结束了元朝第一次的征日战争。（此据高丽记载，中国官

方史籍《元史》则说此役击败日军，未提
风雨之事。）

第二次元军征日：神风保庇

至元十六年（1279），南宋亡，元朝
成为东亚的唯一霸主，忽必烈又想起日本
还未归顺，遂再派使者前往，没想到日本
并不守"两军交战，不斩来使"的中国规
矩，把使者一一砍了头。忽必烈得知后，
大为光火，便于至元十八年（1281）再次
派出蒙古、汉、高丽三族联军。这次包含
东路军四万，江南军十万，总计十四万大
军，远非上次可比；甚至还下令官兵需携
带农具前往，可见他已有长期作战的打
算。

而日本在这几年中，也不是毫无作
为，他们大幅加强了沿海的防御工事，使
元军在登陆时遭遇到不小的阻碍；加上
元军在指挥调度上出了点问题，东路军与
日军已经在九州沿海缠斗了一个多月，但
数量最多又擅长水战的江南军却迟迟未
至。好不容易，江南军总算在七月时抵
达，与东路军在平户岛附近会合。而正当
元军准备展开两路夹击之时，竟遇上天
杀的台风。这也怪不得老天，谁叫元军偏
要在夏天台风最频繁的季节出征呢？当时
虽然没有卫星气象图，但夏季多台风这种
普通的经验知识，竟未被纳入参考，可见
元军真的不擅海战，一开始的作战计划
就出了问题。

元军的数千艘船舰完全无法抵挡台
风所带来的狂风巨浪，多半翻覆沉没，
官兵溺死者不计其数，范文虎等将领也顾

大　事	帝王年号	朝代	公元 单位：年
漠北大致平定。	武宗 至大元年	元	1308
教宗克雷芒五世定居法国亚威农，基督教史上的"阿维尼翁之囚"开始。	至大二年		1309
海都子察八儿来朝。	至大三年		1310
武宗卒，弟爱育黎拔力八达即位，是为仁宗，次年改元皇庆。	至大四年		1311
停止征伐八百媳妇国。	仁宗 皇庆元年		1312
诏订立官民车服之制。	延祐元年		1314
科举分成两榜：右榜供蒙古、色目人应考，左榜供汉人南人应考。 立武宗子和世㻋为周王，出镇云南。	延祐二年		1315
周王逃漠北金山之阴。	延祐三年		1316
命各县置义仓。	延祐四年		1317
增加江南茶税。	延祐五年		1318
以铁木迭儿为太师。	延祐六年		1319

公元 单位： 年	朝代	帝王年号	大　事
1320	元	延祐七年	仁宗卒，子硕德八剌即位，是为英宗，次年改元至治。 以铁木迭儿为相。
1321		英宗 至治元年	迁武宗子图帖穆尔于琼州。
1322		至治二年	铁木迭儿卒。
1323		至治三年	御史大夫铁失等人于南坡店刺杀英宗，拥立晋王也孙铁木儿即位，是为泰定帝，次年改元泰定，史称南坡之变。
1324		泰定帝 泰定元年	召图帖穆尔于琼州，封怀王。
1325		泰定二年	命图帖穆尔出居建康。
1326		泰定三年	河北山东发生饥荒。
1327		泰定四年	发生旱、蝗灾。
1328		泰定五年 致和元年 天顺帝 天顺元年 文宗 天历元年	泰定帝卒，子阿速吉八即位，改元天顺，是为天顺帝；图帖穆尔亦即帝位，是为文宗，改元天历。双方交战，天顺帝败走。

不得属下的安危，急忙搭着幸存的船只，狼狈逃回高丽。而漂流至小岛上的数万名官兵，在群龙无首又元气大伤的情况下，遭到日军"趁你病，要你命"的袭击，打不过装备完好、精神抖擞的日本兵，最后只好投降。日本除了将原为南宋降兵的江南军收为奴隶外，其余的一概杀死，总计此役最后得以逃回中国的幸存者仅约三万多人。

两次元军的攻日都因突如其来的强风而宣告失败，日本人遂将之命名为"神风"，因为有这两阵神风的守护庇佑，才让日本得以躲过蒙古铁骑的蹂躏。（第二次大战末期，一些视死如归的日军组成"神风特攻队"，他们驾驶满载炸药的飞机冲向美军船舰〔首选为航空母舰〕，企图以这种自杀式攻击"以小搏大"，借此扭转战局，就像当年的神风帮助日本击退元军一般。）

马可波罗来华：如真似幻的历史

马可波罗为意大利威尼斯人，十七岁时跟随父亲及叔父来华，他们穿越欧亚大陆，经历了三年半的时间，终于在至元十二年（1275）抵达元朝的上都，后到大都。忽必烈对于三人的到来感到很高兴，便让他们在中国定居下来。年轻的马可波罗深得忽必烈信任，不但时常被召入宫讲述西方的风土民情，也被派往中国及南洋各地巡视办事。在中国住了十七年后，思念家乡的他们，终于因为一次护送公主前往伊儿汗国成亲的任务而得到返国的机会。

回到家乡后，马可波罗受威尼斯征召入伍，后来在战争中被俘入狱，与一位名为鲁思蒂的作家关在一起。在狱中，他将其旅行、居住在中国及亚洲各地的所见所闻一一讲述给鲁思蒂听，由他记录整理成书，书名取为《东方见闻录》，后来改为《马可波罗游记》，成了闻名世界的一本书。

由于书中所描述的中国及东方像天堂般的世界，许多欧洲人都怀疑其内容的真实性；后来得到一些曾到过东方的人证实后，欧洲人便千方百计要寻找到达东方的新航道，最后促成了大航海时代的来临，许多探险家纷纷拥向那个没有"四皇"及"王下七武海"的美丽"新世界"。

不过，由于书中竟然没有提到中国极具代表性的长城、茶、筷子、汉字等事物，而中国史籍中也没有出现过马可波罗这号人物，因此屡屡引起西方学者的怀疑。他们认为马可波罗只是在商旅中辗转听到一些商人对于中国的描述，将之拼凑成为自己的经历，其实他根本没有到过中国。关于这点，熟知中国史籍与历史的中国学者则以他们所找到的一些证据提出解释、反驳，至于真相如何，就留给世人自行判断了。

白莲教与红军（上）：挑动黄河天下反

元朝除了开国的元世祖忽必烈在位时有一番作为外，以下诸帝的政绩大都不值一提，还不时出现权臣把持朝政的乱象，动辄以武力消灭政敌，连皇帝都照杀不

大　事	帝王年号	朝代	公元 单位：年
文宗让位给其兄周王，是为明宗，文宗被封为皇太子。 明宗辛，文宗复位。	明宗 天历二年	元	1329
赈济北方各州县饥民。 江南大水。	文宗 至顺元年		1330
云南发生乱事。	至顺二年		1331
文宗辛，明宗子懿璘质班即位，是为宁宗，即位不到两月即辛。	至顺三年		1332
宁宗兄妥懽帖睦尔即位，是为顺帝，十月改元元统。	至顺四年 顺帝 元统元年		1333
湖广、河南一带水、旱成灾。	元统二年		1334
左丞相唐其势密谋发动政变失败，为右丞相伯颜所杀。 伯颜弑皇后。 伯颜停办科举。	元统三年 至元元年		1335
江浙发生旱灾、饥荒。	至元二年		1336
广东、河南民兵起事。 禁汉人、南人执有兵器。	至元三年		1337

公元	朝代	帝王年号	大　事
单位：年			
	元		英法百年战争开始。
1338		至元四年	袁州周子旺起事，自号周王，后败死。
1339		至元五年	以伯颜为大丞相。
1340		至元六年	伯颜密谋发动政变失败，遭贬职，后死。以脱脱为右丞相主政，推行多项改革，史称脱脱更化。复行科举制度。
1341		至正元年	湖、广、山东、燕南兵起，大饥。
1342		至正二年	各地发生饥荒，大同人吃人。
1343		至正三年	脱脱修宋、辽、金三史。河南、山西大饥。
1344		至正四年	罢脱脱相职。
1345		至正五年	各地发生饥荒，徐州、东平尤甚，人吃人。
1346		至正六年	陕西发生饥荒。福建、广西、河南、山东民兵起事。

误（如英宗在"南坡之变"中被铁失等人杀害）。只能征战，不重文治，国事焉能不坏？人民的不满也日益弥漫于整个社会。顺帝初年还好，出了个贤相脱脱，他的一番改革如同为奄奄一息的元朝打了一剂强心针。但至正十四年（1354），顺帝因听信谗言而将他罢黜、流放，这意味着元朝从此回天乏术了。

时间倒回到三年前的至正十一年（1351），当时脱脱派贾鲁治理黄河，征用了十几万民工开挖河道，事前已有官员担心这么多人聚集在一起恐生变乱，但此意见不被接受。果然，在江淮一带传播白莲教的韩山童打算趁此机会与刘福通等人密谋起事。刘福通先是偷偷在河床下埋了一具独眼石人，再散播"石人一只眼，挑动黄河天下反"、"明王即将出世，拯救万民"的谣言。没多久，民工如其所料挖到石人，都吓了一大跳，群众因此更加确信这个宗教预言——"韩山童就是天下苍生的救世明王"。此时不反，更待何时？韩山童正打算聚众起义时，却因消息走漏，遇到官军的突袭，韩山童虽贵为教主，却没有武侠小说中白莲教主超凡入圣的绝世武功，惨遭被捕处死的命运，其子韩林儿及刘福通则侥幸逃过一劫。

刘福通辛辛苦苦策划了这么久，好不容易才有了一番局面，当然不甘心就此罢手，因此，刘福通仍照原订计划号召人民起义。他们充分利用民众的不满心理，像滚雪球一般，没多久就聚集了十几万人，在河南、安徽一带纵横驰骋，好不威风，许多城镇一一被攻陷，因其头绑红巾，号称红军；又因烧香聚众，也称香军。

就像秦末的陈胜、吴广一般，红军树立起反元的大旗，点燃了起义的火炬，南北各地的民众纷纷追随着他们的脚步，加入了杀鞑子的行列。为了壮声势、拉人马，郭子兴、徐寿辉、彭和尚等各地的草莽英雄纷纷打起红军的字号。如此一来，刘福通的红军自然成为元朝必除之而后快的头号目标。至正十五年（1355），刘福通找到了教主之子韩林儿，拥立他为皇帝，国号宋，并打出"小明王"（因其父为明王）的名号，号召群雄，发动三路反元大军展开北伐。

白莲教与红军（下）：克星帖木儿

所谓百足之虫，死而不僵，元朝还是有几个能征善战的猛将，最厉害的就是察罕帖木儿（即《倚天屠龙记》中赵敏的父亲汝阳王），没人打得过他，所到之处，起义军纷纷抱头鼠窜。但起义军像老鼠一般，生得快，也杀不完，察罕帖木儿这名猛将只好东征西讨，疲于奔命。顺帝至正二十二年（1362），他遭到降将田丰刺杀身亡，但还好有养子扩廓帖木儿（王保保）接班，其能力非但不在其父之下，且有过之。因此，正牌红军的主力部队就这样被这对父子一一剿灭，最后只能待在安丰城中（安徽寿县）苟延残喘。

至正二十三年（1363），投降元朝的张士诚落井下石，派兵攻入安丰，刘福通只好向隶属于红军但已形同独立的朱元璋小兄弟求救。朱元璋看在老长官的旧情面上，出兵救出了韩林儿和刘福通（另

大　事	帝王年号	朝代	公元 单位：年
湖广苗、瑶民起事，派兵攻之。	至正七年	元	1347
方国珍起事于浙江。 欧洲爆发黑死病大流行。	至正八年		1348
复任脱脱为相。 命皇太子习汉人文字。	至正九年		1349
更改钞法。 方国珍进攻温州，各地民变纷起。 陈友谅起事于湖北洪湖。	至正十年		1350
以贾鲁治理黄河。 白莲教主韩山童率领刘福通等教众密谋起事，为官府查获，韩山童被捕处死，刘福通逃脱，后率众起事于安徽。 徐寿辉起事于湖北，称帝，国号天完。	至正十一年		1351
郭子兴起事于安徽。 皇觉寺僧朱元璋被乱兵所逐，前往投靠郭子兴。	至正十二年		1352
张士诚据高邮，建国号大周，自称诚王。	至正十三年		1353

公元 (单位：年)	朝代	帝王年号	大　事
1354	元	至正十四年	脱脱大败张士诚于高邮。
			哈麻诬陷脱脱师老无功，脱脱遭解除军权。
1355		至正十五年	刘福通迎韩山童子韩林儿至安徽，号小明王，建国号宋。
			脱脱遭谗言所害，被革职流放，后被毒死。
1356		至正十六年	方国珍降元。
			朱元璋克集庆，称吴国公。
1357		至正十七年	朱元璋克常州。
			张士诚降元。
			红巾军元帅明玉珍占有全蜀。
1358		至正十八年	刘福通破汴京，迎韩林儿。
			朱元璋陷婺州。
1359		至正十九年	方国珍依附于朱元璋。
			陈友谅迁徐寿辉至江州，自称汉王。
1360		至正二十年	陈友谅杀徐寿辉，自立为帝，国号汉。

一说法是刘福通于此役战死），并将他们安置在滁州（安徽滁县）。

至正二十六年（1366），朱元璋命令部下廖永忠将韩林儿和刘福通接到应天（南京），但廖永忠似乎奉了朱元璋的密令，在渡江时将船只弄沉，将他们溺死。虽然朱元璋事后指责廖永忠自作主张，但韩林儿若真的到达应天，对于已经称王的朱元璋来说，岂不尴尬？韩林儿虽然手中无兵，只是个光杆司令，但就名义上来说，毕竟还是朱元璋的顶头上司，有他在一日，朱元璋便无法称帝。道义上，朱元璋应该要把抢来的地盘都献给韩林儿，作为臣子的他，只能跪在地上，高呼万岁。但道义毕竟不敌权力欲望，这也注定了韩林儿终究难逃一死的命运。

朱元璋的扫平群雄（上）：高筑墙、广积粮、缓称王

元朝末年，各地起义不断，其中较有势力的几支队伍中，以至正八年（1348）起事的方国珍出道最早，但其活动范围集中在浙江沿海一带，因此只被视为边境的小骚乱而已。真正掀起惊天巨浪的则是至正十一年（1351）刘福通所率领的红军，他们在帝国腹心之地的河南、安徽一带连败元军，迅速窜起，大江南北的反元势力，也纷纷打起红军的字号，用这块金字招牌来吸引民众加入。就像今天的"加盟店"一样，让人觉得有一定的水准，而且有总部的指导、支援。但其实多数都是各自为政，成为山寨版的红军，这其中也包括在濠州（安徽凤阳）起事的郭子兴。

朱元璋出身于濠州的一户贫农家庭，至正四年（1344）的旱灾夺走了父母及兄长的性命，迫使这位十六岁的少年只好出家当和尚，至少庙里还有些香油钱可以让他活命。但饥荒实在太严重，庙里收入不足，迫得他只好出外化缘维生，其实跟乞丐讨饭没两样（这就是"乞丐皇帝"一名的由来）。后来在好友汤和的邀请下，他加入了郭子兴的军队，靠着过人的胆识与能力，他逐步建立起一支属于自己的军队。至正十五年（1355），郭子兴父子接连死去，他顺理成章地成为这群人的老大。次年更攻下集庆（南京），有了这座龙蟠虎踞的金陵城，朱元璋才真正拥有一个可与群雄争霸的据点。

不过此时的朱元璋尚不成气候，还好有大树遮荫，北方刘福通的红军为他挡下元军的大部分攻势，让他能够好整以暇地在南方攻城略地，厚植实力。朱元璋听从了谋士朱升的建议——"高筑墙、广积粮、缓称王"，筑墙与积粮使他拥有可以长期作战的本钱；缓称王则是以低姿态来躲避元军的主动攻击（元朝毕竟兵力有限，而起义军队多如牛毛，通常会找称帝称王的标志性人物开刀）。

朱元璋的扫平群雄（下）：从乞丐到皇帝

当时朱元璋所面临的两股最强大势力是：东方的张士诚及西方的陈友谅。张士诚占据高邮一带，属于粮食产区，因此最富有；极具野心的陈友谅则据有两湖及江西一带，兵力最强。至正二十三年

大　事	帝王年号	朝代	公元 单位：年
朱元璋陷安庆，克江州。陈友谅走武昌。	至正二十一年	元	1361
明玉珍陷云南，称陇蜀王。	至正二十二年		1362
明玉珍称帝于成都，国号夏。 张士诚将吕珍杀刘福通。 朱元璋与陈友谅大战于鄱阳湖，陈友谅败死。朱元璋自称吴王。	至正二十三年		1363
李罗帖木儿与王保保交兵于大都。	至正二十四年		1364
元顺帝杀李罗帖木儿，召太子回大都。	至正二十五年		1365
王保保调李思齐、张良弼等出关，李、张等不听调。王保保攻打李思齐、张良弼。 明玉珍卒，子昇称帝。 朱元璋杀韩林儿。	至正二十六年		1366

单位:公元	朝代	帝王年号	大　事
1367	元	至正二十七年	元关中诸将推李思齐为盟主，共同抵抗王保保。 元下诏黜王保保。 朱元璋遣军破平江城，张士诚被俘，后自杀身亡；降方国珍，命徐达等北伐。
1368		太祖 洪武元年	朱元璋于南京称帝，国号大明。 王保保据太原，擒杀关保、貊高，元朝恢复其旧爵，并令与李思齐援大都。 徐达、常遇春克通州。 元顺帝北走上都，明将徐达攻陷大都。大都降明。

（1363），经历了惨烈厮杀的鄱阳湖大战后，朱元璋在不被看好的情况下，以寡击众，打败了陈友谅这个强大的对手，陈友谅中箭身亡；至正二十七年（1367），又在平江之战中消灭了张士诚政权，大致上完成了南方的统一。

朱元璋挟着这股锐不可当的气势，随即命徐达率领二十五万大军北伐，并以破竹之势席卷山东、河南等地。而元朝似乎有点搞不清楚状况，因为在这节骨眼上，竟还在自相残杀。原本王保保奉令率领李思齐等人讨伐反元军队，但李思齐等将领本为王保保之父察罕帖木儿的部将，这些人倚老卖老，把王保保看成乳臭未干的小孩子，不听指挥调度，气得王保保亲率军队攻打李思齐。双方就这样打得难分难解，也不管什么北伐军了，甚至连顺帝也来搅局，命令诸将合攻王保保。直到徐达的军队已逼近大都，顺帝及诸将领这才放下心结，慌忙请王保保率军抗敌。但远水救不了近火，此时王保保还在山西太原，当他调兵遣将准备出发时，北伐军已经离大都不远了。

当心急如焚的顺帝得知大都的门户通州已经沦陷时，便有了逃跑的打算，在至正二十八年（1368）七月二十八日晚上，趁着夜黑风高，带着后妃、太子北奔上都。八月初二日，徐达的大军轻而易举地攻陷了大都，也宣告了元朝的灭亡。

明朝

朱元璋打着"驱逐胡虏，恢复中华"的旗帜，创建明朝，是为明太祖。明太祖整顿吏治、发展经济，开创出"洪武之治"，天下富裕且安定。后由明惠帝即位，但是燕王朱棣不服，发起"靖难之役"，夺下皇位，是为明成祖。明成祖励精图治，下令编修《永乐大典》，南击安南，北征蒙古，还派郑和出使西洋宣扬国威，开创出"永乐盛世"。后继者仁宗与宣宗接续此局面，号称"仁宣之治"，明朝的国力臻于全盛。

然而明宣宗打破了立国以来宦官不得干政的规矩，这规矩一坏，逐渐摧毁明朝的统治根基。明英宗时期的宦官王振，搅出了一场"土木堡之役"，英宗惨遭俘虏；明宪宗因宠信万贵妃，荒废朝政，国事不经朝廷大臣，都由宦官传旨处理；明武宗时期有宦官"八虎"，尤有甚者为刘瑾，朝臣如果不依附他，便只有死路一条。

至明神宗初期，张居正实施变法改革，内外政绩皆有一定水平，但张居正死后明神宗便不问政事，沉迷酒色，甚至派宦官去搜刮百姓的财产。这是明朝腐败的关键点，也是努尔哈赤崛起的时刻。明熹宗时的宦官魏忠贤，则是将朝廷的良臣驱除一空。明朝皇帝的猜忌心重，需要特务机构来维持皇权，例如明太祖的"锦衣卫"，而东厂、西厂的成立，更是让宦官合法干预朝政。明朝晚期书院兴盛，知识分子在讲学之余，议论朝政，结果爆发了"东林党争"。

明思宗即位后立刻诛杀魏忠贤，但也无法挽回朝局乱象，大规模的"流寇"四起，闯王李自成甚至攻下了北京，叛将吴三桂更是引清兵入关。明思宗最后选择上吊自缢；清朝正式入主中原。

明朝的海禁政策在穆宗时期废除，海外贸易有更多元的发展，商品经济繁荣。明神宗时，利玛窦来中国传播天主教，并介绍不少科学知识。此时医药等科学知识丰富，诞生了《本草纲目》、《天工开物》、《农政全书》等科学著作。文学创作方面诞生了《西游记》、《三国演义》等书。

明朝的国祚自公元 1368 年至 1644 年，起自明太祖朱元璋，终于明思宗朱由检。明太祖定都南京，明成祖朱棣始迁都北京。

公元 单位： 年	朝代	帝王年号	大　事
1368	明	太祖 洪武元年	朱元璋于南京称帝，国号大明。 元顺帝北走开平，明将徐达攻陷大都。 改大都为北平。 修筑长城。 修筑通济河。 建立卫所军制。
1369		洪武二年	常遇春克开平，元帝奔走和林。 封王颛为高丽王。 命各府、州、县设立学校。 设立分封诸王制度，以保护京城。
1370		洪武三年	元顺帝卒于应昌。 举行科举考试。 大封功臣。 《元史》修成。 帖木儿称可汗，建立以西亚、中亚一带为主要势力范围的帖木儿汗国。
1371		洪武四年	重庆明玉珍子昇投降，夏亡。
1372		洪武五年	明大举攻元，失败。
1373		洪武六年	任胡惟庸为右相，罢汪广洋相职。 开始修订《大明律》。

胡蓝之狱：明太祖杀文武百官，冷血卫江山

1368 年，朱元璋登上帝位，定都应天府（南京），国号大明，是为明太祖。太祖一统天下后不久，开始大肆屠杀当年和他一起出生入死的伙伴，原因无他，朱元璋知道自己虽然还制得住这批功臣，但他的子孙就没有这种本事了。加上他生性好疑，只要某人有点势力或影响力，他就怀疑那人要叛变，而且秉持的是"宁可错杀一百，不可放过一人"的残酷原则。

洪武十三年（1380），明太祖将丞相胡惟庸逮捕入狱后处死，其罪名为私通外国、阴谋造反。此案共犯越查越多，许多跟随朱元璋打天下的功臣及官员都被牵连在内，最后共有三万多人被处死。

杀完了文官，接着是武将。洪武二十六年（1393），此时困扰明朝许久的北元之主力军队已遭蓝玉击破，朱元璋再无顾忌，于是蓝玉同样被控谋反，除了下狱处死、满门抄斩外，又牵连了一万五千多人。明初这两大案将开国的功臣宿将几乎杀光，史称"胡蓝之狱"。

一般认为朱元璋之所以大杀文武百官是为了巩固大明江山，他无法忍受丞相胡惟庸拥有统领文武百官的庞大权力，故必灭之而后快。后来还下令从此不准设置丞相，若有人胆敢奏请设立，则处以凌迟极刑，且全家处死。因为他不愿意让宰相统领整个官僚集团，而拥有足以与皇帝相抗衡的权力，所以干脆废掉了自秦汉以来实行已一千多年的宰相制度。从

此以后，文武百官直接对皇帝负责，皇帝的权力也日渐膨胀，而达到另一波新高峰。此一变革对于此后的明、清两朝产生了很坏的影响，故明末清初的大思想家黄宗羲曾说："有明之无善治，自高皇帝罢丞相始也。"

靖难之役：骨肉相残

明朝建立之初，残存的蒙古势力仍在北方蠢蠢欲动，边防不可无人。除了太子朱标外，太祖大封其余诸子为藩王，以重兵镇守全国各地要塞，从边境到内地，一层层担负起保卫南京皇城的重责大任。

人算不如天算，计划赶不上变化，太子的早死破坏了朱元璋精心绘制的建国蓝图。因为身为大哥的朱标天性仁厚，如果是他继位的话，或许勉强能以其威信压制住那二十几个弟弟，使他们不致心生反叛之心。（但时间一长，就难讲了，因为后代子孙从亲兄弟变成堂兄弟，再从堂兄弟变成族兄弟，关系越来越远，为了争权夺利，可是说反就反，不留情面的。）结果却是年仅二十一岁的朱允炆以皇太孙的身分登上皇位，是为惠帝。诸藩王手握重兵，又是从小看着朱允炆长大，不免有点倚老卖老，对这个小侄儿摆出一副傲慢的姿态，早熟的惠帝其实感受很深。

一千多年前的汉朝初期，景帝因削藩政策而引起七国之乱，惠帝想必读过这段历史，但或许是因为年轻人性急，他即位不久就听从黄子澄、齐泰的建议而采取了最激烈的削藩政策。惠帝先后用各种

大　事	帝王年号	朝代	公元 单位：年
设置水军四卫，罢市舶司，严海禁以防倭寇。 高丽权相李仁任弑王颛。	洪武七年	明	1374
开始发行大明宝钞。	洪武八年		1375
改行中书省为承宣布政使司，简称布政司。 爆发空印案。 下诏求直言，叶伯巨上万言书，帝大怒，命逮捕之，后死于狱中。	洪武九年		1376
以胡惟庸、汪广洋为左右相。	洪武十年		1377
太祖封子五人为王。 基督教史上的"阿维尼翁之囚"结束，"大分裂"开始。	洪武十一年		1378
右相汪广洋被下诏赐毒而死。	洪武十二年		1379
丞相胡惟庸，以谋反罪嫌遭处死。自此而后的十年间，仍不断追查共犯，遭株连的达三万多人。 罢中书省，废丞相，宰相制度因而废止。	洪武十三年		1380
元兵侵边境，遣徐达抵御之。 编定赋役黄册。	洪武十四年		1381

公元 单位：年	朝代	帝王年号	大　事
	明		
1382		洪武十五年	云南平定。 设立锦衣卫。 复行科举。 置殿阁大学士。
1383		洪武十六年	命沐英镇守云南。
1384		洪武十七年	颁布科举定制。 禁宦官干预外朝事务。
1385		洪武十八年	遣使封高丽王禑。 郭桓贪污案爆发，遭下狱处死者达数万人。
1386		洪武十九年	日本入贡，不许。
1387		洪武二十年	命汤和筑濒海城以防备倭寇。 编订鱼鳞图册。
1388		洪武二十一年	蓝玉于捕鱼儿海大破北元主力，脱古思帖木儿逃走，自此以后北元势衰。 高丽李成桂囚其王禑，而立禑子昌。
1389		洪武二十二年	于兀良哈设置泰宁、朵颜、福余三卫。
1390		洪武二十三年	遣晋王、燕王率师北伐，燕王劝降北元将乃儿不花。 赐魏国公李善长死。

借口废掉了周王、代王、岷王，这一切燕王朱棣都看在眼里，他知道有一天这个侄儿也会六亲不认地对自己下手，因为他手中握有十几万的重兵，是朝廷的心腹大患。或许朱棣原本没有异心，但情势逼人，为了自保，他秘密筹备打仗的武器、粮草等物品，还装成发疯的样子，希望惠帝能就此放过他。不过也有人认为他只是要让惠帝放松戒心，以争取更多的时间筹集军事物资。

但惠帝并不因此而饶过朱棣这个头号目标，他先是派遣驻在北平的官员秘密逮捕朱棣，因有人泄密而失败，装疯卖傻的朱棣知道瞒不住了，只好恢复正常状态，以皇帝身边有奸臣的名义，出兵靖难。朱棣从小熟习军事，曾率军大破蒙古军队，称得上明朝一名战将；尽管朝中老将已被朱元璋诛杀殆尽，但中央军在数量上占有优势，也还有几个不错的将领，双方缠斗了三年之久。最后技高一筹的朱棣终于打进南京，惠帝则是从人间蒸发，既没投降，也找不到他的尸体，成为历史上的一个谜团。

于是朱棣即位，是为明成祖，后迁都北京。虽然他得位不正（因此翰林学士方孝孺斥其"燕贼篡位"，而拒绝为他起草即位诏书，成祖因此诛杀他"十族"），人品也不怎么高尚，他仍是明代最英明有为的皇帝，和唐太宗及清朝雍正皇帝一样，都属于"逆取顺守"型的君主，在位二十二年，史称"永乐之治"。

郑和下西洋：四海扬威，八方来贡

明成祖即位后不久，便于永乐三年（1405）派遣太监郑和率领一支拥有六十二艘船、两万七千多人的大型船队前往西洋。当时的西洋指的是婆罗洲以西，即东南亚各国及印度洋一带。

为何成祖要劳师动众地举行这种前所未有的大型远航活动呢？有人说是为了寻找在靖难之役中不知所踪的惠帝，这当然不无可能，但郑和前后七次下西洋，历时二十八年，只是为了在茫茫大海中寻找一个人，不但希望渺茫，也未免太多次了。所以一般来说，还是倾向于认为这是明成祖向西洋各国宣扬国威的一种手段，希望那些番邦小国见识到明朝的强大而遣使来华朝贡，除了有助于重振中华上国的雄威外，也可提升其个人威望。成祖要让那批建文旧臣们知道，当年唐太宗在杀兄逼父的玄武门之变后，可以缔造出传颂千古的贞观之治，他朱棣也是一样，将会领导大明帝国登上高峰。

郑和，云南回族人，原姓马，名和，小字三保，世称三保太监。十一岁时，因成为明军战俘而遭阉割，后来进入燕王府服务，得到朱棣的赏识。在靖难之役中，他随朱棣出生入死，立下不少战功。永乐二年（1404）受成祖赐姓为"郑"，从此便称为郑和。他率领的船队因肩负宣抚各国的外交使命，为了能平安往返于万里大海上，船只的性能不但是当时最先进的，船上还拥有精锐的水师、犀利的火器

大　事	帝王年号	朝代	公元 单位：年
命皇太子巡抚陕西，后还京师。	洪武二十四年	明	1391
皇太子标卒，立朱允炆为皇太孙。 高丽李成桂自立，受明册封，改国号为朝鲜。	洪武二十五年		1392
凉国公蓝玉以谋反罪嫌遭处死，遭株连者达一万五千人。	洪武二十六年		1393
兴修全国水利。 赐颍国公傅友德死。	洪武二十七年		1394
信国公汤和卒。 赐宋国公冯胜死。	洪武二十八年		1395
命燕王棣率师巡边。	洪武二十九年		1396
以耿炳文为征西将军，郭英为副，防备西北边。当时功臣宿将仅存此二人。	洪武三十年		1397
太祖卒，皇太孙朱允炆继位，是为惠帝。 齐泰、黄子澄参预国事。惠帝开始进行削藩。	洪武三十一年		1398
燕王朱棣不满惠帝之削藩，于北平起兵反叛，靖难之变开始。	惠帝 建文元年		1399

公元 单位：年	朝代	帝王年号	大　事
1400	明	建文二年	燕军大举攻东昌（山东聊城），燕军大败，遁还北京。
1401		建文三年	燕军大举南犯，直趋南京。 贬齐泰、黄子澄。
1402		建文四年	燕王攻入南京，惠帝失踪，燕王即位，是为成祖。 成祖大杀惠帝亲信臣子，遭牵连而充军、处死者达数万人，并持续削藩政策。 设立内阁制度。
1403	成祖	永乐元年	成祖改北平为北京，徙富民以实北京。 成祖为犒赏提供情报有功的宦官，命令宦官监管各地军队，开明代宦官专权之始。
1404		永乐二年	李景隆遭处死，耿炳文自杀。
1405		永乐三年	郑和第一次下西洋。 帖木儿死。
1406		永乐四年	遣使日本。 张辅大破安南兵。 建造紫禁城。
1407		永乐五年	封西僧哈里玛为大宝法王。

等军事配备。当然，也携带了许多金银、绸缎、瓷器等物品，作为赠送各国君主与交换当地物产之用。自永乐三年第一次出航起，至宣宗宣德八年（1433）最后一次返航止，总计七次下西洋，有六次是在永乐朝，足迹遍及东南亚及印度洋沿岸诸国，最远到达了非洲东岸（有人认为他们到过美洲及澳洲）。

郑和下西洋的确完满地达成了成祖所赋予"宣扬国威"的任务，许多与中国久已失去联系或从未曾有过接触的国家，都因此重新建立起外交关系。使节来华，络绎不绝，有些国家甚至由国王亲率使团前来朝贡。美其名是朝贡，其实贡品多是价值不高的地方土产，却能得到明朝所赏赐的金银财宝、绫罗绸缎，甚至还可以带些东西来华贸易，赚些钱或是换些中国的瓷器、丝绸等精美工艺品回国。同样地，明朝也希望借着与各国的接触，而得到香料、宝石及可供赏玩的奇珍异物，最有名的便是带回了中国传说中的祥兽——麒麟。后来的人看到当时所绘制的麒麟图，才知道原来就是动物园所常见的长颈鹿。

宣宗以后，明朝国力日下，再也无力持续这种劳民伤财的远程航行，遂中止此一空前绝后的"海上外交"活动。

土木堡之变（上）：英宗与太监王振拿国事当儿戏

明英宗正统十四年（1449）七月，明朝与北方强敌瓦剌（蒙古分裂后的一部）为了贸易问题而闹得不愉快，瓦剌首领也先大怒，遂亲率大军，挥兵南下。明朝收到边境传来的告急军情后，英宗所宠爱的太监王振竟然瞧不起也先的几万军队，而怂恿英宗御驾亲征；还打算在大军凯旋时，顺道经过自己的家乡，好达成衣锦还乡的梦想。此时的英宗还只二十三岁，年轻气盛的他，竟听信了王振的无知谗言，妄想效法曾祖父成祖当年五次亲征漠北的壮举，却没想到自己从小娇生惯养，岂能与南征北讨、浴血奋战打下江山的明成祖相比？

虽然群臣跪求皇帝收回成命，但是英宗自恃明军兵多将广，以众击寡，绝不至于落败，便在七月十七日与文武官员率领五十万大军浩浩荡荡出发了。明朝从收到边境急报到率军出征只有短短几天的时间，不但是仓促成军，也没有足够的后勤补给，更别说有搜集、研判敌情而拟定的作战计划了。凡此种种，都必然会使明军的战斗力大打折扣；加上出兵后，便状况不断，有经验的大臣也有不祥的预感，纷纷请求英宗暂缓前进，但都被王振所阻挠否决。

十多日后，大军抵达山西的阳和，看见一片尸横遍野、血流成河的惨状，不禁开始害怕了起来。不久后，抵达军事重镇大同，王振才知道原来前几天，明军在阳和被也先惨杀至全军覆灭，才留下了他们看到的那副可怕画面。连边境骁勇驻军都不敌蒙古铁骑，那这五十万名养尊处优的京师禁军及临时从附近调集而来的杂牌军恐怕也难逃失败的命运，于是王振急忙请求英宗回师，以策安全。

大　事	帝王年号	朝代	公元 单位：年
安南平，置交趾布政使司。 《永乐大典》修成。		明	
郑和第二次下西洋，驶抵锡兰山（印度洋锡兰岛）。 交趾复乱，出兵征讨之。	永乐六年		1408
命丘福征鞑靼，失败被杀。 封瓦剌马哈木等为王。	永乐七年		1409
成祖亲征鞑靼，击败阿鲁台。	永乐八年		1410
复命张辅征讨交趾，大破之。 疏通南北大运河。	永乐九年		1411
郑和第三次下西洋，到达苏门答腊。	永乐十年		1412
设置贵州布政使司。 封阿鲁台为和宁王。	永乐十一年		1413
成祖亲征瓦剌，大败之。 命翰林学士胡广等修五经、四书及宋儒性理等书。	永乐十二年		1414
马哈木遣使入朝。 罢海运。 命张辅出镇交趾。	永乐十三年		1415
郑和第四次下西洋。	永乐十四年		1416

公元 单位：年	朝代	帝王年号	大　事
	明		占城、爪哇、锡兰山等十九国入贡。 阿鲁台败瓦剌，遣使献俘。
1417		永乐十五年	命李彬镇守交趾。 成祖北巡，命皇太子监国。 **马丁五世当选教皇，教会"大分裂"时期结束。**
1418		永乐十六年	交趾复乱，黎利起兵叛乱。
1419		永乐十七年	倭寇进犯辽东，总兵刘江败之。
1420		永乐十八年	唐赛儿于山东起事，同年遭明军击溃。 成祖设立由宦官统率的东厂。
1421		永乐十九年	迁都北京。 郑和第五次下西洋。
1422		永乐二十年	成祖亲征阿鲁台，败之。 **瑞士成为独立国。**
1423		永乐二十一年	成祖复亲征阿鲁台，蒙古也先土干来降，下诏班师。 郑和第六次下西洋。
1424		永乐二十二年	成祖第五次亲征蒙古，回程中生病，至榆木川（今内蒙古多伦西北）卒。子朱高炽即位，是为仁宗。

英宗随即下令退兵，但没想到王振丝毫不顾皇帝的安危及数十万人的性命，竟然邀请英宗去他的家乡蔚州逛逛。如果真的是这样也就算了，因为蔚（yù）州位于从大同回北京的路途上，顺道一游或许还是可以平安入关回京。但是大军走了数十里后，王振又说这大队人马恐怕会把他家乡的农作物踩坏，竟然不怕死的往北改走宣府这一条远路入关回京。

土木堡之变（下）：龙困浅滩

到达宣府后，埋伏已久的也先大军出现了，明军急忙派朱勇率兵四万迎击，以掩护英宗等人急趋居庸关。这四万人虽然全数阵亡，但也拖住了瓦剌军队几天的时间，让明军得以护卫英宗抵达距居庸关六十里的土木堡（今河北怀来县东）。此时，惊魂未定的大臣们建议英宗尽快进入二十里外的怀来县城，至少还有几座城墙可以抵御蒙古兵的攻击，当然最好是连夜退入居庸关，就更安全了。岂知此时运送王振财物的车队还没到，王振坚持要在关外等候，于是不知凶险的英宗就下令军队在土木堡扎营过夜。

次日一早，也先的大军已经追踪而至，并将明军团团包围。明军虽不如瓦剌军精锐，但这批负责守卫京城安全的数十万大军列阵以待，还是挡住了蒙古大兵一波波的猛烈攻势。此时，也先假装要谈和，英宗也信了他，双方便展开了和谈。眼见瓦剌军队逐渐退去，毫无作战经验的王振便下令让饥渴不堪的大军前往水源地喝水。突然间，也先部队从四面八方猛攻明军，并大叫："放下武器的人不杀！"猝不及防的明军大乱阵脚，许多人纷纷丢下武器逃跑，只能用兵败如山倒来形容这场景。

眼见大军遭瓦剌军恣意屠杀，护卫将军樊忠悲愤交加，他在战阵中找到这场悲剧的大罪人——王振，用战锤打死了他。英宗则在卫士拼命的掩护下，侥幸逃过一劫。战役结束后，他坐在地上喘息，被清理战场的瓦剌士兵发现，见他衣着谈吐不凡，一查之下，方知是堂堂的大明皇帝，于是英宗便被也先掳去成为人质。后来也先利用英宗向明朝官员勒索财物，并挟持他随军围攻北京，但被于谦所指挥的军队所击退。也先得知明朝已另立英宗之弟为新君，这个被尊为"太上皇"的前任皇帝已失去利用价值，便将他送回了明朝。

历史上，皇帝被外族掳走的事例有好几起，但在御驾亲征的情况下被抓，这倒是头一遭。此一战役中，有数十名随行的文武官员丧命，数十万大军的损失也让明朝元气大伤；两个皇帝的并存更造成权力的失衡，为日后的明代朝政增添不少无谓的纷扰。

于谦与北京城保卫战：力挽狂澜

土木堡之变后，也先俘虏了英宗，他料想明朝必会投鼠忌器，便计划以这张王牌作为护身符，一举攻下北京。在获知皇帝遭俘后，明朝群臣惶惶不安，有人担忧瓦剌打来，甚至主张迁都南京。此时，兵部侍郎于谦义正词严地说："言南迁者

大　事	帝王年号	朝代	公元 单位：年
仁宗病死，子朱瞻基即位，是为宣宗。 设立会试南北分卷制度。 开始设置巡抚一职。	仁宗 洪熙元年	明	1425
仁宗弟朱高煦起兵叛变，帝亲伐之，高煦兵败投降。 命王通征黎利，失利。	宣宗 宣德元年		1426
王通弃交趾与黎利订盟而还。诏赦黎利，罢兵交趾。	宣德二年		1427
安南黎利重建越国。	宣德三年		1428
圣女贞德解救法国危机。	宣德四年		1429
郑和第七次下西洋。 命黎利权署理安南国事。 英军将圣女贞德处死。	宣德六年		1431
赐司礼太监金瑛、范洪免死诏。	宣德七年		1432
郑和死于第七次下西洋回国途中。	宣德八年		1433
瓦剌王脱欢攻鞑靼，杀阿鲁台。	宣德九年		1434
宣宗死，子朱祁镇即位，是为英宗，以三杨（杨士奇、杨荣、杨溥）辅政。 宦官王振任太监，宦官乱政自此始。	宣德十年		1435

公元 单位：年	朝代	帝王年号	大　事
1436	明	英宗	开始设置提督学校官。
		正统元年	安南王黎利卒，子黎麟嗣位。
1437		正统二年	派遣兵部尚书王骥经理甘肃边务。
1438		正统三年	云南思任起兵，称麓川王。
1439		正统四年	云南左都督方政攻思任，失败。
			瓦剌王脱欢卒，子也先嗣太师位，自称淮王。
1440		正统五年	僧人杨行祥伪称建文帝，下狱死。
1441		正统六年	遣王骥讨伐麓川思任，大败之。
1442		正统七年	命焦宏整饬浙江、福建，防倭寇。
			太监王振移去朱元璋所立宦官不得干预政事铁碑。
1443		正统八年	复遣王骥、蒋贵征讨麓川。
			王振杀翰林院侍讲刘球。
1444		正统九年	发兵击兀良哈，小胜。
			兀良哈进贡马匹谢罪。
1445		正统十年	瓦剌也先入侵哈密，破兀良哈三卫。

可斩也！京师天下根本，一动则大势去矣！"群臣见其正气凛然，也不敢再说什么。于是在于谦的主张下，拥立英宗弟祁钰为帝，是为景帝，于谦被任命为兵部尚书，负责调动军队以保护北京城的安全。

由于京城里最精锐的部队都被英宗带走，于谦只好一方面指挥剩下的老弱残兵，一方面从各地调来军队。

不久，也先果然带着英宗兵临北京城，于谦知道此战关乎明朝的生死存亡，只能赢，不能输，亲上城门督战指挥。眼见指挥官表现出与官兵共存亡的决心，众将士也被激出高昂的士气而拼死守城。最后终于击退瓦剌军，守住了北京城。

在历史上，国都一旦失守，等于宣告这个王朝或政权灭亡，例外的情况不多（如唐朝遭安史之乱失去了长安、国民政府在抗战时期迁都重庆），因此若没有于谦的挺身而出，后果实在不堪设想。于谦有一首诗流传甚广（大陆学者阎崇年认为此诗是明朝人在撰写有关于谦的小说时所编，并非于谦所写），颇能表现他的一片赤胆忠心：

石灰吟

千锤万凿出深山，烈火焚烧若等闲；
粉身碎骨浑不怕，要留清白在人间。

夺门之变（上）：天无二日，地无二主

也先进攻北京失败后，知道明朝并不如他想像中的那么在乎这个"旧帝"，于是便通知明朝派人来把英宗接回去：一方面可以示好，以缓和双方的紧张关系；

一方面恐怕也心怀不轨，故意让明朝出现两个皇帝并存的局面，以影响明政权的稳定性，到时或许有可乘之机也说不定。新即位的景帝却屡次推托，不愿派人接回他哥哥。前后拖了三个月，英宗才在景泰元年（1450）八月被迎回北京，距离土木堡之变正好满一年。

关于这件事，有两派看法：一派认为景帝利禄熏心，根本不想让英宗回来，最后是在众人及道德的压力下，才万般不愿地接回这个会威胁他皇位的太上皇；另一派则认为景帝是在测试也先的诚意，利用"以退为进"的心理战术才能顺利迎回英宗（景帝本人也是如此解释的）。

英宗平安归来后，也不敢要求景帝让位，而是听从安排住在南宫。景帝因为担心英宗图谋复辟，派遣重兵看守，日常饮食只能从一个小窗口送入。因为供应的物资不是太好，英宗后来甚至还必须做些针线活，以换取一些必要的食物。

夺门之变（下）：兄弟阋墙

景泰八年（1457），景帝身患重病，包括武清侯石亨、都御史徐有贞、太监曹吉祥等在内的一群投机分子便想趁机拥立英宗复辟，以图谋私利，并斗垮深受景帝重用的于谦。这批人派兵打破宫墙，进入南宫，簇拥着英宗至奉天殿复位，不知所措的群臣似乎也找不出理由反对，毕竟皇位本来就是他的，于是英宗顺利重登大宝，史称"夺门之变"。

根据《明实录》的正统官方记载，重病的景帝听到哥哥复位的消息后，不久

大　事	帝王年号	朝代	公元 单位：年
予太监王振等锦衣卫世职。	正统十一年	明	1446
命边境诸镇练军以防瓦剌入侵。	正统十二年		1447
复遣王骥征讨麓川。 禁用铜钱。 邓茂七之乱爆发。	正统十三年		1448
平定邓茂七之乱。 英宗亲征瓦剌，于土木堡遭也先军队围困被俘，史称土木堡之变。 英宗弟朱祁钰即位，是为代宗（景帝），尊英宗为太上皇。 也先率军进攻北京，遭于谦击退。	正统十四年		1449
瓦剌请和，英宗获释，回到北京，遭软禁于南宫。	代宗（景帝） 景泰元年		1450
也先弑其主脱脱不花。	景泰二年		1451
于北京立团营，以于谦负责总理各项事务。	景泰三年		1452
罗马帝国灭亡。 **英法百年战争结束。**	景泰四年		1453
也先遭阿剌所杀。脱脱不花子麻儿可儿立。瓦剌渐衰，鞑靼复盛。	景泰五年		1454

公元（单位：年）	朝代	帝王年号	大　事
1455	明	景泰六年	鞑靼遣使入贡。
			英格兰爆发玫瑰战争，亨利七世胜利，建立都铎王朝。
1456		景泰七年	各地水旱灾频繁。
1457		景泰八年 英宗 天顺元年	代宗病，曹吉祥、石亨、徐有贞等人拥立英宗复辟，史称夺门之变，改景泰八年为天顺元年。 代宗卒，于谦等人被杀。
1458		天顺二年	诏修《一统志》。
1459		天顺三年	两广及瑶民起事。
1460		天顺四年	石亨因图谋叛乱被捕入狱，后死于狱中。 鞑靼入寇。
1461		天顺五年	宦官曹吉祥与养子曹钦率兵谋反，曹钦兵败自杀，曹吉祥遭处死。
1462		天顺六年	孛来遣使入贡。
1463		天顺七年	发兵攻广西瑶民。
1464		天顺八年	英宗卒，遗诏罢宫妃殉葬。子朱见深即位，是为宪宗。
1465		宪宗 成化元年	为于谦平反冤屈。 刘通率领流民于湖北起事。

就去世了；另有一说是，后来他身体逐渐康复，英宗因为害怕景帝也学他的夺门复位，便命令太监将他勒死，以绝后患（知名的明史专家吴晗即持此看法）。

英宗复位后，徐有贞等人把当初拥立景帝、领导军民死守北京城的于谦说成是逢迎景帝篡位的逆臣，遭软禁七年的英宗自然对于谦拥立景帝之举愤恨难消，便下令将他逮捕治罪，经审讯后，处以凌迟极刑。不过，英宗在批准行刑时，想起于谦捍卫明朝的大功，不禁犹豫不决。此时，徐有贞在一旁说："不杀于谦，则这场复辟就没有正当性了。"（徐就是当年主张迁都被于谦痛骂"可斩"的官员，因此非常痛恨于谦。）这句话引发了英宗的杀机，最后因为一些官员的求情，才改为较有尊严的斩刑，一代忠臣，就此含冤而终。

嘉靖年间的倭寇：三分真倭，七分假倭

所谓倭寇，一开始指的是在中国沿海地区进行武装走私、烧杀掳掠的日本浪人武士，于明朝立国之初便已经作乱。因为明朝实施海禁政策，许多无以为生的民众只好与这些日本人相勾结，做做走私买卖、抢抢劫，因此所谓的倭寇，其实有许多都是中国人。时值大航海时代，也有一些葡萄牙人或东南亚人因为常与中国人、日本人做生意而混在其中。日本进入战国时代后，倭患愈烈，因为一些战败的诸侯于国内不得志，遂往海外发展，首当其冲的自然是近邻富庶的中国。至明世宗嘉靖年间，倭寇的作乱达到最高峰，群

雄并起。其中以海商出身的汪直势力最大，他以日本九州为基地，堪称当时亚洲地区的"海贼王"。

汪直海贼集团拥有数万兵力、一百多艘巨型船舰，势可敌国，连日本各地的诸侯都对之敬畏有加。嘉靖三十六年（1557），当时的浙江总督胡宗宪利用汪直想合法通商的心理而引诱他回到中国，原本是可以招抚他为政府效力的（像人气漫画《海贼王》中的王下七武海一样），没想到御史王本固趁着汪直在杭州游玩时将他逮捕。胡宗宪急忙跑去跟王本固交涉，要他放人。没想到王本固这个书呆子竟然振振有词地说汪直既然是倭寇，就应该抓起来，甚至还上书朝廷怀疑胡宗宪可能与汪直相勾结。

胡宗宪不断请求朝廷不要杀掉汪直，但朝中有一批不明情势的官员，也跟王本固一样，认为像汪直这种目无法纪的巨寇，罪该万死，同时也开始怀疑不断帮汪直求情的胡宗宪。事已至此，再多说可能连自己都要遭殃，胡宗宪只好作罢。就这样，汪直被砍了头。他的养子毛海峰及部下没想到明朝竟然言而无信，便疯狂报复，四处作乱，只苦了那些沿海地区的无辜居民。

就在汪直海贼集团在东南沿海作乱时，一支纪律严明、精通战技的军队练成了，此即后人津津乐道的戚家军。这支军队基本上是由浙江义乌的矿工、农民组成的，主帅为抗倭名将戚继光。他因为见到义乌人的强悍而前往招募，结合理论与实战经验，传授战技，演练阵法，并配

大　事	帝王年号	朝代	公元 单位：年
刘通兵败遭俘处死。	成化二年	明	1466
鞑靼内哄，孛来为毛里孩所杀。	成化三年		1467
加番僧封号为大国师。	成化四年		1468
毛里孩联合兀良哈三部进犯延绥。	成化五年		1469
大旱，众多饥民流亡江陵、襄阳一带。鞑靼鞑延可汗立。	成化六年		1470
始立漕粟长运法。	成化七年		1471
鞑靼入侵延绥、固原等地。	成化八年		1472
吐鲁番据哈密。	成化九年		1473
设延绥、宁夏、甘肃三边总制，以抵御鞑靼进犯。	成化十年		1474
鞑靼诸酋长互相攻杀，其势稍衰。	成化十一年		1475
令太监汪直打探收集情报。	成化十二年		1476
设立西厂，由宦官汪直掌管。	成化十三年		1477
命汪直巡行辽东边镇。杨福假冒汪直之名四处行骗，遭斩杀。	成化十四年		1478

公元 单位：年	朝代	帝王年号	大事
1479	明	成化十五年	命汪直巡行大同边镇。
1480		成化十六年	王越击败鞑靼。
1481		成化十七年	鞑靼侵扰边境，遭明军击败于黑石崖。
1482		成化十八年	罢西厂，贬汪直。 鞑靼入寇延绥，为明军所败。
1483		成化十九年	鞑靼入寇大同，为明军官所败。
1484		成化二十年	太监陈准出任东厂提督。
1485		成化二十一年	派遣官员赈济陕西、山西、河南等地饥民。 免除山东、山西、陕西、河南、四川灾区税粮。
1486		成化二十二年	免除河南、南京、湖广、陕西、江西灾区税粮。 鞑靼小王子侵扰开原、甘州等地。
1487		成化二十三年	宪宗卒，子朱祐樘继位，是为孝宗。
1488		孝宗 弘治元年	吐鲁番杀忠顺王。 葡萄牙船长迪亚士发现非洲南端好望角。
1489		弘治二年	将已死宦官赐田收回，转给百姓。

备优势火力。从嘉靖四十年（1561）开始便屡破倭寇，令其闻风丧胆，倭寇私下称之为"戚老虎"。另一位抗倭名将为俞大猷，这位戚继光的上司，不但能征善战，还是个精通武艺的绝顶高手。

在他们两人的努力下，缔造了数次大捷，浙江、福建、广东沿海的倭寇逐渐扫平；而明廷有鉴于海禁政策逼迫人民入海为寇，也开始有所变通。明穆宗开始解除海禁，使得倭寇来源逐渐断绝，虽然无法完全根除，但已经大为减轻明朝政府的压力了。

万历新政：张居正的改革

隆庆六年（1572），穆宗病亡，由年仅十岁的太子继位，是为神宗。此时的内阁成员主要为高拱和张居正二人，高拱因为过于高傲自大，得罪了握有大权的司礼监掌印太监冯保。张居正趁机拉拢冯保，斗垮高拱，当上了内阁首辅。

神宗与母亲李太后非常尊重张居正，对他言听计从，因此张居正可称得上是大明帝国实际的统治者。他上任后，开始了一连串的改革，史称"万历新政"。其中以两方面最重要，一为整顿吏治，他大力推行考成法，严格考察中央及地方官员的行政绩效，不合格的一律免职，为政府扫除不少尸位素餐的冗官冗员，省下了大笔不必要的开销；二为实行一条鞭法，也就是把人民所需负担的租税徭役都折算成银两，不但增加政府的税收，对人民来说，也是一种公平、合理的便民措施。张居正在位期间，国家财富激增，为明朝开创了一番新气象。

万历十年（1582），张居正病死。或许是张居正对于神宗皇帝的管教过于严格，使这个小皇帝时常担心会被这位"张先生"废掉，因此神宗对他是又惧又恨的。张居正一死，神宗如释重负，二十岁的他已经大权在握，为了树立皇帝的威信，他先处理了飞扬跋扈的太监冯保，把他贬到南京去种菜；继而查抄张居正的家产，由于官员手段过于激烈，还闹出十几条人命。

张居正的改革，毫无疑问是成功的，可惜的是他过于自大，不断玩弄权术，其用意可能是出于为国为民，但却逾越了一名臣子的分寸，惹恼了不能虚心受教的万历皇帝，并牵累了他的家人于其死后遭到清算。

利玛窦来华：远来的和尚念圣经

自从欧洲发生宗教改革以后，旧教本身也发起一股自清的运动，一群拥有高度宗教热忱的教士除了大力整顿腐败不堪的教会外，也开始往欧洲以外的地区去传教，他们秉持着一股为主献身的使命感，而愿意前赴亚洲、非洲、美洲等蛮荒之地或异教地区传教。其中最具代表性的便是耶稣会的教士，他们在明朝末年来到亚洲，并希望能在人口众多的中国传播基督教的福音，但面对的却是保守内向的明朝及对西方一无所知的人民，这实是一极艰巨的任务。有谁能担任先锋的角色，突破一道道隐形的高墙呢？

明神宗万历十年（1582），原在印度

大　事	帝王年号	朝代	公元 单位：年
令全国设置预备仓。	弘治三年	明	1490
吐鲁番献还哈密城。	弘治四年		1491
改开中盐法为折色纳银法。	弘治五年		1492
西班牙将回教势力赶出西班牙半岛，结束长达七世纪的收复失地运动。西班牙人哥伦布抵达新大陆。			
吐鲁番复据哈密。	弘治六年		1493
鞑靼小王子侵扰甘、凉等地。	弘治七年		1494
复克哈密。	弘治八年		1495
刑部典吏徐珪因"满仓儿案"中东厂之枉法横行，上书请罢东厂。帝怒，将其治罪，革为民。	弘治九年		1496
鞑靼小王子侵扰大同等地。	弘治十年		1497
王越破鞑靼小王子于贺兰山。	弘治十一年		1498
葡萄牙人达伽马到达印度。			
贵州普安女酋长起事，自号无敌天王。	弘治十二年		1499
火筛、小王子诸部接连进犯大同。	弘治十三年		1500

公元 单位：年	朝代	帝王年号	大　事
1501	明	弘治十四年	鞑靼鞑延可汗大举入寇，攻陷宁夏。
1502		弘治十五年	《大明会典》成书。 亚美利哥完成在巴西的航行，确认哥伦布所到达的"印度"为一"新大陆"，后世遂以其名为美洲命名。
1503		弘治十六年	赈济两京、浙江、山东、河南、湖广灾区饥民。
1504		弘治十七年	罢南京、苏州、杭州织造中官。
1505		弘治十八年	孝宗卒，子朱厚照继位，是为武宗。
1506		武宗 正德元年	以宦官刘瑾掌司礼监。 哥白尼着手撰写《天体运行论》，主张太阳中心说。
1507		正德二年	杨一清因得罪刘瑾去官，其主持修边墙事务亦停止。 武宗营建豹房，此后成为其长住之处。
1508		正德三年	设立内行厂，简称内厂，由宦官刘瑾掌管，捉拿朝廷官员三百余人下狱。
1509		正德四年	湖广、江西、四川流寇乱起。

修习神学的利玛窦奉耶稣会命令来到澳门担任罗明坚教士的助手。三十岁的他，开始学习汉语及中国历史文化，以为传教工作做好准备。万历十一年（1583），他们终于被允许在广东肇庆定居，迈出在中国传教的第一步。刚开始他们效法佛教僧人的打扮，身着僧服，并剃光头发。后来慢慢了解到当时的一般人民其实很瞧不起和尚，士人的地位才是最崇高的，便改穿儒服，并加强其儒学知识，以便与士大夫、官员们交游。

就像早期的佛教僧人会利用魔术等奇妙事物来吸引民众注意，并塑造出法力高超的形象一样，利玛窦也利用西方的自鸣钟（即时钟）、玻璃器皿、西洋琴等新奇物品来吸引中国人，借此拉近彼此距离，达到传教的目的。靠着这些"奇技淫巧"以及与士大夫交往所累积的人脉，他一步步获准深入韶州、南昌、南京等地，最后终于抵达他最想要去的地方——北京，并将自鸣钟等物品进贡给皇帝。由于神宗很喜欢巧妙的自鸣钟，利玛窦因此获准在北京定居，以便随时入宫修理，从此他便以北京为根据地，在中国各地拓展耶稣会的传教事业。

万历三十八年（1610），利玛窦病逝于北京。他虽然在华时间总计只有二十余年，但却在中西文化交流史上扮演了极重要的角色。例如，他带来了西方自文艺复兴以来所发展的新知识及器物，对中国的学术文化产生了不小的冲击；他将中国人祭祖、祀孔的行为解释为世俗的典礼，并非宗教仪式，因此天主教徒仍可

陈桥驿遗址。位于河南开封市东北，为古驿站

后周显德七年（960）正月初三，大军出了开封城，当晚扎营于陈桥驿。深夜时分，一群与赵匡胤很亲近的军官开始鼓噪，并煽动说，恭帝年幼无知，此次出战，纵使拼死杀敌，也得不到谁来顾念他们的功劳，不如先拥立点检为天子，然后再出兵！赵匡胤弟弟赵光义和亲信赵普马上出面劝阻，但压制不住将士沸腾的情绪。最后，众人聚集在赵匡胤处，由赵光义叫醒了还在酒醉的赵匡胤，将黄袍披在他身上，于是将士们纷纷跪下磕头，并高呼万岁，请他回京即位。赵匡胤见此，便要求众人必须听从他的命令，否则就不愿意当他们的天子，全军官兵自然异口同声答应。

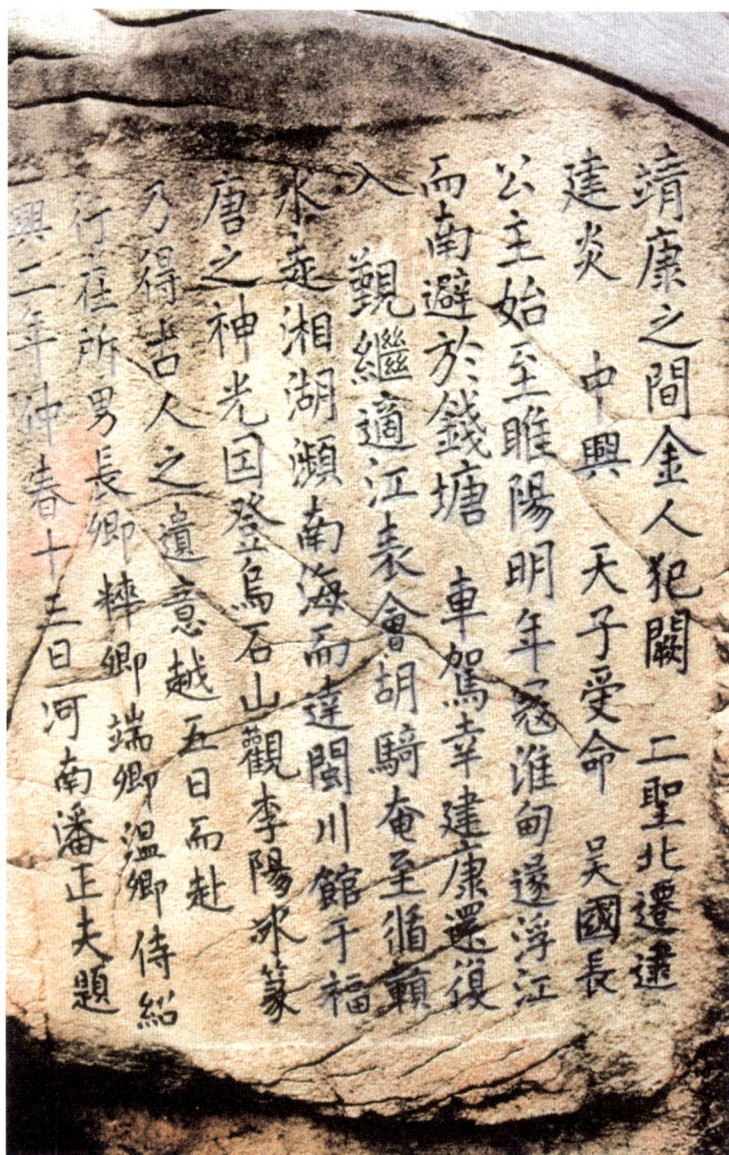

靖康之間金人犯闕 二聖北遷遂
建炎中興 天子受命 吳國長
公主始至雎陽明年冠濰甸遂浮江
而南避於錢塘 車駕幸建康還復
入覲繼適江表會胡騎奄至循顧
親湘湖頻南海而達閩川館于福
本蓮之神光困登烏石山觀李陽冰篆
唐之神光困登烏石山觀李陽冰篆
乃得吉人之遺意越五日而赴
行程所男長卿粹卿端卿溫卿侍紹
興二年春十三日河南潘正夫題

记述靖康之难的福建鼓山石刻

靖康元年（1126）八月，金国再次派大军南下……金兵在开封城烧杀掳掠后，便于靖康二年（1127）四月，挟持徽、钦宗父子与后妃、皇族、朝官等三千多人以及大量金银器物北去，史称"靖康之难"。……为了羞辱宋朝，金国还封徽、钦二帝为昏德公与重昏侯，其余人等则充当奴婢，供金人使唤，受尽屈辱。北宋王朝至此而亡。

马可波罗东行图

蒙古部族的草原经济是商品交换，元朝很少抑制商业活动，不仅陆路上可以与西域、中亚、西亚等国互相往来，海运方面也十分畅通。威尼斯人马可波罗便是在忽必烈时期来到中国的，回到欧洲之后，口述《马可波罗游记》一书，记述元朝的繁华景象。

蒙古骑兵作战图

蒙古帝国曾发动三次大规模的西征行动，铁蹄踏遍之处，不但让欧洲各国闻风丧胆，也将火药、印刷术传了过去，对于西方文明影响之大，自不待说。

榜葛剌进麒麟图

郑和下西洋的确完满地达成了成祖所赋予"宣扬国威"的任务，许多与中国久已失联或从未曾有过接触的国家，都因此重新建立起外交关系。使节来华，络绎不绝，有些国家甚至由国王亲率使团前来朝贡……同样地，明朝也希望借着与各国的接触，而得到香料、宝石及可供赏玩的奇珍异物，最有名的便是带回了中国传说中的祥兽——麒麟。后来的人看到当时所绘制的麒麟图，才知道原来就是动物园所常见的长颈鹿。

抗倭图卷

就在汪直海贼集团在东南沿海作乱时，一支纪律严明、精通战技的军队练成了，此即后人津津乐道的戚家军。这支军队基本上是由浙江义乌的矿工、农民组成的，主帅为抗倭名将戚继光。他因为见到义乌人的强悍而前往招募，结合理论与实战经验，传授战技，演练阵法，并配备优势火力，因而从嘉靖四十年（1561）开始便屡破倭寇，令其闻风丧胆，倭寇私下称之为"戚老虎"。

马戛尔尼送给乾隆帝的腰刀

乾隆五十八年（1793），英国以向乾隆皇帝祝寿之名，派遣马戛尔尼使节团来华，其实是想趁机向清廷提出互派使节驻京、增开贸易口岸、拥有贸易据点等请求。乾隆原本很欢迎马戛尔尼等人的来访，但得知他们的真实目的后，就不大愉快了；加上双方又因为下跪问题而产生歧见，局面变得更僵。虽然后来乾隆准许马戛尔尼在晋见时使用单脚下跪的西方礼节，而不是中国的三跪九叩，但并没有答应他们的贸易要求。马戛尔尼等人只好失望而返，中国也丧失了一个与世界接轨的机会。

朕欽奉隆裕皇太后懿旨前因民軍起事各省響應九夏沸騰生靈塗炭特命袁世凱遣員與民軍代表討論大局議開國會公決政體兩月以來尚無確當辦法南北睽隔彼此相持商輟於途士露於野徒以國體一日不決故民生一日不安今全國人民心理多傾向共和南中各省既倡議於前北方諸將亦主張於後人心所嚮天命可知予亦何忍因一姓之尊榮拂兆民之好惡是用外觀大勢內審輿情特率皇帝將統治權公諸全國定為共和立憲國體近慰海內厭亂望治之心遠協古聖天下為公之義袁世凱前經資政院選舉為總理大臣當茲新舊代謝之際宜有南北統一之方即由袁世凱以全權組織臨時共和政府與民軍協商統一辦法總期人民安堵海宇乂安仍合滿漢蒙回藏五族完全領土為一大中華民國予與皇帝得以退處寬閒優游歲月長受國民之優禮親見郅治之告成豈不懿歟欽此

宣統三年十二月二十五日

內閣總理大臣臣袁世凱

外務大臣臣胡惟德

民政大臣臣趙秉鈞

度支大臣臣紹英

學務大臣臣唐景崇

陸軍大臣臣王士珍

海軍大臣臣譚學衡

司法大臣臣沈家本

農工商大臣臣熙彥

郵傳大臣臣梁士詒

理藩大臣臣達壽

清帝退位诏书

1912 年 2 月 12 日，六岁的宣统小皇帝在隆裕太后所颁布的《退位诏书》中宣布退位，结束了清朝在中国二百六十八年的统治。

祭拜祖先及孔子，并不违背基督教"不得崇拜偶像"的教义。如此宽容的解释是比较有利于传教的，而为明末清初的传教士所奉行，称为"利玛窦规矩"，直至康熙年间罗马教皇否决此种解释，"利玛窦规矩"才遭到废止。但禁止中国人祭祖祀孔，那是何等大事！当然不被清廷所接受，也就导致了后来康熙与雍正皇帝的禁教。

中日朝鲜战争：援朝抗倭

日本在经历百余年战国时期的纷扰后，终于由丰臣秀吉完成统一大业。为了贸易需求及个人野心，这位日本史上的一代枭雄决定拿下中国，继而称霸亚洲。当然，第一步要先取得入侵北京的跳板——朝鲜半岛。万历二十年（1592）四月，他派遣由小西行长等将领率领的十五万大军分水陆两路入侵朝鲜。这批历经战国修罗场洗礼的士兵，一路上如斩瓜切菜般将朝鲜兵打得溃不成军，王京（今首尔）、平壤接连失陷，国王被迫逃至中朝边境的义州，并向明廷乞求援助。不过，朝鲜也不是全盘皆输，具有倭寇传统的日本水师，海战实力强大，根本不把朝鲜水军看在眼里，没想到却被李舜臣的龟甲船队打得落荒而逃，屡战屡败。李舜臣一战成名，自此成为朝鲜的民族英雄。

明朝也看出了日本的野心，遂于七月派遣祖承训领兵三千赴援，数量似乎过少，随即遭到日军的迎头痛击，惨败而归。明廷得知后，立即调兵遣将，十一月时，由名将李成梁之子李如松率领四万多

大　事	帝王年号	朝代	公元 单位：年
刘六等进攻河北文安县，京师戒严。	正德六年	明	1511
刘六、刘七先后败死，乱事平定。	正德七年		1512
鞑靼小王子侵扰大同、万全卫等地。	正德八年		1513
葡萄牙商船到达广东粤江口外，为第一批由海路直达中国的欧洲人。	正德九年		1514
起事数年的江西徐九龄败死。	正德十年		1515
任命王守仁巡抚赣南。查理五世继承西班牙、那不勒斯及西西里三国王位。	正德十一年		1516
马丁·路德张贴《九十五条论纲》于维登堡教堂，开始宗教改革。	正德十二年		1517
王守仁平江西乱事。武宗自封镇国公。	正德十三年		1518
宁王朱宸濠于江西举兵叛乱，随即遭王守仁平定。武宗亲自率兵击宸濠，驻南京。查理五世当选神圣罗马帝国皇帝。	正德十四年		1519

公元 单位： 年	朝代	帝王年号	大　事
1520	明	正德十五年	武宗诛宸濠，返回京师。
1521		正德十六年	武宗卒，立兴献王子朱厚熜（武宗从弟）为帝，是为世宗。 麦哲伦船队完成航行世界一周的行程。
1523		世宗 嘉靖二年	日本地方诸侯之贡使因互争正统而在宁波发生武力冲突，是为争贡之役，为后期倭寇的开端。
1524		嘉靖三年	大同发生兵变，巡抚张文锦被杀。
1525		嘉靖四年	免除顺天、凤阳等府灾区税粮。
1526		嘉靖五年	以龙虎山邵元节为真人。
1527		嘉靖六年	安南莫氏篡位。
1528		嘉靖七年	王守仁平定两广诸蛮。
1529		嘉靖八年	神圣罗马帝国召开议会，重申对路德派之禁令，路德派诸侯提出抗议，至此而有"抗议教派"（即新教）之名产生。
1530		嘉靖九年	更定孔庙祀典，尊孔子为至圣先师。
1531		嘉靖十年	罢镇守浙江、两广、湖广多处太监。

名军队进入朝鲜。万历二十一年（1593）一月，李如松的大军开始攻击平壤城，他们面临的是日军最精锐的小西行长部队。但将门出虎子，李如松果然有乃父之风，在其指挥及优势火力的配合下，明军于三日内即收复了平壤，此役日军主力伤亡惨重，史称"平壤大捷"。

明军乘胜追击，接连收复开城及王京，日军被迫退至朝鲜南端的釜山一带。但打仗是非常花钱的，明朝虽然战胜，也不想再拖下去，因此兵部尚书石星力主和谈撤兵；日本苦吞败仗后，先前高涨的气焰也消退了不少，而打算靠着和谈得到一些好处，然后打道回府。没想到乌龙的事情发生了，明朝竟然将和谈交给一个叫沈惟敬的市井无赖负责，此人一方面对日本表示明朝愿意答应他们开出的所有条件，一方面又向朝廷报告日本愿意俯首称臣，接受册封。当日方代表小西如安来到北京商讨和议时，才知道他们被沈惟敬骗了，他可能也害怕自己会被当场杀掉，而不敢向明廷揭发沈惟敬的作为，竟有样学样地说日本愿意接受明朝提出的和谈条件。就在大骗子跟胆小鬼的操弄下，中日双方都相信了这个大谎言。

纸终究包不住火，真相大白后，万历皇帝与丰臣秀吉大发雷霆，下令惩处相关人员。万历二十五年（1597）一月，丰臣秀吉再遣十四万大军渡海强攻朝鲜，明朝这次没派出强将李如松应战，战绩似乎就差了点，双方互有胜负，战局陷入胶着状态。后来日军开始陆续撤兵，颇有议和打算；但明朝反而派兵增援，坚持要把日军打出朝鲜半岛。万历二十六年（1598）七月，丰臣秀吉病死，日方决定秘密撤退，此一意图被作战经验丰富的明军将领看破，便与朝鲜名将李舜臣合力追击日军。虽然李舜臣与明朝老将邓子龙最后死于这场海战，但中朝联军还是大破日军，击沉日舰数百艘，小西行长等人率残军狼狈逃回日本，结束了这场前后达七年之久的中日朝鲜战争。

明末三大案之一：梃击案

万历四十三年（1615）五月初四日，一名手持木棍的乡下男子闯入紫禁城，一路上如入无人之境，来到了皇太子朱常洛居住的慈庆宫。因为太子不得万历皇帝的欢心，所以宫门也没有什么侍卫看守，只有两个老太监守门，后来此人在攻击老太监时，被闻声赶来的太监们所制伏。

这件案子起先是由巡城御史刘廷元负责，经其审理，只知这人叫张差，是蓟州人，因为他讲话颠三倒四的，所以最后判定张差是个疯子，打算就此结案。此一消息很快就在京城传了开来，大家议论纷纷，一般认为幕后的主使者应该是恨不得太子早日归西的郑贵妃。因为万历皇帝想立郑贵妃之子为太子，但群臣誓死反对，如果太子死了，其子自然可被立为太子。在舆论压力下，神宗只好下令刑部官员再审此案。经过几番反反复复的审讯，张差最后供出是郑贵妃的贴身太监庞保与刘成指使他入宫袭击太子的。

由于神宗不愿心爱的妃子被牵扯进来，便让郑贵妃去跟太子解释、表态；

大　事	帝王年号	朝代	公元 单位：年
免除四川、湖广多处灾区税粮。 加尔文提倡宗教改革。	嘉靖十一年	明	1532
大同兵变，总兵李瑾被杀。 西班牙人入侵秘鲁，印加帝国亡。	嘉靖十二年		1533
英王亨利八世创立新教"英国国教派"，并成为其最高首领。 罗耀拉建立耶稣会。	嘉靖十三年		1534
葡萄牙人买通官吏，将市舶司移至澳门，使其得以在澳门靠岸通商。	嘉靖十四年		1535
以严嵩为礼部尚书兼翰林院学士。 拆除宫中元代所建佛殿，毁佛像、焚佛牙、佛骨。	嘉靖十五年		1536
遣毛伯温讨安南莫氏。	嘉靖十六年		1537
命太监分往镇守云南、两广、四川等多处。	嘉靖十七年		1538
鞑靼侵扰辽东、宣府、榆林。	嘉靖十八年		1539
太仆卿杨最谏帝信方士一事，下狱，后遭杖毙。	嘉靖十九年		1540
置安南都统使司。 御史杨爵谏建雷坛，下狱。	嘉靖二十年		1541

公元（单位：年）	朝代	帝王年号	大　事
1542	明	嘉靖二十一年	蒙古俺答入寇山西。 严嵩入值文渊阁，开始把持朝政。 壬寅宫变爆发。
1543		嘉靖二十二年	安南阮淦拥立黎宁为帝，重建大越国。 **哥白尼去世，《天体运行论》出版。**
1544		嘉靖二十三年	鞑靼小王子进犯万全，毁边墙，至完县。京师戒严。
1545		嘉靖二十四年	建州女真进犯辽东松子岭。
1546		嘉靖二十五年	四川白草蕃起事。 以曾铣总督三边军务。
1457		嘉靖二十六年	俺答入贡，拒之。
1548		嘉靖二十七年	俺答进犯大同。 曾铣遭严嵩陷害，被杀。
1549		嘉靖二十八年	俺答入寇，被击败。 倭寇侵扰浙东。 蒙古朵颜三卫犯辽东。
1550		嘉靖二十九年	鞑靼部俺答汗围攻北京，大掠而去，是为庚戌之变。
1551		嘉靖三十年	开马市于大同宣府。
1552		嘉靖三十一年	倭寇侵扰浙江，加强防备。

太子也不想事情闹大，而说此人的确是个疯子，好让郑贵妃有台阶下，他不想因为此事而导致父子关系失和。既然当事人都不追究了，于是神宗遂向官员们宣称张差是个疯颠之人，将之凌迟处死，庞、刘二人则在狱中遭杀人灭口，就这样结束了这场诡异的"梃击案"。

明末三大案之二：红丸案

万历四十八年（1620），万历皇帝病殁，太子朱常洛于八月初一日继位，是为光宗。曾经与光宗敌对的郑贵妃，在失去万历这个靠山后，因为害怕光宗会挟怨报复，便进献美女以讨光宗欢心。光宗历经多年备受冷落的苦闷生活后，如今总算享受到权力的滋味，他夜夜纵情声色，加上刚即位不免政事繁忙，因此登基不满半月就病倒了。此时，一位掌管御药房的太监崔文昇，向光宗进了一帖名为大黄的凉药，光宗服下后，狂泻不止，一天达三四十次之多，病情可说是雪上加霜。

光宗一病不起，自知来日不多，已经开始准备自己的后事。八月二十九日，鸿胪寺丞李可灼宣称他有一种名为红丸的仙丹要呈献给皇上。内阁大臣们哪敢再让皇帝乱服药，但光宗抱着一线希望，在中午吃了一颗，觉得精神振奋，病情似乎有些起色；傍晚时，他不顾御医的反对再服了一颗，没想到天亮就传出皇上驾崩的消息。光宗即帝位不到一个月，成为明朝在位时间最短的皇帝。

事后，崔、李二人自然遭到了惩处。东林党人则认为这整件事必是郑贵妃的阴谋，因为她有梃击案的前科，加上崔文昇曾经是她的贴身太监，但查无实据，也莫可奈何。

明末三大案之三：移宫案

　　光宗生前有一个宠爱的妃子李选侍（因为光宗在位时间过短，来不及册封后宫嫔妃，这些没有封号的妃子，一律称为选侍），在皇长子朱由校的生母死后，她便受到神宗的指派，负责皇长子的抚育工作。光宗临终前，召来了皇长子及群臣，准备交代后事。光宗指示大臣，尽速册封李选侍为地位仅次于皇后的皇贵妃。没想到这些话都被门帘后的李选侍听到，她把皇长子叫进去叮嘱了一番，皇长子随即向光宗要求封她为皇后。不过，光宗并没有当场答应这个请求，由于第二天光宗就驾崩了，所以李选侍连皇贵妃都没封成，更别说皇后了。

　　光宗死后，李选侍理应搬出皇帝所居住的乾清宫，但她坚决不肯，还把皇长子带在身边，企图挟准天子以自重，进而实行垂帘听政。因此群臣前往乾清宫要逼迫李选侍将皇长子交出来，途中虽然为李选侍的亲信太监所拦阻，但最后总算如愿抢出了皇长子，将他送往慈庆宫，准备登基。

　　由于天子登基后仍需依惯例迁往乾清宫，如果李选侍仍不搬走，则新皇帝仍不免受到她的挟制。故以杨涟为首的臣子们不断要求李选侍即刻搬出乾清宫，但她充耳不闻。最后杨涟等人终于忍不住而在举行登基大典的前一天群集于慈

大　事	帝王年号	朝代	公元 单位：年
罢马市。 筑京师外城。 倭寇首领汪直大举侵扰江、浙沿海一带，史称壬子之变。		明	
杨继盛上疏劾严嵩十罪，遭严嵩迫害，下狱受刑。 俺答大举入寇。	嘉靖三十二年		1553
为统筹剿倭，置总督大臣，督理南京、浙江、山东、两广、福建等处军务。	嘉靖三十三年		1554
派遣赵文华督视海防。 张经率明军于王江泾一役大破倭寇。 下诏逮捕张经下狱。 杀张经、李天宠、杨继盛。	嘉靖三十四年		1555
以胡宗宪总督军务剿倭，诱杀海贼徐海。 **查理五世退隐，子菲力普二世继位。**	嘉靖三十五年		1556
胡宗宪诱降海贼汪直，汪直后遭杀害。 葡萄牙人据有澳门。	嘉靖三十六年		1557
倭寇侵扰浙江、福建一带。	嘉靖三十七年		1558
太原、苏州发生兵变。	嘉靖三十八年		1559

公元	朝代	帝王年号	大　事
单位：年			
1560	明	嘉靖三十九年	南京兵乱。 大同总兵刘汉击败俺答。
1561		嘉靖四十年	流民侵扰江西、福建、广东各地。
1562		嘉靖四十一年	严嵩失势下台。
1563		嘉靖四十二年	俞大猷、戚继光于福建大破倭寇主力。
1564		嘉靖四十三年	俞大猷、戚继光剿灭倭寇残部。
1565		嘉靖四十四年	杀严嵩之子严世蕃，没其家产。 西班牙入侵菲律宾。
1566		嘉靖四十五年	海瑞上疏，遭下狱。 世宗卒，子朱载垕继位，是为穆宗。
1567		穆宗 隆庆元年	解除海禁。 张居正入阁。
1568		隆庆二年	戚继光镇蓟州。
1569		隆庆三年	倭寇残部曾一本败于莱芜澳，被俘死。
1570		隆庆四年	俺答汗孙把汉那吉因未婚妻三娘子遭夺，怒而投降明朝。
1571		隆庆五年	俺答汗遣使求和，被封为顺义王，双方重开贸易。

庆宫外，要求朱由校命令李选侍移宫，态势非常坚决。事情闹成这样，李选侍也不敢再耍赖了，只好狼狈地离开了乾清宫。

魏忠贤与阉党乱政：日月无光

明代出了不少揽权乱政的宦官，如英宗时的王振、宪宗时的汪直、武宗时的刘瑾，但若论权势之盛、影响之大，恐怕熹宗时的魏忠贤要排名第一。

魏忠贤原本是个市井无赖，因为欠下赌债，而引刀自宫，入宫当了太监。在"移宫案"中，他曾图谋助李选侍取得权力，最后遭到杨涟等人的阻挠而功亏一篑。朱由校即位后（明熹宗），魏忠贤又极力讨好熹宗敬爱的奶妈客氏，进而与她结成名为"对食"的假夫妇，靠着客氏不断地帮他在熹宗面前讲好话，魏忠贤也逐渐得到了熹宗的宠信。

由于熹宗的父亲光宗不为祖父神宗所喜，间接导致熹宗无法得到出阁读书的机会，好不容易等到父亲登基后，终于有了读书的机会，光宗却在位不到一个月便驾崩。因此熹宗并没有受过什么教育，可说是近乎文盲之流，这可能影响到他对于处理朝政始终缺乏兴趣。熹宗最大的嗜好是做木工，所以魏忠贤便抓住这一点，经常利用皇帝正聚精会神制作木器时送上奏章，不耐烦的熹宗便会说："我知道了，交给你好好去处理吧。"魏忠贤就这样欺瞒了昏君，变相统治着大明帝国。他在各重要职位上安插亲信，并打击异己；还收容了一群趋炎附势之辈，门下走狗不计其数，最有名的是五虎、五彪、十狗、十孩儿、四十孙等人，一般称之为"阉党"。

万历年间，吏部文选司郎中顾宪成因为得罪神宗而遭免职，他返回故乡无锡后，集结了一批志同道合之士，讲学于东林书院。这群以天下兴亡为己任的清流之士，在讲学之余，对于国政时事也有所批评，并得到朝野不少人士的支持，隐然已成为社会舆论之清流，被称为"东林党"。

熹宗即位之初，东林党人在朝廷拥有不小的势力，并且为熹宗所信任。擅长讨好权势人物的魏忠贤原本也想拉拢他们，套套交情，因此他曾向东林党人示好。但东林党人是何等人物，根本就瞧不起这种败坏朝政的卑鄙小人，当然没有给他好脸色看，于是老羞成怒的魏忠贤遂开始报复、打击这批以气节自恃的东林党人。几年下来，随着魏忠贤的势力日大，党羽遍布天下，对其有异议的官员，轻则丢官，重则下狱被害。

天启四年（1624），为人耿直不屈、一身正气的东林党第一悍将杨涟无法再忍，他上疏弹劾魏忠贤二十四项大罪，并将此疏内容四处散布，得到许多官员支持。没想到魏忠贤趁着熹宗还不了解内容时，前往其面前哭诉，客氏也帮他讲好话，再加上太监王体乾在宣读杨涟章疏时，避重就轻、歪曲原意，就这样骗过了识字不多的昏君，一身义胆的杨涟反而受到斥责。

这一来可引起了以东林党人为首的群臣之公愤，七十余人接连上奏弹劾魏忠

大　事	帝王年号	朝代	公元 单位：年
穆宗卒，子朱翊钧继位，是为神宗，以两宫皇太后辅政。	隆庆六年	明	1572
张居正升任首辅大学士，开始实行一系列的改革。			
朵颜长秃犯边塞，遭戚继光击败。	神宗 万历元年		1573
倭寇进犯浙江、广东，遭明总兵张元勋所破。	万历二年		1574
辽东六边堡筑成。	万历三年		1575
开草湾河以利漕运。	万历四年		1576
张居正父丧，拟以夺情之名保有其职位，群臣抨击之，但多遭惩处。	万历五年		1577
葡萄牙人以贿赂方式取得在澳门贸易资格。			
实行全国性的土地丈量与户口调查。	万历六年		1578
潘季驯完成黄河、淮河之治理工程。	万历七年		1579
张居正禁毁全国书院，禁讲学。			
命吏部清查、裁汰冗官。	万历八年		1580
张居正推行一条鞭法。	万历九年		1581
以兵部侍郎张佳允巡抚浙江讨平杭州兵乱。	万历十年		1582

单位：年 公 元	朝代	帝王年号	大　　事
	明		张居正卒。 利玛窦抵达澳门。
1583		万历十一年	耶稣会教士利玛窦到达广东，开始传教。 努尔哈赤起兵，征讨尼堪外兰，攻克图伦城。
1585		万历十三年	李成梁大败泰宁部的巴士儿。
1586		万历十四年	日本丰臣秀吉摄政。
1587		万历十五年	利玛窦入南京。
1588		万历十六年	努尔哈赤攻克完颜等部，统一建州卫。 西班牙无敌舰队征英失败。
1589		万历十七年	免除升授官员面谢皇帝之例，自此万历帝上朝次数锐减。 法国波旁王朝开始。
1590		万历十八年	丰臣秀吉统一日本。
1591		万历十九年	努尔哈赤占领长白山、鸭绿江一带土地。
1592		万历二十年	日本攻朝鲜，明朝以李如松充海防御倭总兵官，出兵援助朝鲜抗日。
1593		万历二十一年	李如松破日军，入平壤城，随即展开议和。

贤，但毫无作用，因为熹宗依然把事情交给魏公公去处理，遇到这种球员兼裁判的情况，东林党在这场争斗中的命运可想而知。杨涟、左光斗等数十人接连下狱，被各种酷刑折磨至死，连带遭革职、充军或下狱的达数千人之多。

自天启六年（1626）起，魏忠贤的徒子徒孙为了取悦他，不惜耗费巨资在各地设立生祠以供奉膜拜魏忠贤。此风一开，使得许多不齿魏忠贤恶行的地方官员也必须要被迫建造生祠，以免引来阉党的猜忌。

魏忠贤与阉党的末日：日月重光

天启七年（1627），魏忠贤的末日即将到来，因为他的权力来源熹宗，在这年病死了。熹宗无子（三子皆夭折，据说都为魏忠贤所害），在张皇后的劝说下，临死前传位于其弟信王朱由检，是为思宗。张皇后与魏忠贤不合，也非常了解其为人，因此她警告朱由检要小心魏忠贤可能会毒害他。其实朱由检早有提防，他入宫之初，便随身携带佩剑，且只吃自己带来的麦饼；对于魏忠贤和客氏二人也十分客气，以松懈其戒心；并将王府中的亲信调来，以确保自身安全。

张皇后的警觉心是很准确的。根据记载，朱由检在熹宗驾崩当晚奉遗诏来到宫中，而群臣一直到天亮才到，这对于孤身无援的他来说，实在是最漫长的一夜。而当时，魏忠贤紧急传唤心腹兵部尚书崔呈秀入宫商议，虽然没人知道其内容，但很有可能是魏忠贤想发动政变，而被崔呈秀所劝阻。

魏忠贤想让年轻的崇祯沉迷女色而不问政事，便进献了四名绝世美女，甚至一再布置可自然挥发的催情春药，但崇祯一一识破其计谋，也不为女色所惑。沉稳冷静的他，不动声色地对魏忠贤、崔呈秀等人释出善意，暗地里却一直在寻找击杀阉党的最佳时机。崇祯隐忍了近两个月后才逮到机会，开始一步步翦除魏忠贤的党羽，最后将他召来，当面宣布弹劾他的十大罪状。这个曾经不可一世的混世魔王，吓得魂不附体，急忙花大钱向信王府的太监徐应元请教因应之道，徐劝他赶紧辞职，魏忠贤自然照办，崇祯也批准了。数日后，魏忠贤被贬往凤阳祖陵看坟，但他竟还敢浩浩荡荡地带了四十车的财物及一千名卫兵南下，此一嚣张行径给了崇祯一个收拾魏忠贤的借口，随即命令锦衣卫将他缉拿回京。

魏忠贤半路得到消息，知道此次回京下场恐难逃千刀万剐的凌迟酷刑，便在阜城县（河北阜城）的一间旅舍上吊自杀了。他死后，仍被处以凌迟之刑、悬首示众；阉党两百多人，如当年魏忠贤整治东林党人一般，或死，或下狱，或充军；全国各地的魏忠贤生祠则或拆毁，或改作他用。至于当年像扛着棺材死斗魏忠贤的东林党人，则纷纷得到重新起用，并在崇祯朝的政坛上占有极重要的地位。

宁远大捷：烂船也有三斤钉

天启六年（1626），努尔哈赤率领十三万八旗军（号称二十万）向明朝发动

大　事	帝王年号	朝代	公元 单位：年
努尔哈赤败长白山、海西女真、科尔沁、锡伯、蒙古等九部联军，后灭长白山部。		明	
日本议和使者小西如安到达北京。	万历二十二年		1594
明廷遣使封丰臣秀吉为日本国王。	万历二十三年		1595
明廷开始派遣矿监税使。	万历二十四年		1596
以杨镐负责朝鲜军务。和议失败，日本复犯朝鲜，明廷出兵援助朝鲜。	万历二十五年		1597
日本遁去，官军分道击败之，中日朝鲜战争结束。*法王亨利四世颁布《南特诏令》，结束国内的宗教迫害。*	万历二十六年		1598
努尔哈赤命臣子参考蒙文创制满文。	万历二十七年		1599
*英国东印度公司成立。**日本关原之战爆发，德川家康胜利，江户时代开始。*	万历二十八年		1600
为拥立皇太子而发生的国本之争结束。利玛窦至北京传教。努尔哈赤创立八旗制度。	万历二十九年		1601

公元 单位： 年	朝代	帝王年号	大　事
1602	明	万历三十年	荷兰东印度公司成立。
1603		万历三十一年	因立储问题而爆发"妖书案"。
1604		万历三十二年	法国东印度公司成立。
1605		万历三十三年	诏罢全国开矿。
1606		万历三十四年	朵颜入寇，弃六堡。
1607		万历三十五年	荷兰败西班牙海军于直布罗陀。
1608		万历三十六年	武定之乱平。 朵颜入寇蓟州，京师戒备。
1609		万历三十七年	江西、福建大水，山西大旱，山东大蝗。
1610		万历三十八年	李之藻等参考利玛窦等带来的西洋历法修订旧历。
1611		万历三十九年	东林党争开始。
1612		万历四十年	南京各道御史联合上疏言神宗二十余年来未见大臣，导致诸务废堕。
1613		万历四十一年	俄国罗曼诺夫王朝建立。
1614		万历四十二年	福王就藩洛阳。
1615		万历四十三年	男子张差持棍入太子所居慈庆宫，发生梃击案。

一次大规模的进攻。此时辽东只剩下一座孤城宁远，因为几个月前，明朝的辽东经略高第胆小怕事，竟然下令放弃关外所有据点，并将居民全数撤入山海关。只有袁崇焕不愿撤兵，他以宁前道的身分驻守宁远，并声称要与之共存亡。后金军队在兵不血刃的情况下抵达宁远城下，努尔哈赤随即向袁崇焕喊话，要他早点投降，生性刚直的袁崇焕岂会屈服。

此时的宁远城中只有少得可怜的一万兵力，高第躲在山海关内，也不可能派兵救援。袁崇焕召集所有将士，他以最高长官的身分向众人下跪，并写下血书，请求大家帮忙守住这座孤城，其忠义的精神人格感召了众官兵，而愿意为之誓死效力。面对后金军队潮水般的猛烈攻击，明军奇迹似地守住了。当然，只靠意志力是不够的，他们还拥有杀伤力惊人的红夷大炮；对付挨近城墙的士兵，则是投掷类似汽油弹的武器"万人敌"，把后金士兵烧得四处乱窜；加上此时正值严冬，城墙冰冻得像铁块一样，很难被凿穿。

激战三天三夜后，努尔哈赤不得不下令鸣金收兵（据说他也为大炮所伤），他对诸将领说："我从二十五岁起兵以来，战无不胜，攻无不克，为何就是攻不下一座宁远城？"八个月后就死了，有人说是郁闷而死，也有人说是因为这次的伤势而死的。不管如何，这次战役打破了后金军队的不败神话，史称"宁远大捷"。努尔哈赤原本打算攻下宁远后，直入山海关，进逼北京城，却被袁崇焕的誓死守城给破坏了整个计划。从此之后，袁崇焕也正式成为后金的头号对手。

宁锦大战与袁崇焕之死：忠魂依旧守辽东

努尔哈赤死后，其子皇太极继位，也继承了他的遗志，继续攻打明朝。天启七年（1627），他亲率大军，兵分三路，先围攻锦州，但在明将赵率教的用计及坚守下，后金军也莫可奈何，于是皇太极转攻宁远。这次依然是袁崇焕坐镇指挥，由于大炮的威力惊人，加上又有城外战力最强的关宁铁骑助阵，后金依旧讨不到好处，攻不破宁远城的铜墙铁壁。最后，闹得灰头土脸的皇太极带着兵马竟又向锦州攻去，可想而知的结局是：徒劳无功，只好悻悻然而归。此役被明人称为"宁锦大捷"，不但再次振奋人心，也证明了袁崇焕前一年的宁远大捷并非侥幸，他的确拥有卓绝的军事能力，足以抵御后金的大军入侵。

崇祯二年（1629），皇太极决定采取奇袭战，他避开有袁崇焕镇守的关（山海关）宁（宁远）锦（锦州）防线，绕道蒙古越过长城，再直扑北京而去。袁崇焕闻讯后，急忙率军入关赴援，双方最后在北京城外展开激战。袁崇焕知道此背水一战关乎明朝之存亡，因此他亲上战场杀敌，以振士气。经过一番浴血厮杀后，明军终于取得胜利，后金部队暂时退去。

此时危机并未完全解除，因为后金军仍在北京附近窥伺，尚未退往关外。但性急的崇祯帝管不了那么多，他召袁崇焕入

大　事	帝王年号	朝代	公元 单位：年
努尔哈赤即汗位，建国号金，史称后金。	万历四十四年	明	1616
各地大旱。	万历四十五年		1617
努尔哈赤以七大恨告天，正式反叛明朝，并陷抚顺。 命杨镐经略辽东。 欧洲三十年战争开始。	万历四十六年		1618
命杨镐出塞，分四道攻后金。 后金于萨尔浒一役大败明军。 命熊廷弼经略辽东。	万历四十七年		1619
神宗卒，子朱常洛即位，是为光宗。 红丸案爆发，光宗卒，子朱由校即位，是为熹宗。 移宫案爆发。 英国清教徒乘"五月花"号到达美洲大陆。	神宗 万历四十八年 光宗 泰昌元年		1620
后金陷沈阳，徙都辽阳。	熹宗 天启元年		1621
后金陷广宁，王化贞弃广宁，与熊廷弼入关，二人皆下狱论死。 以孙承宗经略蓟辽。 荷兰人占领澎湖。	天启二年		1622
魏忠贤掌管东厂。	天启三年		1623

公元 单位: 年	朝代	帝王年号	大 事
1624	明	天启四年	杨涟上疏弹劾魏忠贤二十四项大罪。 荷兰人占领台湾南部。
1625		天启五年	魏忠贤杀杨涟、左光斗等人。 将东林党人姓名榜示天下。 努尔哈赤迁都沈阳，改名盛京。
1626		天启六年	袁崇焕于宁远大捷中击败后金，努尔哈赤负伤后死，皇太极即汗位。 西班牙入据台湾北部。
1627		天启七年	后金皇太极围攻锦州，被击退。 熹宗卒，弟朱由检继位，是为思宗。 思宗诛杀附和魏忠贤的阉党，魏忠贤自缢。
1628	思宗	崇祯元年	以袁崇焕督师蓟辽。 海寇郑芝龙降。 明末"流寇之乱"于陕西爆发。 **英国国会上《权利请愿书》给英王查理一世。**
1629		崇祯二年	后金大举来犯，连陷遵化、通州，进逼京城。袁崇焕、满桂入援，击退后金。 山西巡抚耿如杞之士兵索饷不得，哗变，叛兵与高迎祥等合流。 囚袁崇焕。

朝，在一番斥责后，将他逮捕入狱。原因主要有二：一是先前袁崇焕的擅杀东江总兵毛文龙，早已引起崇祯帝的不快。二是在天启年间，袁崇焕为争取加强辽东边防的时间，曾假意与皇太极进行过和谈。虽然他曾将此事上奏朝廷，但不少朝臣都坚决反对，认为这是重蹈宋金和谈之举，似乎已经对他产生"通敌"的印象；而袁崇焕未能及时将后金军阻截于离北京较远的蓟州、三河一带，让敌人兵临城下，使惶惶不安的北京城中不禁传出了袁崇焕通敌卖国的谣言。许多人认为后金军根本就是袁崇焕故意放进来的，城外之战也是在演戏，因此崇祯帝坚决不让这批千里赴援、疲惫不堪的军队入城休息。最后，皇太极运用《三国演义》中的反间计，似乎强化了这个谣言，成功地塑造出袁崇焕与后金的确有相互勾结的卖国行为。

袁崇焕入狱后，虽然有官员为其仗义执言，但以温体仁为首的阉党余孽为了打击东林党领袖钱龙锡，而谎称钱、袁二人狼狈为奸并与后金勾结。年仅十九岁的崇祯帝毕竟年轻，阅历不深，最后竟也相信了这个谎言，而将袁崇焕处以凌迟极刑（钱为斩刑，后得赦免）。在行刑时，愤怒无知的北京民众还争买其肉而食之，一生忠义的袁崇焕就这样毫无尊严地含冤而死。据说在行刑前他还留下了这样的遗诗：

一生事业总成空，半世功名在梦中。

死后不愁无勇将，忠魂依旧守辽东。

"流寇之乱"与明朝之亡：日月星陨

天启七年（1627），陕西开始连年大旱，灾民都快活不下去了，但地方官仍紧逼他们缴纳租税，迫得这些民众只好聚众造反。自崇祯元年（1628）开始，起事队伍便一波接一波出现。初起时，形同散沙，四处打游击，是名副其实的"流寇"。

而政府收不到税，还要派兵平乱，打流寇、战后金，这些都非常花钱，财务吃紧的明政府只好拖欠士兵的军饷，陕西一带甚至出现两三年都发不出薪饷的窘境。这些人会去当兵通常家境不会太好，所以最后被逼得只好以抢劫维生，加入了起事行列，因为他们懂战技、有武器，所以在战斗力上和那些揭竿而起的农民军不可同日而语。

到了崇祯三年（1630）时，各地起义军已如百川汇海一般，逐渐合流，并公推首领，组织规模也日益扩大，其中以王自用、高迎祥、张献忠等人的队伍最有影响。

崇祯八年（1635），各路起义军被明将洪承畴围困于河南，十三家七十二营的起义军首领，在河南荥阳召开大会，讨论应对之道。最后在闯将李自成的建议下，拟定了联合作战策略，并成功突围，高迎祥、张献忠还顺势攻下中都凤阳，烧了朱元璋的祖坟。愤怒的崇祯皇帝经过一番调兵遣将、指挥策划，终于在次年活捉闯王高迎祥，并将他凌迟处死，以慰祖灵。李自成在高迎祥死后，继承了闯王的名号，

大　事	帝王年号	朝代	公元 单位：年
后金军队退回辽东。袁崇焕遭处凌迟极刑。增田赋。裁驿站，驿卒失业与"流寇"合流。	崇祯三年	明	1630
后金围大凌城。杨鹤剿流寇，主张招抚，流寇反叛，以洪承畴代之，任三边总督。曹文诏破张献忠。后金开始制造红夷大炮。	崇祯四年		1631
张献忠侵扰山西。后金征服察哈尔。	崇祯五年		1632
孔有德、耿仲明投降后金。调回曹文诏任大同总兵。流寇犯畿南、河北及湖广。	崇祯六年		1633
陈奇瑜与卢象昇围流寇于陕西车箱峡，李自成伪降，陈纵放之，李出峡后复叛。以洪承畴代陈奇瑜督理山、陕、河南、湖广、四川军务。	崇祯七年		1634
各地起义军首领于荥阳举行大会。李自成倡议：宁败不降，不立统帅，分头作战。	崇祯八年		1635
李自成掠陕西。	崇祯九年		1636

公元 单位：年	朝代	帝王年号	大　事
	明		皇太极称帝，改国号为清。 陕西巡抚孙传庭诛高迎祥，余众推李自成为闯王。 清军征服朝鲜。
1637		崇祯十年	张献忠入湖北，李自成入四川。
1638		崇祯十一年	清多尔衮等分道入犯，京师戒严。 洪承畴大破李自成于潼关。
1639		崇祯十二年	明廷开征练饷。
1640		崇祯十三年	破张献忠于太平。 江苏、浙江、山东、山西、陕西、河南、河北大旱大蝗。 张献忠、罗汝才攻陷四川诸州县。 李自成入河南。
1641		崇祯十四年	李自成攻陷洛阳，杀福王常洵，称新顺王。 张献忠攻陷襄阳。
1642		崇祯十五年	清军于松锦战役大败明军，洪承畴被俘。 李自成攻陷开封。 西班牙遭荷兰逐出台湾。 **英国爆发清教徒革命。**

率领其部队继续作战。

此后，各路起义军队伍被一一击溃，李自成与张献忠也不例外，但两人的手段灵活，能屈能伸，在局势不利时，可以诈降，或潜伏于深山，等到时机成熟后，重新号召民众，率兵再战。

天灾人祸不断发生，以江湖术士的话来说，便是：大明气数已尽矣！崇祯十七年（1644），李自成与张献忠先后在陕西、四川建立大顺、大西政权；加上两年前负责抵御清军的名将洪承畴、祖大寿于松山之战中降清，明朝元气大伤，已无力再战，而有与清议和的打算。面对这样的困境，崇祯皇帝也不禁悲叹："朕非亡国之君，事事皆亡国之象。"

此年，李自成挟着惊人气势率领四十万大军东征，一路上势如破竹，最后顺利攻破北京。在城破之前，崇祯皇帝拒绝了李自成的劝降，他让三个儿子化装出宫、逼皇后自尽、杀公主嫔妃，心中已做好最坏的打算。接着他隐瞒身分准备出城，却为守军所阻。三月十九日清晨，崇祯皇帝亲自在前殿敲钟，召集文武百官，但空荡荡的大殿，竟无一人前来，好不凄凉。在万念俱灰之下，崇祯皇帝与一名叫王承恩的太监便在煤山自缢，以身殉国。虽然此后的十几年间，他的子侄们为明朝官员们所拥立于南方，继续在各地与起义军、清军作战，史称南明，但一般来说，还是照惯例以国都遭攻破的这一年作为明亡之年。

崇祯皇帝甫即位时，即能一步步地收拾权倾天下的魏忠贤，证明他并非庸才；在位十七年，每天辛勤工作，没什么嗜好，也不好女色。但内有"流寇"进逼，外有后金犯边，又遇连年灾荒，一连串的难题接踵而来。他继承了这样一个烂摊子，只能尽心竭力地为明朝延命，或许他在个性上过于急躁，且无识人之明，治国能力也稍嫌不足，但其认真负责的态度却是毋庸置疑的，只能说他生不逢时。诚如明清史名家孟森所言："思宗而在万历以前，非亡国之君也；在天启之后，则必亡而已矣！"

大　事	帝王年号	朝代	公元（单位：年）
皇太极卒，子福临即位，即清世祖。多尔衮摄政。李自成破潼关，陷西安。张献忠破武昌，称大西王。**法王路易十四即位。**	崇祯十六年	明	1643
李自成于西安建立大顺国，自称大顺皇帝。李自成率军破北京，思宗于煤山自缢。吴三桂引清兵入关。多尔衮大败李自成，李自成逃往陕西。张献忠入四川，称大西皇帝。	崇祯十七年		1644

清朝

清朝是由建州女真部族创建的,在皇太极统治时,才改国号为清,并且称帝,是为清太宗。清太宗在松山一役大败明将洪承畴,开始为入主中原作准备;后由多尔衮借明朝降将吴三桂的帮助,进入山海关,顺治皇帝便是清入关后的第一位皇帝。几位明朝降将后来都成为藩王,并占有清朝半壁江山的势力,时时刻刻威胁清朝的统治。康熙皇帝花了八年时间平定"三藩之乱",进而开创史家称颂的"康雍乾盛世"。

这个盛世维持近一百三十年之久,占了清朝国祚的一半时间。此后不论是满洲八旗,还是绿营八旗,早已因为承平日久而不堪使用,遂由湘军、淮军等地方团练所取代,当时以及后来的"民乱",几乎都是依靠地方军力来剿灭的。

清朝皇帝以"天朝"自居,大臣们也不谙国际沟通,所以当西方国家频频叩关却遭冷眼对待后,从"鸦片战争"到"甲午战争",清廷遭遇西方列强的联军、不平等条约、不平等的待遇,虽然展开"师夷长技以制夷",进行了自强运动、维新运动,但因守旧派势力过大,革新运动终告失败。迂腐的守旧派甚至天真地鼓动自称刀枪不入的义和团,进行激烈的排外运动,导致"庚子拳乱",并且引来了八国联军,清廷只有签下《辛丑和约》,结束这起事件。

清廷的无能使许多知识分子转而支持革命运动,1911年爆发辛亥革命,1912年1月1日中华民国成立,末代皇帝溥仪于同年2月12日宣布退位,清朝正式灭亡。

清初知识分子重视实用,且满清为异族统治,对于思想发展有所箝制,实事求是的考据学在此背景下诞生。明末清初,汤若望、南怀仁等西方传教士来华,同时传入西方科学知识,为传统中国注入活水,几次改革运动,也都受到西学知识的影响。乾隆时期编纂的《四库全书》,是中国古代最大的一部丛书;曹雪芹的《红楼梦》掀起了日后的"红学"风潮。

清朝的国祚自公元1644年至1912年,起自清世祖顺治入北京,终于溥仪(宣统帝)。皇太极定都盛京(即沈阳),入关后则迁至北京。

公元 单位：年	朝代	帝王年号	大　事
1644	明	思宗 崇祯十七年	李自成入北京，思宗自 缢，明朝亡。
	清	世祖 顺治元年	清军击败李自成，入北 京，顺治成为清朝入关的 第一位皇帝。
			张献忠于四川称帝。
1645		顺治二年	清军占有北方诸省及长江 中下游地区，南明诸王节 节败退。
			清廷第二次下薙发令，激 起了各地的反清活动。
			清廷下令开科取士。
			李自成为清兵所迫，退往 湖北九宫山，遭地方团练 袭击而死（一说自杀而死）。
1646		顺治三年	郑芝龙降清，子郑成功劝谏 无用，后于南澳起兵反清。
1647		顺治四年	清军于四川击杀张献忠。
1648		顺治五年	三十年战争结束，签订 《威斯特伐利亚条约》。
1649		顺治六年	清分封明朝降将孔有德、 耿仲明、尚可喜为定南 王、靖南王、平南王。 **英王查理一世被处死。**
1650		顺治七年	摄政王多尔衮病卒。

从后金到大清：大清帝国的打造

明朝时，东北的女真族原分成三部，即建州女真、海西女真及野人女真，其中以建州女真最强，但仍臣属于明。十六世纪末期，建州女真努尔哈赤的父亲及祖父死于明朝对女真的一场军事攻击中，之后努尔哈赤以父祖留下的十三副胄甲起兵，开始在东北四处征讨、扩张势力。历经三十年的努力，他逐步统一女真诸部，建立起组织严密的八旗制度，并联合蒙古势力，终于在 1616 年称汗立国，国号金，史称后金。1618 年，更以"七大恨"告天，正式宣布反明。

1619 年，明朝调集各路军队，打算全力歼灭后金，没想到在萨尔浒一战中，数量及武器装备均占优势的明军竟然遭到后金军各个击破，大败而归。自此而后，明朝领略到八旗军的强悍，再也不敢贸然出击，只能采取消极的防守战略。

1626 年，宁远大战后，努尔哈赤郁郁而终，子皇太极继位。如果说努尔哈赤像成吉思汗一样是个百战百胜的军事天才的话，那么皇太极的角色就有些像元帝国的创建者忽必烈。皇太极在位时，不但重用汉人，巩固其统治基础，还接连收服了漠南蒙古与朝鲜，为进军中原做好了初步的准备。随着版图的日渐扩张，所统治的臣民自然也包括了为数众多的蒙古人与汉人（有不少是因其重用汉人而主动归顺的），为了安置、运用这批生力军，皇太极先后设立了蒙古八旗与汉军八旗，成为往后攻城掠阵极佳的辅佐力量。1636

年，他宣布将国号金更改为大清，并且登基称帝，建元崇德，此一作为表现出了皇太极有意与明帝国争锋的霸主气概。1643年，皇太极骤崩，但他留下的庞大遗产已经足够让清帝国南下和群雄以兵锋较量，并且最后如愿地征服了拥有庞大土地及人口的明帝国。

吴三桂与清兵入关：冲冠一怒为红颜

李自成打下北京后，随即派人向镇守山海关的吴三桂招降。这位明朝总兵原本已经启程打算前往北京俯首称臣，但就在半路上遇到了他父亲吴襄的一个小妾及仆人，此二人刚从北京逃出来，一问之下方知，原来李自成因为迟迟等不到吴三桂的答复，以为他拒绝归降，便将包括其父亲在内的吴家满门抄斩。杀父之仇，不共戴天，但吴三桂知道以自己手中的十万军队是敌不过李自成的百万大军的，便派人向清朝表示归顺之意，希望所向无敌的鞑子兵可以和他联手消灭李自成的大顺政权。吴三桂并诱之以利，约定打垮李自成后，整个北京城的金银财宝、男女老幼都是清军的。

对此，清军诸将领中有两派意见：保守的一派认为还是跟以前一样，在中原大抢一番就退回关外，比较安全；另一派则认为可以像他们老祖宗金朝一样入主中原，统治中国。最后，以摄政王为首主张入主中原的一派占上风，于是他们接受吴三桂的归降，并由吴三桂率军担任攻打大顺军的先锋。

大　　事	帝王年号	朝代	公元 单位：年
顺治皇帝亲政，不满多尔衮摄政时之专权，夺其爵号、鞭其尸骨。 郑成功部将施琅降清。	顺治八年	清	1651
南明将领李定国于湖南、广西等地大破清军，逼迫孔有德自杀，并杀敬谨亲王尼堪，清廷震惊。 台湾郭怀一率众反抗荷兰人失败，数千人被杀。	顺治九年		1652
清廷册封达赖五世为达赖喇嘛。	顺治十年		1653
清廷封郑成功为海澄公（郑成功不接受），命郑芝龙招降之。	顺治十一年		1654
李定国败走南宁，先前所收复之地皆失。 清廷立十三衙门铁牌，严禁宦官干政。	顺治十二年		1655
李定国拥护永历帝前往云南。 郑成功部将黄梧投降清朝。	顺治十三年		1656
孙可望投降清朝，被封为义王。	顺治十四年		1657

公元 单位：年	朝代	帝王年号	大　事
1658	清	顺治十五年	南明桂王封郑成功为延平郡王。
1659		顺治十六年	南明桂王遭清军逼迫，退往缅甸。 清廷命令吴三桂镇守云南。 郑成功与张煌言会师，大举北伐长江流域下游地区，于南京一役大败，退返厦门。
1660		顺治十七年	**英国皇家学会成立。** **查理二世即位，英国恢复君主制。**
1661		顺治十八年	顺治皇帝卒，子玄烨继位，是为圣祖，鳌拜等人受命辅政。 郑成功进攻澎湖，并从台南鹿耳门登陆台湾。 清廷为防止沿海居民与郑成功往来，下迁界令，将同安等县八十余万人迁入内地。 **法王路易十四亲政。**
1662	圣祖	康熙元年	荷兰人投降郑成功，结束在台三十八年的统治。 吴三桂杀南明桂王，南明大将李定国于病中得知桂王死讯，悲愤而死。 郑成功病卒，子郑经继位。

李自成先后派出了唐通及白广恩两名将领率军攻打山海关，但都被吴三桂击退，李自成只好亲率六万军队披挂上阵。就在双方杀得难分难解之时，十几万清军从一阵飞沙走石中猝然杀入，大顺军猛然被这批辫子兵吓到，士气顿挫，不久即遭击溃，最后李自成与将士们仓皇逃回北京。几天后，李自成在紫禁城举行登基典礼，一圆其皇帝梦，第二天就在皇宫放了把大火，然后率军出城去了。

吴三桂原本打的如意算盘是借着清朝的力量打退李自成，然后清军像以前一样，抢完了就出关，他则扮演类似东汉末年曹操的角色，在消灭黄巾军的流寇势力后，成为中原的霸主；但没想到清朝竟然有建立霸业的野心，也只好暂且忍耐，为清朝剿灭明朝的残余势力。

一般认为吴三桂是因为爱妾陈圆圆被李自成的部将抢去，才愤而投降清朝，当了大汉奸。有些史家认为这只是一种民间传说，真实性不高，这是因为人们痛恨吴三桂的引清兵入关，才刻意为他塑造出一种好色之徒的不良形象；但也有些史家依据某些史料记载，而相信这种说法，只是这并非唯一原因，他们认为吴三桂是受到其父遭囚（或遭杀）及爱妾遭掳这两个事件的刺激才愤而降清的。

郑成功攻台：归骨于田横之岛

顺治元年（1644），清兵虽然占了北京，但南方明朝政权的势力仍大，足可与其分庭抗礼。明朝宗室福王朱由崧、唐王朱聿键、桂王朱由榔先后为群臣拥立于南京、福州、肇庆等地，史称"南明三王"。在这批明朝的遗臣中有不少忠肝义胆之士，如拒降殉国的史可法；又如从小跟着张献忠当"流寇"的李定国，在义父张献忠死后，转投入桂王阵营继续反清。李定国不但忠心，也会打仗，顺治九年（1652）桂林一战，逼得定南王孔有德自焚而死。接着，在衡阳大捷中更杀死清军主帅尼堪亲王，"一时间天下震动"，吓得清廷差点准备放弃西南各省与之谈和。虽然最后李定国功败垂成，但是其忠勇事迹已足够弥补当年之过，算是很对得起明朝了。

另外，既忠心，又会打仗，恐怕非郑成功莫属，在父亲郑芝龙降清后，这个"不肖子"依旧打着明朝的旗帜在浙江、福建、广东沿海一带继续抗清。尽管他拥有独步东南的海战实力，但面对清军的陆战优势，也只能勉强维持着一个拉锯的局面。在顺治十六年（1659）北伐南京失败后，郑家军元气大伤，加上军粮供给日渐不足，便开始有了进攻台湾以取得后勤补给的打算。

顺治十八年（1661），郑成功率军两万五千人、战舰数百艘进攻台湾。自鹿耳门入台江内海，随即登陆台湾本岛，先攻陷兵力薄弱的普罗民遮城，接下来就只剩荷兰统治台湾的军事政治中心——热兰遮城了。虽然荷军的兵力不到一千，但其顽强抵抗，让拥有压倒性兵力优势的郑军也莫可奈何，既然轰不垮坚固的热兰遮城，只好采取最古老也是最有效的围城战略了。尽管荷兰从巴达维亚调来几百名

大 事	帝王年号	朝代	公元 单位：年
清荷联军攻占厦门、金门，郑经退往台湾。	康熙二年	清	1663
明将张煌言被俘，不屈而死。	康熙三年		1664
郑经部将朱英投降清朝。	康熙四年		1665
因安南已缴送所受永历帝敕印，清廷遣使册封黎维禧为安南国王。	康熙五年		1666
康熙皇帝亲政。鳌拜逼迫康熙皇帝杀辅政大臣苏克萨哈。	康熙六年		1667
南怀仁言钦天监造历谬误，清廷命相关官员会同审理考验。	康熙七年		1668
南怀仁推历正确，被任命为钦天监监副。	康熙八年		1669
康熙皇帝擒鳌拜，将之革职拘禁，自此始得掌握实权。			
郑经部将林伯馨等投降清朝。议定满汉官员品级划一。	康熙九年		1670
罢民间养马之禁。台湾郑氏再次占据沿海岛屿。	康熙十年		1671

公元 单位：年	朝代	帝王年号	大　事
1672	清	康熙十一年	厄鲁特噶尔丹请求准予遣使进贡。
1673		康熙十二年	清廷准平南王尚可喜、平西王吴三桂、靖南王耿精忠之撤藩请求，解除三藩权力。 吴三桂于云南起兵反清，三藩之乱开始。 清廷下令停止撤除靖南与平南二藩。
1674		康熙十三年	耿精忠于福建起兵反清，台湾的郑经因受其邀请，亦加入其阵营。 尚可喜向清廷示忠，请以其子之孝袭平南王，清廷允之。
1675		康熙十四年	清廷封尚可喜为平南亲王。
1676		康熙十五年	尚可喜遭子之信软禁，尚之信加入吴三桂阵营，起兵反清。 耿精忠投降清朝。
1677		康熙十六年	尚之信投降清朝，并受命讨伐吴三桂。
1678		康熙十七年	吴三桂称帝，建国号周，不久即病死，孙吴世璠继位。

援军，但寡不敌众，最后仍遭郑军击溃，经历七八个月的围城，荷兰的大员长官揆一终于屈服，在当年底出城投降，答应撤出台湾，也结束了荷兰在台湾三十八年的统治。

郑成功赶走了暴虐无道的荷兰人后，原本打算再打吕宋。因为西班牙人更残暴，数次在吕宋岛上对华人展开大屠杀，他风闻其恶行已久，便联络当地华侨，计划来个里应外合。但郑成功不幸在出兵前因病去世，此一计划遂告中止。

三藩之乱：百足之虫，死而不僵

清兵入关后，先打跑了占领北京的李自成，再经过十余年的南征北讨，终于剿灭了各地大大小小的反清势力。为了方便统治华南诸省，清廷便分封三名战功彪炳的汉人降将为藩王：平西王吴三桂，镇守云南与贵州；平南王尚可喜，镇守广东；靖南王耿继茂，镇守福建。由于他们掌握着当地的军事、用人与财政大权，俨然是国中之国，对清廷来说，仿佛芒刺在背，因此少年有为的康熙皇帝即位后，便苦心积虑地谋求解决之道。

康熙十二年（1673），尚可喜以年迈为由，希望朝廷允许他回家乡辽东终老，并让他儿子之信继续留守广东镇藩。清廷早想拔掉这根肉中刺了，自然乐得顺水推舟，因为这个尚之信也不大听话，所以就干脆把尚可喜父子一起撤了藩。吴三桂及继任靖南王爵位的耿精忠得知后，便想试试水温、观察一下清廷的态度，也陆续上疏要求撤藩，不料康熙一口答应，命令他们一同撤往山海关外。早有谋反意图的吴三桂怎肯交出权力，随即以替明朝复仇的名义举兵反清，三藩之乱就此爆发。

康熙十三年（1674），福建的耿精忠也起兵响应，并拉了一水之隔的台湾郑经加入战局，陕西、广西各地也不断有清军将领加入吴三桂的阵营；尚可喜则仍效忠清朝，康熙十五年（1676）他被其子之信软禁，才无法阻止尚之信加入反清阵营。

虽然吴三桂的军队兵强马壮，八旗军又已不堪用，但靠着康熙皇帝的指挥若定，并大量起用汉人将领，终能逐渐扭转战局。耿精忠与尚之信先后投降，吴三桂则在康熙十七年（1678）称帝于衡州，国号周，但数月后即病死，其将领们拥立他的孙子世璠继位，继续做垂死的困兽之斗。康熙十九年（1680），郑经知道再打下去也是徒劳无功，便率领军队撤回了台湾。康熙二十年（1681），清军攻入云南昆明，吴世璠自杀，结束了这场蔓延十省、历时九年的三藩之乱。

施琅平定台湾：海上明灯终消熄

清廷平定三藩之乱等于彻底铲除了明朝盘踞于各地的残余势力，但还有一个势力尚未平定，就是最忠于明朝的台湾郑家。清朝的八旗兵像当年纵横天下的蒙古铁骑一样，陆战所向无敌，但皆不擅长海战，因此从顺治到康熙，始终奈何不了堪称海上霸主的郑家父子（郑成功、郑经）。清廷只好下"迁界令"，撤离沿海居民，打算以坚壁清野的消极方法来断绝台湾的外来援助。但对于乘风破浪若

大　事	帝王年号	朝代	公元 单位：年
福建总督姚启圣于漳州设"修来馆"，招降郑经部众。 郑经部将郑奇烈等投降清朝。	康熙十八年	清	1679
郑经于福建战场失利，退返台湾。	康熙十九年		1680
郑经卒，郑克塽继位。 清军破云南昆明，吴世璠自杀，三藩之乱结束。	康熙二十年		1681
派遣彭春等侦察罗刹侵扰黑龙江一带情形。	康熙二十一年		1682
施琅于澎湖海战击败刘国轩舰队，郑克塽向清廷投降。	康熙二十二年		1683
清廷于台湾设立一府三县。	康熙二十三年		1684
康熙帝命黑龙江将军萨布素出兵进攻俄罗斯人所盘踞的雅克萨城，俄军不敌清军，出城求和，并撤离雅克萨城。 康熙帝下令不许再圈占民间土地，清朝入关以来持续不断的圈地运动停止。	康熙二十四年		1685

公元 单位：年	朝代	帝王年号	大 事
1686	清	康熙二十五年	俄国重新占领雅克萨城，康熙帝大怒，再度派兵讨伐，俄人求和。 清廷于广州设立洋货行，又名十三行，为官设的对外贸易特许商。
1687		康熙二十六年	俄罗斯分界使臣抵达蒙古。 命萨布素撤兵回黑龙江。
1688		康熙二十七年	噶尔丹进攻喀尔喀蒙古。 **英国爆发"光荣革命"。**
1689		康熙二十八年	中俄签订《尼布楚条约》。 **英国国会提出《权利法案》。**
1690		康熙二十九年	康熙帝第一次率军亲征，于乌兰布通击败噶尔丹，清军亦伤亡惨重。
1691		康熙三十年	噶尔丹再犯喀尔喀。 京师治安统一由九门提督管理。 噶尔丹向俄国请求援助。
1692		康熙三十一年	康熙帝至玉泉山阅兵，以准备对噶尔丹用兵。 江浙地区谣传清廷将派人至当地选妃，纷纷匆忙嫁女。

履平地的郑家军来说，似乎起不了作用，他们仍然可以借由海外贸易从日本、英国、南洋等地取得所需物资。

迁界政策不但没有奏效，反而还帮助明郑增添了不少生力军。因为福建山多田少，居民只好"以海为田"，因此海外贸易风气极盛，但迁界令一下，逼得这一大批靠海维生的商人、水手只好转而投靠郑军，成为其发展海上贸易的好帮手。

不过清廷手中握有一张王牌，就是施琅。此人原为郑芝龙部下，后来也跟了郑成功。顺治八年（1651）他因为和郑成功闹得不愉快，愤而投靠清朝。施琅不但擅长海战，也熟悉福建、台湾之间的海道，深为清廷所器重。加上郑成功后来杀了他父兄，更增添施琅对台湾郑家的恨意，在作战时必然全力以赴，以报杀父之仇。

康熙十九年（1680），有"郑氏诸葛"之称的陈永华去世；康熙二十年（1681），郑经又死。为了继位问题，台湾爆发了"东宁事变"，侍卫冯锡范拥立年仅十二岁的郑克塽即位，掌握了军政大权，台湾情势日渐不稳。康熙逮住了这个好机会，随即加强对台的统战，并作好出兵台湾的准备。

康熙二十二年（1683），施琅率领水师三万、战舰三百奉令征台，第一目标指向澎湖，他选择在台风最多的农历六月出兵，可能是想打一场奇袭战。镇守澎湖的刘国轩没料到清军竟会在台风季节来犯，除了出兵迎战外，也希望台风能吹垮清朝的战舰。可惜他的愿望没有实现，双方经过一番激战后，施琅竟然击败了擅长海战的刘国轩，逼得刘只好率领残军逃到台湾。

随后，郑克塽与群臣在台南商议以后的去路，有人主张退往吕宋，也就是现在的菲律宾（当年郑成功及郑经都曾有意征服吕宋，后来因事而止），但刘国轩力主降清。于是在同年的十月初八日，郑克塽等人薙发出降。清朝攻打台湾只是为了要消灭明郑势力，并不在乎这个小岛，因此群臣大多主张放弃台湾，以免徒增开销。但是，施琅却力排众议，他从国防安全的角度来强调台湾的重要性。这才使得康熙决定将台湾纳入版图，否则荷兰人绝对会去而复返，再次占领台湾。

雅克萨之战与《尼布楚条约》：炮打罗刹鬼

俄国自十六世纪后期开始，即不断往东方扩张，在 1644 年清军入关时，俄国的哥萨克骑兵也已经推进到黑龙江流域。这些俄国兵仿佛野兽般凶残，不但强占土地、烧杀掳掠，甚至偶尔还会变态地吃起人肉来。清廷对于俄国侵犯他们的东北老家深感不悦，也曾数次派兵驱赶，虽然将之击退，但俄人总是去而复返，使清廷头痛不已，由于当时尚未彻底解决南明及三藩问题，对此只好暂时隐忍。康熙二十年（1681），三藩之乱平定，康熙帝随即展开对俄作战的规划及部署。康熙二十二年（1683），施琅平台，清廷更无后顾之忧，可以放手一搏了。

康熙二十四年（1685），康熙帝派遣都统彭春、黑龙江将军萨布素率领水陆

大　事	帝王年号	朝代	公元 单位：年
噶尔丹至哈密，清廷遣兵防备之。	康熙三十二年	清	1693
北京设立俄罗斯馆。	康熙三十三年		1694
因噶尔丹进军克鲁伦河，命令征伐噶尔丹之京师军队兵分三路出发。	康熙三十四年		1695
康熙帝第二次亲征，迫使噶尔丹往西窜逃。	康熙三十五年		1696
康熙帝第三次亲征，噶尔丹病死。	康熙三十六年		1697
俄国沙皇彼得大帝开始西化改革。	康熙三十七年		1698
康熙帝南巡。	康熙三十八年		1699
西班牙查理二世死，引发各国王室争夺西班牙王位继承权。	康熙三十九年		1700
广东连山瑶民暴动，击杀副将林芳。西班牙王位继承战开始。	康熙四十年		1701
贵州葛彝播苗人起事，遭平定。	康熙四十一年		1702

公元 单位： 年	朝代	帝王年号	大　事
1703	清	康熙四十二年	康熙帝第四次南巡。
1704		康熙四十三年	命令湖广苗民通文墨者与汉人一起应试。
1705		康熙四十四年	康熙帝第五次南巡。
1706		康熙四十五年	于天津试开水田。
1707		康熙四十六年	康熙帝第六次南巡。 **英格兰与苏格兰合并为大不列颠联合王国，简称英国。**
1708		康熙四十七年	捕获冒称朱三太子者及其党羽。 废皇太子允礽，处死、流放其党羽。
1709		康熙四十八年	再立允礽为皇太子。
1710		康熙四十九年	赈济泉州府饥荒。
1711		康熙五十年	江南科场案爆发。
1713		康熙五十二年	《南山集》案结案，戴名世处死。
1714		康熙五十三年	禁淫辞小说，毁书销版，违者处流、徙之刑。 康熙帝颁布此后所增加的人丁将不再征收人丁税。

二军开往俄人盘踞的雅克萨城。清军先是派人送达康熙皇帝给俄国的国书，请求他们离开，但狂妄的俄人根本不予理会，清军随即架起大炮，猛轰雅克萨城。最后俄人死伤惨重，只有举白旗投降一途，并遵从康熙下达的指示，收拾包袱出城离去，彭春等人则毁城后南返。

然而，这批被赶出雅克萨的俄国人在抵达不远的尼布楚后，听说清军已撤离，便又回头重新占领雅克萨，且加强防御工事。康熙帝得知后，自然是龙颜大怒，随即于康熙二十五年（1686）再度出兵雅克萨，这次采取的是围城战略。经过几个月的包围封锁，俄军几乎弹尽援绝，俄国政府只好遣使乞和，双方最后在康熙二十八年（1689）签下了《尼布楚条约》。

虽然俄国于谈判过程中小动作不断，但清方的谈判代表索额图见招拆招，仅因顾虑到俄国与蒙古的噶尔丹可能联合起事，而略作让步，大体上并未受到影响。最后不负所望，双方约定以格尔毕齐河及额尔古纳河为界，清廷保有黑龙江流域的外兴安岭地区，中俄之间自此维持了一百多年的和平。

清史第一疑案：雍正夺嫡

在清史中最启人疑窦的莫过于雍正的继位之谜了，这件疑案从雍正继位之初就被人们谈论，成为茶余饭后的热门八卦，连雍正本人都要亲自撰文辟谣。经过近三百个年头，正反两派的学者依旧争论不休，至今仍无定论。

根据清朝的官方文书记载，康熙

六十一年（1722）年十一月十三日，康熙帝驾崩前召集七个皇子及隆科多来到面前，宣谕"雍亲王皇四子胤禛人品贵重，深肖朕躬，必能克承大统，著继朕登基，即皇帝位"。此时，皇四子胤禛并不在场，直至康熙病危才召唤他前来，虽然他三次晋见问安，但康熙并未提及继承帝位之事，最后由隆科多"口授末命"，告知康熙命他即帝位之事。

由于胤禛并非热门人选，那些未得帝位的皇子们不免在背后议论纷纷，也生出了不少谣言来，说什么雍正窜改康熙遗诏，甚至连康熙都是被他害死的。这也不能怪他们，因为宣布康熙遗命的隆科多本来就是雍正的人马，等于比赛中买通了裁判，输的一方难免会大喊判决不公。

其实，这份遗诏本身就有问题。因为遗诏所写的日期虽然是康熙六十一年十一月十三日，即康熙归天之日，但当天宣读的这份满文遗诏，直至十一月十六日才公布，有可能是雍正即位后仓促赶制而成的，汉文遗诏则更迟至十一月二十日才对外公布；而现存于北京和台北的满文遗诏中也没有记载"皇四子胤禛人品贵重，深肖朕躬，必能克承大统，著继朕登基"这段文字，意味着有记载这段文字的汉文遗诏也是事后才伪造出来的。

雍正即位后，先杀了康熙生前的贴身侍从赵昌，后来更大肆整肃当年与他争夺帝位的皇兄皇弟们；连被他尊称为舅舅的隆科多也从红极一时的宠臣沦为被剥夺爵位的无枷囚犯，最后死于禁锢之所。隆科多曾说过"白帝城受命之日，即是死

大　事	帝王年号	朝代	公元 单位：年
法王路易十四死。 发兵击策妄阿喇布坦。	康熙五十四年	清	1715
因为行军所过之地，免除山西大同至甘肃洮州等地明年额赋。	康熙五十五年		1716
再次查禁天主教。 定商船出洋货易法，除日本外，吕宋等地皆不许往。	康熙五十六年		1717
重申天主教传教之禁令。 命皇十四子允禵为抚远大将军，驻防西宁，节制各路军马。	康熙五十七年		1718
颁布《皇舆全览图》。 允许关羽后裔得以世袭博士。	康熙五十八年		1719
派遣哈密军队攻袭策妄阿喇布坦，至乌鲁木齐而返。	康熙五十九年		1720
朱一贵于台湾起事反清，后遭清军俘获，于北京凌迟处死。	康熙六十年		1721
康熙帝卒，四子胤禛继位，是为世宗。	康熙六十一年		1722

公元 单位：年	朝代	帝王年号	大　　事
1723	清	世宗 雍正元年	雍正帝建立秘密立储制度。 清廷宣布自明年起实施摊丁入亩政策。 雍正帝命令全国各省西洋人除通晓技艺者外，其余皆送往澳门安置，并禁止人民信奉天主教。
1724		雍正二年	实行耗羡归公和养廉银制度。 年羹尧、岳钟琪平定青海罗卜藏丹津之乱。
1725		雍正三年	雍正命令年羹尧自杀。
1726		雍正四年	雍正帝准许云贵总督鄂尔泰奏请于西南各省实行改土归流政策。
1727		雍正五年	隆科多因罪遭雍正帝下令永远囚禁。 中俄签订《恰克图条约》。
1728		雍正六年	曾静案爆发。
1729		雍正七年	为了西北的用兵设立军机房。
1730		雍正八年	噶尔丹策零侵扰边境，遣兵击退之。

期已至之时"的话，被认为是暗示他当年"口授末命"之时，即已预感埋下被雍正杀人灭口的种子了。这种种行径都不禁让人怀疑雍正是否做贼心虚。

民间传说：雍正在康熙病危时，进了一碗人参汤，康熙就驾崩了；康熙原本要传位给他最宠爱的十四子，但雍正将"十"字改为"于"字。这两种说法其实都是靠不住的：一来，康熙晚年是反对北方人喝人参汤的；二来，"十"字改成"于"字并无意义，因为清朝官书中写到皇子时依照惯例要加一"皇"字，如皇四子、皇十四子等，若将十字改为于字，则成了"皇于四子"，文句明显不通。而现藏于台北及北京的汉文遗诏虽然是雍正事后所伪造，但仍足以证明此一说法不足采信（更别提还有文字完全不同的满文遗诏了）。

虽然支持雍正为合法继位的学者提出了各种解释为其辩驳，但他们也不得不承认康熙遗诏是雍正事后伪造的。因此，目前无法由诏书记载的有无来为雍正辩护；而雍正继位的过程及事后种种举措又颇符合侦探小说中杀人凶手湮灭证据的情节，处处透着诡异，和宋太宗的"斧声烛影"、"金匮之盟"颇有异曲同工之妙，所以才惹来这许多的怀疑。就目前而言，除非有新史料的出现，否则雍正的继位仍是一个永远无解的谜团。

马戛尔尼来华：中国与世界的距离

英国向来重视海外贸易，但自清朝

立国以来，他们在中国的贸易事业始终不太顺利，主要因为清廷并无兴趣发展对外贸易。他们认为中国地大物博，可以自给自足，并不需要外国的货品；如果放任这些洋人在各地进行贸易，只会让他们有机会窥探中国的虚实，这是清廷所不愿见到的。因此自康熙以来，仅在沿海地区开放了四个对外贸易港口，让番邦之国有途径取得中国的丝绸、茶叶、瓷器等物品，算是天朝上国的一种恩赐。乾隆二十二年（1757），更将贸易港口缩减到只剩广州一地。

由于英国从十八世纪后期开始了工业革命，生产力大增，更急迫地要将产品卖出去；加上英国在东亚并不像西班牙、葡萄牙一般拥有菲律宾、澳门等贸易据点，因此颇希望中国可以满足他们的需求，以改善贸易环境。乾隆五十八年（1793），英国以向乾隆皇帝祝寿之名，派遣马戛尔尼使团来华，其实是想趁机向清廷提出互派使节驻京、增开贸易口岸、拥有贸易据点等请求。

乾隆原本很欢迎马戛尔尼等人的来访，但得知他们的真实目的后，就不大愉快；加上双方又因为下跪问题而产生歧见，局面变得更僵。虽然后来乾隆准许马戛尔尼在晋见时使用单腿下跪的西方礼节，而不是中国的三跪九叩，但并没有答应他们的贸易要求。马戛尔尼等人只好失望而返，中国也丧失了一个与世界接轨的机会。

然而，由于乾隆想让英国人瞧瞧中华帝国的富强，便让他们沿陆路南下，并

大　事	帝王年号	朝代	公元 单位：年
清军于西北边境持续与噶尔丹策零的作战。 严禁铁锅及废铁出口。	雍正九年	清	1731
军机房改称军机处，正式取代议政王大臣会议。 清军于光显寺一战大败噶尔丹策零。	雍正十年		1732
令各省设书院。 令各地不得擅立牙行。	雍正十一年		1733
命云南、广西开炉铸钱。	雍正十二年		1734
雍正帝卒，子弘历继位，是为高宗。 裁撤军机处。	雍正十三年		1735
噶尔丹策零、暹罗国遣使朝贡。	高宗 乾隆元年		1736
郎世宁请求缓和教禁，乾隆帝强调只有禁止旗人信教。 乾隆帝召见总理事务大臣等人，当着他们亲自写下建储密旨，由太监收藏于乾清宫"正大光明"匾额后。			
册封黎维祎为安南国王。 恢复军机处。	乾隆二年		1737

公元 单位：年	朝代	帝王年号	大　事
1738	清	乾隆三年	泉州移民于台湾艋舺兴建龙山寺。 谕令后世子孙不得修改已经成书的《实录》。
1739		乾隆四年	噶尔丹策零派遣使者与清廷讨论划分国界等事。 山西布政使胡瀛奏请严禁溺死女婴及停棺不葬之习俗。 查获河南伊阳邪教案。
1740		乾隆五年	与准噶尔达成和议并议定双方贸易事宜，随即命令清军退兵。 张广泗平定楚粤苗乱。 乾隆帝倡导研究理学。
1741		乾隆六年	贵州永从苗人起事，不久即遭平定。 谕令广东、福建及江西三省督抚细心留意整顿当地盛行的械斗风气。
1742		乾隆七年	江苏、安徽等地区发生严重水灾。 为解决旗人生计，准许八旗汉军中进关后才编入八旗的人得以出旗为民。
1743		乾隆八年	禁止于野外土田阡陌相连之处种烟。

派大臣沿途接待，使得马戛尔尼有机会得以一窥这个神秘又封闭的古老帝国。结果，他发现看似强盛的中国其实只是虚有其表。因此，后来曾如此说道："中华帝国像是一艘破烂不堪的旧船，幸好靠着几位能干的船长谨慎掌舵，才得以航行一百五十年而未沉没。它以其庞大身躯使邻近的国家感到畏惧，但假如来了个能力不足的人掌舵的话，船并不会立即沉没，但它将会随波逐流，最后在岸边撞个粉碎，而且永远无法修复。"

和珅专权：史上第一贪官

清朝的国力至乾隆年间达于巅峰，但物极必反，盛极则衰，从此国势便如江河日下，只能靠着吃老本勉强撑持这个日渐腐败的躯壳。乾隆晚年的宠臣和珅不但拥有呼风唤雨的通天权力，且胆敢无法无天地贪污纳贿，由此一混乱现象似乎已能从中预见了帝国的未来。

和珅早年为宫廷侍卫，乾隆四十年（1775）二十五岁的他开始受到乾隆的宠信。此后数年间，历任正蓝旗副都统、内务府大臣、户部侍郎、军机大臣等重要职位，升官速度之快，为清朝开国以来第一人。后来乾隆还将女儿嫁给他儿子，彼此结成儿女亲家。

据说和珅本人颇有才干，但能够得到乾隆如此的破格重用，多半也是因为他擅长揣摩上意，故深得乾隆的欢心，对他言听计从。（据说，和珅受宠是因为其长相酷似雍正的一个妃子，乾隆年轻时很迷恋她。）和珅也在他当朝的二十几年间，靠着权势疯狂地贪污索贿，累积了大量财富。乾隆皇帝年轻时或许称得上英明，但到了老年，判断力已大不如前，且日渐健忘，在最后几年间，甚至常得仰赖和珅所提供的信息来下达意旨。清朝国事，经和珅之上下其手，焉得不坏？

嘉庆四年（1799），太上皇帝乾隆驾崩，已经隐忍很久的嘉庆皇帝随即将和珅治罪，赐令自尽，并将他的家产抄没充公，据估计价值达八亿两之多！以清朝当时国家收入每年七千多万两来计算，其财产足以抵得上全中国十年的收入，数量可谓惊人。因此，后来民间便流传着一句俗谚："和珅跌倒，嘉庆吃饱。"用以形容和珅之贪婪。

鸦片战争：大毒枭斗纸老虎

由于清朝自乾隆以来便严格限制外人来华贸易，且仅开放广州一地作为通商口岸，这对于以商立国、正极力发展资本主义的英国来说，实在是难以忍受。英国虽然在乾隆、嘉庆两朝分别派遣马戛尔尼及阿美士德来华要求改善贸易关系，但眼高于顶的清朝皇帝仅视其为西洋番邦的无理要求，并不加以理会。而英国又被迫以白银来购买中国的茶叶、丝绸等商品（因其商品在中国销量不佳，赚不到钱），为了遏止白银的不断外流，他们昧着良心，开始将鸦片大量走私进入中国。如此一来，情势登时逆转，换成中国白银的大量外流，这不但影响了民生经济，也把千千万万的中国人民变成形貌枯槁的鸦片鬼。

大　事	帝王年号	朝代	公元 单位：年
准许广东开炉铸钱。 准许广东开矿。 河南发现混合儒、佛、道为一体的三教堂，因孔子屈居佛、道之下，清廷遂加以禁止。	乾隆九年	清	1744
噶尔丹策零死，子那木札勒继位。 因僧人、道士居住于寺院道观，比游荡生事的市井之民来得容易控制，谕令各省督抚从宽裁减淘汰僧人、道士。 为避免被称为啯噜的强盗集团不断滋生，此后想要移民到四川的人必须在当地有亲戚才能得到官府的允许。	乾隆十年		1745
破获福建福安县传播天主教案。	乾隆十一年		1746
乾隆帝派兵征伐大金川。 准许八旗汉军到外省居住谋生。	乾隆十二年		1747
福建瓯宁县老官斋（罗教之分支）聚众起事，乾隆帝命令闽浙总督喀尔吉善前往平乱。	乾隆十三年		1748

公元 单位：年	朝代	帝王年号	大 事
	清		以贻误军机罪名杀川陕总督张广泗及大学士纳亲。 福建全省推行族正制，以遏止械斗之风。
1749		乾隆十四年	大金川土司莎罗奔投降，大金川平。
1750		乾隆十五年	西藏珠尔默特作乱，为四川总督策楞与岳钟琪所平定。 缅甸自清朝立国以来第一次入贡。
1751		乾隆十六年	乾隆帝首次南巡。
1752		乾隆十七年	四川杂谷土司作乱，为岳钟琪所平。
1753		乾隆十八年	准噶尔诸部互相攻伐。
1754		乾隆十九年	准噶尔内乱，辉特部阿睦撒纳来降，封为亲王。 命鄂容安、庄存恭严惩江苏蓄发优伶。
1755		乾隆二十年	清军第一次出兵准噶尔部，俘获准噶尔汗达瓦齐及罗卜藏丹津。 张廷玉死。

道光皇帝岂能容忍这种"谋财害命"的行为，于是便在道光十九年（1839）派了曾有办理禁烟经验的林则徐为钦差大臣，前往广州查禁鸦片。林则徐到广州后，先是查扣中国人所持有的鸦片，继而要求以英国为首的各国商人把他们手上数万箱的鸦片缴出。一开始，这些奸商们以为这个林钦差只是做做表面功夫，其实还不是跟多数中国官员一样，想要收黑钱，于是就随便交出一千箱想打发了事。结果，刚正不阿的林则徐勃然大怒，派兵封锁商馆。洋人这才知道中国人这次是玩真的，只好乖乖交出了两万箱的鸦片。随后，林则徐在虎门的海滩上，把这批价值不菲的毒品公开销毁，宣示了清廷禁绝鸦片的决心。

这些视钱如命的烟商岂是如此就可以轻易打发的，他们向英国政府及报社夸大在中国所受到的虐待，请求政府出兵中国以讨回公道。虽然英国国内还是有不少明理之士认为中国的查禁走私鸦片并没有错，如果为此出兵，实在是有辱大英帝国的颜面；不过，另一派则对中国长久以来在贸易上的限制深表不满，想借机打开中国的门户。结果在国会的表决中，主张出兵的一派以些微票数获得胜利。

道光二十年（1840），英国派出一支舰队来华。道光皇帝下令不可示弱，因为他还沉湎在康雍乾盛世的昔日荣光中，以为清军能打胜仗。没想到几场战役下来，彻彻底底让清朝见识到英国工业革命的成果，船坚炮利的英军，以寡击众，把战技、武器久未更新的清朝军队打得落花流水。最后，英军推进至南京城外，并扬言将先打南京，再攻北京，不达目的，绝不罢休。面对这般凶霸的"英国绅士"，清廷无奈，只好与英军签订了屈辱的城下之盟，即影响深远的《南京条约》。

条约中包含了割让香港、赔款、开港通商等内容。这场战争也让洋人认识到中国只是只大而无用的纸老虎，可以借由武力对她予取予求。自此以后的中国，被迫不断打开门户，与外国的接触日益频繁，在各方面都起了很大的变化。因此，一般而言，1840年是意义重大的一年，这年通常被视为中国近代史的开端。

太平天国（上）："洪杨之乱"

道光二十三年（1843），洪秀全在广州参加乡试名落孙山后，因为读了一本名为《劝世良言》的基督教传教刊物而大彻大悟，至此方知原来他肩负着天父耶和华所赋与的救世使命，是要下凡来拯救苍生的，遂手创拜上帝会，展开他口中斩妖除魔的神圣任务。此后的几年间，他与好友兼忠实信徒冯云山在两广一带四处招募信众。

在道光皇帝驾崩不久的1851年1月11日，洪秀全三十八岁生日当天，于广西省桂平县金田村正式起事反清，洪秀全自称天王，建号"太平天国"。咸丰元年（1851）闰八月，他们攻下了第一座城池永安，随后洪秀全分封杨秀清、萧朝贵、冯云山、韦昌辉、石达开为东、西、南、北、翼王，并颁行历法、树立规制，史称永安建制。

大　事	帝王年号	朝代	公元 单位：年
第二次出兵准噶尔部。 **英法七年战争开始。**	乾隆二十一年	清	1756
乾隆帝第二次南巡。 平定准噶尔部。 关闭各通商口岸，对外贸易港口仅限于广州一地。 准许吕宋商船在厦门进行贸易。 **英国在普拉西之战击败孟加拉，印度成为英国殖民地。**	乾隆二十二年		1757
乾隆帝命兆惠出兵回疆平大小和卓木乱事。 兆惠进兵叶尔羌被围困于黑水营。	乾隆二十三年		1758
兆惠攻下叶尔羌诸城，大小和卓木被杀，天山南北路入清朝版图，自此而有新疆之名。 英商洪任辉北上天津控诉粤海关监督李永标。 **大英博物馆正式对外开放。**	乾隆二十四年		1759
四川官员以各省人民入居四川者日渐增多，奏请设法限制，不许。	乾隆二十五年		1760

单位：公元年	朝代	帝王年号	大　事
1761	清	乾隆二十六年	筹划移民出关、创办民屯。
1762		乾隆二十七年	乾隆帝第三次南巡。
1763		乾隆二十八年	传谕各省督抚防范疯病之人生事。 下令禁止民众于洞庭湖滨筑围开垦田地。 **英法七年战争结束，英国取代法国的霸权。**
1764		乾隆二十九年	招募内地贫民迁往新疆屯田。 湖南督抚奏请同意让苗人与汉人通婚。
1765		乾隆三十年	帝降旨申斥吏部于铨选升迁时歧视汉人。 维吾尔族于乌什起事。遣明瑞平之。
1766		乾隆三十一年	招募南疆无业回人前往乌什垦荒。 命令边区土司及夷民一律要薙发留辫。
1767		乾隆三十二年	云贵总督明瑞率军兵分三路进剿缅甸。 齐周华文字案爆发。

太平军据地称王，自然引来了清廷的重视。咸丰皇帝派遣林则徐前往指挥围歼行动，可惜这位抗英名臣于途中病死；后来接替其任务的赛尚阿等人则才干不足，在围城半年后，竟让饿得奄奄一息的太平军于咸丰二年（1852）二月突围而出。永安突围后的太平军宛若一头出柙猛虎，从广西一路北上，随后水陆两军沿着长江顺流而下。冯云山与萧朝贵虽于途中战死，却无碍其惊人的战斗力，他们攻下了一座又一座的城市，人数也从金田起义的万余人暴增至数十万人。

咸丰三年（1853）二月，太平军攻下南方第一要城南京，随即改名为天京，以此作为国都。为了保卫天京，洪秀全派出两路军队，一路西征，一路北伐。西征军主要由石达开统筹指挥，这位被曾国藩称为"最悍"、"最谲"的军事奇才屡破清军，在他的领导下，太平军占领了长江中下游地区，成功地巩固了天京的安全。北伐军因数量较少，北方的平原地形亦不利其作战，以步兵为主的他们，难敌僧格林沁的蒙古马队，终于在咸丰五年（1855）被全数歼灭。

太平天国（中）：天京事变

太平军攻下南京后，从永安开始一路追击太平军的向荣亦已率军抵达城外，驻扎于东南方，是为江南大营；琦善则于扬州建立起江北大营。咸丰六年（1856），太平军名将杨秀清指挥石达开、陈玉成等人连破江北、江南大营，暂时解决了天京的心腹之患。

长期以来，杨秀清常借着天父附身对洪秀全加以凌辱，这场军事胜利更助长了他的野心，他假借天父之命，胁迫洪秀全将他由九千岁进封为万岁。身为天王的洪秀全已无法再忍耐，便秘密召集韦昌辉、石达开等将领回到天京，打算与这个"假天父"摊牌。不料韦昌辉没等到石达开回来，即率军突袭东王府，斩杀杨秀清，并且大举屠杀东王党羽。等到石达开回到天京后，这名年仅二十来岁的年轻将领当面斥责韦昌辉胡乱杀人，韦昌辉被这番话所激怒，便打算再狙杀石达开，以绝后患。得到密报的石达开急忙出城而走，韦昌辉扑了个空后，便杀了他的家人及部属以泄恨。手握大军的石达开随即展开反扑，率军讨伐韦昌辉，誓言不得其人头绝不罢休。由于多数的太平军都支持极得人心的石达开，洪秀全为了平息众怒，也担心杀红了眼的北王会将下一个目标指向自己，便联合其他部将杀了韦昌辉，这场事变才宣告结束。

但是，此后的洪秀全开始疑神疑鬼，也不放心让才能卓绝的石达开掌理政务，只信任自己的胞兄；到了后来，甚至还有加害石达开的打算。忠义难两全，为了避免再发生一次"天京事变"，石达开只能无奈地率领军队离开天京，从此一去不返。虽然遭到天王的无情对待，但他仍不改其赤胆忠心，继续以太平军的名义与清军周旋于长江中上游一带。同治二年（1863），这位太平天国最富英雄形象的名将，于四川大渡河畔为清军所困，为了保全麾下数千名军士的性命，他自愿前往清

大　　事	帝王年号	朝代	公元 单位：年
明瑞兵败自杀。	乾隆三十三年	清	1768
浙江、京师、山东等地发生割辫叫魂案，帝命令督抚缉拿严办之。			
杭州破获罗教案，浙江巡抚永德请求将为首之人从重治罪，乾隆帝同意从重办理。			
征缅战事不利，与缅甸签约停战。	乾隆三十四年		1769
谕示此后满汉督抚奏事一律称臣。	乾隆三十五年		1770
谕令阿桂、彰宝秘密商议明年发兵讨伐缅甸。			
金川乱事再起，清廷出兵征伐。	乾隆三十六年		1771
平定小金川。	乾隆三十七年		1772
兵分三路进剿大金川。	乾隆三十八年		1773
乾隆帝下谕鼓励藏书家勿怀疑惧而踊跃献书，表示不会因书中文字而将藏书者治罪。			
将棚民列入人口统计。			
禁民间私藏鸟枪、竹铳、铁铳。	乾隆三十九年		1774

公元 单位：年	朝代	帝王年号	大　事
	清		山东王伦起事，随即败亡。
1775		乾隆四十年	将吕留良子孙重新发往宁古塔给披甲人为奴。
			禁止广西商民与安南之出口贸易，仅殷实良民可领印照、验照后前往。
1776		乾隆四十一年	大、小金川乱事平定。
			改定皇子、皇孙辈字将来为帝之人的字，免除百姓避讳的麻烦。
			美国发表《独立宣言》，正式宣布独立建国。
			瓦特的新式蒸汽机用于实际生产。
1777		乾隆四十二年	免除各省钱粮一次。
1778		乾隆四十三年	令山东巡抚国泰严办冠县之义和拳滋事者。
1779		乾隆四十四年	恢复中俄贸易。
1780		乾隆四十五年	乾隆帝第五次南巡。
1781		乾隆四十六年	和珅率军镇压新教回民起事。
1782		乾隆四十七年	《四库全书》编纂完成。

营受死，结束了传奇的一生。

太平天国（下）：四面楚歌

咸丰八年（1858），清朝将领和春与德兴阿在天京城外及浦口重新建立起江南、江北大营。经历天京事变的太平天国元气大衰，幸亏有陈玉成及李秀成两名军事才能不亚于杨秀清与石达开的将领，他们分进合击，先于咸丰八年（1858）击垮江北大营；咸丰十年（1860）再破江南大营，再度解除了天京之围。

不过，长久以来一直与太平军交手的曾国藩已非昔比，他胸中已酝酿出一套剿灭太平天国的全盘计划。他派遣左宗棠进攻浙江、李鸿章东援上海、曾国荃直取天京，加上有洋人的助战，使得太平军屡遭挫败。

而此时的洪秀全已陷入宗教狂乱状态，太平军的军纪也日渐败坏。咸丰十一年（1861），控有天京门户的安庆失守，几乎已经宣告了太平天国败亡的命运。同治元年（1862），"双柱"之一的陈玉成遭友军叛变而被杀害，剩下李秀成独撑大局。同治二年（1863），李秀成眼见大势已去，城中粮食将尽，天京即将不保，便劝洪秀全弃城他走。疯狂的洪秀全还声称要向天父、天兄借天兵助战，并要大家跟他一样吃野草，李秀成无奈，只得舍命护主。同治三年（1864）五月，洪秀全病死，儿子天贵福继位。六月，湘军攻破天京，太平天国灭亡，清军为了泄愤，还展开了一场"天京大屠杀"。

在太平天国战争中，有数千万人死于

战祸，使得江南残破不堪；同时，也宣告了八旗军、绿营等清朝正规军的没落，取而代之的是湘军、淮军等地方团练。据说当年平定太平天国之后，有人（包括李秀成）劝曾国藩自立为帝，虽然最后谨慎小心的他并没有答应，但由此可以看出湘军举足轻重的军事实力。

洪大全其人其事：档案中的虚构

咸丰二年（1852），清朝钦差大臣赛尚阿上奏咸丰皇帝，声称他们在永安一战中抓到了太平天国的一个首脑人物。这个人叫洪大全，洪秀全不但尊他为天德王，还不时向他请教兵法之道，其地位足以与天王洪秀全平起平坐，因为只有他们两人能被称为万岁。后来这个洪大全则依照叛乱罪的惯例被押往北京凌迟处死。

读过一点历史的人大概都记得，太平天国除了天王洪秀全外，就以东西南北翼五王最有名，那为何教科书上不曾提过这个天德王洪大全呢？况且这名字还与洪秀全如此相近，似乎有些值得玩味之处。

其实在洪大全从广西被押往北京的途中，有个叫陈坛的官员就上奏皇帝说他根本不是什么大人物，当时太平军刚从永安突围而出，赛尚阿等人深恐皇帝降罪而刻意夸大"洪大全"的名号及地位，想借此掩饰过错。所以，陈坛请求咸丰皇帝尽速降旨将此一冒牌货就地正法，以免此恶例一开，往后每个将领都乱搞这种假把戏，只会让那些长毛贼在背后窃笑清廷的愚昧。当时和陈坛持相同意见的人还不少，所以在咸丰年间一般来说并不相信

大　事	帝王年号	朝代	公元 单位：年
英、美签订《巴黎条约》，英国承认美国为独立国家。	乾隆四十八年	清	1783
乾隆帝第六次南巡。 甘肃回民田五起事，遭阿桂、福康安等率军平定。	乾隆四十九年		1784
命广东洋商不准进呈贡品。	乾隆五十年		1785
台湾天地会首领林爽文起事反清。	乾隆五十一年		1786
以闽浙总督常青无力平乱，命福康安前赴台湾督办军务。	乾隆五十二年		1787
福康安率军平定林爽文之乱。 乾隆帝命两广总督孙士毅出兵安南平定乱事，恢复黎氏王朝。	乾隆五十三年		1788
安南名将阮文惠袭击清军，孙士毅逃回广西。 阮文惠遣使乞和，清廷册封其为安南国王。 **法国大革命爆发。**	乾隆五十四年		1789
乾隆帝八十大寿，免除天下钱粮。	乾隆五十五年		1790

公元 单位：年	朝代	帝王年号	大　事
1791	清	乾隆五十六年	乾隆帝命令福康安出兵西藏平定廓尔喀乱事。
1792		乾隆五十七年	廓尔喀请降。 *法国第一共和国成立。*
1793		乾隆五十八年	英使马戛尔尼来华。
1794		乾隆五十九年	*热月政变爆发，罗伯斯庇尔遭处决，恐怖时期结束。*
1795		乾隆六十年	福建亏空案爆发，闽浙总督伍拉纳、福建巡抚浦霖遭处斩。
1796		仁宗 嘉庆元年	乾隆帝退位为太上皇帝，子颙琰继位，是为仁宗。 白莲教徒于湖北、陕西、四川等地起事，史称川楚教乱。
1797		嘉庆二年	*法国于意大利击败奥地利军队，第一次反法联盟瓦解。*
1798		嘉庆三年	蔡牵于台湾附近劫掠，命闽浙总督魁伦缉捕之。 *拿破仑远征埃及。*
1799		嘉庆四年	太上皇帝乾隆卒，和珅遭抄家、赐死。

赛尚阿的夸大吹嘘，恐怕连咸丰皇帝也心知肚明，只是为了解救爱臣而故意不置可否。

但是到了清末民初，这个谜样人物却引发了史学界的一些争论。有些学者根据咸丰、同治年间的档案文书资料，加上自己的演绎解释，认为洪大全是天地会的大人物，他凭借着天地会在南方的庞大势力，故能与洪秀全分庭抗礼、同称万岁。言之似乎成理。后来经胡适的入室弟子也是太平天国史专家罗尔纲的考证，洪大全的真正面目逐渐浮出水面。1955年，罗尔纲发表《洪大全考》一文，他细心考察了洪大全的口供、官员的奏折内容，认为这些关于洪大全的事迹都是赛尚阿的幕僚编造的；并查出洪大全其实名为焦亮，只是天地会众多山堂中某个山堂的领导人，并非什么了不起的大人物。一般来说，罗尔纲的说法是被史学界认同的，这也是为何洪大全不会出现在一般历史教科书中的原因。

1922年时，梁启超曾在书中感叹，虽然他高度怀疑洪大全的身分地位，但此人的事迹又明明白白地被记载于奏折、实录等可信度极高的档案文书中，他实在也莫可奈何。罗尔纲的考证似乎弥补了梁启超的缺憾，也对那些迷信档案的人敲下了重重的一击。

赛尚阿、陈坛等人的奏折及洪大全的口供目前收藏于台北故宫博物院。

“捻乱”（上）：太平天国的守护者

“捻乱”之起虽可上推至乾隆末年，

但一般指的是咸丰、同治年间于黄淮流域下游一带所爆发的大规模民变。因为黄河、淮河时常泛滥，导致这一地区生活环境恶劣，民不聊生，自然易起变乱。

"捻乱"的爆发大约与太平天国之起同时，皆为1851年，因为受到太平军西征、北伐的影响，捻军也趁势而扩大其规模。咸丰二年（1852），安徽北部的大地主张乐行被捻众推为首领，咸丰五年（1855），并被各地捻军首领推为盟主，辖下捻军达数十万之众。此后各地的捻军领袖多与太平军互通声气，也接受洪秀全所赐的封号，但实际上并不听命指挥，也就是"听封不听调"，即使是盟主张乐行也未必调得动他们。

前期的捻军主要盘踞在安徽、河南一带，咸丰十年（1860），英法联军攻陷北京，捻军遂趁着北方局势混乱而攻进山东，因已近直隶，清廷眼见情势危急，只好再度起用僧格林沁，负责剿捻任务。但由于捻军机动力极强，行踪飘忽不定，清军追逐捻军宛若捕风，只能疲于奔命于北方诸省。僧王虽然打不过英法联军，但毕竟仍有一定的实力，同治二年（1863），攻入捻军老巢雉河集，捕杀了盟主张乐行。

张乐行死后，捻军由其侄张宗禹及任化邦统率；同治三年（1864），太平天国灭亡，转战于湖北一带的遵王赖文光也率领太平残军加入了捻军，此人工于谋略，成为捻军一大战将。重整后的捻军身手果然不凡，不但屡挫僧军，次年五月，更在山东曹州设下埋伏，一举擒杀僧格林

大　事	帝王年号	朝代	公元 单位：年
拿破仑发动政变，推翻督政府，成为第一执政。		清	
擒杀白莲教主刘之协。	嘉庆五年		1800
以剿灭白莲教行动已近尾声，命筹划后续安插乡勇事宜。	嘉庆六年		1801
白莲教主力军队遭清军歼灭。	嘉庆七年		1802
安南国王阮福映上表清朝请求改国号为南越，嘉庆帝命改安南为越南。	嘉庆八年		1803
海贼蔡牵侵扰台湾鹿耳门，破清军水师。 川楚教乱结束。 《拿破仑法典》公布。 拿破仑称帝，建立第一帝国。	嘉庆九年		1804
蔡牵自称镇海王，攻入台湾凤山。	嘉庆十年		1805
浙江提督李长庚于台湾大破蔡牵船队。 英国取得好望角。	嘉庆十一年		1806
李长庚因追击蔡牵而战死。	嘉庆十二年		1807

公元 单位：年	朝代	帝王年号	大　事
1808	清	嘉庆十三年	英国借口保卫澳门免遭法军占领，派兵占据澳门炮台，经清廷逼迫而退出。 法国入侵葡萄牙，半岛战争爆发。
1809		嘉庆十四年	王得禄等率清军水师围剿蔡牵，迫其自沉而亡。
1810		嘉庆十五年	命查禁鸦片。
1811		嘉庆十六年	命各省查禁西洋人并禁止民众信奉天主教。
1812		嘉庆十七年	官员建议令闲散旗人务农以解决八旗生计，帝不准。 拿破仑率六十万大军征俄。
1813		嘉庆十八年	天理教首领林清率华北教众起事，一度攻入紫禁城，后因寡不敌众而遭歼灭，史称癸酉之变。
1814		嘉庆十九年	反法联军攻入巴黎，拿破仑被迫退位，遭流放于厄尔巴岛。波旁王朝复辟。欧洲各国召开维也纳会议。

沁。其死讯传来，震惊了倚赖僧王如"移动长城"的清廷。既然"北僧"已死，只好急忙起用"南曾"，于是刚剿灭太平天国的两江总督曾国藩不得不硬着头皮接下这个烫手山芋。虽然他底下的湘军已经解散大半（因担心清廷怀疑他拥兵自重），且多为南人，并不适应北方的地形气候，但幸好他留了一手，当太平天国亡后，曾国藩知道捻军甚为畏惧淮军，故保留了大部分的淮军，以供剿捻之用，如今总算派上用场了。

"捻乱"（下）：肆虐于帝国腹心

曾国藩在分析了捻军的作战模式并记取僧格林沁败亡的教训后，决定放弃追击战，改采"以静制动"的围堵战。因为以僧格林沁的蒙古马队都奈何不了来去自如的捻军，更何况是向来以步兵、水师为主的湘军？只是淮军将领及各省官员并不全力配合他的战略，成效自然大打折扣；加上捻军马队的确有一套，他们"以快打慢"，还是不断地突破曾国藩所布下的包围网。

同治五年（1866）底，因为师老无功，曾国藩自动请辞，清廷改派李鸿章担任剿捻主帅。此时捻军已一分为二：张宗禹率军前进陕、甘，联合当地的回军，以牵制清军，是为西捻；赖文光则与任化邦留在中原，是为东捻。李鸿章仍继续采取围堵战略，只是加以改良，并配合"坚壁清野"的策略。

捻军马队之所以来去如风并非人人骑的都是汗血宝马，而是因为他们每人都配备好几匹马，因此可以极速飙马，累死就沿途抢掠，不愁缺乏马匹、粮食；清军则官马不多，也不能随意乱抢，因此就不敢加鞭狂飙，粮食亦需花时间去买，速度慢、效率低，当然只有望尘兴叹的份儿。围堵策略的目的就是要让捻军抢不到马匹粮食，虽然李鸿章统率的湘、淮军彼此不合，其子弟兵淮军更是军纪败坏，但靠着升级版的围堵战略及他最倚重的洋枪、洋炮，最后还是把东捻逼到了绝境。

张宗禹为救援东捻而重返中原，并且从山西入直隶。同治七年（1868）初，竟然直逼离北京不远的保定、天津等地，京师为之震动，清廷急忙调动禁军主力神机营出城戒备。不过最后张宗禹还是被逼得往山东流窜，由于此时东捻已遭平定，因此西捻必须独自面对李鸿章的淮军及紧追在后的左宗棠湘军。同年六月，张宗禹终于被大水困于山东西北部，逼得他只好投河自尽，结束了前后长达十七年的"捻乱"。

"捻乱"自始至终都与太平天国关系密切，虽然各地捻首并不听命于天王，但实际上有不少捻军是时常配合太平军从事于联合作战的，尤其是天京事变后的太平军，若无捻军之助，恐怕局面更不乐观。而且后期捻军驰骋于华北平原上，不时逼近京师，给予清廷很大的精神威胁，自然必须调兵遣将用以追剿捻军，如此一来，可说是有效地牵制住清军，减轻了太平军的沉重压力。而且在太平天国灭亡后，各地残余的太平军，如赖文光加入捻

大　事	帝王年号	朝代	公元 单位：年
拿破仑潜返巴黎，再次称帝。	嘉庆二十年	清	1815
反法联军于滑铁卢一役大败拿破仑军队，拿破仑遭流放于圣赫勒那岛。			
英国派遣阿美士德率使节团来华，因跪拜礼无法取得共识而遭取消与嘉庆帝的会面。	嘉庆二十一年		1816
云南夷人高罗衣起事，自称窝泥王，兵败遭俘。	嘉庆二十二年		1817
廓尔喀遣使入贡。	嘉庆二十三年		1818
禁止旗人抱养汉人为子嗣。	嘉庆二十四年		1819
嘉庆帝卒，子旻宁继位，是为宣宗。	嘉庆二十五年		1820
张格尔在英国的支持下开始侵扰新疆。			
朝鲜遣使请求更正《皇朝文献通考》所记载朝鲜史事失实之处，清廷允之。	宣宗 道光元年		1821
命令海口各关严格稽查夹带鸦片。	道光二年		1822

单位：年 公元	朝代	帝王年号	大事
1823	清	道光三年	**美国发表《门罗宣言》。**
1824		道光四年	命林则徐办理兴修江浙水利工程。
1825		道光五年	张格尔于新疆聚众为乱，令伊犁将军庆祥前往平之。
1826		道光六年	张格尔破喀什噶尔城，庆祥率军攻之，兵败自杀。
1827		道光七年	伊犁将军长龄攻下喀什噶尔城，张格尔逃走，年底遭俘处死。
1828		道光八年	命浩罕国将张格尔亲属送至中国，浩罕并不配合，清廷遂禁绝其贸易。
1829		道光九年	命广东严厉查禁鸦片。
1830		道光十年	两广总督李鸿宾等遵旨拟定《查禁纹银出洋鸦片入口章程》。 **法国爆发七月革命。**
1831		道光十一年	两江总督陶澍接办整顿两淮盐政。
1832		道光十二年	张丙等天地会员于台湾嘉义县起事。

军者不在少数，有人认为就是因为这批太平残军的加入，才增强了捻军的实力，而能一举狙杀清军名将僧格林沁，因此后期的捻军在某种程度上延续着太平军的反清行动的。故一般认为，"捻乱"结束才真正宣告了太平天国的灭亡。

第一次英法联军（上）：得寸进尺

鸦片战争后，清朝被迫对列强大开方便之门，以便于各国的对华贸易。但是向来最重商业的英国并不满意，他们还是觉得绑手绑脚的。因此，他们屡次向清廷要求修约，以获得较佳的贸易环境（法、美亦有此意）。例如：多开放一些港口，最好是全部开放；让英国公使得以入驻北京，方便与中央官员接触，有利于意见的传达；鸦片合法化等其他要求也希望能一并达成。

道光三十年（1850），刚满二十岁的咸丰皇帝继位，年轻气盛的他，因鸦片战争的奇耻大辱，对英国深怀敌意，绝不可能让他们任意求取，因此他表现出一副相当强硬的态度。咸丰六年（1856）英二度修约遭拒，逼得他们只好再次打起坏主意。于是，他们以"亚罗号事件"为借口，对广州展开攻击。广东民风素来强悍，又常受洋人欺凌，加上咸丰下令不可示弱，于是清军与民团乡勇顽强抵抗英军的攻击，英军在兵力不足的情况下，只好暂时退兵。

英国驻华公使包令（Sir John Bowring）随即向英国政府请援兵，此一议案在国会引发了激辩，因为英国面临了和上次鸦片战争一样的问题——师出无名。他们出兵的唯一借口是中国擅自逮捕悬挂英国国旗、受英国保护的亚罗号船上的十二名中国水手，侵犯了英国主权，因此要求放人、赔偿、道歉。事实上，这艘船虽然在香港注册，但已过有效期限，在法律上并不受英国的保护。而且，船上水手之中的确有人涉嫌盗匪行为，清廷在法理上是站得住脚的。后来两广总督叶名琛为了息事宁人，也愿意放了扣留的水手，但英国还是坚持要清廷道歉，方肯罢休。这无疑是在借机生事，虽然反对声浪很大，但最后英国国会还是批准了出兵的请求。

而法国方面，因为咸丰六年（1856）一位法国天主教传教士违禁潜入中国内地传教被广西知县处死，法国要求惩凶、赔偿遭拒。当时在位的是拿破仑三世，他以好大喜功闻名，也有意生事，遂出兵与英国组成联军，打算用武力逼迫清廷修约。

美国则未出兵，而是在外交上支持英、法的行动。至于对中国的土地觊觎已久的俄国，当然不会放过这个大好机会，他们出兵于东北，打算来个趁火打劫。

第一次英法联军（下）：怀璧其罪

咸丰七年（1857）十一月，英法联军以仅约四千人的兵力轻易攻陷广州，两广总督叶名琛也于数日后遭俘。不久后，四国代表与清廷展开谈判，或许是因为广州远在天边，清廷表现出似乎不是很在意的态度，四国代表觉得清廷缺乏谈判的诚意，遂决定按原订计划出兵直隶。此一洋人惯用伎俩似乎奏效，当英法联军拿下北

大　事	帝王年号	朝代	公元 单位：年
英国通过《国会改革法案》。		清	
福建提督马济胜擒斩陈办等天地会党人，台湾乱事平定。	道光十三年		1833
英国派商务监督律劳卑至广州商议贸易之事，为两广总督卢坤所拒，双方发生不快，英舰炮击虎门炮台。	道光十四年		1834
增订《防范洋商章程》八条。	道光十五年		1835
湖南武冈州青莲教徒起事，不久即败。	道光十六年		1836
以白银外流严重，命沿海各省认真查禁白银出口。	道光十七年		1837
道光帝命林则徐为钦差大臣查禁鸦片。	道光十八年		1838
林则徐于广州将所收缴的鸦片于虎门销毁。	道光十九年		1839

公元 单位：年	朝代	帝王年号	大 事
1840	清	道光二十年	第一次鸦片战争爆发。英国舰队北上攻陷浙江定海，封锁长江口，侵扰天津外海。
1841		道光二十一年	英方单方面公布《穿鼻草约》。直隶总督琦善遭清廷革职查办。 英军攻陷广州、厦门等地。广州爆发三元里事件。
1842		道光二十二年	英军攻陷吴淞、镇江，兵临南京城下，迫清廷签订《南京条约》。
1843		道光二十三年	洪秀全于广东花县创立拜上帝会。 清廷与英国签订《虎门条约》（又名《中英五口通商章程》），为《南京条约》的附约。
1844		道光二十四年	美、法两国分别与清廷签订《望厦条约》（又名《中美五口通商章程》）与《黄埔条约》（又名《中法五口通商章程》）。
1845		道光二十五年	比利时、丹麦等国请求通商，准许依《五口通商章程》办理。

京海上门户的大沽口时，咸丰不得不派出大学士桂良等人出面谈判，最后分别与四国签订了《天津条约》。

《天津条约》主要规定：双方得以互派使节常驻首都，这是咸丰最不能忍受的一条。他认为如此一来外人可以一窥京师的虚实，他甚至愿意用关税全免的条件来换取各国放弃这一条，幸好桂良有点经济学的常识，知道关税全免的可怕后果，经其力劝而止；加开通商港口，其中包括台湾的开港，也就加速了西方文化进入台湾；洋商的货物仅需于入关时征一次百分之二点五的子口税，便可遍运全中国，不像华商的货物在经过各省时还要课征厘捐，无形中增加了洋货的竞争力；洋人可进入中国各地传教或游玩，从此以后，教案不断；鸦片原本在清廷的默许下走私进口，不得自由贩卖，如今可用洋药之名合法进口，并得自由贩卖。至于一心想要中国土地的俄国，则趁着清廷疲于对付英法联军时，派军队入侵东北，并以武力威吓黑龙江将军奕山，逼他签订了中国有史以来失地最广的《瑷珲条约》。

《天津条约》的签订使列强大感兴奋，觉得收获颇丰。但其实要不是南方的太平军让清朝焦头烂额，大概清廷也不会轻易让步。清廷一心想要赶快消灭这批长毛贼，所以才会大方接受英俄等国所开出的严苛条件，否则太平天国长期占领长江中下游地区，紧握着大清帝国的命脉；英法联军又打算进军北京，直指帝国的心脏地带；俄国更虎视眈眈地要打进大清的东北老巢，已经腐朽不堪的清朝哪能面对南、北、海路的三路夹击？一旦处理不好，不但丢了中原，说不定连老家也归不得了。这可不是危言耸听，当年明朝就是被清军及"流寇"的内外夹击才丢了江山的，清朝身为参事者，又岂能不铭记这血淋淋的教训？

不过，年轻气盛的咸丰皇帝难免会觉得堂堂中华上国却要忍受夷狄之邦的肆意欺凌，实在心有未甘，因此在敌军退去后，又有点反悔，仍想找机会再一决胜负，他似乎不相信清军认真起来会打不过英、法两国。这种游移于和战之间的心态，有点类似当年遭金兵围城的宋钦宗，因此之后的结局也有点相近，都是国都给敌军占了去。

第二次英法联军：火烧圆明园

咸丰九年（1859），英、法使臣依照《天津条约》的规定前往北京换约，原本清廷请其自北塘上岸，到时会护送他们入京。但是气焰不可一世的英国公使卜鲁斯（Sir Frederick-Bruce）却坚持一定要从大沽通过，这实在是个无理的要求，清朝官员婉拒此一要求，并好言相向，请其务必配合，但卜鲁斯态度强硬而不予理会，最后更开始攻击大沽炮台。原本英国以为可以像去年一般轻易拿下炮台，却不知咸丰因在大沽战后深感屈辱，早已命令僧格林沁主持大沽炮台的修建及防务的加强，战力非昔日可比，因此仅有一千多名兵力的英军最后惨败而去。

胜利的消息传来，清廷上下人心大快。但是，不知兵事、不明情势的咸丰

大　事	帝王年号	朝代	公元 单位：年
英国逼迫苏松太兵备道官慕久签订《上海租地章程》，取得对划定区域的永租权，即后来的英租界。		清	
容闳等人赴美求学，为中国第一批留学生。 美墨战争爆发。	道光二十六年		1846
英国声称其国人于佛山遭辱，派兵入虎门，占领炮台，经两广总督耆英与之交涉后始退去。	道光二十七年		1847
法国爆发二月革命。 美联社成立。 美墨战争结束。	道光二十八年		1848
法国于上海设立租界。	道光二十九年		1849
道光帝卒，子奕詝继位，是为文宗。	道光三十年		1850
拜上帝会于广西桂平的金田村起事，建号太平天国。 太平军攻陷永安，洪秀全封杨秀清等人为东、西、南、北、翼王，并颁行历法、制度，史称永安建制。	文宗 咸丰元年		1851

公元 单位：年	朝代	帝王年号	大　事
	清		捻军于河南、苏北等地起事。
			路透社成立。
1852		咸丰二年	太平军自永安突围而出，进入湖南，冯云山、萧朝贵战死。
			张乐行（张洛行）被捻军推举为首领，起事于安徽。
			路易·拿破仑建立第二帝国。
1853		咸丰三年	曾国藩奉命于长沙办理团练，开始建立湘军。
			太平军破南京，改名天京，定都于此。
			向荣于天京城外建江南大营，琦善于扬州城外建江北大营。
			洪秀全命李开芳等率军北伐，石达开指挥西征行动。
			天地会开始于福建、广东起事，其分支小刀会刘丽川占领上海。
			日本黑船事件发生。
1854		咸丰四年	湘军练成，开始东征。
			日本与美国签订《神奈川条约》，结束锁国时期。
			克里米亚战争爆发。

竟天真地想要借由此一胜利来重开谈判，而下令取消《天津条约》，并派人前往上海商议新约。其实咸丰也知道向来霸道的英国不可能轻易罢休，他最在意的只是"公使驻京"，只要能取消此一条款，其他大概都愿意维持原议。

这次虽然还是英国理亏，但卜鲁斯却骗英国政府说大沽为入京必经之路，整个事件根本就是清朝的预谋挑衅，因此必须以武力来对付才行。虽然有人批评他的鲁莽，但满口生意经的英国政府敲了两下算盘后，还是出了兵。

咸丰十年（1860）六月，英法联军近两百艘船舰、一万七千多名兵力集结于大沽口外，不久即于北塘登陆，后来也顺利拿下大沽炮台。咸丰原本指望僧格林沁能再次击退联军，因为他所率领的蒙古马队擅长陆战，没想到竟然一败再败，毫无招架之力。其间双方不断展开谈判，但始终无法达成共识。咸丰深恨洋人的武力要挟行为，竟下令扣留以巴夏礼为首的英法使节三十九人（有人认为清廷错认巴夏礼是英国的首脑人物，希望借此增加谈判筹码）。虽然在联军的强势要求下，最后还是放了这些人，但或许是中国监狱卫生条件太差，已经有二十人死于狱中。不久，英法联军攻入北京，咸丰则已先一步以"巡幸木兰"的名义逃往热河行宫，留下恭亲王奕䜣来收拾这个烂摊子，全权负责和谈之事。

圆明园被称为"万园之园"，历经清朝皇室一百五十年的经营，已经成为一座收藏中国各类精美文化艺术品的宝库。但在英法军队入京后，于园中大肆劫掠，最后英使额尔金竟下令焚烧圆明园。

国都都给占领了，清廷也只好答应英法两国所开出的条件，不但互换了《天津条约》，还另外签了一个续增条约，史称《北京条约》。英法两国这次出兵主要是为了逼迫清廷履行《天津条约》，既然目的已达成，不久后也就带着大批金银财宝满意地退了兵。狡诈的俄国则又来趁火打劫，他们向清廷声称"调停有功"，要求重划东北边界。恭亲王虽然知道这根本是一派胡言，但为了息事宁人，也只好忍痛与之签订了中俄《北京条约》，割让了乌苏里江以东的一大片土地。

自强运动（上）：师夷长技以制夷

自从英法联军打入北京、烧了圆明园后，中国朝野各界也不得不痛定思痛，开始思欲振作，否则屡战屡败，长此下去，眼见就是一场亡国之祸。于是以恭亲王奕䜣、文祥为首的中央官员，配合在太平天国战争中崭露头角、逐渐掌握实权的曾国藩、左宗棠、李鸿章等地方大员们，开始进行了一场以富国强兵为目标的大规模改革，因为其内容多以学习西方现代化的事物为主，故又被称为"洋务运动"。这个运动从咸丰十一年（1861）总理各国事务衙门的设置作为开始，直至光绪二十一年（1895）甲午战败，核心人物之一李鸿章垮台后，才宣告结束。

曾经率领满蒙八旗劲旅歼灭北伐太平军的僧格林沁，与曾国藩并称为"北僧南曾"，其部队号称能战，是捍卫京城的

大　事	帝王年号	朝代	公元 单位：年
北伐之太平军全数遭清军歼灭。	咸丰五年	清	1855
张乐行被捻军推举为盟主。			
杜文秀于云南起事，云南回民起义爆发。			
杨秀清连破江北、江南大营，解天京之围。	咸丰六年		1856
广州爆发亚罗号事件。			
太平天国内哄，爆发天京事变，杨秀清、韦昌辉遭杀害，太平天国元气大伤。			
克里米亚战争结束。			
石达开遭洪秀全疑惧，愤而自天京率军西走。	咸丰七年		1857
第一次英法联军之役，广州沦陷。			
英法联军北上，攻占大沽炮台，扬言进军北京。清廷被迫与俄、英、法、美签订《天津条约》，台湾开港。	咸丰八年		1858
俄国逼迫黑龙江将军奕山签订《瑷珲条约》。			
和春与德兴阿于天京城外、浦口重建江南、江北大营。			

公元 单位：年	朝代	帝王年号	大事
	清		陈玉成、李秀成合破江北大营。
			德川幕府与美国签订不平等条约。
1859		咸丰九年	英、法、美三国公使为换约而前往北京，英军与清军于大沽口发生冲突，英军遭到挫败。
1860		咸丰十年	第二次英法联军再度北上，咸丰帝北走热河承德行宫，联军攻陷北京，火烧圆明园。清廷与英、法、俄签订《北京条约》。
			陈玉成、李秀成合破江南大营，解天京之围。
1861		咸丰十一年	清廷设立总理各国事务衙门。
			湘军攻陷太平天国军事重镇安庆，天京门户大开。
			咸丰帝卒，子载淳继位，是为穆宗，以肃顺等八人为辅政大臣，明年改元祺祥。
			慈禧太后与恭亲王奕䜣发动辛酉政变，辅政八大臣或死或贬，慈禧太后与慈安太后垂帘听政，改祺祥年号为同治。

最后防线，没想到竟在英法联军面前一战而溃。李鸿章在与洋人合力围剿太平军的作战中，也真正地见识到西方武器的犀利，并对之佩服不已。凡此种种，都让曾国藩等人了解到洋枪洋炮的威力。

而 1860 年代初期的中国，"太平天国之乱"、"捻乱"都还未平定，因此洋务运动初起时，并不单纯地只是想抵御外侮，也想利用西方的枪炮来平定内乱，且恐怕后者要较前者更急迫些。这是因为列强在签订《天津条约》及《北京条约》后，已经大为满意，原本狰狞的面孔也挤成笑脸，既然通商的目的已经达成，也就不至于会动刀动枪了。反而是太平军与捻军遍及大江南北，尤其是捻军飘忽不定、四处乱窜，更让清廷想起了明朝当年的亡于"流寇"，深加警惕。况且，给洋人占领京城并不打紧，他们只是想要"掳城勒索"而已，若是给"长毛贼"或"捻匪"打进了紫禁城，恐怕清朝就要灭亡了。对此恭亲王奕䜣说得好，他认为英国人志在通商，不过是"肢体之患"；俄国不断蚕食中国的领土，也只是"肘腋之患"；太平天国、捻军才是真正足以终结大清帝国的"心腹之患"。

总理各国事务衙门算是领导整个运动的主要机构，原本只是为了应付日渐繁杂的外国事务而临时设置的，没想到掌管的范围日渐扩大，到了后来，一切兴办各类自强事业都归它管。

此一运动前期重点在"强兵"，故以开办制造枪炮、机器、船舰等军事工业为主，但为了学习西方知识，也设立了同文馆之类的教育机构。到了中后期，逐渐感到财源不足，才加入了"富国"的需求，开始有了民生工业、交通运输事业的发展。由于洋货日渐侵夺国产品的市场，自然削弱了中国的经济力量；而"洋务"运动顾名思义，什么都要跟他们学、跟他们买，只靠关税收入实在不够，因此便开办轮船招商局，做起了货运事业。而兵船、轮船都要用煤，便开挖起煤矿来，可以不必向外国购买；为了运煤则开始修建铁路；制枪、造炮、建船、铁路都要用铁，遂又办起炼铁厂。总之就是尽量用国货，不再让洋人垄断市场。

自强运动（下）：扶得东来西又倒

自强运动虽然看似有模有样，但甲午一战，中国惨败，也宣布了这场运动的失败与结束。至于失败的原因有很多，比如：

一、守旧派的反对：鸦片战争、英法联军入侵及各地的教案四起，难免使部分人士对洋人心生反感。民族主义的作祟，使得这些人"逢洋必反"，即使洋人的东西再好也坚决反对，比如迷信风水的人就会说修铁路会破坏坟墓，而鼓吹民众阻挠铁路的修建；传统漕运业者为了保有饭碗，反对设立轮船招商局及兴建铁路。

二、领导人物的不合：慈禧太后原本就仇洋，加上她的权力欲极强，因此对于自强运动的两大舵手恭亲王奕訢与李鸿章十分提防。特别是李鸿章，他不但手握淮军重兵，还深受洋人敬重，时常有洋人要拥他为帝的谣言传出（西方赞誉李为

大　事	帝王年号	朝代	公元 单位：年
总税务司李泰国因伤返回英国，指派费资赖与赫德共同负责，实际由赫德主持。		清	
同文馆于北京成立。	穆宗		1862
陈玉成遭清军俘虏处死。	同治元年		
马化龙于宁夏起事，陕甘回变爆发。			
台湾爆发戴潮春事件。			
中俄签订《陆路通商章程》。			
为了解除天京之围，李秀成与李世贤等人率领太平军猛攻位于天京城外雨花台的曾国荃大营，双方激战四十六日，太平军始终无法击退曾国荃的湘军，只好撤兵，是为"雨花台之战"。			
石达开于四川遭清军俘虏处死。	同治二年		1863
捻军首领张乐行遭清军俘虏处死。			
赫德实授总税务司。			
马德新自封云贵总督。			
清廷于上海设广方言馆。			
上海的英、美租界合并，被称为"公共租界"。			
太平军起内哄，康王汪安钧等人杀害苏州主将谭绍光后向淮军投降。			

公元 单位：年	朝代	帝王年号	大事
	清		李鸿章设计以款待之名，将汪安钧等太平军降将杀死。此一"杀降"之举惹来统率"常胜军"的英国将领戈登的不快，一度拒绝助战。 "戴潮春之乱"遭平定。
1864		同治三年	分散各地的太平军接到天王诏令，前赴天京救援。 洪秀全病死，子天贵福继位。 曾国荃破天京，太平天国亡。 新疆"回乱"爆发。 广州设立同文馆。 清廷与曾国藩皆命令李鸿章配合曾国荃合攻南京，李有意让曾国荃独占攻陷南京的功劳而推托不去。 清朝代表明谊与俄方代表札哈罗夫依据《中俄北京条约》签订《中俄勘分西北界约记》，丧失了四十四万多方公里的土地。 太平军赖文光与捻军张宗禹于湖北、河南等地屡败僧格林沁。

东亚第一政治家）。因此慈禧不敢让他拥有太大的权力，能办的事业自然受限。深懂为官之道的李鸿章也知道慈禧对他的猜忌，如遇慈禧对某事有意见，他也就不敢坚持己见，而会迁就于她。如此一来，成效必然大打折扣，比如贪图享乐的慈禧将打造北洋舰队的钱挪用于修建颐和园，李鸿章明知不妥，但也不敢反对，无形中降低了海军的战力。

三、主事者的识见不足：自强运动一开始就是因为李鸿章等人鉴于西方的船坚炮利，兴起想学习效法的心态。因此，他们认为洋人就只是器物这一点比较强而已，其他部分中国未必输给他们，因此改革仅限于"强兵之道"。却不知道西方之强是因为有较良好的政治、经济、社会、文化等条件配合才能达成的。像电脑一样，光有好的硬件却没有好的软件是不行的。例如，官员老是贪污，所经手的工程必然偷工减料，枪支卡弹、膛炸或炮弹自爆的比例必然增高，战力也就大打折扣。

四、列强的自私：洋人虽然不断鼓励清廷推行自强运动，看似好心，还不是贪图中国的钱。因为一切东西都要跟他们买，即使聘请他们来教导中国人如何制造枪炮，也有问题。毕竟懂外国事务的人不多，凡事只能依靠洋人，所请的人未必有精良的知识技术，无法保证能造出好的船炮。某些洋人虽然深悉内情，但也不愿点破，如果中国能造出好的东西，那他们的东西不就没人买了，所以大家心照不宣，一起来大赚中国的钱。

李鸿章在他晚年所说的一段话完全

道出了这场运动的本质：

"我办了一辈子的事，练兵也，海军也，都是纸糊的老虎，何尝能实在放手办理，不过勉强涂饰，虚有其表，不揭破，犹可敷衍一时。如一间破屋，由裱糊匠东补西贴，居然成一间净室，虽明知为纸片糊裱，然究竟决不定里面是何等材料。即有小小风雨，打成几个窟窿，随时补葺，亦可支吾对付。乃必欲爽手扯破，又未预备何种修葺材料，何种改造方式，自然真相破露，不可收拾，但裱糊匠又何术能负其责？"

同治三大"回变"（上）：云南、陕甘回民起义

咸丰、同治年间，清廷被国内的大小乱事搞得焦头烂额，太平军盘踞于南方的长江流域中下游，扼住了帝国的经济命脉；似鬼魅般的捻军则在黄淮平原一带移形换影，使帝国心脏的京畿地区饱受惊吓；云南、陕西、甘肃、新疆等地又陆续爆发一波波的"回变"，真是屋漏偏逢连夜雨，若无湘军及淮军的转战四方，恐怕大清帝国要提早被终结。太平军与捻军部分已详如前述，接着要谈的是"回变"部分。

由于清廷对于以信仰伊斯兰教为主的回民并不友善，甚至还有点种族、宗教歧视的意味，地方官在处理汉回纠纷时经常偏袒汉人，甚至在刑罚上也有差别待遇，因此聚居于中国西北、西南地区的回民多半积压了一肚子气，汉人与回民间也就冲突不断。加上咸丰年间清廷开始抽调驻守

大　事	帝王年号	朝代	公元 单位：年
清军名将僧格林沁于山东遭捻军击败。	同治四年	清	1865
江南制造局于上海设立。			
慈禧太后以目无君上等罪名将恭亲王免职，因群臣力争，不久后又命令其重掌军机处及总理各国事务衙门。			
四川发生第一次酉阳教案，法国传教士被杀。			
捻军一分为二，东捻由赖文光率领入山东，西捻由张宗禹率领入陕西。	同治五年		1866
左宗棠于广东镇压偕王谭体元部队，江南的太平军至此全灭。			
回军攻陷新疆伊犁。			
英国向清廷建议废除凌迟之刑。			
清廷接受左宗棠建议于福州马尾设立福州造船厂。			
法国以传教士遭杀害为由派兵进攻朝鲜，不久即退兵。			
总理衙门制定大清国旗，一般称之为黄龙旗，是中国最早的国旗。			
上海发生首次金融风暴。			

公元 单位：年	朝代	帝王年号	大　事
1867	清	同治六年	美军进攻台湾恒春一带，遭高山族击退。 江南各省因为多年来的战乱，导致古籍大半毁失，清廷命令各省督抚将幸存书籍购补整理，并加以刊刻出版，以广流传。 任化邦遭部下杀害，东捻元气大伤。 **日本幕府时代结束。**
1868		同治七年	赖文光于扬州遭清军俘虏处死，东捻平。 张宗禹遭淮军围困，投河自尽，西捻平。 台湾凤山县民众拆毁英、法、西班牙教堂，是为凤山教案。四川发生第二次酉阳教案。 清廷与美国签订《天津条约续约》，亦称《蒲安臣条约》。 英国以凤山教案为借口，派兵舰入侵台湾安平港。 **日本明治天皇开始西化改革，史称明治维新。**
1869		同治八年	慈禧太后宠臣太监安德海因擅自出京，遭山东巡抚丁宝桢斩杀。

于当地的军队去打太平军或捻军，防务顿时变得薄弱，这使得回民有机可乘，将原本可能只是个稀松平常的小事件，像滚雪球般，演变成打杀官府、占地为王的大规模起义。

咸丰五年（1855），云南首先发难，为了矿权问题，汉回爆发激烈冲突，在当地回民领袖马德新的帮助下，杜文秀攻陷大理，马如龙则猛攻昆明，对清廷造成了很大的威胁。后来马如龙因与杜文秀闹得不愉快，在官员岑毓英的策反下，投降了清朝。不过，杜文秀因深知汉人势大，而采取汉、回联合的政策，有效地巩固了他的政权，一时之间，倒也无人奈何得了他。不过，太平天国灭亡后，清廷调派湘军将领刘岳昭担任云贵总督、岑毓英担任云南巡抚，再加上个马如龙，终于在同治十一年（1872）攻入大理，杜文秀自尽，"云南回变"平。

受到太平军及捻军的影响，与汉人关系更为不睦的陕甘回民也不断揭竿而起，不过一般是以同治元年（1862）马化龙于宁夏金积堡的举兵起事，作为"陕甘回变"正式爆发的时间。起初，清廷所派出的多隆阿表现不俗，大力扫荡了陕西境内的回军，但好景不长，他在同治三年（1864）负伤而亡，回军也趁势展开反攻，并且后来还与开进陕西的西捻军合流，声势更为壮大。幸而此时太平天国已灭，清廷遂于同治五年（1866）调派左宗棠为陕甘总督，希望倚靠这位湘军名将来讨平捻军、回军。左宗棠拟定了"先捻后回"的战略，先于同治七年（1868）与淮军联合灭了捻军；再于同治十年（1871）解决了"陕甘回变"的主力马化龙势力；最后终于在同治十二年（1873）扫平各路回军，"陕甘回变"平定。

同治三大"回变"（下）：收复新疆

新疆的情势则更为复杂，因为这片辽阔的土地是在乾隆年间正式纳入清帝国的版图，对于清朝的向心力也就自然薄弱。受到"陕甘回变"的影响，新疆从同治三年（1864）起便不断出现割据政权，最后来自中亚浩罕汗国的野心家阿古柏扫平群雄，他所建立的洪福汗国于同治九年（1870）控制了新疆大部分地区，并得到英、俄两国的承认。

眼见新疆就要脱离中国，清廷如何不急？但此时群臣间却出现了不同意见，也就是"海防"与"塞防"之争。原来当时担任直隶总督的李鸿章认为，每年花于新疆的军费高达几百万两，不如干脆放弃，将钱用于沿海的兵备，因为他认为东方新兴的日本才是"腹心之大患"；但左宗棠却主张"海防"与"塞防"并重，提出"重新疆所以保蒙古，保蒙古所以卫京师"的塞防意见，而且他认为如果将来阿古柏守不住新疆的话，不是英国就是俄国入主，到时候还不是要花大把银子于边境守军上面，若如此轻易放弃新疆不但大失国威，也不利于海防。最后清廷采纳了左宗棠的意见，同意出兵新疆。

光绪二年（1876），左宗棠率领数万湘军展开西征。因为他深知新疆多荒漠

大　事	帝王年号	朝代	公元 单位：年
西阳教士为了报复，纠集两千多人，杀害平民百余人。		清	
贵州发生遵义教案，教民毁炎帝庙，乡民亦损毁法国教堂。			
苏伊士运河开通。			
阿古柏控有天山南北路。	同治九年		1870
两江总督马新贻遭刺身亡，为清末四大奇案之一。			
天津教案爆发，民众焚毁英、美教堂及法国领事馆，杀害洋人二十名，各国胁迫清廷严办此案。			
清廷指派曾国藩查办天津教案。			
普法战争爆发，法皇拿破仑三世于色当一役中被俘，第二帝国亡，第三共和国成立。			
意大利完成统一。			
马化龙投降清军，被处死。	同治十年		1871
上海至伦敦的海底电线架设完成。			
俄国占领伊犁。			
德意志完成统一建国。			
法国丧失了阿尔萨斯、洛林。			

公元 单位：年	朝代	帝王年号	大　事
1872	清	同治十一年	曾国藩卒。 清廷派首批幼童赴美留学。 英国人美查在上海创办《申报》。 石达开部将李文彩在贵州牛塘为清军击溃，太平军至此全灭。 清廷请求俄国交还伊犁，俄国以清廷无力保护伊犁为理由，拒绝交还。 清军攻陷大理，杜文秀自尽。
1873		同治十二年	东、西宫太后撤帘，同治帝亲政。 清廷设立轮船招商局。 岑毓英攻占腾越，平定"云南回乱"。 左宗棠肃清甘肃回军，平定"陕甘回乱"。 法国将领安邺攻占越南河内。刘永福率黑旗军于河内击败法军，安邺阵亡。
1874		同治十三年	牡丹社事件爆发。 奕䜣、奕譞等人上奏请同治帝停止重修圆明园，帝不予理会，后因同治帝卒而停工。

不毛之地，故在出兵前已做好万全的后勤补给工作，拟定了"缓进急战"的策略。虽然阿古柏能征善战，英、俄也不时有些干扰的小动作，但仍如其规划，一路顺利挺进，最后终于在光绪三年（1877）收复了天山南北路，阿古柏自杀，余党则逃入俄国，除了伊犁仍在俄国手中（后经谈判收回），新疆大致上皆已收复。此战也让清廷深刻体会到英、俄对新疆的觊觎之心，因而有光绪十年（1884）的新疆建省之举。

实录与档案中的虚构（上）：噶尔丹之死

自古以来，不管是统率百万雄兵的历代名将，还是纵横大江南北的强盗巨寇，在被逼至绝境、走投无路之际，常常是以自杀来画下句点。通常我们会认为这些人的自杀是理所当然的，因为他们终究难逃一死（有些人则是不愿受辱），不如自我了断，免得死前还要受精神或肉体上的折磨。但是，真的每个人都是自杀的吗？那可未必，就像社会新闻常报导凶手将死者布置成自杀状以逃避刑责一样，历史上也有类似的"假自杀"事件。

雄才大略的康熙皇帝为了击败由噶尔丹统治的北方大敌准噶尔蒙古，曾经三次领兵御驾亲征，最后终于消灭这个强悍的对手。根据《清实录》记载：抚远大将军费扬古奏报"（康熙三十六年）闰三月十三日，噶尔丹至阿察阿穆塔台地方，饮药自尽。"所以一般都说噶尔丹是服毒自杀的。

但是，费扬古的满文奏报却说："噶

尔丹于三月十三日晨得病，至晚即死，不知何病。"此外，当时的《讯问丹济拉使者齐奇尔寨桑供词》也称"噶尔丹于三月十三日病死"，由此看来，《清实录》的记载是有误的。那为何编纂《清实录》的史官要写噶尔丹是自杀的呢？

按理说这么一件重大的事是不大可能出错的，对此中国大陆学者提出的看法是：因为康熙皇帝曾经预言噶尔丹最后必定会被逼得走上自杀之路，但结果却不是如此，为了维护康熙皇帝的英明，也只好昧着良心动点手脚了。日本学者则有另一种解释：因为噶尔丹在蒙古有很大的影响力，信佛教的蒙古人相信这位伟大领袖在英勇死亡后必定会轮回转世，不久后将再次领导他们反抗清朝。为了让这些蒙古人彻底绝望，史官们配合康熙帝的指示，将其死因写成"饮药自尽"，佛教徒犯了自杀的规诫，从此万劫不复，不能轮回，一代英雄噶尔丹也就不可能再出现了。

实录与档案中的虚构（下）：洪秀全之死

根据太平天国后期主将李秀成的亲供手迹，天王洪秀全是在南京城破前服毒自杀而死的，因此曾国藩在向朝廷奏报其下场时，也是一再地强调洪秀全在官军的围攻下，被逼得服毒自尽。因为李秀成在太平天国中拥有"一人之下，万人之上"的身分地位，他不可能不知道洪秀全是怎么死的，所以在 1960 年代以前，大都相信洪秀全是自杀的。

但还是有人心生疑问，因为洪秀全

大　事	帝王年号	朝代	公元 单位：年
同治帝卒，醇亲王子载湉继位，是为德宗，仍由两宫太后垂帘听政。		清	
英国公使翻译马嘉理于云南遇害，中英滇案爆发，亦称马嘉理事件。	德宗 光绪元年		1875
清廷派郭嵩焘为出使英国的钦差大臣，为正式派遣驻外使臣之始。			
日军舰炮轰朝鲜江华岛炮台，并焚毁永宗城，是为江华岛事件。			
左宗棠奉命督办新疆军务。			
清廷于台湾北部增设台北府。			
为解决中英滇案，清廷与英国签订《烟台条约》。	光绪二年		1876
英商怡和洋行自行兴建淞沪铁路，为中国第一条铁路，因惹起民怨，次年遭拆除。			
日本与朝鲜签订《江华岛条约》。			
阿古柏死。左宗棠收复新疆。	光绪三年		1877
台南到高雄的电报线架设完成，为中国最早自行架设的电报线。			

公元 单位：年	朝代	帝王年号	大　事
	清		俄土战争爆发。
1878		光绪四年	俄国与土耳其签订《圣斯特法诺条约》，俄土战争结束。 德国召开柏林会议以解决近东问题。
1879		光绪五年	崇厚为收回伊犁擅自与俄国签订《里瓦几亚条约》。 日本并吞琉球。 德、奥签订两国同盟。
1880		光绪六年	清廷将崇厚革职查办，改命曾纪泽赴俄另订新约。 清廷与美国签订《中美续修条约及续补条约》。
1881		光绪七年	曾纪泽与俄国签订《中俄改订条约》。 慈安太后死。 唐胥铁路通车，为中国官方所筹建的第一条铁路。
1882		光绪八年	马偕于淡水设立牛津学堂。 清廷与俄国签订《中俄伊犁界约》及《中俄喀什噶尔界约》。 刘永福率黑旗军进攻河内，于纸桥击败法军，并杀其主将李维业，是为纸桥大捷。

死后，其幼子继位，又过了一个多月，清军才破城而入，选在这个时间点自杀实在不合常理，一般都是在最后关头才会选择自杀，如果洪秀全真的是觉得大势已去而自杀，把这个烂摊子留给小孩子去收拾，不管是身为一国之君或是一个父亲，都不应该会如此没有担当。不过或许因为洪秀全晚年已陷入宗教狂乱、近于精神失常之境，因此学者们会认为他如此违背常理也不是不可能。

1963 年，曾国藩的曾孙曾约农把他们家传近百年从湖南老家带至台湾的《李秀成亲供手迹》在台北影印出版，这下子大家才发现原来之前的版本内容不但较少，也被曾国藩更改过。在这个最原始的版本中，洪秀全最后是病死的，并非服毒自杀；此外，曾国藩的幕僚赵烈文也在日记中提及当时确有洪秀全病死的情报传出。

那么曾国藩为何要作这一番篡改呢？因为非此不足以显示清军之奋勇向前，他们必须要塑造出一幕洪秀全因为眼见清军攻势太凌厉而绝望自杀的画面，所以曾国藩在奏报时才会强调洪秀全是在官军的"猛攻"、"急攻"下服毒自尽的，这是朝廷比较乐见的结果。如果照实情以报说洪秀全是病死的，朝廷中那批不知打仗辛苦的高官们必然会觉得清军不够卖力，没能把敌军逼至绝境，其脑海中难免会浮现出一幅官兵散漫的图像出来，甚至还会怀疑曾国藩等人是否在耍"养寇自重"的官场老把戏（也就是放敌人一条生路，因乱事未平，遂得以有名义持续掌握军事及政治上的实际权力)。一生以谨慎闻名、深谙官场文化的曾国藩为了避免朝廷不快,才对相关档案动了手脚,以免惹来功高震主的猜疑。

中法战争:十九世纪的"越战"

自 1850 年代末期开始,法国便开始侵略越南,打算将它作为在亚洲的根据地,越南无奈,只好像中国一般,割地赔款了事。同治十二年(1873),法国派安邺率军大举入侵越南北部,准备一举占领,以便控制中国西南门户。面对此一危急存亡之秋,越南只好就近向驻扎于其境内由刘永福率领的黑旗军求助。黑旗军号称能战,不负所托,于河内大破法军,并击杀其主帅安邺。法国虽然一时受挫,但仍不死心,继续以外交手段对越南施压,双方最后签了《西贡条约》,越南成为法国的保护国。

身为越南"老大哥"的中国,如何能忍受法国对越南的恣意妄为?不断对法国申明中国在越南的权利,中法两国就这样为了越南问题吵了好些个年头。光绪九年(1883),双方关系开始紧张,法国先派李维业进军河内,堪称法军克星的刘永福率黑旗军再破法国军队,并杀其主将李维业。同年底,不死心的法国再遣孤拔率军前来,并与驻扎于越南北部的清军发生冲突,面对法国的一再逼迫,清廷无可避免,只好开战。

起先,清廷以滇、桂军配合刘永福的黑旗军迎战法国大兵。黑旗军虽然战绩辉煌,但滇、桂军大半是吞云吐雾的

大 事	帝王年号	朝代	公元 单位:年
意大利与德、奥缔结三国同盟。		清	
清廷为了宣示对越南的宗主权而与法国开战,是为中法战争。	光绪九年		1883
恭亲王奕䜣遭慈禧太后罢黜,免去一切职务。	光绪十年		1884
以奕劻主持总理各国事务衙门。			
《点石斋画报》在上海创刊。			
清廷与俄国签订《续勘喀什噶尔界约》。			
法国与越南签订《法越和平条约》,越方在签约仪式上销毁清朝颁发的封册、玉玺。			
法军在孤拔的率领下,于马尾海战大破福建水师,占领基隆,并封锁台湾,但于进攻淡水时,遭湘军将领孙开华击败。			
新疆正式建省,以参与收复新疆的湘军名将刘锦棠为首任巡抚。			
朝鲜开化党阴谋勾结日人夺取政权,后失败,是为"甲申事变"。			

单位：年 公元	朝代	帝王年号	大 事
1885	清	光绪十一年	法军占领澎湖。
			冯子材于镇南关一役大破法军，并收复谅山等地，法国茹费理内阁因而垮台。
			中法战争结束，双方签订《中法新约》，清朝失去对越南的宗主权，西南门户大开。
			清廷宣布台湾建省，以中法战争督办台湾军务有功的淮军名将刘铭传为首任巡抚。
			英军俘虏缅甸国王，缅甸亡，清廷派曾纪泽与英国商议。
			清廷设立总理海军事务衙门，简称海军衙门，以醇亲王奕譞为总理。
1886		光绪十二年	英国宣布缅甸属于英国所有，中英签订缅甸条约，清朝丧失对缅甸的宗主权。
			重庆居民反对英美于当地建造教堂，官府未接受陈情，民众愤而烧教堂，并捣毁英国领事馆。

鸦片鬼，战斗力很弱，在孤掌难鸣的情况下，清军在开战之初，就吃了几次大败仗。

而法国打的如意算盘是：先占领中国几处沿海领土，再对清廷任意求取。光绪十年（1884），法国舰队突袭福州的马尾船厂，在马尾海战中，大破福建水师后，扬长而去。

志得意满的法军随即向基隆进攻，此时他们面临的是淮军名将刘铭传。曾经南征北讨的铭字营表现非凡，硬是与前来赴援的台湾民团挡下了法军的猛烈攻势。但是，刘铭传得到法军炮轰沪尾（淡水）的消息后，心想不妙，因为沪尾与台北城间地势平坦，沪尾一失，法军便可沿着淡水河水陆两路齐入台北城，因此他决定放弃基隆，将大部分军队撤往沪尾及台北城。于是法军轻松拿下基隆，随即进攻沪尾。没想到，法国的海军陆战队却被湘军将领孙开华打得落荒而逃。

法军只好改变战略，他们决定封锁台湾，使驻在台湾的清军无法取得来自大陆的后勤补给，但这也不大管用，反而因为挡人财路而引发英、美各国的不满。而法军虽然占领了基隆，但冬雨绵绵，加上传染病盛行，士兵病倒的比战死的还多，台北城也始终打不下来。法军便在光绪十一年（1885）三月，决定放弃基隆，并花了三天时间用狂轰猛炸的炮火拿下驻军不多的澎湖以作为补偿。

此时，越南战场却出现了大逆转。清军在老将冯子材的指挥下，于镇南关大破法军，并且继续推进，收复了谅山，史称琼山大捷。可惜，这个胜利影响不大，因为双方的谈判早已暗中进行。在战局互有胜负、彼此都没有必胜把握的情况下，清廷抱着见好就收、息事宁人的态度签下了《中法新约》，把越南拱手让给了法国。不过，这场战争也让清廷体认到美、日、法各国都想吞下台湾这块大肥肉，当年（1885）马上就宣布台湾建省，从此影响了台湾的历史走向。

甲午战争：东星耀扬

明治维新后的日本，渴望能"脱亚入欧"，像西方列强一般，拥有一些殖民地及令人不敢轻视的国力。1874年的牡丹社事件及1879年日本的并吞琉球，都不难看出其狼子野心。不过，为了完成征服中国的长远目标，他们必须先拿下朝鲜这个踏板才行。1876年的《江华岛条约》及1885年的《中日天津条约》，先是让日本在朝鲜取得与中国平起平坐的地位；光绪二十年（1894）五月，日本借着平息东学党之乱的名义出兵朝鲜，平乱后又拒不撤兵，并挟持朝鲜国王，计划以发动战争来迫使中国割地赔款，作为其厚植国力的资金来源。

此时的情势紧张，已进入备战状态，国际间则是一致看好中国必将获胜，唯有李鸿章因深知中国的军队只是银样镴（là）枪头（比喻外表很好看，实际上不中用），而不断寻求列强势力的介入干涉，以平息这场事端。六月二十三日，日本不宣而战，派出战舰突袭中国的运兵船，双方在朝鲜的丰岛海面展开激战，清军力战

大　事	帝王年号	朝代	公元 单位：年
刘铭传筹建从基隆到新竹的铁路，并完成台湾与福建海底电报线的铺设。	光绪十三年	清	1887
刘铭传在台北设立台湾西学馆。			
台湾正式建省。			
北洋舰队于李鸿章的筹划下正式成立。	光绪十四年		1888
西藏地方军队与英军发生武力冲突，是为隆吐山之战。			
光绪帝亲政。	光绪十五年		1889
奕譞上奏自本年起，每年可由海军衙门拨银三十万两用于修建颐和园。			
清廷与英国签订《烟台条约续增专条》及《中英会议藏印条约》。	光绪十六年		1890
德相俾斯麦下台。			
基隆与台北之间的铁路建成。	光绪十七年		1891
安徽发生芜湖教案。			
湖北发生武穴教案、宜昌教案，英法等国将兵舰开往宜昌威胁清廷速办此案。			
热河发生金丹教起义，参与者达数万人之多，后遭平定。			

公元 单位：年	朝代	帝王年号	大　事
1892	清	光绪十八年	湖广总督张之洞查办湖南长沙民间所刊布之"灭鬼歌"及攻击基督教的揭帖、图画。
1893		光绪十九年	张之洞于武昌设自强学堂。
			清廷与英国签订《中英藏印条款》，自此西藏门户大开。
1894		光绪二十年	甲午战争爆发，清军海陆两战皆遭日军击败。
			孙中山上书李鸿章，提出变法自强等主张。
			孙中山于檀香山创立兴中会。
			法、俄签订军事协约。
			法国爆发德雷福斯事件。
1895		光绪二十一年	北洋舰队遭日军歼灭。
			李鸿章奉命赴日求和，与伊藤博文签订《马关条约》，割让台湾、澎湖及辽东半岛。
			唐景崧、丘逢甲等人成立"台湾民主国"，同年遭日军击溃灭亡。
			康有为联合十八省举人于北京发动"公车上书"，请求变法。

而败；数日后的陆战亦以败北收场。

七月初一日，中日正式宣战。陆战方面，日本在平壤大破清军，清军总统（总指挥）叶志超弃城而走；海战方面，海军提督丁汝昌所率领的北洋舰队在黄海亦遭日舰击败。几场败战下来，清廷已有谋和的打算，请出已遭罢黜的"鬼子六"恭亲王出马，希望靠着他与列强的友好关系，邀请各国出面调停。

初出茅庐的日本没料到中国如此不堪一击，就像条尝到鲜血滋味的鲨鱼一般，哪里肯松口？随即兵分两路，一路渡过鸭绿江，打进清朝的老巢奉天；另一路则登陆辽东半岛，几乎没遇到什么抵抗，就占领了大连、旅顺这两个战略地位极为重要的港口，并在旅顺展开血腥的大屠杀（全城仅有三十六人因为要负责埋葬尸体而得以存活）。清朝当年就是从东北一路打到北京，怎么会不了解日本的盘算？只能一面加强防备，一面派出使臣前往日本求和。

但日本借口使臣的全权不够，要求清廷必须派出恭亲王或李鸿章这类最高等级的官员才愿谈和，其实是想再多占土地，甚至攻下北京，来增加谈判的筹码。光绪二十一年（1895）一月，日军攻陷北洋舰队的基地——威海卫，并击沉数艘清军船舰，丁汝昌等将领不降而死，其余的船舰也就落入了日军手中，李鸿章苦心经营的北洋舰队至此宣告覆灭。奉天一路的日军虽遭遇到顽强的抵抗，但仍继续往山海关挺进。另一路则进军台湾，攻下了澎湖。面对屡战屡败的恶劣情势，清廷只能硬着头皮派出李鸿章前往日本去接受对方的漫天喊价，最后签下了条件苛刻且影响深远的《马关条约》。

戊戌变法与政变：无奈亢龙变潜龙

甲午一战，堂堂中华上国竟然打不过几十年前还是和自己一样任洋人宰割的东洋番邦，这不禁让年轻气盛的光绪皇帝深感悲愤。光绪二十四年（1898），受到了康有为等人的影响，光绪皇帝决定开始全面改革内政，是为戊戌变法。他甚至还向慈禧太后要求给予其充分的权力，不然宁可退位，他是不愿当个亡国之君的。

我们不能否认，光绪皇帝和康有为等人的确一股想让中国富强的热情，可惜，这波改革太过剧烈，既要裁撤许多无用的机关，又要废除八股文，许多人的饭碗因而不保，牵连实在太广，因此反对声浪大起。特别是一些受慈禧宠爱的官员，他们在丢官后纷纷跑到太后跟前去向她哭诉，抱怨改革的不是。原本答允让光绪放手去做的慈禧此时也反悔了，她开始安插自己的人马进入一些重要机关，逐步削减光绪的权力，并不断表现出反对改革的态度。

光绪从小就怕这个姨妈，他知道党羽遍布朝野的慈禧是绝不会善罢甘休的。康有为等人也了解情况不妙。此时又谣传在九月初五日当日于天津举行阅兵典礼时，慈禧将会把光绪废掉，另立新君。为了自保，以光绪为首的帝党决定发动政变，谭嗣同密访在天津训练新式军队的袁世凯，

大　事	帝王年号	朝代	公元 单位：年
福建发生古田教案。		清	
梁启超等人在北京创立"强学会"，后遭查禁。			
广州起义失败，陆皓东等人被捕殉难。			
李鸿章赴俄签订《中俄密约》。	光绪二十二年		1896
张之洞派人赴日本留学，为留日教育的开始。			
梁启超等人在上海创立《时务报》。			
现代第一届奥运会在雅典举行。			
山东发生"巨野教案"，亦称"曹州教案"，德国传教士遭民众杀害。	光绪二十三年		1897
德国占领胶州湾、俄国占领旅顺、大连，列强开始划分势力范围。			
国籍选择日到期，没有选择大清国籍的台湾人，皆成为日本国民。			

公元 单位：年	朝代	帝王年号	大　事
1898	清	光绪二十四年	法国租借广州湾。 英国租借威海卫。 光绪帝起用康有为、梁启超等人，推动戊戌变法，亦称百日维新。同年遭慈禧太后剥夺一切权力，遭软禁，六君子遭杀，变法失败，史称戊戌政变。 清廷开办京师大学堂，为北京大学的前身。 《女学报》于上海创刊，为中国最早的妇女报纸。 **美西战争爆发。**
1899		光绪二十五年	美国提出对华"门户开放"政策。
1900		光绪二十六年	英美各国要求清廷严厉取缔义和拳与大刀会。 义和团运动爆发，慈禧太后下令对各国宣战，八国联军占领北京。 俄军于黑龙江畔大肆屠杀中国居民，史称"海兰泡惨案"及"江东六十四屯惨案"。俄军占领东北三省重要城市及交通线。 **美国成为世界最大的工业经济体。**

请其率军杀后党领袖荣禄，并包围慈禧的住所颐和园，事成后便由他出任直隶总督。袁世凯表面上答应，私下却去向荣禄密告。

慈禧于八月初六日发动政变，宣布训政，除了将光绪软禁外，也将帝党一派或杀或贬，最有名的便是被斩首示众的"戊戌六君子"，康有为与梁启超则在英、日两国的保护下逃往海外。由于这场变法只维持了一百零三天，所以又称为"百日维新"。

"义和团之乱"与八国联军（上）：失控的民族主义

光绪二十三年（1897），德国以教士被杀为由强占了山东的胶州湾。自此而后，英、俄等列强便像强盗坐地分赃一般，各自在中国这块大饼上划分出一块块的势力范围。虽然后来由美国出面（英国于背后支持，因为它也不希望中国被瓜分，如此就失去了一个广大市场），提出了门户开放政策，使得中国得以脱离被瓜分的命运，但是列强如此嚣张、视中国如无物的行径，教中国人民如何能忍？一股民族主义的暗潮就在各地悄然地漫流着。加上咸丰八年（1858）的《天津条约》允许外人进入内地传布基督教后，不少恶劣的传教士和教民，仗着洋人的势力鱼肉乡民，地方官也不敢得罪这些狐假虎威的教民。民众愤而自己动手砸教堂、杀教士教民，因而各省各地教案频传，这都是中国老百姓在求诉无门的情况下被激起的自然反应。

山东素来民风强悍，具有反抗精神的白莲教在当地亦颇盛行，其中有一分支名为八卦教，他们所练的拳称为义和拳，自称可以降神附体、刀枪不入。这批强悍的拳民屡屡与教民发生冲突，因数任山东巡抚对他们毁教堂、杀教民的暴行都予以纵容，使得其势力日益庞大。直到袁世凯担任山东巡抚后，才开始打压义和拳，迫使他们在光绪二十六（1900）开始往天津、北京这两个有不少洋人居住的城市前进。

其实从一开始，义和拳就受到慈禧太后的暗中保护，因为她对于洋人同情变法、干涉皇帝废立（她本要废掉光绪，因洋人反对而止）及强占港口城市的举止不满已久，而想借此杀洋人锐气，以泄其愤，因此再三命令山东历任巡抚（包括袁世凯）对于义和团的剿办不可急切，以免引起骚乱。

而义和团入京后，自然是老实不客气地杀洋人、烧洋货、毁电线，凡是与西洋有关的人、地、物，都是他们攻击的目标，即使是京城高官也不放过，只要给你扣个"二毛子"（即崇洋媚外的假洋鬼子）的大帽子，就可以光明正大地行奸淫掳掠之举。演变到后来，慈禧也觉得闹得太过火了，打算以武力制止拳民们的无法无天，但是谈何容易？因为连军队中都有不少的义和团分子。

"义和团之乱"与八国联军（下）：向全世界宣战

就在义和团大闹北京的同时，又发生了一个戏剧性的变化，原来慈禧得到一则

大　事	帝王年号	朝代	公元 单位：年
李鸿章与各国签订《辛丑和约》。	光绪二十七年	清	1901
清廷在西安下诏变法，清末的新政自此开始。			
李鸿章辛。			
最后一批八国联军从北京撤退。			
准许满人与汉人通婚，并鼓励汉族妇女去除缠足习俗。	光绪二十八年		1902
梁启超于日本创立《新民丛报》。			
《大公报》创刊。			
清廷下诏废止八股文。			
清廷与俄国签订《中俄交收东三省条约》，约定俄军于十八个月内陆续撤兵。			
英日同盟成立。			
俄国于约定时限到期后拒绝自东北撤兵，上海、东京、北京等地纷纷出现反俄风潮，要求清政府对俄发动战争。	光绪二十九年		1903
"苏报案"爆发，章太炎、邹容被捕入狱。			
黄兴、宋教仁等人于湖南成立华兴会。			

单位：年 公元	朝代	帝王年号	大　事
1904	清	光绪三十年	《东方杂志》在上海创刊。 日俄战争爆发。 蔡元培等人成立光复会。 《英法协约》签订。
1905		光绪三十一年	因为美国拒绝签订以改善华工待遇的新约，上海总商会决议发起抵制美货运动。 同盟会于东京成立。 废止科举制度。 《民报》创刊。 日本颁布"取缔清国留学生规则"，对于留日学生的言行多所限制，部分学生愤而退学回国。 清廷废除凌迟之刑罚。
1906		光绪三十二年	南昌知县江召棠被法国传教士逼迫自刎，引发数万南昌民众烧教堂、杀洋人之激烈举动，是为南昌教案。 卢汉铁路正式通车。 清廷下诏预备立宪。 日本在中国东北设立南满洲铁道株式会社及关东都督府，作为日本侵略东北的大本营。

似真似假的消息，即各国要求她归政于光绪皇帝。这对于掌权近四十年的慈禧来说，等于制其于死命，于是怒不可遏的她在光绪二十六年（1900）五月二十五日下了一个可怕的命令：向全世界宣战。不过南方各省督抚并不买老佛爷的账，认为这是受义和团胁迫而下的"乱命"，声言拒不受命，他们还与洋人达成了和平协议，称为"东南互保"，北方省份也多数采抗命态度，所以战场主要仅集中在北京、天津一带。

慈禧面对各省几近叛变的行为，也只好把姿态放低。然而，义和团在北京城内的势力实在太大，他们又几近疯狂，连她也有些害怕。所以慈禧的态度摇摆不定，一面请各省督抚出兵助战，一面又请使臣对各国说明中国将继续保护外国使馆，并惩治乱民；一面奖赏义和团，杀死主和派大臣，一面又制止对使馆区的攻击。她处处两面讨好，希望可以不出乱子，但该来的还是来了，七月十日，八国联军开到。

以日、德、英、美、法、俄、意、奥八国为主的联军，迅速击溃乌合之众的义和团及战力不强的清军，占领北京，慈禧则与光绪提前一步装扮成乡下人往西逃走了。四十年前英法联军攻陷北京，只占领了十八天，这一次却长达十三个月。

北京在各国的分区占领下，遭到联军恣意地烧杀掳掠。狼狈窜逃的慈禧也知道惹下滔天大祸，急忙电请李鸿章去北京与各国谈和，后来双方签订了《辛丑和约》，清廷需支付高达四亿五千万两的赔款，此一数字是为了惩罚中国四亿五千万的人民，要他们一人出一两来抚恤各国在此事件中丧生的几百条性命。各国原本要惩办罪魁祸首慈禧，另立新君或瓜分中国，后来出于利益的考量，才打消了念头。慈禧知道各国愿意饶恕她，如释重负，从此以后，百般讨好洋人，因为她知道自己的命运取决于各国的喜怒，那个仇外的慈禧已经一去不复返了。

武昌起义与辛亥革命：帝国挽歌

宣统三年（1911）的中国，有一种山雨欲来风满楼的氛围，这是因为许多人对清廷在立宪运动上的敷衍了事深表不满，甚至愤而加入了革命党，可以说各地都充斥着不满的声音，只待有人揭竿而起。八月十八日，机会来了，一群革命党人在汉口俄租界制造炸弹，却不慎爆炸，机关因此被破获。俄国巡捕把名册、印信等关于革命党人的资料都给搜了去，转交清朝官员处理。因情势所迫，革命党不得不选定次日于武昌提前发动起义。由于此时湖北的军队有不少都被调往四川去镇压保路运动，兵力略显薄弱；加上清军中支持革命的也不在少数，因此这场临时发难的革命行动竟然一举成功，革命党仅花了一夜时间就顺利占领了武昌城，并接连光复汉阳、汉口。

清廷闻知丢失了武汉三镇，急忙调动军队前往剿乱，并加强京畿地区的防卫，同时也起用已遭罢黜但在北洋军中有极大影响力的袁世凯来主持平乱工作。而中国各地的革命党知道武昌起义成功后，纷纷与立宪派人士合作起事反清，如烽火燎原

大　事	帝王年号	朝代	公元 单位：年
东三省改为行省。 英人斯坦因自敦煌运走大批古文物。 《英俄协约》签订。	光绪三十三年	清	1907
台湾纵贯铁路全线通车。 美国宣布退还庚子赔款。 光绪帝与慈禧太后卒，醇亲王载沣子溥仪继位，是为宣统帝，载沣为摄政王监国。	光绪三十四年		1908
举行各省谘议局选举。	宣统帝 宣统元年		1909
日本并吞朝鲜。	宣统二年		1910
革命党于广州发动黄花岗起义（又称广州三二九之役），失败。 清廷宣布铁路国有政策，保路运动爆发。 武昌起义爆发，各省纷纷独立，清廷与革命军代表举行南北和议。 孙文当选中华民国第一任临时大总统。 俄国唆使外蒙独立。 英国唆使西藏独立。	宣统三年		1911

单位：年 公元			大　事
1912	中华民国	民国元年	孙中山在南京就职。中华民国正式成立。 宣统退位。 袁世凯被选为中华民国第二任临时大总统。

般，各地烧起了一把又一把的革命巨焰，江西、山西、云南、贵州、江苏、浙江、广西、四川等地接连宣布独立。

袁世凯身为李鸿章临死前指定的接班人，当然是个狠角色。他一方面派兵进攻湖北，夺回汉口，使得气势如虹的革命军锐气为之一挫，其用意是要让革命党人了解到有他袁世凯在，打垮满清可不是那么简单的事，更何况北方各省还在清廷的掌握之中；另一方面袁世凯则运用自己在北洋军、立宪派中的影响力及各国对他的好印象，意图逼迫清室退位。

革命党的精神领袖孙中山，以其革命资历而被推举为中华民国第一任临时大总统，于1912年1月1日在南京就职，中华民国正式成立。2月12日，六岁的宣统小皇帝在隆裕太后所颁布的《退位诏书》中宣布退位，结束了清朝在中国二百六十八年的统治。既然北方的宣统皇帝都退了位，南方的孙中山也得下台"让贤"，于是袁世凯如其所愿在各界的支持下被选为第二任中华民国临时大总统。

民国时期

公元 1894 年，孙中山创立兴中会，号召推翻满清、建立共和；公元 1911 年 10 月 10 日，辛亥革命成功，次年溥仪宣布退位，中华民国正式成立。孙中山先是就任临时大总统，随后则由袁世凯接任。孰料，袁世凯不安于责任内阁制，积极寻求恢复帝制时期统治者的绝对权力，后有张勋拥溥仪推动复辟，这不仅干扰现代国家的运作，也让北洋军阀有继续维持独断专权的借口。

再者，由于清末时期西方国家不论是采取经济或武力入侵，都想分食中国这块大饼，特别是日本，当时袁世凯为了图谋自己的势力，居然答应日本签订了丧权辱国的"二十一条"，时值民国四年（1915）5 月 9 日，史称"五九国耻"。后另有"五卅惨案"与"济南惨案"，都是列强为了阻止中国统一所发动的凶残举动。孙中山为了保持革命成果，决定展开"护法运动"，并寻求与苏联的合作；后有蒋中正于民国十五年（1926）宣布"北伐"。

在中国内政处于纷乱之际，国际上历经了两次世界大战，中国国民党与中国共产党虽然因社会目标不同、理念不合，曾发生多次争战，尚有"清党"、宁汉分裂等事件，但在维护国家利益的前提下，曾经出现两次国共合作，共同抵御外侮。只是，外患结束之后，两党之间的斗争仍持续下去。

由于西方文化的引进，一度有"中学为体，西学为用"的理念，后则由陈独秀、胡适等人推行的"新文化运动"，倡导白话文、新诗写作，以及宣扬民主价值、科学价值。民国八年（1919）5 月 4 日，捍卫国家权益的"五四运动"于焉诞生。这时期在考古学领域甚有斩获，上古文化遗址纷纷出现，具代表性的研究人员有傅孟真（傅斯年）、顾颉刚、董作宾等。另有推行"国语"运动，俾使中国出现统一的语言，以利全国人民沟通与交流。

公元 单位：年			大 事
1911	民国		辛亥革命，也称武昌起义。
1912		元年	溥仪退位。中华民国成立。 颁布《中华民国临时约法》。
1913		二年	二次革命失败，袁世凯任大总统。
1914		三年	第一次世界大战开始。
1915		四年	袁世凯称帝，蔡锷组织护国军。
1916		五年	袁世凯死，黎元洪任总统。 段祺瑞掌握北洋政府实权。
1917		六年	张勋拥溥仪复辟失败。孙中山展开护法运动。
1918		七年	第一次世界大战结束。
1919		八年	五四运动。上海首次大规模罢工。 中华革命党改组为中国国民党。
1921		十年	中国共产党成立。

北伐与国共合作：需要靠拢也需要距离的关系

1912 年清室宣布退位后，中国的大局在南北各方势力的拉锯中缓慢前进；要让中国通过一场革命就接受民主宪政体，毕竟是有困难的，掌握大权的军阀莫不有个皇帝梦，例如袁世凯称帝、张勋拥溥仪复辟。北洋军阀段祺瑞出面结束这场皇帝梦，重新掌握北洋政府的实权，但这不代表段祺瑞支持民主立宪，他反而主张 "一不要约法，二不要国会，三不要旧总统"。于是乎，段祺瑞的北洋政府成为国民党的新目标，孙中山在广州另立军政府，展开 "护法运动"（1917—1922）。

1922 年，中国共产党成立后不久，就认识到军阀势力之大，会影响工人运动的推行，因此寻求与国民党合作组成 "革命统一战线"，一致对抗北洋军阀。孙中山当时积极争取列强的支持，鉴于俄国革命的成功，决定采用 "联俄容共" 的策略；同时也接受共产党员可以个人身分加入国民党，强化彼此间的关系。此外，孙中山在苏联的协助下建立黄埔军校，这是后来北伐的主力军。

在这段时间，北方军阀之间相当不平静，发生了一次直皖战争、两次直奉战争。第二次直奉战争由奉系获胜，冯玉祥和张作霖还是推选段祺瑞为 "临时执政"，并决定要终止《临时约法》和取消国会，这自然不符合孙中山的建国理念。因此孙中山抱病亲自前往北京议事，孰料在此过程中却过世了，时间是民国十四年（1925）

3月12日。

孙中山逝世后有两件事情，一是国民党在广州成立国民政府、建立国民革命军。民国十五年（1926）蒋中正就职总司令并誓师北伐，当时段祺瑞已在北洋军阀的内斗中下台，所以北伐的策略是"打倒吴佩孚，联络孙传芳，不理张作霖"。第二件事情是，国民党与共产党理念不合、作风不同，差异日趋白热化，国民党甚至决议"清党"，造成了"宁汉分裂"的局势，共产党掌握了武汉政府，国民党则在南京另立国民政府。

国民党的北伐首要目标是歼灭以湖南为根据地的吴佩孚，吴佩孚则是发出"退却者杀无赦"的军令，展现维护地盘的雄心。在双方互有胜败的过程中，北伐军最后在1926年9月将火力集中在武汉三镇、给吴军致命的一击，吴佩孚终于大败，逃往河南信阳。北伐军接着向江西追击孙传芳，在南昌时，双方有异常激烈的争战，总司令蒋中正还为此加派了两万名援军，终于在同年11月第三次进攻南昌时，攻克孙传芳，这可说是北伐以来最大规模的战役。

北伐军与孙传芳主力作战之时，闽南地区却出现孙传芳的支持者，福建五省联军总司令周荫人，趁机出兵攻打广东，试图瓦解北伐军的根据地。幸由当时镇守广东的何应钦，整合了当地可用的兵力，包括黄埔军校的学生，成功击溃闽军。

北伐军出兵到山东时，日本还一度介入、暗中帮助军阀张宗昌，杀害交涉员蔡公时等人，史称"五三惨案"。北伐军为

大　事			公元 单位：年
孙中山又建军政府，"联俄容共"。	十二年	民国	1923
国共第一次合作。设黄埔军校。	十三年		1924
孙中山逝世。广州国民政府成立。 五卅惨案，日本屠杀中国军民。	十四年		1925
中山舰事件发生。 国民政府北伐开始。	十五年		1926
宁汉分裂，国民党展开"清党"。	十六年		1927
济南"五三惨案"。 东北易帜，国民党完成北伐。	十七年		1928
九一八事变，日本侵略东北。 共产党成立中华苏维埃共和国。	二十年		1931
一·二八事变，日本攻占上海。 日本设"满洲国"，溥仪二次复辟。	二十一年		1932
共产党举行遵义会议。	二十四年		1935

单位：年 公元			大　事
1936	民国	二十五年	西安事变爆发。张学良被软禁。
1937		二十六年	国共第二次合作。 七七事变，抗日战争全面爆发。八一三事变，淞沪会战开始。 日军进行南京大屠杀。
1938		二十七年	台儿庄大捷。 武汉会战。国民政府迁都重庆。
1939		二十八年	日军炸重庆、西安、成都等地。 第二次世界大战爆发。
1941		三十年	日本偷袭珍珠港，引发太平洋战争。
1943		三十二年	同盟国发表《开罗宣言》。
1945		三十四年	日本降。第二次世界大战结束。
1946		三十五年	国共内战开始。
1947		三十六年	台湾发生"二二八事件"。
1948		三十七年	蒋中正当选中华民国总统。

避免冲突扩大，一方面向日本抗议，另一方面决定绕过济南，继续北走。张作霖见情势不对，决定撤出山海关，却在沈阳附近的皇姑屯被日本人炸死。1928 年 12 月 29 日，张学良在东北宣布效忠南京国民政府，北伐方宣告成功。

八年抗战与国共分合：前一秒就是历史，两岸的现在进行式

国民党北伐成功之后，转而是面对各方势力的内战，共产党也开始积极发展，发动了数次大规模的群众运动。然而民国二十年（1931）9 月 18 日，日本为了扩大在华利益，借故侵略东北，引发了"九一八事变"。稍早前，蒋中正还主张"攘外应先安内"，不料就发生这样的变故；而同年 11 月 7 日，共产党创建中华苏维埃共和国，定都在江西的瑞金。

"九一八事变"后，各地出现反日风潮，民国二十一年（1932）日本便以上海抵制日货为借口而出兵，是为"一·二八事变"；同年则在东北建立"满洲国"，由溥仪担任执政，以维护在东北的利益；民国二十二年（1933），日本退出国际联盟，准备扩大对中国的侵略行动。民国二十五年（1936），因张学良、杨虎城扣押蒋中正，引发史称的"西安事变"，这事件终于促成国共两党的合作，双方同意先停止内战、共同合作抗日。在此之前，国民党领导的国民政府已经直捣共产党的陕北根据地（北伐后开始的第一次国共内战），现在只好停下，这一停，让历史也转弯了。

民国二十六年（1937）7月7日，日军以一名士兵失踪为理由，在北平附近挑起"卢沟桥事变"（"七七事变"），中日战争随即全面爆发。事实上，西安事变之后，共产党代表与国民党代表，便进行多次有关两党合作抗日的谈判。紧接着，同年8月13日，日军大举进攻上海（"八一三事变"），宣称"三月亡华"。国民党在国家利益至上的前提下，同意将共产党的红军改编为国民革命军之一，共同抗日，这是国共第二次合作。

民国二十七年（1938）台儿庄大捷，这是国民革命军抗日的第一场胜利，意义非凡。民国三十年（1941）日本发动太平洋战争，西方各国卷入第二次世界大战，抗日战争亦成为大战的一部分。民国三十四年（1945）8月9日，苏联出兵协助中国。8月15日，日本宣布无条件投降。而国民党与共产党在中国的争势，因为大战的结束而更加猛烈（第二次国共内战）。民国三十八年（1949）共产党控制了中国大部分地区，建立中华人民共和国；国民党则撤往台湾地区，台湾海峡将彼此分开至今。

大　事				公元 单位：年
国共和谈破裂。		三十八年	民国	1949

跋

学术与通俗之间的鸿沟

杨士朋

胡适，这位白话文学的大师、五四运动的舵手，在文史哲等各领域皆有开创性的成就，但稍懂学术行情的人就知道他大半辈子做的都是历史的东西。晚年的胡适曾说："像历代帝王的年号，汉武帝、武则天都有许多年号，从前都是硬记的。历代帝王的年号，我可以记得百分之九十五、六，这一个年号在那个世纪也要记住，我花了多少的时间！如世界年表、人名大辞典、地名大辞典，各种有关的类书，都先要买起来。"（胡颂平编著《胡适之先生晚年谈话录》，页二二六）

我辈凡夫俗子处于资讯爆炸的二十一世纪，大概也不必像他那样硬背那么多的年号，只要手边有一本中国历史年表，大概也就够了。但坊间的年表有一大弊病，就是太过文言，原因无他，就是偷懒。因为中国历史中许多字词有其特殊意义，想将之转译为白话，若对历史无相当程度的了解，一不小心就会以文害意，算是蛮费工夫的，不如就直摘原典，轻松写意又不会出错，何乐而不为？为了方便读者，在年表部分已尽量将"历史语言"改写为通俗易懂的白话文，称得上是本书的一个特点，也算是对胡适的一番致敬吧！

毕业后，陆续在国中、高中等学校或长或短地当了两三年的代课老师，也帮康轩出版社编过七八年的教科书参考教材。说实在话，对于现今的历史教育实在有点失望，打个比喻，就像金庸小说《倚天屠龙记》中九岁的张无忌在冰火岛上被金毛狮王谢逊猛呼巴掌、苦练功夫的场景。原来谢逊知道其武学太过精深，是年纪幼小的张无忌所无法在短时间学得来的，只好要他硬背口诀，待他日武学有成后再自行领略体会。

金毛狮王就像那群编写中学教科书的专家学者们一样，他们秉持着"国可灭，史不可灭"的苦心孤诣，一心想把整部人类历史浓缩再浓缩，然后灌进无数个小张无忌的脑袋瓜子里，但谁晓得书中那些概括式的通论、解释、分析式的东西，在这些学生毕业后还能记得多少？张无忌以后还会继续沉潜于武学之道，所以金毛狮王的那一套对他而言是有用的；但绝大多数的学生将来能用到历史的机会实在少之又少，那是否有必要让他们苦读这些太过高深的东西？（近年来的教科书为了去除人名、强调历史解释，似有日益艰深的趋势，遣词用字亦与学术论文相去无几，这种抽象化的内容叫那些沉迷网络、人文素养日益低下的学生们如何理解、如何能感兴趣？）

我也知道这些老师辈的历史学家耗费数十载功力精炼出来的"大历史"相当重要，但缺乏好听的故事、性格分明的人物以及生动活泼的语言文字，若不是为了求个好成绩，有几个人爱读？历史上有许多颇值一述的人物故事，其精彩程度不亚于戏剧小说，这原本是历史的独门绝学，可以增添学生愿意亲近历史的动力，无奈却被主流历史学家们视为"见树不见林"之浅薄小道，宁可自废武功，也要让学生们读他们认为重要但却有点无聊的"林荫大道"。这下子可苦了那些中学老师了，上课要说故事、讲笑话，出题也要绞尽脑汁出些充斥着鲁夫、乔巴、海绵宝宝、小丸子、哆啦 A 梦、时光机、周杰伦、蔡依林的情境题。这些东西看似有创意，颇能博得一般无知民众的喝彩，但在我看来，不过是打蛇不打七寸、降龙不擒首的白费工夫，只要教科书那些曲高和寡的内容一日不改的话，这些老师的努力无疑只是缘木求鱼、徒劳无功。

教科书中的历史可以不必长篇大论地讲历史架构、脉络、趋势变化，但也不必是一本只求有趣的故事集。中西历史本即有夹叙夹议兼带优美文风的叙事传统，但这数十年来受"科学派史学"的影响，此种风格被学院派视之为不科学而不屑一顾。近年来受到后现代主义浪潮的冲击，叙事史学似有复兴之象，若能搭配上中国历史悠久的说书艺术（此主要指的是黎东方、唐德刚等史界前辈及近年中国大陆盛行的论坛讲史的文字风格，并非要求老师拥有茶馆说书那般舌灿莲花的功力），前景似大有可为，但要在有限的页数中以生动的文字来叙述有趣的史实，并带出史家眼中的重要历史，实非易事。我相信那些编写教科书的学院派人士中并不乏这等文史素养深厚的优秀人才，但真要动笔的话，不但耗日费时，亦需注入不少巧思，书成后恐怕还要惹来某些食古不化的人士之酸葡萄批评，此种吃力不讨好的苦差事，谁肯为之？

本书限于体例，自然无意亦无能力完成上述之崇高目标，但已尽量在"学术"与"通俗"之间取得平衡，希望能以一种亲近读者的面貌去呈现本书的内容，其中旧石器时代至五代部分由雷敦渊负责撰写，笔者负责的则是宋至清的部分。因为篇幅所限，有些地方无法着墨太多，但可以对中学教科书作一史事的补充，对照着教科书那些轻描淡写的文句，隐约能看见背后一幅幅的历史图像，以及一幕幕的历史场景；对一般民众而言，也能从中读到与当年念书时的课本不大相同的另一种历史；即使是学历史的人，还是可以看到一些老师可能没有教过的东西。如洪大全其人、洪秀全及噶尔丹之死等，大略地指出了档案的一些盲点，也算是本人待了故宫博物院及档案管理局这几年间、沉浸于无数档案中的有感而发吧！

参考书目

谢寿昌、陈镐基等编，陈正祥续编，《中国古今地名大辞典》，台北：商务印书馆，一九六〇。

学生书局编辑部编，《五千年中国历代世系表》，台北：学生书局，一九八四。

程光裕、徐圣谟主编，《中国历史地图》，台北：私立中国文化大学出版部合订本，一九八四。

梁启超，《中国历史研究法》，台北：里仁书局，一九八四。

张存武、陶晋生编，《历史学手册》，台北：食货出版社，一九八六。

华世出版社编辑部编，《中国历史大事年表》，台北：华世出版社，一九八六。

陈致平，《中华通史》，台北：黎明文化事业公司，一九八七。

方豪主编，《云五社会科学大辞典·历史学》，台北：商务印书馆，一九八八。

黄仁宇，《赫逊河畔谈中国历史》，台北：时报文化出版企业股份有限公司，一九八九。

钱穆，《国史大纲》，台北：商务印书馆，一九九〇。

伊藤道治等著，吴密察等译，《中国通史》，台北：稻乡出版社，一九九〇。

杨碧川、石文杰编，《远流活用历史手册》，台北：远流出版事业股份有限公司，一九九〇。

邝士元，《国史论衡》，台北：里仁书局，一九九二。

费正清著，薛绚译，《费正清论中国》，台北：正中书局，一九九四。

萧璠著，傅乐成主编，《中国通史》（先秦史），台北：众文图书股份有限公司，一九九四。

"国立编译馆"主编，《中等学校本国历史地图集》，台北："国立编译馆"，一九九七。

夏商周断代工程专家组编，《夏商周断代工程一九九六——二〇〇〇年阶段成果报告简本》，北京：世界图书出版公司北京公司，二〇〇〇。

岳南，《考古中国：史记遗落的一二〇〇年历史》，台北：商周出版，二〇〇七。

李宗侗注释，《春秋左传今注今译》，台北：商务印书馆，二〇〇九。

杨伯峻编，《春秋左传注》，台北：洪叶文化事业有限公司修订本，一九九三。

司马迁著、裴骃集解、司马贞索隐、张守节正义，《太史公书（史记）》，台北：商务印书馆据上海涵芬楼影印宋宁宗庆元年间（一一九五——一二〇〇）黄善夫刻本景印，二〇〇一；又一部，台北：鼎文书局新校本，一九九五；又一部，白话史记编辑委员会主编，《白话史记》，台北：联经出版事业股份有限公司，一九九六。

班固等，《汉书》，台北：鼎文书局新校本，一九九七。

范晔，《后汉书》，台北：鼎文书局新校本，一九九九。

陈寿，《三国志》，台北：鼎文书局新校本，一九九五。

房玄龄等，《晋书》，台北：鼎文书局新校本，一九九五。

沈约，《宋书》，台北：鼎文书局新校本，一九九八。

萧子显，《南齐书》，台北：鼎文书局新校本，一九九八。

姚察、姚思廉、魏徵，《梁书》，台北：鼎文书局新校本，一九九九。

姚察、姚思廉、魏徵，《陈书》，台北：鼎文书局新校本，一九九八。

魏收，《魏书》，台北：鼎文书局新校本，一九九八。

李百药，《北齐书》，台北：鼎文书局新校本，一九九六。

令狐德棻，《周书》，台北：鼎文书局新校本，一九九八。

李延寿，《南史》，台北：鼎文书局新校本，一九九八。

李延寿，《北史》，台北：鼎文书局新校本，一九九九。

崔鸿原著、汤球辑补，《十六国春秋（辑补）》，附于鼎文书局新校本《晋书》之后（第六册），一九九五。

魏徵等，《隋书》，台北：鼎文书局新校本，一九九七。

刘昫、张昭远等，《（旧）唐书》，台北：鼎文书局新校本，一九八五。

宋祁、欧阳修等，《（新）唐书》，台北：鼎文书局新校本，一九八五。

褚人获，《隋唐演义》，台北：三民书局，二〇〇九。

（景教僧）景净撰、泰西（明）（天主教）耶稣会士阳玛诺（Emmanuel Diaz, Jr.）注，《景教流行中国碑颂正诠》，上海慈母堂清刻本，收录于王美秀、任延黎主编，《中国宗教历史文献集成之三：东传福音》，合肥：黄山书社，二〇〇五。

司马光等、胡三省注，《资治通鉴》，台北：世界书局新校本，一九八七。

朱熹撰、清圣祖御批，《（御批资治）通鉴纲目》，台北：世界书局据"国立故宫博物院"藏清摛藻堂钦定四库全书荟要正本景印，一九八六。

刘子健，《两宋史研究汇编》，台北：联经出版事业股份有限公司，一九八七。

陶晋生，《中国近古史》，台北：东华书局，一九七九。

金毓黻，《宋辽金史》，台北：商务印书馆，一九九一。

王明荪，《宋辽金元史》，台北：众文图书股份有限公司，二〇〇一。

游彪，《正说宋朝十八帝》，台北：联经出版事业股份有限公司，二〇〇九。

龚书铎、刘德麟主编，《图说宋朝》，台北：知书房出版社，二〇〇九。

陶晋生，《宋辽关系史研究》，台北：联经出版事业股份有限公司，一九八四。

寺地遵著，刘静贞、李今芸译，《南宋初期政治史研究》，台北：稻禾出版社，一九九五。

龚书铎、刘德麟主编，《图说元朝》，台北：知书房出版社，二〇〇九。

孟森，《明清史讲义》，台北：里仁书局，一九八二。

陈时龙、许文继，《正说明朝十六帝》，台北：联经出版事业股份有限公司，二〇〇五。

龚书铎、刘德麟主编，《图说明朝》，台北：知书房出版社，二〇〇九。

李光璧，《明朝史略》，台北：弘文馆出版社，一九八六。

当年明月，《明朝那些事儿》，台北：大地出版社，二〇〇八。

吴晗，《明朝大历史》，西安：陕西师范大学出版社，二〇一〇。

樊树志，《万历传》，台北：商务印书馆，一九九六。

阎崇年，《明亡清兴六十年》，台北：联经出版事业股份有限公司，二〇〇七。

陈捷先主编，《清史事典》一——十二册，台北：远流出版事业股份有限公司，二〇〇五——二〇〇八。

魏斐德著，陈苏镇等译，《洪业——清朝开国史》，南京：江苏人民出版社，一九九五。

唐博，《清朝皇帝回忆录》，台北：远流出版事业股份有限公司，二〇一〇。

陈捷先，《康熙写真》，台北：远流出版事业股份有限公司，二〇一〇。

著者不详，《清朝史话》，台北：木铎出版社，一九八八。

佩雷菲特著，王国卿等译，《停滞的帝国——两个世界的撞击》，北京：三联书店，一九九三。

《剑桥中国史·晚清篇》，台北：南天书局有限公司，一九八七。

史景迁著，温洽溢译，《追寻现代中国》，台北：时报文化出版企业股份有限公司，二〇〇一。

郭廷以，《近代中国史纲》，香港：中文大学出版社，一九八九。

史景迁著，朱庆葆等译，《太平天国》，台北：时报文化出版企业股份有限公司，二〇〇三。

《台湾全记录》，台北：锦绣出版事业股份有限公司，二〇〇〇。

罗尔纲，《困学集》，北京：中华书局，一九八六。

罗丽馨，《元军征日——日本的备战与应战》，收入《中国历史学会史学集刊》第三十六期，二〇〇四年七月。

陈捷先，《回顾与展望：故宫档案与清史研究》，收入《文献足征——第二届清代档案国际学术研讨会》，台北：故宫博物院，二〇〇五。

陈捷先，《谈雍正其人》，收入《雍正：清世宗文物大展》，台北：故宫博物院，二〇九。

赫伯特·乔治·威尔斯（Herbert George Wells）著，梁思成译，《世界史纲》（*Outline of World history*），台北：水牛图书出版事业有限公司，二〇〇五。

亨德里克·威廉·房龙（Hendrik Willem van Loon）著，刘缘子、吴维亚等译，《人类的故事》（*The Story of Mankind*），台北：志文出版社，二〇〇三。

恩斯特·宫布利希（Ernst Hans Josef Gombrich）著，张荣昌译，《写给年轻人的简明世界史》（*Eine kurze Weltgeschichte für junge Leser*），台北：商周出版，二〇一〇。

李功勤、陈逸雯、沈超群著，《西洋史大事长编》，台北：幼狮文化事业股份有限公司，二〇〇八。

卡尔登·海士（Carlton Joseph Huntley Hayes）、汤姆·蒙（Parker Thomas Moon）编著，世界书局编译所译，《世界史中古编（中古世界史）》，台北：世界书局，一九七六。

穆特（George Fox Mott）、第（Harold M. Dee）著，叶恺译，《西洋中古史》（*An Outline-History of the Middle Ages*），台北："教育部"出版、世界书局发行，一九七八。

林明德，《日本史》，台北：三民书局，一九九〇。

刘景辉，《西洋文化史》，台北：学生书局，一九八九。

王曾才，《西洋近世史》，台北：正中书局，一九八九。

"中央研究院"计算中心，两千年中西历转换（http://sinocal.sinica.edu.tw/）。

"中央研究院"历史语言研究所，汉籍电子文献（瀚典全文检索系统）（http://hanji.sinica.edu.tw/）。

"教育部国语推行委员会"编纂，重编国语辞典修订本（http://dict.revised.moe.edu.tw/index.html）。

"教育部电子计算机中心"委托、台湾师范大学制作，历史文化学习网（http://culture.edu.tw/）。

"行政院文化建设委员会"，台湾大百科全书（http://taiwanpedia.culture.tw/web/index）。

故宫〔寒泉〕古典文献全文检索资料库（http://210.69.170.100/s25/）。

私立中国文化大学，中华百科全书，典藏版（http://ap6.pccu.edu.tw/Encyclopedia/index.asp）、多媒体版（http://ap6.pccu.edu.tw/Encyclopedia_media/）。

大英百科全书（http://www.britannica.com/）。

大英百科全书线上繁体中文版（智慧藏百科网）（http://daying.wordpedia.com）。

文渊阁四库全书电子版——原文及全文检索版，香港：迪志文化出版有限公司，一九九九电子版（光碟资料库）、二〇〇六内联网版。